Fazendo o céu falar

Peter Sloterdijk

Fazendo o céu falar
Sobre teopoesia

tradução
Nélio Schneider

Estação Liberdade

Título original: *Den Himmel zum Sprechen bringen. Über Theopoesie*

© Suhrkamp Verlag, Berlim, 2020. Todos os direitos reservados e controlados pela Suhrkamp Verlag, Berlim

© Editora Estação Liberdade, 2024, para esta tradução

PREPARAÇÃO   Fábio Fujita
REVISÃO   Thomaz Kawauche
EDITOR ASSISTENTE   Luis Campagnoli
COMPOSIÇÃO   Marcelle Marinho
IMAGEM DE CAPA   Wassily Kandinsky, *Improvisação 26 (Remadores)*, 1912, óleo s/ tela, 97 x 107,5 cm, Galeria Municipal Lenbachaus und Kunstbau, Munique, Fundação Gabriele Münster, 1957.
SUPERVISÃO EDITORIAL   Letícia Howes
EDITOR DE ARTE   Miguel Simon
EDITOR   Angel Bojadsen

CIP-BRASIL. CATALOGAÇÃO NA PUBLICAÇÃO
SINDICATO NACIONAL DOS EDITORES DE LIVROS, RJ

S643f

Sloterdijk, Peter, 1947-
  Fazendo o céu falar : sobre teopoesia / Peter Sloterdijk ; tradução Nélio Schneider. - 1. ed. - São Paulo : Estação Liberdade, 2024.
  352 p. ; 23 cm.

  Tradução de: Den himmel zum sprechen bringen : über theopoesie
  Inclui bibliografia
  ISBN 978-65-86068-92-4

  1. Filosofia e religião. 2. Literatura religiosa. 3. Religião e sociologia. 4. Religião - Filosofia. I. Schneider, Nélio. II. Título.

24-92499   CDD: 210
                CDU: 2-1

Meri Gleice Rodrigues de Souza - Bibliotecária - CRB-7/6439
24/06/2024   27/06/2024

Todos os direitos reservados à Editora Estação Liberdade. Nenhuma parte da obra pode ser reproduzida, adaptada, multiplicada ou divulgada de nenhuma forma (em particular por meios de reprografia ou processos digitais) sem autorização expressa da editora, e em virtude da legislação em vigor.

Esta publicação segue as normas do Acordo Ortográfico da Língua Portuguesa, Decreto nº 6.583, de 29 de setembro de 2008.

EDITORA ESTAÇÃO LIBERDADE LTDA.
Rua Dona Elisa, 116 — Barra Funda — 01155-030
São Paulo – SP — Tel.: (11) 3660 3180
www.estacaoliberdade.com.br

Em memória de Raimund Fellinger

Sumário

Observação preliminar	11

I Deus ex machina, deus ex cathedra

1	Deuses no teatro	15
2	A objeção de Platão	37
3	Sobre a religião verdadeira	43
4	Representar deus, ser deus: Uma solução egípcia	51
5	Sobre o melhor de todos os moradores do céu	63
6	Poesias da força	73
7	Habitar plausibilidades	81
8	A diferença teopoética	89
9	Revelação de onde?	105
10	O morrer dos deuses	115
11	"Religião é incredulidade": A intervenção de Karl Barth	119
12	No jardim da infalibilidade: O mundo de Denzinger	133

II Sob os altos céus

13 Pertencimento inventado	145
14 Crepúsculo dos deuses e sociofania	169
15 Glória: Poesias de louvor	185
16 Poesia da paciência	199
17 Poesias do exagero: Os virtuoses religiosos e seus excessos	219

18 Querigma, propaganda, ofertas promocionais ou:
   Quando a ficção não está para brincadeiras   255

19 Sobre a prosa e a poesia da busca   301

20 Liberdade religiosa   317

À GUISA DE POSFÁCIO   329

SAUDAÇÕES   333

BIBLIOGRAFIA   335

Observação preliminar

Como o título deste livro soa ambíguo, é preciso esclarecer que a seguir não se falará nem do céu dos astrólogos, nem do céu dos astrônomos, tampouco do céu dos astronautas. O céu de que se fala não é um objeto passível de percepção visual. No entanto, desde tempos imemoriais, ao olhar para o alto se impunham representações em forma de imagem acompanhadas de fenômenos vocais: a tenda, a caverna, a abóbada; na tenda ressoam as vozes do cotidiano, as paredes das cavernas repercutem antigas cantorias de magia, na cúpula reverberam as cantilenas em honra do Senhor nas alturas.

Da totalidade do céu diurno e noturno resultou desde sempre uma concepção arcaica do que é abrangente. Nela era possível pensar o misterioso, o aberto, o amplo, em conjunto com o protetor, doméstico em um mesmo símbolo de integridade cósmica e moral. A imagem da deusa egípcia do céu, Nut, que, coberta de estrelas, lança sobre a terra uma ponte inclinada para frente, oferece o mais belo emblema transmitido pela Antiguidade da proteção oferecida por algo que abarca. Graças à reprodução dessa imagem o céu também está presente no interior de sarcófagos. Um morto que abrisse os olhos no interior do sarcófago teria a companhia da deusa olhando para um espaço aberto benfazejo.

No curso da secularização, o céu perdeu sua importância como símbolo cósmico de imunidade e se converteu, então, em suprassumo da voluntariedade, na qual, aos poucos, deixam de ressoar as intenções humanas. O silêncio dos espaços infinitos passa a provocar terrores metafísicos em pensadores que auscultam o vazio. Heinrich Heine, em sua narrativa em versos *Alemanha, um conto de inverno* (1844), ainda tingira essa tendência com fina ironia, quando decidiu deixar à mercê dos anjos e dos pardais o céu, a respeito do qual uma menina cantava ao som da harpa a "velha canção da renúncia". Charles Baudelaire, por sua vez, em *Flores do mal* (1857), produziu a imagem de um pânico neognóstico próprio de prisioneiros, ao descrever o céu com uma tampa preta posta sobre uma grande panela, na qual se cozinhava a vasta humanidade invisível.

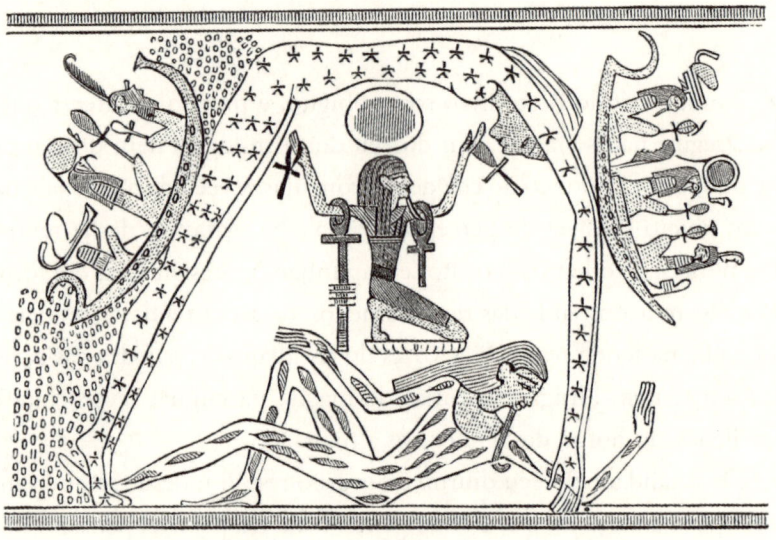

Detalhe do papiro de Greenfield (século X antes da nossa era).
A deusa do céu, Nut, curva-se sobre o deus da terra, Geb (deitado), e do deus do ar, Shu (ajoelhado). Representação egípcia de céu e terra.
Ilustração conforme um antigo papiro egípcio, in: *The Popular Science Monthly*, v. 10, 1877, p. 546.
Foto: Wikimedia Commons.

Considerando os diagnósticos contrários dos poetas, é aconselhável ouvir opiniões de terceiros e de outros mais. O que se pretende, no que se segue, é falar de céus comunicativos, luminosos e que convidam a arrebatamentos, porque, correspondendo à incumbência do esclarecimento poetológico, eles constituem zonas de origem comum de deuses, versos e aprazimentos.

I
Deus ex machina, deus ex cathedra

... e sem parábolas nada lhes dizia.
Mateus 13,34

1
DEUSES NO TEATRO

A vinculação de representações do mundo dos deuses com a poesia é tão antiga quanto o início da tradição europeia; remonta às mais antigas fontes escritas das civilizações em todo o mundo. Quem se lembra do marulhar atemporal dos versos de Homero saberá como o poeta faz os deuses olímpicos deliberarem sobre os destinos dos combatentes na planície de Troia. Ele faz os celestiais falarem sem rodeios, nem sempre com a compostura esperada de seres do seu nível.

Inclusive no começo da *Odisseia* se ouve como Zeus toma a palavra para desaprovar as manifestações voluntariosas de sua filha Atena. Ele dirige a palavra majestaticamente a ela: "Minha filha, que palavra te escapou da barreira dos dentes?"[1] Nem mesmo o primeiro dos habitantes do Olimpo pode, sem mais nem menos, ordenar a uma deusa, a quem compete a sabedoria, que se cale. Para externar sua indignação, o pai dos deuses precisa fazer um esforço retórico e até apelar para fórmulas poéticas.

Pode-se afirmar que Homero foi o poeta que trouxe ao mundo deuses que fazem poesia? Seja qual for a resposta a essa pergunta capciosa, como poetas os deuses de Homero teriam atuado apenas de modo diletante, na medida em que poesia é um ofício que precisa ser estudado, a despeito do boato das maravilhas operadas pela inspiração indouta. Perseverar na posição do *diletto* falava a favor da aristocracia olímpica. Nenhum poder do mundo poderia ter forçado um deus em exercício a aprender um ofício até obter o grau da maestria.

---

1. Homero, *Odisseia*, Rapsódia I, verso 64 (trad. Antônio Pinto de Carvalho, p. 17).

Os deuses do tipo olímpico, da Grécia antiga, comportam-se em relação ao mundo, na maior parte do tempo, como espectadores distraídos. Não interferem nas ações terrenas mais do que costumam fazer os civis que acompanham um exército por curiosidade ou diversão; eles assistem às guerras de dentro de seus camarotes como visitantes que apostam em seus favoritos. Envolver-se não é com eles. São como feiticeiros que dominam perfeitamente tanto o súbito aparecimento quanto o súbito sumiço. Mesmo quando não corporificam mais meros poderes difusos da natureza, fenômenos meteorológicos e forças motrizes da fecundidade botânica e animal, mas propiciam a personificação de princípios éticos, cognitivos e também políticos mais abstratos, eles mantêm um traço de leveza. Poderíamos considerar os deuses olímpicos como uma *society* de oligarcas que piscam o olho uns para os outros, assim que a fragrância dos fogos sacrificiais se eleva até eles.

A escolha de seu local de residência denuncia que se trata de criaturas da antigravidade. Elas desaprenderam como existir, como estar no campo da gravidade com o qual seus predecessores da geração dos deuses titânicos se afligiam. Os amorfos titãs forçudos eram predestinados a perecer na escuridão à medida que os formosos conquistavam a supremacia — excetuando Hefesto, que, entre os deuses, era o que tinha limitações para locomover-se, que na condição de ferreiro e claudicante morador de oficina nunca se tornou inteiramente sociável. Os portadores da coroa olímpica, o povo de deuses de segunda geração, inquietam-se desde a queda dos seus predecessores com a premonição de que, um dia, o que foi derrotado poderia retornar. Os deuses desse estágio sabem que todas as vitórias são provisórias. Se deuses tivessem um inconsciente, nele estaria gravado: somos espíritos de mortos que chegaram longe.[2] Devemos a nossa ascensão a um impulso anônimo da vida, e não é possível descartar que, um dia, ele nos transcenda.

---

2. Cf. Émile Durkheim, *Die elementaren Formen des religiösen Lebens*, Berlim, Verlag der Welt Religionen, 2017 [1912], p. 427: "Um grande deus de fato não passa de um antepassado especialmente importante", isto é, um que extrapola o âmbito de um clã. O enunciado de Durkheim se refere ao mundo de representações dos aborígenes australianos, principalmente os da tribo dos Arunta.

Em tudo isso, um aspecto em particular se reveste de importância para o que se segue: que os deuses de Homero foram deuses falantes. E foram também o que Aristóteles disse dos seres humanos: seres vivos "que têm a fala". A poesia os pôs ao alcance da audição humana. Os seres superiores podem ter se comunicado apenas entre si na maior parte do tempo, mas, eventualmente, as conversas dos imortais também foram ouvidas por mortais — como cavalos que ouvissem as apostas dos espectadores antes da corrida.

Séculos depois de Homero, o fenômeno dos deuses falantes foi acolhido na cultura teatral grega. O teatro de Atenas promovia encenações diante da cidadania reunida que, por sua compreensibilidade universal, favoreciam a conexão emocional do público citadino. A democracia começou como populismo afetivo; desde o início, ela se aproveitou do efeito contagiante das emoções. Como Aristóteles resumiria mais tarde, no teatro a plateia sentia "temor e compaixão", *fóbos* e *éleos*, ou melhor: tremor e pena, em geral nas mesmas passagens das peças trágicas. As comoções encenadas pelos atores eram vivenciadas em uníssono pela maioria dos frequentadores, tanto pelos homens quanto pelas mulheres; eles se depuravam de suas tensões, participando, quase sem nenhum distanciamento, das dores dos dilacerados no palco. A língua grega dispunha de um verbo específico para esse efeito: *synhomoiopathein*[3], sofrer da mesma maneira em simultâneo. Também nas comédias que se seguiram às tragédias, o povo geralmente ria nas mesmas passagens. Para se atingir o efeito edificante do drama era fundamental que, na expectativa das reviravoltas do destino no palco, todos chegassem juntos ao limite, a partir do qual não se faziam mais perguntas. O oculto, o suprarracional ou, como se diz também, o numinoso preenchiam o cenário com sua presença real. Como esse efeito raramente era obtido e soçobrou nas peças medíocres do período pós-clássico, o público ateniense perdeu o interesse. No século IV antes da nossa era, os espectadores que haviam sacrificado um dia inteiro assistindo às apresentações chochas do teatro de Dionísio foram indenizados com um óbolo teatral.

---

3. Aristóteles, *Retórica* III, 7, 4, 140a.

Sobre esse pano de fundo é preciso abordar mais detidamente uma engenhosa invenção da arte teatral ática. Os dramaturgos ("artífices de acontecimentos") — ainda quase idênticos aos poetas — tinham entendido que conflitos entre pessoas que lutam por coisas incompatíveis tendem a chegar a um ponto morto. Nesse caso, não há saída com meios humanos. Esses momentos foram assimilados pelo teatro antigo como pretextos para introduzir um ator no papel de deus. Mas, como um deus não podia simplesmente entrar em cena pela lateral como se fosse um mensageiro, foi necessário idealizar um procedimento que o fizesse entrar levitando do alto. Com essa finalidade, os engenheiros do teatro ateniense construíram uma máquina que possibilitava aparições de deuses do alto. *Apò mechanès theós*: fazia-se pender para dentro do cenário uma grua, em cuja extremidade estava fixada uma plataforma, um púlpito — a partir dali o deus falava para dentro do cenário humano mais embaixo. Entre os atenienses, o aparato era denominado *theologeîon*.

Quem atuava na assombrosa grua não era, por natureza, nenhum sacerdote que estudara teologia — não havia nada desse tipo, e seu conceito ainda não havia sido cunhado —, mas um ator por trás de uma máscara sublime. Ele devia representar o deus ou a deusa como instância que resolvia os problemas imperiosamente. Claro que os dramaturgos não tinham nenhum escrúpulo de atuar de forma "teúrgica" — para eles, aparições de deuses eram efeitos factíveis, do mesmo modo que alguns cabalistas, mais tarde, ficariam persuadidos de conseguir realizar procedimentos teotécnicos, repetindo os truques com letras do Criador. Outros teatros helênicos se contentavam em instalar o *theologeîon* como uma espécie de galeria ou balcão mais elevado na parede de fundo do teatro, nesse caso, renunciando à dinâmica fascinante do ato de pender para dentro.

A mais impactante das epifanias de palco acontece quando, na peça *Eumênides*, de Ésquilo (encenada em Atenas no ano de 458 AEC), Atena aparece no final do drama para intervir no caso do matricida Orestes, decidindo o impasse entre a parte que queria vingança e a que almejava o perdão a favor da opção reconciliadora — convertendo, assim, as Eríneas vingativas nas "bem-intencionadas". Algo análogo é encenado (no ano de 409 aec) quando, no *Filoctetes*, do velho Sófocles, Hércules, divinizado, paira sobre o palco para convencer o renitente inimigo dos gregos, que persistia no seu sofrimento, a entregar o arco sem o qual a Guerra de Troia não poderia, em conformidade com a vontade dos deuses, ter um fim favorável aos gregos.

O *theologeîon* não é uma tribuna de orador nem um púlpito de pregação, mas uma instalação absolutamente própria do teatro. Representa uma "máquina" trivial, no sentido original da palavra, um efeito especial feito para prender a atenção da plateia. Sua função não é trivial: transpor um deus do estado de invisibilidade para o de visibilidade. Ademais, não só se veem o deus, a deusa, pairarem sobre o palco, como também se ouvem ele ou ela falarem e darem instruções. Sem dúvida, é "mero teatro", mas não haveria o teatro incipiente se todos os atores, tanto mortais quanto imortais, não tivessem sido tomados temporariamente pela suposição da representabilidade. Se os deuses não se mostram por iniciativa própria, é preciso fazer com que apareçam. Efeitos desse tipo são tratados pelo termo latino posterior *deus ex machina*, cujo sentido, na técnica dramática, poderia ser precisado da seguinte maneira: somente uma figura que intervém a partir de fora pode apontar a reviravolta libertadora de um conflito irremediavelmente intrincado. Num primeiro momento, o fato de o deus ou a deusa surgirem *coram publico* [diante do público] no ponto de mutação do enredo não passa de uma exigência dramatúrgica; contudo, sua aparição também representa um postulado moral e até o dever do teatro. Isso poderia ser denominado de "prova dramatúrgica [da existência] de deus": deus é usado para desatar o nó do drama, logo, ele existe. Seria desrespeitoso, mas não totalmente errado, designar o deus que aparece de repente de provedor do *happy end*. Soluções desejáveis, não importa em que campo, muitas vezes só se alcançam com a ajuda de poderes superiores, ainda que sejam meras ideias decorrentes da presença de espírito. "Soluções" tornaram-se memoráveis como prestação de serviços do céu[4] — muito antes de entrar em circulação como respostas a tarefas matemáticas e

---

4. Incluindo o dinheiro do resgate (*lýtron*) que o céu paga pela resolução do nó do pecado no ser humano ou então como quantia paga para que o ser humano possa passar da servidão ao diabo para a liberdade sob deus.

problemas empresariais. Acrescentemos aqui a observação de que numerosos libretos de ópera do século XVIII, época avessa à tragédia, nem sequer poderiam ser concebidos sem o deus oriundo da máquina.

Tendo a teodramática grega como pano de fundo, pode-se levantar a pergunta se a maior parte das "religiões" desenvolvidas possuía um equivalente para a grua do teatro ou para o balcão reservado aos entes superiores. Por enquanto, mantenho a preferência pelo nefasto termo "religião", ainda que seja sobrecarregado de confusões, especulações e suposições — sobretudo desde que Tertuliano inverteu, em seu *Apologeticum* (197), as expressões "superstição (*superstitio*)" e "religião (*religio*)" contra o uso linguístico romano: ele chamou de superstição a *religio* tradicional dos romanos, ao passo que o cristianismo deveria se chamar "a verdadeira religião do verdadeiro deus". Desse modo, ele produziu o modelo para o tratado agostiniano *De vera religione* [Da religião verdadeira] (390), que marcou época, mediante o qual o cristianismo se apropriou definitivamente do conceito romano. Entrementes, ele equivale a tudo o que anula o bom senso cotidiano com sugestionamentos oriundos da penumbra e da matéria escura[5], embora não faltem esforços para demonstrar a possível congruência de racionalidade e revelação, visando salvar o conceito de religião.[6] Seguramente, o *theologeîon*, no sentido estrito do termo, foi inventado apenas uma vez e assim denominado apenas uma vez. Em sentido ampliado e com outros nomes, os procedimentos para pressionar os deuses superiores a

---

5. Cf. Ludwig Feuerbach, *Das Wesen des Christentums*, Colônia, Jazzybee Verlag, 2014 [1841], p. 347: "A noite é a mãe da religião." O conceito generalizado de religião surge após o século XVI como híbrido da missão cristã mundial e da antropologia iluminista. Aquela supôs que todos os seres humanos na terra estariam esperando pela mensagem salvífica da superação da morte. Esta tira do fato de a morte ser universal a conclusão de que religião igualmente deva sê-lo. É verdade que muitas pessoas em diversas culturas sepultaram seus parentes mais próximos com algum esmero (*religio*), ocasionalmente com valiosos adereços sepulcrais — o que é atestado, por exemplo, por sepulcros de príncipes e de crianças da Idade da Pedra; mas isso não altera em nada o fato de que a maioria dos seres humanos, na maioria das culturas, teve de contentar-se com o simples "descarte do cadáver" (Jörg Rüpke) com tênue perfil cultual.

6. Jan Rohls, *Offenbarung, Vernunft und Religion: Ideengeschichte des Christentums*, v. 1, Tübingen, Mohr Siebeck, 2012.

aparecer e a falar podem ser comprovados de múltiplas formas, caso não sejam onipresentes.

O que a dramaturgia tratou nos palcos áticos, de modo a ser representativa de quase todas as outras culturas, foi nada menos que a questão de saber se os espectadores de uma ação solene sempre tiveram de se contentar com efeitos teotécnicos ou se, "no final das contas, os deuses mesmos" marcavam presença por trás da magia do espetáculo teatral. Desde tempos imemoriais, xamãs, sacerdotes e gente do teatro compartilharam a observação de que até a mais profunda comoção se encontra no domínio do factível. É certo que, na medida em que não sucumbissem ao cinismo latente do seu ofício, eles próprios acreditavam que o comovente como tal adquiria uma presença mais consistente no curso do procedimento sagrado. Como a todos os "jogos profundos", também às ações rituais é inerente a possibilidade de que aquilo que é representado desperte para a vida como aquilo que representa. Mesmo que o deus "esteja próximo e seja difícil de captar", sua falta de nitidez não exclui a seriedade da nossa entrega a ele e de nossa imersão em sua presença atmosférica.[7]

Surgem equivalentes à máquina dos palcos helenistas, nos quais deuses das mais diversas origens, inclusive os de constituição monoteísta e dotados de fortes predicados de sublimidade, começam a cumprir o dever de aparecer, isto é, de atender ao chamado à condescendência com a percepção dos sentidos humanos. Em princípio, os deuses poderiam ter permanecido totalmente ocultos, já que, por sua natureza, são latentes, transcendentes e subtraídos à percepção mundana. Não é por acaso que são denominados invisíveis. Sobretudo os deuses subterrâneos gostavam de ser discretos; contentavam-se com a prova anual de poder da primavera; eles foram encenados especialmente entre os povos mediterrâneos com reforço do aspecto cultual, como nas falofórias atenienses, isto é, nos desfiles da ereção, que ofereciam às matronas da cidade, por ocasião do culto primaveril a Dionísio, a oportunidade de

---

7. Em sua obra *Kulte des Altertums: Biologische Grundlagen der Religion* (Munique, C. H. Beck, 2009), pp. 18 e ss., Walter Burkert explica o conceito de *adelótes* (falta de nitidez, indeterminação) usado por Protágoras, como uma característica definitória da esfera religiosa.

carregar enormes falos costurados com couro escarlate pela cidade em um estado de zombaria devocional.

Para os habitantes do além de outrora, o "aparecimento" não pode ter representado mais do que um atividade secundária; Epicuro acertou o ponto essencial quando comentou que deuses seriam demasiado bem-aventurados para se interessar pelos assuntos dos seres humanos. Seu predecessor, Tales, chega a afirmar: "Tudo está repleto de deuses" — mas isso podia significar coisas bem distintas: ou que das centenas de divindades gregas sempre havia uma prestando serviço no ponto de passagem para o mundo humano, comparável a uma ambulância celestial, ou que, por todos os lados e constantemente, estamos rodeados pelo divino, sem que nós, embotados pelo cotidiano, percebamos sua presença. Homero observa *en passant* que os deuses gostavam de participar de banquetes humanos sem serem notados e encontrar-se com peregrinos solitários[8] — eles só são reconhecidos em algum momento posterior por sua luminescência enigmática.

Dos episódios epifânicos, como quer que fossem interpretados, resultaram com o tempo comprometimentos cultuais. Assim que os cultos se tornaram estáveis, os deuses se enquadravam no ecossistema das evidências que circunscrevia seu espaço de manifestação. Deuses são vaguidades delineadas com mais precisão pelo culto. Em tempos antigos, quase sempre foram convidados, para não dizer compelidos, a "aparecer", em geral em lugares criados exclusivamente para isso, ou seja, espaços aptos à epifania que lhes eram associados como templos (em latim: *templum*, área restrita) e em tempos fixados que, por isso mesmo, eram denominados "festas". Eles cumpriam suas tarefas de aparição ou revelação preferencialmente graças a oráculos que proferiam aforismos ou profecias de múltiplos sentidos ou com o auxílio de comunicações por meio de escritos envoltos por uma aura de santidade; a alguns deles não desagradava a ideia de aparecerem em sonhos lúcidos, durante a soneca no templo ou na véspera de decisões importantes.

Sua condição preferida era a paciência que beirava à indiferença, que lhes dava condições de tolerar as invocações dos mortais. Era

---

8. Homero, *Odisseia*, canto VII, v. 201-205.

permitido dirigir-se a eles em oração, envergonhá-los com hecatombes, acusá-los, atribuir-lhes injustiças, questionar sua sabedoria e até xingá-los e amaldiçoá-los, sem correr o risco de receber respostas imediatas.[9] Os deuses podiam se dar ao luxo de fazer de conta que não existiam. Graças à sua postura abstinente, o céu invocado em excesso migrou através dos tempos.

Por fim, esses que foram invocados em demasia também se deram a conhecer por meio da encarnação pessoal: algumas vezes tomaram a liberdade de recorrer a corpos aparentes que iam e vinham conforme lhes aprazia. Ou se condensaram, "na plenitude do tempo", em um Filho do Homem, em um Messias salvador. Depois que Ciro II, o rei dos persas famoso por sua tolerância religiosa, permitiu aos judeus que tinham sido levados em cativeiro para a Babilônia o retorno à Palestina no ano de 539 AEC, pondo fim a um exílio de quase sessenta anos, a elite espiritual dos judeus ficou muito mais receptiva a boas-novas de cunho messiânico — o Segundo Isaías deu o tom para isso. Panegíricos a Ciro, o instrumento de deus, deram origem a ideias de Messias que repercutiram por mais de dois milênios e meio. Vale para toda uma era mundial o que Adolf von Harnack observou a respeito de Marcião, o proclamador da doutrina do deus desconhecido: "Religião é redenção — nos séculos I e II, o ponteiro da história da religião apontava para este ponto; ninguém mais podia ser deus sem ser salvador."[10] Os

---

9. O *locus classicus* de uma blasfêmia proferida no calor da emoção, na literatura do século XX, encontra-se na segunda parte da tetralogia *José e seus irmãos*, de Thomas Mann, quando Jaacob, em seu luto pela presumida morte de seu filho predileto, José, protagoniza um excesso de queixume que o deixa constrangido depois de se acalmar: "Com silencioso sentimento de vergonha ponderou sua atitude intempestiva de revolta e disputa com deus no primeiro assomo de lamentação e achou que deus absolutamente não foi tardo, mas de fato elegante e santo por não o ter estraçalhado sumariamente e por ter deixado passar com tácita aceitação a insolência causada por sua desdita" (Thomas Mann, *Joseph und seine Brüder*, roman I: *Die Geschichten Jaakobs*; roman II: *Der junge Joseph*, ed. e rev. crít. Jan Assmann, Dieter Borchmeyer e Stephan Stachorski, colab. Peter Huber, Frankfurt am Main, S. Fischer, 2018 [1933], p. 656).

10. Adolf von Harnack, *Marcion: Das Evangelium vom fremden Gott. Eine Monographie zur Geschichte der Grundlegung der katholischen Kirche*, Leipzig, J. C. Hinrichs, 1921, p. 17.

codinomes "salvador" ou "redentor" (*sotér*) já haviam sido usados por Ptolomeu I, que se havia alçado à condição de regente do Egito após a morte de Alexandre Magno; ele instituiu o culto ao "deus redentor". Seu filho, Ptolomeu II, recebeu o "nome de hórus de ouro" que competia ao faraó: "Seu pai o fez aparecer."

Deuses que apareciam permitiam à sua clientela que visse, ouvisse e, ocasionalmente, lesse apenas o necessário para sua condução, vinculação e instrução — via de regra, o suficiente para manter a "estrutura de plausibilidade", mediante a qual era assegurada a adesão de uma comunidade de cunho ritual a suas representações cultuais (em termos antigos: o apego aos costumes dos antigos, *patrioi nomoi, mos maiorum*; em termos cristãos: *fides*, "fidelidade em manter o que dá sustentação"). Plausibilidade quer dizer aqui: a aceitação não teórica da validade de usualidades, incluindo as relativas a coisas transcendentes.

A invenção do *theologeîon* entre os gregos explicitou, com o auxílio de uma inovação mecânica, um dilema com que tiveram de se debater todas as formações religioides superiores. Ele evidenciava a tarefa de ajudar o além, o superior, o outro — ou como quer que seja designado o espaço supraempírico, habitado por vaguidades poderosas — a lograr uma manifestação cuja evidência fosse suficiente no mundo da vida humana. O estágio mais antigo de evidência de fontes sensíveis e suprassensíveis se mostra em forma de comoção dos participantes gerada por um "espetáculo", um rito solene, uma hecatombe fascinante. Para provocarem tais efeitos, culturas mais antigas recorriam com frequência a procedimentos mediúnicos e expedientes divinatórios — ambos oferecem às grandezas ocultas oportunidades de anunciar suas intenções.

Via de regra, os do além aproveitavam as possibilidades de aparição em presenças induzidas pelo transe, ocasionalmente por frenesis em que os receptores passavam dos limites da automutilação voluntária. Os emissores do lado de lá pareciam convocar seus médiuns cultuais a serem mensageiros no limiar entre as duas esferas. Oportunamente eles se faziam ouvir por meio de vozes emitidas pelos celebrantes; mais tarde, o balbuciar dos médiuns foi substituído pela leitura serena de passagens das Sagradas Escrituras. Os deuses davam orientações pela forma de um fígado de ovelha ou pela trajetória dos voos dos pássaros — prelúdios das artes denominadas decifração de signos e leitura. Um triunfo precoce da leitura foi celebrado pela astrologia mesopotâmica quando ela adquiriu a capacidade de decifrar a posição de corpos celestes uns em relação aos outros como textos e poderes que exercem influência sobre os destinos humanos. A zona de sinais cresce paralelamente à arte de interpretação.[11] O fato de não estar acessível a todos se explica por sua natureza semiesotérica: Jesus já censurou seus discípulos por não entenderem os "sinais do tempo" (*semaîa tòn kairòn*).[12] Decerto ele próprio foi mais do que uma constelação, e, no entanto, a estrela de Belém, na medida em que não tenha sido mera fantasia de Mateus[13], teria posto um sinal no céu por ocasião do seu nascimento, que serviu de guia aos até hoje populares astrólogos do Oriente.[14]

Práticas extáticas e métodos divinatórios de indagação constituíram procedimentos para confrontar o além com perguntas que ele não podia deixar completamente sem resposta. Em geral, partia-se do pressuposto de que havia intérpretes capazes de associar um sentido prático aos símbolos codificados. Como mostram pesquisas recentes, na Antiguidade ocidental se praticou a signologia política em um nível

---

11. A "etnoastronomia" descobre o *arbitraire du signe* [arbitrário do signo] de Saussure a seu modo, como que a partir do lado oposto, ou seja, como *arbitraire du signifié* [arbitrário do significado]: a constelação das sete estrelas principais, designada pelos gregos de Ursa Maior, recebeu de outros povos os mais diversas nomes: os antigos egípcios a viam como "o grupo que puxava uma procissão; os antigos romanos, como sete bois debulhadores; os árabes, como um caixão seguido de três carpideiras; índios norte-americanos mais recentes e franceses, como uma concha; os ingleses, como um arado; os chineses, como um funcionário da Corte recebendo pedintes; europeus medievais, como o 'grande carro'" (apud Carsten Colpe, *Weltdeutungen im Widerstreit*, Berlim/Nova York, De Gruyter, 1999, p. 119).

12. Mateus 16,13.

13. Mateus 2,1-11.

14. Em sua obra *Der Stern der Erlösung* [A estrela da redenção] (1921), Franz Rosenzweig fez uma tentativa de desastralizar o motivo do sinal no céu, visando enquadrá-lo em uma continuidade das orientações judaicas como parâmetro ético-transcendente da História da humanidade.

altamente elaborado — sobretudo entre os gregos e romanos.¹⁵ Ainda não se falava expressamente de "teologia política". Mas, para os conhecedores dos signos, não havia dúvida de que os deuses têm suas opiniões sobre os assuntos humanos e tomam partido com base nelas, e que, em casos isolados, até planejam empreendimentos políticos de longo prazo em que a colaboração dos atores humanos é indispensável — como na fundação indireta de Roma pelo príncipe troiano Eneias. Nenhum imperialismo ascende sem que tenham sido interpretadas as posições atuais das constelações no céu temporal, tanto no caso de detentores do poder quanto de aspirantes a ele. Somam-se a elas conselhos do submundo: "*Tu regere imperio populos, Romane, memento.*"¹⁶ Da boca do pai falecido Eneias escuta a admoestação dirigida a ele, o precursor dos romanos, para que imponha aos povos seu regime beneficente. Virgílio, contemporâneo de Augusto e encarregado de sua glorificação, criou com essa ordem de dominação um modelo de vaticínio após o evento. Os modernos sucessores dos áugures que decifram os "sinais da história" são os historiadores capazes de ter uma visão geral e que se dedicam à tarefa de apresentar a sucessão cega de eventos como sequência plena de sentido de uma "história mundial".

Aos inventores do *theologeîon* cabe o mérito de evidenciar a pressão epifânica a que era submetido o supramundo, a partir do momento em que aceitou a missão de cooperar com a integração simbólica ou "religiosa" e emocional de unidades maiores: de etnias, cidades, impérios e comunidades cultuais supraétnicas — sendo que estas últimas

---

15. Kai Trampedach, *Politische Mantik: Die Kommunikation über Gotteszeichen und Orakel im klassischen Griechenland*, Heidelberg, Verlag-Antike, 2015.
16. Virgílio, *Eneida*, vi, 850. A frase dita por Anquises ("Tu, romano, lembra-te de governar os povos sob teu império […], poupar os vencidos e dominar os soberbos") é a palavra-chave do vaticínio virgiliano. Ele tem efeito retroativo para a transmissão do império e da fortuna de Troia para Roma; ela se comprova como efeito antecipado para a transferência do império de Roma para Bizâncio — e subsequentemente para Aachen, Viena, Moscou, Londres, Washington. Que a série de transferências de império não estava terminada com a operação virgiliana entre Troia e Roma, isto é mostrado, entre outros, pelo livro de Rémi Brague, *Europa, seine Kultur, seine Barbarei: Exzentrische Identität und römische Sekundarität* (Wiesbaden, Verlag Für Sozialwissenschaften, 2012).

também podiam assumir um caráter metapolítico, ou melhor, antipolítico, como ficou claro no caso de comunidades cristãs dos séculos pré-constantinianos. As primeiras comunas animadas pelo cristianismo teriam se desagregado no tumulto das inspirações aditivas privadas e permanecido ingovernáveis, se os primeiros bispados não se tivessem empenhado por certa coerência litúrgica e teológica, e se apoiado em termos territoriais e de pessoal técnico nas administrações provinciais e militares romanas. Os bispos (*episcopoi*: supervisores) eram, em essência, algo como *praefecti* (comandantes, procuradores) em trajes religiosos; suas dioceses (em grego: *dioikesis*, administração) se assemelhavam aos anteriores distritos imperiais após a nova subdivisão feita por Diocleciano em torno do ano 300; sobretudo através delas, o princípio da hierarquia chegou à organização eclesial em formação. E com ele veio a *haute couture* [alta costura] das vestes sacrais que, antes disso, eram trajes de funcionários públicos.

O princípio mediológico *apò mechanès theós*, aliás, *deus ex machina*, próprio da técnica cênica ou então da dramaturgia religiosa, de fato já estava em uso em vários rituais do Oriente Próximo muito antes de surgir no teatro ateniense. Cito o exemplo mais conhecido: a arca da aliança (*Aron habrit*) do antigo Israel, que acompanhava as migrações do povo e foi abrigada no tabernáculo até encontrar um lugar fixo no recôndito do primeiro templo de Jerusalém (que só podia ser adentrado uma vez por ano, no Yom Kippur, na festa pós-exílica da reconciliação). Ela representava, do ponto de vista da técnica da revelação, uma *mechané* sacral clássica, visando à presentificação de um deus capaz de falar e escrever. De acordo com sua destinação funcional, a arca da aliança era um *theologeîon ante litteram*. Continha, pelo que se ouviu falar, as duas tábuas que Moisés recebera no monte Sinai envolto em nuvens: "Foram escritas pelo dedo de Deus."[17] Mais tarde, nela teria sido guardada a Torá, a Escritura Sagrada de Israel, mais conhecida pelo nome de Pentateuco (Pentalivro) ou os cinco livros de Moisés.

---

17. Êxodo 31,18.

Nada além disso, em termos de epifania, era permitido ou possível à monolatria judaica antiga: em primeira instância vigorava a lei de que quem *visse* a presença real de deus, o príncipe devastador do fogo e da atmosfera, perderia a vida. A presença de deus se fazia numinosamente perceptível, mas de modo nenhum podia ser traduzida para o teatro. No quesito aparição, IHVH ou então os *Elohim* se restringiam à escritura e à "natureza" — ambas entendidas sob o signo da autoria e a serem compreendidas apenas como constante reatualização do que fora escrito e criado. Os signos escritos guardados no interior da caixa, feita de madeira de acácia revestida de ouro, tornavam sua vizinhança sagrada e perigosa; quem tocasse a arca da aliança por descuido deveria ser morto — um indicativo de que a função do tabu, que havia sido observada por etnólogos europeus do século XIX na Polinésia, já existia desde tempos antigos também entre os povos semíticos, bem como entre muitos outros. "Desde tempos antigos" quer dizer: desde que grupos cultuais arcaicos passaram a levar as proibições "santificadoras e amaldiçoadoras" tão a sério que as cobravam com sangue. A *religio* inicial, caso se possa ampliar o conceito romano, desde sempre dizia respeito aos procedimentos que ocorriam no limiar entre as coisas que proporcionavam vida e as que traziam a morte. Nesse ponto, o obscuro tangencia o absolutamente sério, como é típico da religião.

As escrituras do antigo Israel correspondiam ao esquema de um *deus in machina* [deus dentro da máquina]; esse esquema ganhou notoriedade no século XVII mediante a busca pelo *perpetuum mobile* empreendida por engenheiros cristãos, quando se considerava factível apresentar a prova da existência de deus a partir da mecânica. Com a entrega mítica das tábuas no Sinai, o deus de Israel havia cumprido seu dever de aparecer. Num primeiro momento, os mandamentos registrados nas tábuas foram repetidos oralmente, dado que só muito mais tarde se fala de cópia, leitura, estudo e comentário. O deus do povo do êxodo estava manifestamente à disposição para liderar os seus durante os anos de peregrinação pelo deserto durante a noite como coluna de fogo e durante o dia como coluna de fumaça no horizonte. Porém, antes da "tomada da terra" no lugar que lhe fora prometido como moradia, o grupo migrante teria passado, supostamente, quarenta anos percorrendo trilhas no deserto; esse fato representa um grave adiamento do êxito. A longa errância só se torna compreensível como penitência: o trajeto mais rápido até a terra prometida poderia ter sido percorrido, a passo moderado, em quarenta dias ou um pouco mais, pressuposta a lógica de uma caminhada com destino certo. Essa lógica não pode ser assumida nesse caso; o conceito dos trajetos mais rápidos não consta nos *terms of trade* entre Israel e seu Senhor nas alturas.

Emigrar do Egito implica imigrar no domínio do poder punitivo de IHVH. Caminho e descaminho se tornam sinônimos. Certo dia, Agostinho, em pleno domínio de seus recursos retóricos, afirmaria que Deus escreve reto por linhas tortas. O Senhor que não podia ser chamado pelo nome se manifestava nos êxitos militares e domésticos de seus adeptos, na alta taxa de natalidade dos rebanhos e no breve resplendor das casas reais de Davi e Salomão. Pouco faltou para que IHVH se tornasse um deus imperial com templos filiais e numerosos povos tributários à sua volta; o fato de as coisas terem sido diferentes gerou a insolúvel tensão entre a pretensão de supremacia a que o deus de Israel jamais abdicou e a condição permanentemente precária do seu pequeno povo, que, após a diáspora do ano de 135, também ficou sem terra e sem armas. Nem é preciso dizer que ele também se manifestou entre os seus por meio de derrota, pestilência, deportação e depressão. Os especialistas em escritura explicaram os eventos sombrios *lege artis* [conforme as regras da arte] como castigos merecidos pelo povo notoriamente desobediente e, em alguns casos, como sofrimentos para pôr os justos à prova. As figuras arquetípicas do castigo e da provação serviram aos judeus, em tempos de sofrimento, de desprezo e de dispersão, para se afirmar como *boat people* no mar da História, a despeito de tantos haverem perecido anônimos e em sepulturas que não podem ser visitadas.

O cristianismo derivado do judaísmo teve de lograr, a seu modo, a dramatização do dedo apontado de cima. Já em seus escritos iniciais, ele fez um uso surpreendente do esquema *theologeîon*, ao equiparar a aparição de Jesus, enquanto o Messias esperado pelos judeus, diretamente com a "palavra de Deus". Por essa via, a mensagem cristã decididamente foi além dos exemplos da teatropoesia grega para deuses falantes. Ela dramatiza concomitantemente a ideia de uma Torá que retorna da letra escrita para a vida. As "fontes" que marcam a diferença encontram-se, sobretudo, nos enunciados jesuânicos no formato "eu sou" (*egò eimí*) do Evangelho de João e no enunciado no formato "tu és" de Pedro segundo Mateus 16,16: "Tu és o Cristo, o filho do Deus vivo." Pouco importa se essas formulações são "secundárias", postas posteriormente na boca dos falantes Jesus e Pedro.[18] O decisivo era: elas permitiam a ligação, alegada já pelo evangelista João (em torno do ano 100, talvez até antes disso), do motivo do Messias judeu com a doutrina do Logos de origem médio-platônica. Graças a essa aproximação, que mais tarde chegou à equiparação, o deus, ou então Deus, se dissolveu completamente em sua aparição humana e em sua expressão linguística. Em consequência, Jesus não só se tornou um *theologeîon* em pessoa, isto é, um lugar de onde procedia o discurso de cima em um palco terreno, como ele foi, pelo menos a partir de uma visão posterior, também o próprio deus falante, não como ator que declama a prosa do papel que desempenha, mas como *performer* que logra falar seu texto *ex tempore*. Quando a teologia começou a atribuir a autoria a Jesus no sentido metafísico, sua presença terrena não só visou atestar uma aparição de deus em figura humana — algo desse tipo era tido como o acontecimento religioso padrão no território situado entre o Nilo e o Ganges, embora ali tivesse outro sentido —, como ela quis representar nada menos do que o descenso do Logos pura e simplesmente transcendente para a imanência e, portanto, o ato de uma condescendência ontológica singular.

O grande acontecimento teoantropológico relatado pelos evangelhos do Novo Testamento foi evidenciado, em primeiro lugar, no fato de que o homem-deus aparecido se envolvera numa epifania sem a

---

18. Na época em que João escreveu seu evangelho (seja este datado mais cedo ou mais tarde), enunciados no formato "eu sou" na boca de deuses faziam parte da convenção teorretórica do helenismo; o modelo mais conhecido é o do assim chamado discurso de autorrevelação da Ísis de Cumas, supostamente recitado de modo ritual por uma sacerdotisa de Ísis. Cf. Jan Bergmann, *Ich bin Isis: Studien zum memphitischen Hintergrund der griechischen Isis-Aretalogien*, Uppsala, Universitetet, 1968.

opção de recuar. Jesus não tinha nenhum dramaturgo, nenhum poeta trágico a seu lado para ditar-lhe as palavras condizentes com o seu "papel". Ele não pôde tirar a máscara nos bastidores. Seus poetas foram os evangelistas que narraram sua história a partir do final. As palavras ditas por seu mestre antes dos eventos fatais que se seguiram à sua entrada triunfal em Jerusalém ainda reverberavam dentro deles e, por isso, não hesitaram em fazê-lo dizer o que ele devia ter dito para que sua aparição terrena fizesse sentido, pois, sem esse sentido, ela apenas supriria o material para a narrativa de um fracasso.[19]

Trezentos anos após a morte do homem que foi venerado por seus seguidores como o Messias que chegara, o Concílio de Niceia estabeleceu o dogma de que o Senhor Jesus Cristo seria Deus de Deus e luz de luz, verdadeiro Deus do verdadeiro Deus, gerado e não criado — o que quer que isso signifique. Uma linha depois disso se seguiu, no credo niceno, a seguinte formulação: *et homo factus est*. Aqui, pela primeira vez, foi claramente explicitada a altura metafísica da queda havida com a vinda de Jesus ao mundo: em um único caso deveria surgir um ser humano real que não deixasse de ser luz de luz por causa de sua condição humana. O que na linguagem comum se chama "vir a ser humano" designa, descontadas as extrapolações, um estado de coisas que o filósofo romano Sêneca (1-65 EC), em parte contemporâneo de Jesus (4 AEC-30 EC), durante algum tempo mentor do jovem Nero[20] e, mais

---

19. Desse ponto de vista — em que se trata de atribuir um sentido posterior à paixão —, torna-se irrelevante a polêmica em torno da (improvável) datação do Evangelho de João em torno dos anos 69/70, como proposta por Klaus Berger em seu livro *Im Anfang war Johannes* [No princípio era João] (Stuttgart, 1997), e uma datação em torno do ano 100, como sustentada por numerosos autores — com todo respeito pelo faiscar dos argumentos filológicos esgrimidos por ambos os lados. Os evangelistas canônicos — quer tenham copiado uns dos outros ou não — e João — independentemente de ter se juntado cedo ou tarde ao evento interpretativo — atuaram todos, caso aceitemos como válida a tendência da datação anterior de João, quase meio século *post eventum* como cenaristas e teopoetas que tinham em comum o interesse em converter o desastre do Gólgota em um ato programático. A questão da datação será retomada mais adiante no Capítulo 18 (p. 262), para ressaltar a contribuição literária própria das testemunhas que fizeram uso da palavra posteriormente.
20. Sêneca dedicou a Nero, quando este tinha dezoito anos de idade, o escrito *De*

tarde, forçado por ele ao suicídio, patenteou na seguinte sentença: *sine missione nascimur* — com o sentido de: nascemos com a perspectiva segura de morrer.²¹

A *missio* é o gesto de dispensa proveniente das arenas: levantando o polegar, a multidão dava a entender que um gladiador que havia lutado com valentia excepcional não deveria lutar até o último golpe fatal para ele. Existir *sine missione* quer dizer: quem veio ao mundo não poderá ser poupado do fim por nenhum gesto que dependa do humor de uma multidão. O filósofo demonstra que não se trata de uma trivialidade, indicando o esquecimento da morte na existência cotidiana. Acaso, a princípio, os mortais não se comportam na maior parte do tempo de modo tão insensato e enamorado do efêmero como se fossem viver para sempre? Não creem com frequência que, quando o fim se aproxima, conseguirão escapar de alguma maneira?²² O que Sêneca e Jesus têm em comum é a convicção de que teria chegado a hora de compreender a seriedade da vida: seu caráter definitivo, seu caráter de carga, sua brevidade e sua dependência de decisões. A leviandade cotidiana é uma máscara do fantasma atemporal da indestrutibilidade; o pregador na Palestina e o filósofo em Roma tiram essa máscara para testemunhar que existe algo indestrutível que não é de natureza leviana e fantasmática.

O homem-deus, que se chamou de "Filho do homem" inspirado em fontes persas e judaicas — possivelmente um título messiânico, mas talvez também apenas uma *façon de parler* [modo de falar] para "eu" —, veio ao mundo, como ele próprio foi levado a dizer, para assinar seu ensinamento com sua vida. Isso também se aplicava a filósofos como Sócrates, Sêneca e numerosas testemunhas (*mártyroi*) de convicções irrenunciáveis. Desde tempos antigos, a assinatura com a morte não é à prova de falsificações.

---

clementia (em torno do ano de 55) com a intenção de fazer com que o assassino prematuro se olhasse num espelho idealista para príncipes. Dez anos depois, Nero mandou que lhe entregassem a ordem de suicidar-se.

21. *Epistulae morales ad Lucilium*, 37.
22. Quando Otaviano Augusto proibiu a *missio* por algum tempo, ele quis revogar o privilégio da turba sentimental de conceder indulto; só o César deveria poder conceder indultos. Sobre o motivo do escapar [da morte] em uma vida que se vive levianamente sem muito pensar, continua sendo clássico: Martin Heidegger, *Sein und Zeit*, Tübingen, Max Niemeyer, 1927, §§ 51 e 52.

Houve os que se lançaram à morte para fingir que sofriam por causa de um bem supremo — porventura alguns bispos da Antiguidade tardia já não tiveram de admoestar seus protegidos a não chamar a atenção como imitadores dos santos mártires? Em todos os séculos subsequentes, muitas pessoas ainda padeceriam o martírio sem pretensão a mártires. Quem estuda o século XX descobrirá que uma de suas assinaturas é constituída de martírios falsificados e desfigurados em grande quantidade.

No caso de Cristo, apelou-se de muitas maneiras para o esquema do *theologeîon*. O homem que chamara a si mesmo de "Filho do homem" falou elementos essenciais de sua mensagem do alto da cruz, na qual ele terminou como *deus fixus ad machinam* [deus preso à máquina]. Seus narradores e seus teólogos fizeram com que essa morte assumisse *a posteriori* o significado de uma prova da existência de Deus apresentada por Deus — nesse processo, o traço da debilitação voluntária, sob o título de "sofrimento vicário", penetrou na imagem do Altíssimo.

Sintomaticamente, Inácio de Loyola instruiu seus praticantes nos *exercitia spiritualia* [exercícios espirituais] (fixados entre 1522 e 1524), em especial na terceira semana, a treinar o morrer com o Senhor pondo-se ao lado dele; isso soa como se os cristãos devessem se qualificar para traduzir o morrer de um "ter de" para um poder e até para um querer, tendo diante dos olhos a ressurreição do primeiro a derrotar a morte. Hegel — que da cátedra de Berlim projetou exercícios alternativos — requereu do ser humano que percorre até o fim o *curriculum* do vir a si como espírito que sinta a "dor infinita em relação a si mesmo", porque ele, como individualidade caduca, precisa preencher uma vaga na totalidade do processo dialético — do mesmo modo como a encarnação no filho coabsoluto foi necessária para a mediação de Deus consigo mesmo enquanto individualidade espiritual —, caso contrário Deus teria permanecido apenas um suprassumo de sublimidade vazia e ostentação oriental de poder.[23] Parece que Hegel contou com a dor

---

23. Georg Wilhelm Friedrich Hegel, *Vorlesungen über die Philosophie der Religion II*, v. 17, Frankfurt am Main, Forgotten Books, 2018, pp. 263 e ss.

infinita no ser humano do mesmo modo como matemáticos pós-Leibniz contam com a operação infinitesimal.

Não foram só as palavras ditas na cruz que conferiram um alto nível às comunicações jesuânicas. Soma-se a elas o fato de que o procedimento teofânico foi mantido até o momento da retirada do corpo da cruz sem a interrupção de nenhum milagre, de nenhuma intercorrência salvadora. Esse Deus não tinha facilitado a epifania para si mesmo. Hegel diz: "Aparecer é ser para outra coisa."[24] A epifania de Jesus pôs mais em jogo do que seria de se esperar de um "Deus do alto". Aqui restaria ponderar que, no caso de divindades telúricas da esfera inferior, associadas à Grande Mãe (Deméter, Ísis, Cibele e muitas outras), como Átis ou Osíris, morrer e ressuscitar estavam inscritos como motivo fixo no roteiro mitológico do curso anual; essas divindades são esquemas da vitalidade, esboços de pessoas possíveis, não são indivíduos. A ressurreição do crucificado era para significar mais do que a regeneração do mundo vegetativo e de seu indefectível "e assim por diante". A mensagem da manhã de Páscoa dizia que, dali em diante, a transitoriedade nunca mais teria a última palavra, nem no caso de sujeitos dotados de individualidade espiritual. Os caminhos da alma se separaram dos caminhos do mundo animal e vegetal, bem como dos ciclos das coisas que têm assegurado o reverdecer sempre renovado.

Na terceira vez, o deus-homem estabeleceu o seu ponto a partir do sepulcro vazio. A boca da gruta com a pedra rolada para o lado foi alçada à condição de *theologeîon* de nível superior. O fato de o cadáver não estar onde, segundo o critério humano, deveria jazer teve o efeito de um anúncio chocante vindo do palco de Jerusalém.[25] O que pode significar um cadáver ausente? O que se pode provar com sua falta? Poder-se-ia dizer que o cristianismo começa como romance criminal, no qual o *corpus delicti* negativo veio à tona em diversas versões, primeiro como corpo etéreo de um fantasma na periferia de Jerusalém, depois como hóstia, como corpo eucarístico e em toda parte como crucifixo?[26]

---

24. Ibid., p. 278.
25. Frank Morison, *Wer wälzte den Stein?*, Hamburgo, Wegner, 1950.
26. Em seu romance *Das Evangelium nach Pilatus* [O evangelho segundo Pilatos]

Deduzir a ressurreição de Cristo do sepulcro vazio foi, objetiva e metodologicamente, precipitado. Paulo, o apressado, forneceu a "fundamentação" para isso: Jesus deve ter ressuscitado, pois do contrário nossa fé seria em vão. O apóstolo dos gentios não seria o fundador do extremismo se não tivesse olhado para dentro do abismo: seríamos os mais miseráveis de todos os seres humanos se estivéssemos equivocados nesse ponto.[27] Porém, se ele ressuscitou, e essa afirmação é o único motivo de nossa partida, temos razões para anunciar que o velho mundo da lei, do pecado e da morte foi desarticulado. O que se encontra entre a manhã de Páscoa e o Dia da Ascensão, caso tenha mesmo havido tal dia, constitui o intervalo obscuro na biografia de Jesus, análogo ao Sábado de Aleluia. Nesses quarenta dias, os rumores, os delírios, as extrapolações se atropelaram.

Mas o que é o cristianismo senão um atropelo que acabou sendo forçado a tomar mais tempo do que inicialmente previsto? No início ele não era só um mapa para orientar a caminhada de desarraigados e de quem se empenhava por ir além, um mapa que permaneceu em uso até a Igreja capitular diante das pressões do sedentarismo e preferir se estabelecer sobre os túmulos dos apóstolos numa metrópole imperial a pender das raízes do céu?[28]

(Zurique, Fischer Taschenbuch, 2005 [2000]), Eric-Emmanuel Schmitt retomou o ponto alto criminológico do desaparecimento do corpo de Jesus para, depois de seguir várias pistas que não deram em nada, fazer do cético Pilatos o "primeiro cristão".

27. Cf. 1 Coríntios 15,12-20.
28. Agnes Horvath e Arpad Szakolczai, *Walking into the Void: A Historical Sociology and Political Anthropology of Walking*, Londres/Nova York, Routledge, 2018, pp. 149-60.

2
A OBJEÇÃO DE PLATÃO

Depois do que foi dito, é preciso falar de um acontecimento que aqui será chamado de "objeção platônica". Tal intervenção aconteceu quatrocentos anos antes das referidas histórias da velha Palestina e de seus diversos registros por escrito — quer sejam entendidos como invenções míticas, quer sejam interpretados como relatos históricos ou como híbridos de ambos. Recorrendo a uma analogia da história da arte, poder-se-ia falar de uma "secessão" entre filosofia e poesia. Na terminologia atual, o processo poderia ser descrito como o desalojamento da poesia de dentro do espaço de verdade da filosofia. Embora muitas vezes recorra ao elemento mirabolante de cavalos falantes, estátuas-vivas, tapetes voadores e elefantes que se equilibram em cima de tartarugas, a poesia preserva *cum grano salis* [com ressalvas] sua afinidade com o pensamento próprio das condições de vida real; sendo assim, poder-se-ia falar, de modo análogo, do desalojamento dos enunciados filosóficos e de formato científico de dentro das formulações cotidianas.

O mútuo *disembedding* — o desacoplamento entre poesia e verdade — se associa, na memória da Europa antiga, ao nome de Platão. Ele foi o fundador da escola *par excellence*, que, na esteira de pensadores como Parmênides, Heráclito e Xenófanes, ousou questionar a autoridade docente dos antigos que faziam poesia sobre os deuses, quer se chamem Homero ou Hesíodo. Sendo um antiautoritário clássico com propensões autoritárias, Platão quis pôr em movimento um novo começo do evento da verdade, no qual o que valia a pena ser preservado teria direito de existir, ao passo que o descabido — que perfazia a maior parte das histórias antigas — seria descartado com o auxílio de argumentos lógicos e éticos. A estratégia didática de Platão consistiu em apresentar Sócrates, o mestre em fazer perguntas, como petulante criador de dificuldades sem saída: o que quer que o mestre tratasse com o interlocutor desembocava, na maioria das vezes, em aporias ou situações que faziam tudo voltar à estaca zero. O aluno fazia o mestre levar a cabo a "desconstrução", visando criar espaço para erigir a teoria das ideias, que era novidade no seu tempo. Esta deveria se originar totalmente da auto-observação do pensamento durante seu movimento interno: nesse processo, descobre-se que o pensamento avança baseado em conceitos do mesmo modo como o pedestre anda, em dias de chuva, pisando pedras dispostas para isso ao longo do caminho pantanoso. Conceitos proporcionam firmeza à pisada quando os passos seguintes são direcionados para suas implicações lógicas, para os conteúdos postos com o conceito — por mais incertas que sejam as circunstâncias. Se todos os seres humanos são mortais e se Sócrates é um ser humano, percorro a trilha do método sem molhar os pés quando afirmo que Sócrates é mortal. Do voltar-se do "espírito" (*noûs*) para si mesmo decorreu a ideia das ideias com suas consequências ontológicas e teórico-intelectuais.

Da intervenção de Platão resultou o estranhamento entre o divino e o mito, a epopeia e o teatro, bem como a nova descrição do divino como grandeza mental ou noética, discursiva e, em última instância, apenas contemplativamente tangível. A pólis a ser refundada e constituída com base em princípios filosóficos também deveria ser, de acordo com a convicção de Platão, uma totalidade integrada pelo divino (*tò theîon*), e isso em proporção ainda maior do que as anteriores. Daí que, na sociedade ideal — uma espécie de Estado divino logocrático —, as venerandas invenções dos cantores de fábulas a respeito dos deuses não poderiam mais ser narradas sem passar pela censura. Muitas das antigas histórias lançavam sobre os deuses uma luz mais do que duvidosa; com demasiada frequência, os seres celestiais expunham à luz do dia, a exemplo dos mais primitivos dos mortais, brutais desejos de vingança, disputas vulgares pelo poder e uma impulsividade erótica não condizente com o seu status. A comunidade corrompida do Olimpo não se prestava mais como exemplo para uma juventude pós-platônica.

Na sequência, uma pedagogia reformada urgiu para firmar uma aliança com o novo discurso sobre o divino, de contornos ainda imprecisos, mas que já podia ser usado de forma polêmica. Aristóteles, muitas vezes em desacordo com seu mestre, assume a rejeição acadêmica dos antigos, designando-os zombeteiramente *theologoí* ou *mythologoí* — pessoas que narram histórias cognitivamente inválidas sobre deuses e heróis, como se, no caso deles, se tratasse de um seleto grupo de celebridades desatinadas. Aristóteles associou os *theologoí* aos sofistas que foram denunciados por Platão como difusores de mentiras cheias de efeito. No futuro, a licença legítima para ensinar em questões dessa magnitude deveria ser concedida exclusivamente aos filósofos.

Tal mudança de estilo no discurso sobre as coisas divinas deve ter tido o efeito de um escândalo na sua época. Após a difusão, no espaço helenista-romano, da moda filosófica não restrita a uma classe, preponderantemente atrativa para o estrato superior, o *god-talk* sublimado virou receita de sucesso com grande potencial de expansão. Para falar plausivelmente do divino diante de pessoas cultas, era preciso situar essa fala em comparativos absolutos: *excelsior, superior, interior* — mais excelso do que excelso, mais elevado do que elevado, mais interior do que interior. No entanto, a linguagem da verticalidade abstrata não consegue deixar de se apoiar na plasticidade de montanha, nuvem e ave, céu, sol, relâmpago e estrela.

A partir do surgimento da filosofia acadêmica, a melhor *theología* — Platão emprega o conceito uma única vez no segundo livro da *Politeia*[1] — só podia ser apresentada como doutrina das qualidades primárias. Dado que ser bom representa o primeiro predicado de Deus, o divino deveria ser tratado, segundo Platão, do início ao fim em termos agatológicos. Bom é o que difunde coisas boas a partir de si: *bonum diffusum sui*. O bom que se comunica convida à adesão às suas boas qualidades. Todavia, nem tudo que se comunica é bom. Os demais autores que falam em termos tradicionais das coisas divinas (*tò theîon*),

---

1. Ali, todavia, de modo inespecífico no sentido de "discursos atinentes às coisas divinas"; uma equiparação mais explícita de deus (*tò theós*) com o bem (*agathón*) é levada a termo no diálogo *Fedro*.

humanizando no formato épico e declamando no registro dramático ou lírico, metaforizando no quadro das concepções populares de majestade e grandeza, todos eles podem ter dado o melhor de si até o momento, mas não sabem o suficiente para dar ao supremo o "tratamento" adequado. De toda forma, sempre se olhou para cima — não há como negar aos antigos a boa vontade de elevar-se. Mas nenhum deles chegou a entender o que significa "em cima", e até agora ninguém obteve clareza a respeito de como o interior se acopla a ele.

A atribuição exclusiva de bondade ao divino traria consequências fatais após um tempo mais longo de incubação: ela convidou o não bom, o mal, a desempenhar o papel principal em quase todas as coisas terrenas, embora, num primeiro momento, ele tenha sido interpretado apenas como decorrência da ausência do bem. Começando como negatividade vazia, ele se converteu no decorrer do tempo em uma potência contrária que inspirava temor. De que outro modo o diabo teria podido ascender à condição de "príncipe deste mundo" na Idade Média ocidental, um título que se conectava a formulações jesuânicas esporádicas do Evangelho de João (*árchon toû kósmou*) — sendo permitido perguntar como Jesus poderia ter sabido da existência dos arcontes (os administradores de Atenas designados por sorteio e, mais tarde, os "detentores de poder" em geral)? Os teólogos mais antigos de inspiração grega, inclusive João, caso já se possa denominá-lo de teólogo, não tinham mais consciência de que a elevação do mal à condição de potência de direito próprio remontou a figuras da visão de mundo indo-iraniana. Eles se moviam pelo túnel de suas decisões terminológicas prévias, e, na ponta deixada para trás, só se via mais uma débil luz vinda do Oriente.

A cessão de território ao mal teve a vantagem de explicar como Deus podia ser onipotente e, ao mesmo tempo, não querer atuar diretamente contra os males do mundo. Daí a questionável "teoria da permissão", segundo a qual Satanás representava como que um subempreendedor licenciado do bom criador. Ela era questionável porque definia Deus como sem mácula e isento de sofrimento. A *outsourcing* do mal jogou os seres humanos nos braços de alguém bom, bom demais, que não poderia ser responsável por seu reverso. Era preferível ceder o mundo ao poder do diabo a ponderar a ideia de uma falta e da pressão de algum sofrimento em Deus.[2]

No diálogo *Eutífron* de Platão (supostamente composto em torno de 388 AEC), apareceu a expressão *therapeía theôn* para designar algo que se aproximou muito da concepção latina da *religio*. Sócrates a utiliza para circunscrever um campo que seu interlocutor Eutífron, que ele encontra casualmente na rua a caminho do tribunal, conhece bem por sua reputação, que é o da "piedade" (*eusébeia*) e seu manejo. De fato, o divino aparece, tanto na concepção mais antiga quanto na mais nova, por si só, do início ao fim, como uma questão de tratamento e maneira de se relacionar. Ele designa uma questão de solicitude, da reflexão reverente e da observação escrupulosa do protocolo que deve ser respeitado no trato com as potências superiores. Quando essas potências chegaram a ser espiritualizadas no nível exigido pela intervenção platônica, foram dispensadas as transações materiais brutas entre o aqui e o acolá, os sacrifícios sangrentos e os holocaustos — aqueles sacrifícios de fogo sublimes e frustrantes, em que o animal era incinerado inteiro, sem que as partes cozidas pudessem ser consumidas.

No momento em que pretensões mais sublimes passaram a ser articuladas com clareza, tornou-se questionável se ainda podia se acercar seriamente do espaço espiritual um adorador que quisesse continuar presenciando o *faszinosum*, cuja manifestação consistia em que, durante o sacrifício de um bezerro consagrado, as golfadas de sangue esguichassem de sua garganta cortada, descrevendo grandes arcos no começo e enfraquecendo em seguida. Para quem tinha adquirido uma nova noção das coisas, devia ter se tornado evidente que a parada cardíaca de um animal sacrificado (*hostia*) depois de sangrado não provava absolutamente nada em relação à esfera transcendente.

---

2. Uma indicação desse dilema se encontra em Martinho Lutero, que tinha uma fé ortodoxa no diabo, quando observa, em sua exegese do Salmo 117 (1530): "Tenho de conceder, por uma horinha, a divindade ao diabo e atribuir ao nosso Deus o diabolismo: mas isso não converte o dia inteiro em noite."

3
Sobre a religião verdadeira

Setecentos e cinquenta anos depois da intervenção de Platão, indícios dessa tendência no jovem Aurélio Agostinho — naquele tempo ainda cheio de euforias neoplatônicas — desembocaram no conceito da *vera religio*, que é o título de seu tratado apologético de 390, redigido no ócio de Tagaste. Na *religio* agostiniana, percebe-se uma reverberação longínqua, mas nítida, da "terapia" grega (serviço, cuidado, tratamento, culto, adoração).

Também Cícero (106-43 aec), a meio caminho entre Platão e Agostinho, identificou a *religio* com o *cultus deorum*. Não é por acaso que práticas cultuais cristãs são chamadas até hoje de "serviços a Deus [*Gottesdienste*]" — dando seguimento ao sentido correto da preocupação com a adequada *therapeía theôn*. Culto é aquilo que não permite nenhum desvio, nenhum improviso. Em toda parte, era de conhecimento que erros de tratamento podem custar caro desde que surgiram especialistas no trato com o transcendente e o imprevisível — dos mais antigos magos e curandeiros até os vaticinadores e vizires. Os consultores de empresas do nosso tempo são os primeiros a pregar a coragem de errar. A aventura da dogmática cristã começou quando, sob a influência grega, se fez a transição da correção ritual tradicional para uma pretensão de verdade em sentido amplo e até no sentido mais geral possível; deveria abarcar doutrinas cosmológicas, ontológicas e éticas, indo muito além do sentido convencional dado à validade da lei, à correção cultual e à compreensão da escritura.

Na época em que Agostinho palestrava sobre "religião verdadeira", ainda deparávamos com um jovem entusiasta durante seus exercícios filosóficos. Estes deviam incutir a concepção de que a verdade tem seu domicílio no "ser humano interior". Evidentemente havia, já em torno do final do século IV, uma quantidade suficiente de pessoas capazes de associar um sentido à expressão semiesotérica "ser humano interior" (que completava a rodada da Antiguidade tardia com o platonismo e seus derivados); ela designava aquele interior no qual podia ser localizada uma consciência individualizada de culpa e arrependimento, de esperança de redenção e gratidão, mas, sobretudo, de participação na esfera das ideias verdadeiras. "Verdadeiro" ainda preserva um sentido preponderantemente adjetivo, enquanto o substantivo *religio* designa o conjunto de regras a serem ciosamente observadas por um modo de vida que respeita os deuses. "Religião verdadeira" quer dizer, num primeiro momento, um *modus vivendi*, pelo qual os princípios cristãos se tornam efetivos. Eles exigem acima de tudo: distância do realismo tóxico "deste mundo". Reconhece-se o "mundo" no fato de que ele, constantemente, convida a cooperar com o mal.

Sob o teto do cristianismo latino, o termo *religio* continua reservado à vida sob a regra de um mosteiro; na Idade Média, *entrare in religionem* denotava entrar para uma ordem monástica. Em torno do final do século XVIII, Diderot ainda chamava a monja de *la religieuse* [a religiosa]. Quando a intenção era tornar prática a "religião verdadeira", recomendava-se a especialização da fé em um estamento próprio. Somente na vida monástica era possível exercitar a preocupação cristã antiga diante do perigo das faltas morais até a separação completa do "mundo"; a soma das tentações que convidavam à desgraça resultava da equiparação alegórica de mundo e mulher. "Vida verdadeira" significava: antecipação da vida eterna sob condições terrenas — de preferência no isolamento monástico, ocasionalmente em clausuras extremas que, no emparedamento dentro de uma cela, simbolizavam ativamente a corrida antecipada para a morte ansiada.[1]

Enquanto a face da *religio* era marcada pela opção monástica e pela existência de um clero profissional como primeiro estamento, era

---

1. Ver o Capítulo 17 desta edição, "Poesias do exagero: Os virtuosos religiosos e seus excessos".

possível invisibilizar o principal problema moral da geração bipolar do mundo daquela época: como deveria se portar o "ser humano cristão [*Christenmensch*]" — nos termos de Lutero — para assumir responsabilidade pela práxis neste mundo. Fugir do mundo é bom, configuração das relações é melhor. Mil anos depois de o cristianismo chegar ao poder através de sua aliança com os tronos, a retirada para o deserto não podia constituir duradouramente a solução geral. A monarquia cristã do tipo europeu antigo tinha dado o primeiro passo para dentro do campo pragmático; o ultramontanismo do século XIX, o segundo; a *democrazia cristiana* do século XX, o terceiro. Em todos eles, foi inevitável que a *Realpolitik* cristã, enquanto hipocrisia sensível à situação, estabelecesse suas *liaisons* [ligações] com as relações detentoras do poder e propiciadoras do poder.

Foi preciso aguardar o fim da Idade Média para que a "religião" se avolumasse numa nuvem procelosa que se ergueria do Atlântico e obscureceria o clima mental do continente chamado "Europa" — até ali: o Ocidente — que se perfilava depois da viagem marítima de Colombo. Essa nuvem cresceu quando os navios regressaram de todas as partes com notícias de centenas e milhares de povos, cujas formas bizarras de se relacionar com seus deuses às vezes podiam ser lidas como caricaturas da vida de fé europeia. A nuvem se descarregou na forma das guerras confessionais cristãs para obter a certeza da salvação pela força das armas. Passado o longo século XVI — que durou de 1517 a 1648 —, a "classe política", surgida exatamente naquele período, logrou pôr fim às guerras entre os Estados codificados pela religião mediante a paz westfálica, que deve ser interpretada como primeira concessão ao "relativismo" de que Roma se lamenta até hoje.

Nessa época foi possível reconhecer o que acarretou a irrefreável mudança de estrutura e de sentido da concepção de *religio*. A linha de frente da nuvem "religião" não só estava à deriva sobre as paisagens em guerra das potências europeias, que portavam estandartes confessionais católicos e protestantes, e se armavam e marchavam umas contra as outras, como também tornou visíveis inúmeras variantes de crença nos ancestrais e de alianças locais com grandezas transcendentes, na medida em que iam sendo coligidas de todos os pontos cardeais por navegadores, comerciantes, missionários e etnógrafos europeus. Essa nuvem descortinou aos europeus o conhecimento, tão assustador quanto subversivo, de que a terra estava recoberta de cultos bizarros que, sem saber disso, se parodiavam mutuamente. O conceito "religião" como tal passou a conter uma ironia latente. Aos olhos dos descobridores, o planeta Terra não era só a "estrela ascética" habitada por seres humanos do tipo sacerdotal doentio, a respeito da qual Nietzsche falou em sua dedução polêmica dos ideais de autoflagelação[2]; ele parece ser bem mais a estrela supersticiosa, na qual não havia fabulação que não fosse acreditada por alguém.

Em alguns lugares do antigo império, foi transmitida a noção de que ficar parado debaixo de uma macieira na noite de Natal poderia proporcionar uma visão do paraíso; no antigo Tibete, teria havido a crença de que os macacos se transformaram nos tibetanos depois de ter adotado o hábito de consumir o cereal que cai do monte sagrado Sumeru. Os pobres do Haiti acreditam até hoje que o barão Samedi sai do cemitério no Dia de Finados e passeia com seu séquito pelas ruas, fumando e se banqueteando, declamando versos picantes em falsete andrógino. Entre os dorze do sul da Etiópia, existiria a crença de que os leopardos têm dias de jejum e, via de regra, os observam, mas que seria sensato ficar de olhos abertos todos os dias. Entre os *blackfoot* [pés pretos] havia o costume de que um guerreiro em situação de aperto cortava um dedo da mão esquerda e o oferecia à estrela da manhã. Os barasana do rio Uaupés, na Amazônia setentrional, acreditavam que a Lua era constituída de sangue coagulado, que em certas noites ela descia à Terra para devorar os ossos dos homens que se haviam relacionado sexualmente com mulheres menstruadas. No ano de 1615, jesuítas separaram o braço direito de Francisco Xavier do seu cadáver, que era conservado em uma igreja perto de Pangim, em Goa, e o remeteram a Roma, onde ele foi posto em um relicário de vidro e ouro, e exposto

---

2. Friedrich Nietzsche, "Zur Genealogie der Moral, Dritte Abhandlung: Was bedeuten asketische Ideale?", in: *Sämtliche Werke: Kritische Studienausgabe*, v. 5, Berlim, De Gruyter, 2009, p. 362.

na igreja Il Gesù como instrumento de Deus no batismo de numerosos pagãos na Ásia; conta-se que o missionário quase perdeu o braço por necrose depois de ter batizado, em 1544, na costa de Goa, 10 mil pescadores de pérolas em um só mês; em janeiro de 2018, crentes pagaram um assento a bordo de um avião da Air Canada para esse relicário e o acompanharam durante um mês inteiro de uma igreja católica canadense a outra, na esperança de que a proximidade desse braço com poder de cura "tocasse" a maior quantidade possível de pessoas.

Paul Valéry pode ter tido razão quando comentou que nossos antepassados se acasalaram no escuro com todo tipo de enigmas e geraram filhos que pareceram estranhos a estes.[3] Seu único equívoco é que não foram só nossos antepassados, mas também nossos contemporâneos, que abraçam enigmas para gerar fantasmas.

No que se refere a Agostinho (354-430), a princípio ele tinha em mente só o que pairava no ar em seu tempo: ele tomou parte, para falar nos termos de Adolf von Harnack, na "grecização gradativa do cristianismo"[4], embora já para ele, como rétor romano, o grego *koiné* do Novo Testamento tenha sido língua estrangeira por toda a vida. Para ele era evidente que a mensagem cristã por si só exigia traduções — por isso, a seu ver, não devia ficar restrita à grecofonia. Agostinho nem desconfiava de que, com sua doutrina teologicamente bem pensada, difícil de digerir, desencadeara, da predestinação para a salvação e para a condenação, uma avalanche que soterrou grandes parcelas das psicoesferas da Europa antiga e nova por um milênio e meio: a avalanche do masoquismo ontológico.[5] Deste e de seus derivados misticamente extremistas partiu

---

3. Paul Valéry, "Petite lettre sur les mythes", in: *Variété II*, Paris, Gallimard, 1929, p. 228.
4. Adolf von Harnack, *Dogmengeschichte*, Tübingen, Mohr, 1991 [1891], pp. 112 e ss.
5. Em seu *opus* neocatólico *Vom Ewigen im Menschen* [Sobre o eterno no ser humano] (v. I, *Religiöse Erneuerung* [Renovação religiosa], Leipzig, Verlag der Neue Geist, 1921), Max Scheler tratou da estrutura ontomasoquista da "experiência religiosa primária": tudo o que perfaz "o mundo" é, por si só, em virtude de sua colossal amplitude e multiplicidade, pura e simplesmente demais para o sujeito. A isso o sentimento responde: ao lado do imensurável, tudo o mais é absolutamente

a exigência de que minha vontade própria deveria ser anulada para que Deus realmente seja tudo em tudo. Enquanto eu ainda puder dizer eu, supostamente serei um dos espíritos rebeldes que, movido por orgulho e preconceito, contribuo para a consolidação do mundo antidivino.

Em consequência disso, os incondicionalmente crentes — as mães das minorias radicais — quiseram obter, por meio da submissão forçada à superpotência absoluta, sua entrega à soberania do "outro". Há boas razões para criticar a mania de prostração como falsa renúncia ao eu e até para rejeitá-la como forma camuflada de suicídio — contudo, o gesto da autossuprassunção para dentro da totalidade também poderia ser celebrado como entrega ao sentimento de dependência absoluta do abrangente ou de acomodação no leito da totalidade cósmica saudável. No caso dos fundadores da ordem dos jesuítas, principalmente Inácio e Francisco Xavier, evidenciou-se como a ética radicalizada da obediência e do serviço se converteu em mobilização da vontade de expansão. No círculo dos idealistas mais jovens, encabeçado por Fichte e Schleiermacher, a impregnação pelo incondicional foi declarada compatível com a postura ereta — Fichte fundamentou a possibilidade do andar ereto e da postura ereta de modo radicalmente ofensivo, municiando a autorrealização ativa com argumentos antiontológicos: para o ser humano de ação, a realidade exterior, exatamente por ser exterior e imaginada pelo eu, não merece respeito; quem se deixa intimidar por ela não entendeu a si mesmo. O exterior só permanece relevante como material que deve ser forçado a ceder sob a pressão da agressão dirigida pelo dever.

Os religiosos musicais entre os masoquistas ontológicos, desde sempre, buscaram febrilmente sua extinção como se fosse a vitória definitiva contra si mesmos. Tendiam à convicção de que, no caso de aparecerem simultaneamente Deus e eu, um deles estaria sobrando. A solução, em princípio, só poderia consistir em riscar o eu.[6] Isso levou à descoberta

---

nada. Eu sou nada e o que está aí sem mim é tudo — com essa figura tem início a ontologia objetivista. A virada masoquista acontece quando o sentimento alça à condição de senhor o ser do qual gostaria de receber sua extinção.

6. O cânone vinte do Concílio de Niceia (325) evidencia que o cristianismo dos primórdios nem sempre foi um culto de joelhos. Esse cânone prescreve que, nos domingos e no Dia de Pentecostes, a oração seja feita em pé. Fazia apenas poucos

do procedimento de se fazer de morto para dar o passo seguinte como marionete da vontade de Deus, em conformidade com a divisa mística: "Quando não quero nada para mim, Deus quer para mim."

Entre os gregos da Antiguidade, o dilema da coexistência de deuses e seres humanos havia sido solucionado mediante uma clara hierarquia. Quando um ser humano se aproximava demais da esfera divina, falava-se da *hýbris*, a doença da soberba. Ela era curada por meio de quedas. Para os antigos do Mediterrâneo, o mundo representava a queda após altos voos fracassados. Quem se mantinha na zona intermediária — em termos mais singelos: quem permanecia ancorado no cotidiano — resistia à tentação ímpia de alçar voo. A julgar pelo grau de ofuscação, Ícaro, o piloto experimental da fuga do mundo para o alto, foi o parente mais próximo de Édipo.

---

anos que o domingo havia sido declarado feriado obrigatório em todo o império por Constantino, o Grande.

4
Representar deus, ser deus:
Uma solução egípcia

> *Quem voa voa; esse rei Fióps voa para longe de vocês, mortais.*
> *Ele não pertence à terra, ele pertence ao céu.*
> (Extraído dos textos das pirâmides da quinta e sexta dinastias)

A menção a altos voos e expedições antigravidade indica o risco que corriam as teopoesias mais antigas no espaço dos enunciados sobre o altíssimo e as ascensões até ele. Os viajantes não deveriam confundi-lo com o sol empírico nem com o simbólico; as duas fontes de irradiação chamuscam as asas dos que ingenuamente levantam voo nas alturas. Não obstante, narrativas de viagens para o alto e para o além se dirigem a um inconsciente cinético. Este as sente como apelos ao *élan vital* que o puxa para cima, apesar de todas as resistências. Para a vida que almeja expansão e movimento, não há nada mais antinatural do que um repouso demasiado longo. Não há como falar para as pessoas a respeito dos deuses e das enormes vantagens do seu ser sem desencadear o desejo de imitação naquelas dotadas de ressonância espiritual. E, via de regra, há algum jeito de narrar os feitos e sofrimentos dos seres superiores que não brinque com o fogo da emulação? O que é um deus senão também um modelo para o crente e, enquanto modelo, o delineamento daquilo que seu *follower* pode vir a ser? Por que se deveria levá-lo a sério se estivesse residindo somente no dessemelhante, inimitável, inigualável?

É preciso que haja uma familiaridade mínima para instituir o que é denominado de uma "relação". As pessoas se ligam ao divino quando consideram que elas próprias são seres que agem e que dão de si. Elas compartilham a capacidade de ser um início, uma interlocução, mesmo que se trate de um início precedido por inícios, dons e interlocuções anteriores.

Assim que se começa a falar de deuses, principalmente dos celestiais, dos leves, dos sempre superiores, de suas dioceses ontológicas e das frequências extáticas em que são recebidas suas mensagens, surgem perguntas inevitáveis em série: que deus representa que força, que virtude, que conceito universal? Onde começa e onde termina seu território? Quem aparece quando, para quem e de que forma? Pode-se confiar nas formas assumidas pelos deuses ou há os que são suspeitos de usar máscaras? No que mesmo se reconhecem as divindades? Elas realmente estão envoltas, como se diz, em uma aura de mistério? Mesmo que apareçam como pluralidade, elas poderiam ser aspectos de uma divindade única? De que modo podemos nos aproximar delas? Com que meios podemos obter seu apoio e evitar sua ira? Por que é atestado de cegueira querer rivalizar com elas? Quando parecem estar iradas, elas desaprovam o delírio dos seres humanos de se acharem próximos ou iguais a elas? Temor e tremor são de fato as únicas chaves para a sua esfera? É verdade que só se pode crer de joelhos, ou então não se crê de modo nenhum?

É fácil de compreender por que as formas do politeísmo antigo, que podiam ser movidas com facilidade e favoreciam a recodificação, permitiram uma primeira classificação das potências superiores e a diferenciação dos acessos a elas. Da crença politeísta comparativa procederam os primeiros foros de entendimento intercultural e intercultural. O que mais tarde foi denominado de diplomacia certamente surgiu em boa parte de negociações entre sacerdotes de deuses análogos nos bazares de culto do Oriente Próximo antigo; pelo menos ela está prefigurada nestes. No momento em que se conseguiu, como representante de uma potência transcendente, travar diálogo com outros delegados de potências análogas, o tremor se tornou supérfluo, ainda que o temor tenha permanecido em uso como confissão sacerdotal da boca para fora. Mutuamente se admitia que havia mistérios que só se desvelam para poucos. Vistos a partir de fora, esses mistérios se equivaliam como uma *black box* se iguala à outra. A atmosfera da Antiguidade favorecia a convergência dos "aléns", muito antes que os monoteísmos organizados, seja de formato cristão ou islâmico, dessem início às suas expedições. No ano de 173 AEC, os senadores de Roma tinham decretado, com visão de futuro, que os deuses imortais são os mesmos em toda parte (*iidem ubique di immortales*): independentemente de quais povos fossem ser subjugados pela cidade às margens do Tibre, seus deuses deveriam de antemão ser passíveis de assimilação ao panteão romano.[1] Era de se supor, sem maior investigação, que havia deuses em toda parte, porque o *consensus gentium* [consenso dos povos, senso comum] falava a favor disso.

A solução encontrada pelos antigos egípcios para o problema de ser preciso regular a imitação dos deuses e a aproximação a eles continua sendo, milênios depois, a mais impressionante; de quebra, ela fornece a resposta mais sugestiva à questão da aparição adequada do transcendente na imanência. O faraó é aquele ser humano em relação ao qual se torna irrelevante decidir se ele próprio é o Deus ou se ele representa o Deus.[2] Seu "papel", ou melhor, sua posição, precede à diferenciação entre manifestação e essência. Deus já está presente nele antes de sua concepção no ventre materno. Sua existência segue cursos rituais *ab*

---

1. Exceções episódicas à regra não estavam excluídas: sentimentos antiegípcios provocaram, em torno do ano de 52 AEC, a demolição do templo romano de Serápis. Ele logo foi reconstruído, depois de restabelecida a habitual atmosfera ecumênica básica. Augusto continuou achando suspeitos os egipticismos na moda religiosa de sua época. Em casas imperiais posteriores, instaurou-se uma verdadeira egiptomania, por exemplo, na casa de Lívia no Palatino. A filha de Augusto, Júlia, já se rodeara de imagens de estilo egípcio em suas mansões (entre outras, a de Boscotrecase, junto a Pompeia). O atrativo do egipticismo residia em sua capacidade — antecipando o cristianismo — de vestir a ideia da vida eterna com representações vívidas.
2. Robert N. Bellah, *Religion in Human Evolution: From the Paleolithic to the Axial Age*, Cambridge, Belknap Press, 2011, pp. 231 e ss.

ovo. Desde tenra idade ele adota seu comportamento a partir do roteiro escrito para deuses, que assumem o trabalho do Sol — nascer, brilhar, pôr-se, atravessar a noite: o drama teocósmico de cada dia. Na figura do faraó, é antecipado simbolicamente o pensamento extremo de Hegel, segundo o qual a autoexposição do absoluto em uma alma humana autossensível extrapola o limiar que leva ao mostrar-se, para mais tarde chegar ao autoconceito.

Também como Deus em pessoa, como Hórus, como Re, como Sol vivo, como eleito da enéade, o eu real corporifica, por sua qualidade física e moral, o primeiro ator do Egito, de plena posse de duas naturezas que se interpenetram desde antes do tempo. Assim como os deuses egípcios existiram de modo consubstancial e mutável entre si e eram familiarizados com a lógica da substituição recíproca, valia também para o faraó uma lógica não forçada da participação, na qual o ser-si-mesmo abarcava o ser-outro e o ter-outro-nome. De Amon se dizia ocasionalmente ser, ao mesmo tempo, Rá e Ptá, que os três eram um único Deus.[3] Do seu *theologeîon* em forma de palácio o faraó enviava sinais ordenadores ao mundo. Como não havia uma plateia de fato, nem no sentido antigo nem no moderno da palavra, o sentido de suas ações verbais e físicas ficava circunscrito ao âmbito das plausibilidades litúrgicas do templo, aos rituais palacianos e a algumas grandes procissões *coram populo* [à vista do povo]. Tudo o que ele fazia era tido, do início ao fim, como gesto pleno de significado em termos imperiais e cósmicos. Seu "coro" não era o povo escravizado nos campos de ambas as margens do Nilo; ele era composto pelos sacerdotes conhecedores dos sinais, pelos eunucos supervisores e pelos servos do palácio que eram exortados a contar os passos que davam atrás do Deus vivo. O círculo mais estreito dos seus adoradores era integrado pelos especialistas funerários, que cobriam não só as paredes de sua câmara mortuária, mas também o interior do seu sarcófago com escrituras ilegíveis para olhos mortais, palavras primordiais da literatura que voltou as costas para o mundo. O faraó não precisa ressuscitar para ingressar no além; o céu vem até ele

---

3. John A. Wilson, "Egypt", in: Henri Frankfort et al., *The Intellectual Adventure of Ancient Man: An Essay on Speculative Thought in the Ancient Near East*, Chicago/ Londres, University of Chicago Press Journals, 1977 [1946], p. 66.

dentro do sepulcro no lado interno da tampa do sarcófago na forma da Nut estrelada.

No terceiro milênio antes da nossa contagem do tempo, um teatro da singularidade foi inaugurado no Egito, sob os olhos de um céu que se converteu em teoscópio. O modelo para a teoscopia é fornecido pelo Sol apreendido: ele não só brilha sobre justos e injustos, como também guarda na memória o que ilumina. Por não esquecer nada, precisa julgar *post mortem* o que viu. Um diminuto círculo de observação basta, de início, para delimitar o essencial: um olho divino — ou melhor: a pluralidade de olhos, própria do conjunto formado por Atum, Shu e Tefnut, Geb e Nut, Ísis e Osíris, Set e Néftis — era dirigido a um único indivíduo de forma humana. Um *spotlight*, como uma luz do dia em meio à luz do dia, iluminava intensamente aquele ser único, no qual existência e significado eram uma só coisa. O rei é cumulado de atenção transcendente. A divindade fica atenta a ele — o efeito disso é que a aura dessa existência única resplandece com um excesso de luminosidade, mesmo que o príncipe fosse, como pessoa, um potentado obtuso. Sua singularidade não é produto de autorreflexão vinculada ao sujeito, mas efeito da radiação recebida. Um dia na vida do faraó contém o que desde sempre acontece entre céu e terra. Em princípio não tem importância se isso é percebido por muitos — mesmo que, passados cinquenta séculos, com a Declaração Universal dos Direitos Humanos, haja tantos eus formalmente faraônicos quanto pessoas na Terra. Não lhes desagrada candidatar-se à iluminação excessiva. O que conta no início é que o faraó, na medida em que os teólogos da sua corte têm razão, não passa um minuto sem se voltar para o seu Deus e sem estar convicto de que o Deus ou o conjunto da alta enéade observam e animam até o menor dos seus gestos.

De um modo quase natural, os clãs e as tribos de milênios anteriores ao Egito e fora dele haviam acreditado que os ancestrais os observavam de um além bem próximo com olhares penetrantes e julgavam o que eles faziam e deixavam de fazer, e nem sempre com pura benevolência. Houve alguma vez um além que estivesse totalmente isento de ressentimento dos mortos contra os vivos? Estendido sobre as terras às margens do Nilo, o céu se transformou em fonte de emissão e ponto focal de uma observação permanente. O Deus associado ao faraó — ou melhor: o conjunto de deuses que lhe conferia codivindade — enfocava esse ponto-eu único no mundo, alçando-o à singularidade. O observado se entregava à observação, dedicando cada um de seus movimentos às testemunhas transcendentes. Ele enviava sua vida permanentemente para a *cloud* [nuvem] solar.

A constelação Hórus-Faraó ou Re-Faraó, etc. apontou para o campo da "intersubjetividade", antecipando um futuro distante. Ela demarcou um olhar do alto que o detectará onde quer que você esteja. Em seu escrito sobre o olhar de Deus (1453), Nicolau de Cusa explicou aos monges do mosteiro Tegernsee como era possível que o observador representado no quadro pendurado na parede — possivelmente se referindo a uma pintura de Rogier van der Weyden — parecia olhar ao mesmo tempo para todos os que contemplavam o quadro e, não obstante, seguir com o olhar cada um deles quando se movia, como se estivesse recebendo atenção exclusiva.[4]

No início do século XX, o filósofo Helmuth Plessner acrescentou à metafísica do ser observado e do ser discernido uma nota antropológica, ao descrever a posição "do ser humano" como "excêntrica" *per se*: "ele" ou "ela" sempre já estaria postado(a) reflexivamente "ao lado de si", porque ele e ela são capazes não só de olhar em volta para o que os rodeiam, mas, no momento em que veem, também percebem a si como quem está sendo visto.[5] Antropólogos comportamentais contemporâneos complementam isso com esta simples constatação: pessoas que estão sendo observadas se comportam melhor.

Na China atual, os presságios da teoscopia egípcia e ocidental vêm sendo implementados em grande escala no plano técnico-social e

---

4. Nikolaus von Kues, "De visione dei sive de icona" (1453), in: *Die philosophisch--theologischen Schriften*, Lateinisch-Deutsch, v. III, Viena, Herder, 1989, pp. 97-9. Sobre o comentário: Peter Sloterdijk, *Sphären*, v. I: *Blasen*, Frankfurt am Main, Suhrkamp, 1998, pp. 583-96.
5. Helmuth Plessner, *Die Stufen des Organischen und der Mensch: Einleitung in die philosophische Anthropologie*, Frankfurt am Main, Suhrkamp, 2003 [1928].

político-moral.⁶ Cada indivíduo é roteirizado ali como ator ou atriz no drama da Sociedade Harmônica. Ou ele se imbui de seu papel, representando o bom camarada, a camarada exemplar, ou ele chama a atenção, destoando do seu papel. O Estado da vigilância eletrônica se torna um revisor total, ao enviar todo ator, toda atriz, para o purgatório da avaliação individual. A vigilância digital promete levar à perfeição aquilo que sistemas estatais de espionagem e de estímulo à delação em vão buscaram realizar no passado, seja no "Estado de Deus" de Genebra, seja na União Soviética ou na República Democrática Alemã. Contudo, a China se vincula à própria tradição de autoespionagem, retomando, sob uma retórica paleocomunista, métodos da época dos imperadores e de seus informantes místicos.⁷

O jeito faraônico de ser constitui o primeiro modo que corresponde ao que Robert Musil denominou de "a utopia da vida motivada". Nesta é descartado o risco da falta de sentido. Na época do Médio Império, que é considerada pelos egiptólogos como a era do Estado impositivo e policial, os sacerdotes difundem a tese fobocraticamente virulenta de que os deuses observadores dispunham de excessos de atenção para muitos e até eventualmente para todos os mortais. Desse modo, o rei-deus supervisionado foi o primeiro, cujo modelo serviu para transmitir às massas sem conta que viviam ao léu a doutrina de que o que faziam e deixavam de fazer não era assim tão sem importância para as instâncias celestiais como pensam aqueles que supõem não serem dignos de consideração e observação. Como Deus é incapaz de esquecer algo, mas pode muito bem perdoar — embora, antes de tudo, tenha razões para castigar —, aumenta entre os mortais a preocupação com as impressões que deixam no além: dali em diante tudo dependeria da diferenciação entre perdoável e imperdoável.⁸ O Egito inventa aquilo que mais

---

6. Kai Strittmatter, *Die Neuerfindung der Diktatur: Wie China den digitalen Überwachungsstaat aufbaut und uns damit herausfordert*, Munique, Piper, 2018.
7. Jean Lévy, *Les Fonctionnaires divins: Politique, despotisme et mystique en Chine ancienne*, Paris, Seuil, 1989.
8. Sobre o motivo do deus irado e do anseio por justiça como compensação

adiante será denominado de *crença*, incutindo nos muitos que levam a vida de qualquer maneira a noção de que estariam expostos ao olho de inteligências oni-invasivas. Estas fazem um registro por escrito de cada vida. No além, essa vida é julgada segundo os autos e processada de acordo com a correção ritual.[9]

"Religião", para continuar usando, por ora, essa expressão desconcertante *faute de mieux* [na falta de uma melhor], significa a eliminação da despreocupação — poder-se-ia dizer também: a incipiente e aperfeiçoada suspeição da espontaneidade.[10] A acusação contra ela se intensifica principalmente no Agostinho tardio, em condenação *a priori*. Em cada indivíduo aflora em primeiro lugar, entre as emoções suspeitas que lhe são próprias, o ciúme[11], seguido da renitência que não admite receber ordens, nem mesmo as sensatas. As duas emoções recebem a companhia, a seu tempo, do impulso sexual. Juntas elas compõem o trio infernal da psicodinâmica. Como trindade malvada do eu, ela exige que ninguém tenha outros deuses além dela. A sabedoria do monoteísmo foi mostrar um caminho para ceder o eu totalitário a um Deus que franqueia aos eus malvados maneiras de acessar o bem, descentralizando-os, ligando-os a si e tomando sobre si sua maldade — uma tarefa que, no politeísmo, foi resolvida mais facilmente mediante a distribuição do mal por várias agências, nenhuma das quais é de todo diabólica. É preciso precaver-se do habitual juízo equivocado de que Agostinho teria sido original ao entregar-se à sua obsessão pelo pecado hereditário,

---

transcendente para o sofrimento, cf. Peter Sloterdijk, "Der zornige Gott: Der Weg zur Erfindung der metaphysischen Rachebank", in: *Zorn und Zeit: Politisch--psychologischer Versuch*, Frankfurt am Main, Suhrkamp, 2019 [2006], pp. 110-69.

9. Hubert Roeder, *Mit dem Auge sehen: Studien zur Semantik der Herrschaft in den Toten- und Kulttexten*, Heidelberg, Heidelberger Orientverlag, 1996.

10. Salomon Reinach denominou a religião "um sistema de escrúpulos" (*Orpheus, histoire générale des religions*, Paris, L'Harmattan, 2002 [1909]). O que Reinach designa como "escrúpulo" é chamado, em outros lugares, de respeito, temor reverente, alta concentração na execução correta das prescrições rituais. Inácio de Loyola reforçou e diferenciou essa visão ao observar, em suas explicações dos *Exercícios espirituais*, que o adversário impele as almas sensíveis para autoacusações exageradas, ao passo que conduz as almas grosseiras à indiferença, mesmo quando se tornam culpadas das mais graves transgressões.

11. Como ciúme diádico que tem aversão à independência do outro.

de consequências tão graves para o hemisfério ocidental, ressaltando a mácula sexualmente transmissível da *conditio humana*. Dois mil anos antes dele, um escrevente da cidade de Ur, na antiga Mesopotâmia, gravou estas linhas em uma placa de argila: "Jamais uma criança sem pecado/ foi gerada por sua mãe./ Impensável é a ideia de que alguém do povo não tenha pecado,/ desde tempos antigos nunca houve tal ideia."[12] A pessoa crente se sente posta sob observação. Ela olha para cima porque imagina estar sendo observada de lá. Quando uma pessoa quer se tornar crente — em linguagem cristã: quando "luta" para ter fé —, ela se candidata a um lugar entre aquelas que alcançam o privilégio faraônico da observação favorável permanente do mais alto posto de observação. Crença é a impossibilidade de ser irrelevante. Quando pensa tê-la alcançado, essa pessoa se considera integrante da multidão dos bons — mais tarde: dos que foram eleitos para poder ser bons.

No Médio Império do Egito, os eleitos, ou melhor, as múmias do bem, eram aqueles que, após passarem com êxito pelo juízo dos mortos e alcançarem a justificação do balanço de sua vida diante dos juízes, tinham permissão para retornar a suas câmaras mortuárias e, então convertidos, por sua vez, em deuses, desfrutar da imortalidade, do andar livre no espaço, da soberania do status de senhorio do túmulo e do asseio do mesmo por um grupo de sacerdotes ciente do ritual. Não poderia faltar a posse de um pedaço de terra no além; isso permitia aos eternizados que consumissem "o pão dos ocidentais".[13]

Platão introduziu um egipticismo logicamente modificado na tradição europeia antiga. No período subsequente, ainda não tinha nenhuma

---

12. Bendt Alster, *Proverbs of Ancient Sumer*, p. 324, apud Takayoshi Oshima, *Babylonian Poems of Pious Sufferers: Ludlul Bēl Nēmeqi and the Babylonian Theodicy*, Tübingen, Mohr Siebeck, 2014, p. 59 (tradução nossa). De acordo com o contexto, trata-se de um texto para exercícios escolares.

13. Jan Assmann, "Eine liturgische Inszenierung des Totengerichts aus dem Mittleren Reich: Altägyptische Vorstellungen von Schuld, Person und künftigem Leben", in: Jan Assmann, Theo Sundermeier e Henning Wrogemann (eds.), *Schuld, Gewissen und Person: Studien zur Geschichte des inneren Menschen*, Gütersloh, Gütersloher Verlagshaus, 1997, p. 52.

importância especial se o alto observador se chamasse Hórus ou Amon Rá; um deus-presidente chamado Zeus foi reconhecido como colega à altura, seja na condição de fogo pensante, seja na de Zíguios, o protetor da noite de núpcias; um Júpiter Capitolino, aliás, Iovis, pode se postar ao lado dele enquanto ostentar os atributos que o tornam venerável como o Deus das alturas; até para sílabas duplas ásperas, como Donar ou Wotan, deve-se assumir um diplomático vir ao encontro, ainda que para os ouvidos sulistas a germanofonia nunca tenha sido muito confiável. Enquanto no espaço interno do grupo de seres vivos "que detêm a linguagem" os nomes crescem junto com as realidades, no âmbito do supranominado o ponto de partida é constituído por som e fumaça. Só o que é relevante é a acuidade visual penetrante do céu que concede existência e orientação aos seus favorecidos, enquanto condena os desfavorecidos à não existência após o juízo dos mortos — um *monstrum* devora, então, os corações que não passam na prova.

Um dia ocorrerá a união de acuidade visual e energia criadora. Dela falariam os pregadores mais ou menos cultos que, subindo às imitações ocidentais antigas do *theologeîon*, aos púlpitos das catedrais e, mais tarde, às cátedras confessionais, proclamaram, em conformidade com uma lógica manufatureira ontologicamente extrapolada, que, em Deus, olhar, conhecer, produzir, amar e receber seria um encadeamento contínuo de atos.

Os mensageiros posteriores da verdade do alto não atuam, em seus púlpitos e estantes de leitura, como atores no papel de deuses. Eles entram em cena como *theologoí* do tipo elevado, escolado em teoria grega. Apresentam-se como proclamadores da palavra verdadeira em "sucessão apostólica"; investem-se do papel de mensageiros, alegando ter encontrado alguém que tinha encontrado alguém que afirmara que, a seu tempo, tivera um encontro pessoal com o ungido, até que o intercâmbio com ele foi interrompido pela catástrofe salvadora no monte da execução. Em tempos posteriores, o distanciamento crescente em relação ao primeiro elo da cadeia não atrapalhou mais. A partir do primeiro momento, o título de apóstolo serviu como autorização dos proclamadores, principalmente em Paulo, que portava a mácula de pregar aos não judeus um Cristo que ele não tinha encontrado pessoalmente enquanto estava vivo e contra o qual tinha polemizado após sua morte. No entanto, sem a cadeia de testemunhas, mesmo que ela apresente elos problemáticos, não há sucessão; não há sucessão sem a renovada encenação de um encontro, no qual nenhum dos posteriores esteve presente.

O *theologeîon* dos gregos foi restabelecido nas igrejas do Ocidente a partir do século XIII *cum grano salis* [com ressalvas] pelos púlpitos de pregação; a partir dali, quem atuou neles de fato foram teólogos. Como a santa missa não culminava na prédica, mas na transformação, o sacerdote não se viu forçado a entrar flutuando como *deus ex machina* portando máscara. O milagre acontece enquanto ele oficia junto ao altar de costas para a comunidade. De cima do púlpito são explicados, em linguagem popular, os aspectos mais facilmente compreensíveis da encenação do mistério. Via de regra, os púlpitos são fixados em uma coluna um pouco abaixo da meia altura e cobertos por um teto acústico em forma de abóbada; não é raro que sobre este esteja pousada uma pomba; às vezes se contorce sobre o teto um dragão derrotado pela santa ironia.

O que, na linguagem das filosofias mais recentes, é denominado "subjetividade" e "personalidade" pode ser compreendido, pressupondo certa dose de fantasia conceitual, como declinação posterior do modo de existência faraônico, segundo o qual não é possível diferenciar efetivamente entre ser Deus e representar Deus. Por milênios essa diferenciabilidade permaneceu virulenta, apesar de todas as ênfases dadas a sua diferença na unidade, em especial pelo renovado luzir da filosofia grega em embalagens cristãs. Sêneca, contemporâneo de Paulo, lembrou seu aluno Lucílio — possivelmente inventado por ele mesmo — da presença do observador absoluto: "Um Deus está perto de você, com você, dentro de você [*intus est*]. [...] Um espírito sagrado [*sacer spiritus*] possui morada dentro de nós. Ele é observador e vigia [*observator et custos*] dos nossos atos bons e maus. [...] No entanto, não se sabe ao certo de que Deus se trata."[14]

---

14. *Epistulae morales ad Lucilium*, 41, 1-2.

Na palestra de Johann Gottlieb Fichte intitulada *Vom Regenten* [Sobre o regente] (1805), a função do rei é definida como uma espécie de funcionalização pela ideia divina, na qual o detentor do cargo deve se compreender como meio e órgão de execução dessa ideia; é a ideia "que vive sua vida em lugar dele. Só ela o move". Enquanto a ideia calar dentro dele, "ele também cala, pois tem a fala somente em função dela. [...] E nada resta de sua pessoa e do seu currículo de vida que não queime como um sacrifício perene oferecido a ela [ideia]. E assim ele é a manifestação mais imediata de Deus no mundo".[15] O mediunismo existencial de Fichte interpreta a existência do príncipe — em proporção ainda maior do que a do erudito — como a autocomprovação prática permanente de Deus *per reges* [por meio de reis]. "Deus é, diremos, porque eles [os reis verdadeiros] são, e ele está dentro deles".[16]

Até o eu mais profano do nosso tempo carrega dentro de si um eco do modo de ser faraônico, mediador, que é visto e que vê, na medida em que, para o sujeito moderno, ainda se trata, talvez até mais do que nunca, de ser constantemente digno de consideração. Talvez ainda não tenha havido tal quantidade de pessoas conscientes do seu ser para serem vistas — independente de elas satisfazerem ou não as expectativas em relação ao que se considera digno de ser visto. Porém dificilmente ainda haverá algum indivíduo que seja urgido a acreditar que, com base no seu cargo, o aumento e a diminuição das águas do Nilo entre o solstício de junho e o fim de setembro dependem de seu comportamento liturgicamente correto.

---

15. Johann Gottlieb Fichte, "Ueber das Wesen des Gelehrten und seine Erscheinungen im Gebiete der Freiheit", in: *Fichtes Werke*, v. VI, ed. Immanuel Hermann Fichte, Berlim/Nova York, 1971 [1806], pp. 426 e ss.

16. Ibid., p. 428.

5
Sobre o melhor de todos os moradores do céu

De início, a objeção platônica às narrativas populares do comportamento indigno dos deuses e heróis não teve consequências que mereçam menção. Os costumes cultuais gregos não pararam de obedecer às leis da inércia e, na falta de histórias novas e melhores, as mais antigas se mantiveram vivas. A repetição não só é a mãe dos estudos, como também cuida das alianças já bem ensaiadas de orgulho e estagnação.

Só séculos mais tarde começaram a se fazer sentir as consequências da intervenção platônica — mas, então, com acentos fatídicos. Os impulsos de longo prazo da teologia racional que partiram das doutrinas de Platão e seus sucessores poderiam ser remotamente comparados com um protestantismo em solo helenista — motivo pelo qual se observou, com razão, que o platonismo teria se assemelhado a uma atividade não grega, apesar de sua anuência reservada ao erotismo pedófilo. Onde se tornou efetivo, ele gerou enclaves de um processo de sobriedade que reprimiu sua proximidade, anteriormente ainda perceptível, com os cultos de mistério de Elêusis. O mundo superior multicolorido foi neutralizado mediante o tempo, os malfeitos dos deuses foram submetidos à censura, seus retratos, recobertos com tintas condizentes ao *decorum* da bondade unânime de Deus, ou deixados totalmente de lado, do mesmo modo como as igrejas protestantes da Alemanha foram esvaziadas, após 1520, de imagens de santos e estátuas de Maria. Até que ponto podia chegar o esvaziamento ficou demonstrado no livro vi do escrito *A cidade de Deus*, de Agostinho, que nada retém das fabricações das teologias naturais, cultuadoras do Estado e fabuladoras da Grécia e de Roma senão fraseologias desencantadas.

No início, o Deus único oriundo da oficina intelectual da Academia era tudo menos um "Deus normal" para todas as pessoas — ele estava envolto pelo esoterismo de uma abstração sutil, como a que culminou nos sistemas de Plotino (204-270) e Proclo (412-485). E, não obstante, em particular por meio da recepção cristã do platonismo, ficou claro que a rejeição do politeísmo pela Academia, que, sendo nova e parecendo sectária de início, também deveria desembocar na renúncia à autocracia, "ao livre-pensamento e ao polipensamento do homem"[1], que até ali tinham conseguido usar analogias olímpicas e excessos dionisíacos como pretexto. Uma tendência centralista despontou e até um traço monarquista foi ganhando força pouco a pouco — ele favoreceu a analogia posterior de príncipes e bispos. O novo Deus e o vazio em torno dele se coadunaram de maneira tão íntima quanto, em tempos mais antigos, pompa e ostentação pareceram corresponder à sua essência. O verticalismo lógico mirou por cima das alturas visíveis da montanha, da estrela e do Sol do meio-dia na direção de cumes etéreos.

O Deus, o divino, hospedou-se em superlativos. De fato, à luz das ideias, ele só podia ser o uno, ou melhor: a coisa única — melhor ainda: aquele X absoluto, não sendo possível pensar em nada mais simples do que ele. Se fosse possível formar o superlativo de Uno, Hiperuno seria sua cifra. Seria o ponto absoluto totipotente; absoluto porque é capaz de gerar todos os outros pontos e totipotente porque pode ativar, a partir de sua infinita densidade, a possibilidade da gênese em toda e qualquer direção do devir. Dante concebeu, no ponto alto de sua visão do paraíso, o Deus triúno, de modo, matemática e ontologicamente, correto, como um raio de luz simples e superclaro, como ponto e círculo ao mesmo tempo — branco absoluto e todas as cores do espectro; Hegel ainda manteve do absoluto a característica da "pura brancura" (embora tenha tido em vista um absoluto ruim, já que ele ainda era totalmente indeterminado).[2]

---

1. Friedrich Nietzsche, *Die fröhliche Wissenschaft. Sämtliche Werke: Kritische Studienausgabe*, v. 3, Berlim, De Gruyter, 1980 [1882]: "A maior utilidade do politeísmo."
2. Dante Alighieri, *A divina comédia*, Paraíso, canto 33; G. W. F. Hegel, "Phänomenologie des Geistes", in: *Werke*, v. 3, Frankfurt am Main, Suhrkamp, 1986 [1807], p. 51.

Por sua natureza, o divino também é a maior de todas as coisas, a respeito da qual o platônico tardio De Cusa diria: *maximum est unum* [o uno é o máximo].³ Ponto e universo são os extremos, um dos quais toca o vazio, e o outro, a plenitude. Por necessidade de coerência, o divino também é a mais bela de todas as coisas, porque quando ele aparece e ressoa, o ser não poderia ser pensado nem ser real sem aura e *appeal* [apelo]: sua forma bem-acabada não só cativa o sentido matemático, como também anima o senso para a correção estético-moral das boas proporções. De acordo com isso, o demiurgo, o arquiteto do mundo-uno, confere ao cosmos a forma de esfera (*sfaîra*), em conformidade com a lei do *optimum* morfológico.⁴ Onde a proporção está no poder, o direito, o justo e seu superlativo, o justíssimo, não podem estar longe: a esfera do uno tem aversão à violência, ela ordena as coisas por meio de sistemas de equilíbrio, rotações e simetrias — de preferência de uma forma tal que, no caso do composto, a juntura (*hármos*) entre as partes não caia na vista pela desarmonia: como, a partir de si, o divino deve ser o mais antigo (*presbýtaton*) e, ao mesmo tempo, o mais atual e mais recente (*neótaton*), condiz com ele o girar em si mesmo, a dinâmica da boa infinitude; na linha de rotação, cada ponto é um ser que está em cima, que existe agora e que vivencia a si mesmo. E, por fim, porque o divino não pode ser senão o mais sábio (*sofótaton*), o passado e o futuro lhe são transparentes. Ele dá conta das coisas que sucedem no tempo antes de elas acontecerem. Seu temperamento básico é o de uma benevolência universal não invejosa — ele se diferencia vantajosamente

---

3. *De docta ignorantia* I, 5.
4. Digno de nota é que o fato de Platão derivar o belo (*kalón*) da bondade da forma circular inteligível não desempenha nenhum papel especial no "ensaio" monumental de Hans Urs von Balthasar, intitulado *Herrlichkeit: Eine theologische Ästhetik* (Einsiedeln, Johannes Verlag, 1961-1969). Para ele, o belo é uma forma decadente do imponente-glorioso, que a religião denomina o divino; a filosofia, o uno (depois o absoluto); e a estética, o sublime. "Quando o glorioso desaparece, aparece, como produto restante, o comumente assim chamado 'belo'" (*Herrlichkeit*, v. III/1, 1965, p. 14). Sobre a ontologia da esfera, cf. Peter Sloterdijk, "Deus sive sphaera oder: Das explodierende All-Eine", in: *Sphären*, v. II: *Globen: Makrosphärologie*, Frankfurt am Main, Suhrkamp, 1999, pp. 465-592.

do zelo unilateral do Deus bíblico. Este primeiro teve de se despir do *graecum*, antes de entrar em cogitação pelos europeus.[5]

Depois de tudo isso, não é de se admirar que o intelectualismo platônico tenha relegado a narração a uma posição secundária; ela passou a servir de recurso auxiliar que, em forma de discurso provisório, impróprio e figurado, ajuda o espírito a dar conta de problemas residuais. O pensador preservou o suficiente do poeta para deixar um espaço de manobra considerável ao restante alógico.

Estimulada por Platão, articulou-se uma teologia filosófica que suplanta a poesia mítica e sua transposição para o teatro ateniense. Ao lado dela, a "teologia" do Antigo Testamento, do Pentateuco até os livros históricos repletos de massacres, ocasionalmente dá a impressão de uma coletânea de grosserias sacralmente sublimadas, que não tiveram pressa nenhuma de se tornar sutis (por exemplo, Oseias 6,6: "O que me agrada é o amor e não o sacrifício"), enquanto a teologia do Novo Testamento emerge como aporte de inovações bastante cativantes, mas sempre também problemáticas — problemáticas na medida em que a concepção do sofrimento vicário necessariamente levou à ampliação da culpa, enquanto "o primeiro amor de Deus" teve de pagar um alto preço pelo êxito da seita "Jesus é o Messias". Como o Deus bíblico estabelece o amor acima da benevolência, seu temperamento compassivo é ressaltado em termos laudatórios e tocantes nos círculos de seus exegetas; celebra-se sua essência personalizada; enfatiza-se que se pode chamá-lo de você, ao passo que ao Deus dos filósofos se deve condenar o fato de não se poder cantar e dançar diante dele (restando saber que Deus poderia ter algum interesse em ver Heidegger dançando à sua frente). No caso do louvor ao Deus bíblico, desconsidera-se que não há nada que seja tão polemogênico quanto o amor preferencial, e dificilmente haverá algo que ponha tanta lenha na fogueira do inferno quanto a distribuição unilateral da solicitude. Dante foi suficientemente teólogo para registrar, sem rodeios, o indizível por escrito, com a liberdade do

---

5. Kurt Flasch, "Der Gott der Väter", in: *Warum ich kein Christ bin. Bericht und Argumentation*, Munique, C. H. Beck, 2013, pp. 157 e ss. Cf. também Peter Sloterdijk, *Gottes Eifer: Vom Kampf der drei Monotheismen*, Frankfurt am Main, Verlag der Weltreligionen, 2007.

poeta que faz as pedras falarem. Seu portão murado que dá acesso ao inferno admite o que não é possível evitar no universo de um Deus que ama demais e é contemplativo de menos: "Fui feito por poderes divinais, suma sapiência e supremo amor." "Abandonai toda esperança, ó vós que entrais!"[6]

Nada se opõe a definir a teologia filosófica como literatura de segunda categoria. Ela encontrou seu primeiro pátio das musas [*Musenhof*] entre os amigos das ideias, na periferia de Atenas na virada do século IV para o V.[7] O fato de tratar-se de poesia de cunho lógico, que podia ser parafraseada e discutida em prosa, pouco altera o seu caráter de poesia. Nem mesmo após sua passagem para a conceitualidade abstrata, a teopoesia, em nenhum momento, abandona o domínio do inventado, cavilado, extrapolado. Ela permanece tributária da fantasia até a sílaba mais insignificante. Como poesia originária das razões últimas, ela pulsa entre o ponto e o universo esférico; o ato criador do Deus dos filósofos equivale a uma tarefa matemática na geometria esférica. Ela só consegue ser suplantada em termos formais pela teologia negativa — esta não se faz de rogada, visto que estava implantada nas alusões de Platão ao supraexistente indizível. Ela se desdobra a partir do médio platonismo, via Plotino, Proclo e Pseudo-Dionísio Areopagita, até os pensadores da alta Idade Média que ocasionalmente são subsumidos na vistosa expressão "místicos". Como discurso sobre um Deus sem qualidades, essa teologia negativa constitui uma terceira teopoesia. Seus amantes afirmam que, por sua hierarquia, ela seria a primeira, por estar mais à altura do indizível do que qualquer discurso positivo, por mais elevado que seja — não importa se acertado ou não. Na teologia negativa, Deus está rodeado de coros de negações. Eles deixam o não objeto puro e simples fora do alcance de declarações afirmativas, mesmo que estas lhe confiram extrema eminência. Para quem quiser juntar sua voz à litania, a melhor maneira de fazer isso é entrando para

---

6. "Fecemi la divina potestate, la somma sapienza e il primo amore" (original em maiúsculas), *A divina comédia*, Inferno, canto III, versos 4-6, 9 [trad. Fábio M. Alberti, São Paulo, Nova Cultural, 2002, p. 17].

7. Hermann Schmitz, *Der Weg der europäischen Philosophie: Eine Gewissenserforschung*, v. 1: *Antike Philosophie*, Baden-Baden, Verlag Karl Alber, 2007, pp. 139-58.

a vida monástica. Esta propicia ao monge tempo suficiente para dizer tudo o que Deus não é.[8]

Extrapolações desse tipo cobram um preço. Da tendência monarquista e supremacista da teopoesia mais exigente em termos lógicos resultou uma depreciação dos deuses populares. Isso aconteceu entre os gregos em uma situação em que a ironia urbana procurava dificultar a vida dos olímpicos. Basta folhear uma obra como *Haì nefelaí* (*As nuvens*, encenada em 423 AEC), do comediógrafo Aristófanes para compreender o quanto havia avançado, na cidade de Atenas, o ceticismo irreligioso. A peça provou que os eruditos do primeiro Iluminismo não compravam mais as histórias do poetas míticos: as nuvens subiram ao palco como coro e declararam ser elas, e não Zeus, que provocavam as tempestades. Para isso, Sócrates fornecia as instruções sofistas do alto, pendente do *theologeîon* em blasfema comodidade. A peça teatral ilustrou como a inteligência satírica da pólis ridicularizou os novos "amigos da sabedoria" em suas "lucubrações [*Denkereien*]".[9] Expôs as coisas como se os "novos filósofos", sem excetuar Sócrates, atuassem nas querelas judiciais crônicas entre os cidadãos, do início ao fim, como advogados da causa menos digna e que deveriam ser expostos como *cattivi maestri* [maus professores] — o que não era uma acusação de pouca monta em uma época que tinha começado a descobrir a *paideía*, a arte de formação de crianças da pólis a caminho da idade adulta como problema-chave da civilização superior e do papel de liderança de Atenas nela.

Entre os pensadores do século VI já havia sido iniciada uma crítica ácida ao antropomorfismo das imagens de deuses. Xenófanes afirmou que, se bois ou cavalos pudessem desenhar deuses, estes se assemelhariam inteiramente a bois ou cavalos. A sentença tendia a se reproduzir autonomamente. "Se triângulos fizessem um deus para si, eles o dotariam

---

8. Pseudo-Dionísio Areopagita, *Sobre os nomes divinos*.
9. A nosso ver, a expressão "*Denkerei* [lucubração]" remonta à tradução que Ludwig Seeger fez de Aristófanes no ano de 1845; Bazon Brock lhe conferiu novo sentido para sua escola berlinense, instalada em 2012.

de três lados."¹⁰ Isso já não distava muito de uma teoria explícita da projeção, que serviria para explicar o surgimento de deuses mediante o desalojar de atributos terrenos tendo o céu como pano de fundo — sempre mediante recurso à personificação, imprescindível para poetas e teólogos. A esse motivo da antiga crítica à religião o século XX não conseguiu acrescentar muito mais, salvo a derivação das projeções de condições/estados da primeira infância e também pré-verbais, especialmente daqueles que surgem no limiar da aquisição da linguagem. Todo ainda-infante vivencia o que é voltar-se, a meio caminho da linguagem, para um ser superpoderoso que não reage a todo e qualquer pedido de socorro e só pode ser manipulado sob certas condições — primeiro ele fica com raiva, mais tarde desesperado e, por fim, resignado, mas então consolado e grato, quando o bom objeto, invocado aparentemente em vão, acaba vindo.

A gaia ciência das projeções atingiu seu ponto alto nas descrições pormenorizadas do paraíso na era do barroco europeu. Em sua obra *Die Wunder der anderen Welt* [As maravilhas do outro mundo] (1614), o teólogo francês François Arnoult descreve um além em tudo inspirado na pompa da vida cortesã. Faz Cristo em pessoa dizer: "Meu paraíso é o Escorial dos anjos, o Louvre dos bem-aventurados." Pintores posteriores do paraíso projetaram candidamente as alegrias da *courtoisie* [vida cortesã] terrena nas formas de tratamento dos santos e bem-aventurados entre si; as orelhas dos redimidos se alegram com a música como se esta fosse transmitida diretamente dos salões dos grandes terrenos para os salões do além. De todo modo, o paraíso teve de esperar pelo "visionário" Swedenborg, para que nele tivessem permissão de ingressar os privilégios matrimoniais; ele asseverou aos leitores suas revelações pessoais, isto é, que o intercurso terreno transmite apenas uma vaga noção das delícias da copulação dos anjos.¹¹

O surgimento da teologia filosófica apresentou os traços de um empreendimento conservador. Platão pode figurar como testemunha da

---

10. Montesquieu, *Cartas persas*, 1721, carta 59.
11. Cf. Bernhard Lang e Colleen McDannell, *Der Himmel: Eine Kulturgeschichte des ewigen Lebens*, Frankfurt am Main/Leipzig, Insel Verlag, 1996, pp. 288 e ss.

regra de sabedoria para tempos de mudança, segundo a qual a melhor forma de lograr a conservação é a modernização.[12] Essa teologia trouxe o conhecimento de que a causa divina só poderia ser ganha mediante novos meios. O primeiro destes era o que Platão chamou de *philosophia* — que devia ser entendida primeiramente como uma autoprospecção de matiz autoerótico, de estilo matemático, de roupagem dialógica do intelecto ou então da alma pensante (*noûs*), de sua ação (*nóesis*) e de seu meio (*nóema, eîdos, idéa*); sua meta era obter para o espírito humano a participação no *noûs* divino — mais exatamente, converter a participação inconsciente ou esquecida em participação consciente e lembrada; tornou-se efetivo aí o legado órfico e pitagórico que conjurou um além composto de números, figuras e acordes.

Isso, de resto, prova o seguinte: a "descoberta do inconsciente" não é uma proeza epistemológica levada a cabo em Viena por volta de 1900 (graças a alguns prelúdios na metafísica pós-idealista do século XIX, especialmente em Schelling e Schopenhauer); ela é parte das implicações mais longínquas das doutrinas de Platão, que começaram a se disseminar a partir do ano de 380 AEC, a princípio em formas quase imperceptíveis, chegando a ser herméticas. Baseavam-se na tese de que, em sua ocorrência cotidiana, o ser humano seria um ser que, sob condições pós-natais, não só esqueceu a visão pré-natal da essência, como também a deixou intencionalmente de lado em favor de "ideias mortais".

O segundo meio foi "o filósofo" em pessoa; ele surgiu da reequipagem do rapsodo — do recitador de Homero ou do iatromante (hoje se diria: do cura d'almas ou do xamã) — em docente, que expunha aos seus clientes como reelaborar "problemas" (de *probállein*: levantar um tema) em intuições estáveis, pressupondo a dose necessária de paciência. Seu rival se chamava o "sofista", que hoje é chamado de "intelectual" ou o "especialista", um ativista da comunicação, que difunde entre as pessoas verdades fáceis, em parte por engajamento, em parte mediante pagamento. Platão pensava de modo suficientemente realista para descartar do seu *curriculum* a pressa. Um homem que quisesse

---

12. Outros exemplos disso se encontram por ocasião do surgimento do budismo *mahayana* e da reinvenção do judaísmo como religião rabínica pós-cristã.

pertencer à elite, inexistente até prova em contrário, devia ter alcançado a idade de cinquenta anos antes de poder estar maduro para ter uma visão consistente do *agathón*.[13] Quem quisesse visualizar a verdade real deveria ter se tornado desprendido como um morto.

Desde as doutrinas sapienciais e as exaltações filosóficas, o mediunismo pessoal e o mediunismo técnico estão interconectados, mesmo que muitas vezes em conflito. O primeiro, arcaico, permite o *channelling* [canalizar] do supramundo através de um eu condutor, seja ele um feiticeiro, um vidente ou um cantor, seja um poeta ou um vaticinador; o segundo, mais moderno, oferece a aquisição de um software que conduz os seres pensantes para junto de algo superior. Platão propagandeou sua doutrina dando a entender que a iluminação poderia ser aprendida mediante a ligação de destreza e entrega ao Logos.

---

13. *Politeia* 473a-e.

6
Poesias da força

Depois do que foi dito, parece plausível a hipótese de que "religiões", onde quer que deparemos com seus ritos, seus mitos, suas doutrinas, seus escritos, suas instituições e o pessoal a serviço delas, devem ser entendidas como produto da imaginação local. Uma fábula compreende a outra. Henri Bergson as denominou de as obras de uma "faculdade fabuladora" natural.[1] Onde se pensa assim, a tendência para a produção de religião aparece como uma cor natural no espectro do conhecimento humano. De acordo com isso, catedrais seriam fábulas feitas de material mais sólido; sacerdotes, atores absorvidos por seus papéis; os mártires, aprendizes de feiticeiros que não retornam de suas viagens ao além; e os teólogos, dramaturgos que se ocupam da gramática das fábulas.

A concepção segundo a qual religião e imaginação projetiva andam juntas passou a ser a opinião quase predominante entre os eruditos da civilização ocidental. Poder-se-ia até acreditar que uma carta discreta da Antiguidade, postada por pensadores como Xenófanes, Epicuro, Lucrécio, teria sido entregue às massas modernas, passando por agências intermediárias como Spinoza, Hume, Diderot, Feuerbach, Bauer, Marx, Nietzsche e Freud. Na sucessão destes, neurólogos especulativos se tornaram assunto, principalmente Pascal Boyer e Michael Shermer. A seu ver, "o cérebro humano", aliás, *the believing brain*, constitui, graças a uma pré-programação inata, um aparato de produção de convicções

---

1. Henri Bergson, *Die beiden Quellen der Moral und der Religion*, Hamburgo, Meiner Felix Verlag, 2018 [1932].

que remete a agências transcendentes.² Entre os módulos cerebrais pertinentes se encontram os que estão pré-configurados para a comunicação com entes ausentes: basta iniciá-los mediante a participação em uma cerimônia formal em memória dos mortos. Uma vez postas em marcha, essas áreas tendem a desdobrar-se em uma vida interior *sui generis* por meio de autoestimulação autônoma. A sensibilidade para a transcendência seria um dote recebido de cérebros androides suficientemente inteligentes para contar com a existência de inteligências de estrutura superior. A frase "como no céu, assim também na terra" (*hôs en ouranô kaì epì gês; sicut in caelo, et in terra*)³ tem a ver com o despertar da atenção de uma inteligência contingente para uma inteligência necessária — necessária na medida em que tudo o que se encontra dado, aliás, a natureza ou então o coexistente, almejaria ser concebido como *opus*, isto é, como obra e artifício de uma inteligência competente para tudo o que é real.

A primeira convicção inteligente que brota no interior de seres que se abrem para o mundo — e ela não é só fabuladora —, sem dúvida, é a de que, no mundo, há uma força que age e forças que agem dentro e fora de nós; conceber sua ação como atuações e "sinais de vida" põe em cena o desempenho inicial da poesia; a metáfora primordial "atuação" faz com que, num primeiro momento, tudo o que acontece seja entendido como tendência e ato. Tudo vive, tudo é povoado por focos de emoção, "tudo está cheio de deuses". A suposição universal de forças ativas é anterior à diferenciação entre subjetivo e objetivo; essas forças constituem um concerto permanente de energias malévolas e amistosas. Em antigas concepções de energia, não há como separar física e mundo da fábula; por ora, acontecimentos neutros e sem autoria parecem impensáveis. Em contrapartida, bem cedo já se percebe isto: energias existem em contínuos e descontínuos; ocorrem essencialmente no plural e limitam umas às outras, exigindo distinções. Onde principia

---

2. Pascal Boyer, *Und Mensch schuf Gott*, Stuttgart, Klett-Cotta, 2017 [2002]; Michael Shermer, *The Believing Brain: From Spiritual Faiths to Political Convictions. How We Construct Beliefs and Reinforce Them as Truths*, Londres, Robinson, 2012.

3. Mateus 6,10.

a racionalidade — ou seja, tradutibilidade de saber em poder fazer e de poder em querer saber mais e poder mais —, força é entendida por meio de força.

A arte de afirmar interconexões, mais tarde designada lógica, entra em cena como produto derivado do entendimento analógico. Analogias criam o tecido conjuntivo das coisas. O que é chamado de mundo se aclara como um quadro panóptico de relações modais e ocorrências que sempre aparecem em associação com outras. Quem vê uma tromba cinzenta e áspera pode, via de regra, inferir dela um elefante inteiro. O que se manifesta como grandeza identificável é, num primeiro momento, algo com a aparência de algo que tinha praticamente a mesma aparência. Nietzsche supôs que se tenha tratado de uma vantagem, em termos de sobrevivência, o fato de um ser humano das priscas eras não se deter muito tempo nas pequenas diferenças, mas, em caso de similaridade, logo inferir igualdade. O grande entorno, que os fenomenólogos denominaram o "ambiente em que se vive [*Lebenswelt*]", constitui um *delirium* das semelhanças. O que se reconhece é o que se lembra. Como "substância" se mantém aquilo que só é igual a si mesmo; chama-se de absoluta a substância que só pode ser comparada consigo mesma e com nada mais.[4] O mundo é, antes de tudo, aquilo que é sustentado pela redundância; na maioria das vezes, ele volta para nós a face do tédio amistoso para com a vida. O sempre igual protege os seus da novidade sob o sol. Todavia surgem conexões também por meio de representações em rápida sucessão: um pescador de Nova Guiné que retorna de sua saída ao mar sem ter pescado nada se pergunta quem terá posto um feitiço em suas redes; então ele avista um visitante de um povoado vizinho; imediatamente surge a ideia de que aquele homem é o feiticeiro; na primeira oportunidade, ele o ataca e o mata.[5]

Assim que se faz necessário dar conta de acidentes, catástrofes e das impressões causadas por estes no interior da pessoa, somam-se cultos que tentam interagir com as forças desenfreadas; surgem artes, nas quais se

---

4. Nicolau de Cusa: "O não outro não é outra coisa que o não outro."
5. Segundo uma fonte encontrada em Lucien Lévy-Bruhl, "Das Gesetz der Teilhabe" (in: Leander Petzold [ed.], *Magie und Religion: Beiträge zu einer Theorie der Magie*, Darmstadt, Wissenschaftliche Buchgesellschaft, 1978), p. 4.

transmite certo conhecimento no trato com o surpreendente e o horrendo. Por sua natureza, a morte é a surpresa mais esperada. Quando emerge a "religião", entra em cena o não saber fazer competente. Embora o morrer não possa se tornar algo que se sabe em sentido próprio, pode-se exercitar o estar preparado para aquilo que não se tem como saber. Quem invoca o céu ambivalente — a origem das circunstâncias favoráveis e das interrupções desagradáveis — expressa a disposição e até a expectativa urgente de ser protegido, ser salvo e reintegrado em caso de necessidade. Porém as expectativas humanas em relação ao céu seriam mal compreendidas caso não se tome conhecimento de que os mortais também gostariam de ser surpreendidos pelo que é bom. O fato de o céu não oferecer certezas em nenhum dos dois sentidos lhe é creditado como soberania. Mas o fato de, vez ou outra, ele não decepcionar inteiramente as esperanças nele depositadas o mantém em ação como interlocutor a ser invocado — até que o espírito da autoajuda e de sair em busca de aventuras próprias o alivia desse peso ou o tira de cena.

Ter como referência aquilo que é superior constitui uma forma de parentesco e vizinhança, e aquilo que é aparentado e vizinho pode ser domesticado simbolicamente em alianças. A arte de fazer alianças perfaz a metade da cultura. Como as forças suprapessoais percorrem ciclos de debilidade e de fortaleza em seu ser-em-si obscuro, elas necessitam de parceiros humanos para melhor se regenerarem — isso é atestado pela antiga tradição do sacrifício de fundação [*Stiftungsopfer*] com o intuito de oferecer apoio a um além debilitado. Mais frequente é o caso de mortais que, em suas fases de fraqueza, rogam o auxílio de fontes superiores de força — organizando, nesse caso, sacrifícios de súplica que o Iluminismo não foi o primeiro a interpretar como tentativas de subornar o além. De fato tais sacrifícios obedecem, desde sempre, a uma lógica de especulação com a indenização: se alguém cortar o próprio dedo, talvez os deuses desistam de se apossar do eu inteiro.[6]

---

6. Sobre o motivo do "sacrifício do dedo" como sacrifício *pars pro toto* [a parte pelo todo], cf. Walter Burkert, op. cit., pp. 52-6. Os aqui assim chamados sacrifícios de fundação [*Stiftungsopfer*] constituem o aspecto humano de transações com as grandezas transcendentes. Eles seguem a lógica "*do ut des* = dou para que dês", sendo que eles contam com que os deuses dependam de ofertas.

Deste ponto em diante, poderíamos nos associar à narrativa sistemática de Hegel a respeito do desenvolvimento das "religiões" a partir de primórdios mágicos: elas constituem acordos ascendentes oriundos de negociações entre as experiências do espírito consigo mesmo e as experiências do espírito com objetos e suas experiências de resistência; por meio de "trabalho" — isto é, de tocar, falar, escrever, viajar, lutar, produzir, ordenar e obedecer —, esse espírito vai se constituindo em múltiplos formatos do completo ser no mundo. Assim que os seres humanos percebem que metas sublimes estão ao alcance da mão, eles deixam de se comportar apenas como a parte fraca da relação com forças superiores. Do mesmo modo que a alavanca mecânica atua como um ganho de força para mover pesos de resto totalmente inamovíveis, também o espírito, a princípio mágico, depois técnico e político, se mostra como um ganho de força para obter poder sobre fenômenos individuais da natureza e da cultura. O polo subjetivo ganha força ao conceber deuses, cujo culto exige um elevado conhecimento por parte dos mortais — como o exercício de poder em chancelarias principescas, de comando sobre tropas ou a execução de ritos complexos em cultos mágicos e missas semimágicas, nos quais os executantes, na maioria das vezes, já nem sabem mais o significado dos elementos individuais do culto. Na construção medieval de catedrais, um eu-posso altamente desenvolvido se confronta com um infinito pensado quase até as últimas consequências. A crença na efetividade de ações faz jus, vagamente, ao fator existencial "força em geral", mesmo quando não se sabe como uma ação exerce influência sobre a outra. O moralista francês Rivarol (1753-1801) estava no encalço de tais fenômenos quando observou o seguinte, a título de preâmbulo à era técnica: "O mundo está cheio de forças tão somente em busca de uma ferramenta para se tornar poderes."

O poema "Prometeu" do jovem Goethe (1772/1774) conceitua com precisão a venalidade do além: "De sacrifícios/ e orações/ nutristes parcamente/ Vossa Majestade,/ e passaríeis fome,/ não fossem crianças e mendigos/ loucos incorrigíveis." A isso responde o *Diálogo do pessimismo*, da Mesopotâmia antiga: "59 Não sacrifique, senhor, não sacrifique. 60 Você pode ensinar seu Deus a correr atrás de você como um cachorro." Apud W. G. Lambert, *Babylonian Wisdom Literature*, Oxford, Oxford University Press, 1960, pp. 147-9.

O protótipo do *empowerment* se evidencia no agir heroico; paradigmaticamente ele veio à tona nos feitos de Hércules, a respeito do qual Hegel observou: "Ele é individualidade humana, de fato deu duro para chegar lá; com sua virtude, ele conquistou o céu. [...] Assim a individualidade espiritual dos heróis se situa acima da dos próprios deuses."[7] Sua vantagem foi ter realizado um trabalho real, embora nem sempre no sentido construtivo. Um sujeito hercúleo tardio foi Robert Oppenheimer, a quem, após a detonação da primeira bomba atômica com núcleo de plutônio em Los Alamos, no alvorecer do dia 16 de julho de 1945, ocorreu versos da *Bhagavadgita*: "Agora me tornei a morte, o destruidor dos mundos."

Nos supramundos das altas culturas do primeiro milênio antes da nossa contagem do tempo, os limites do humanamente possível são expandidos ao extremo em uma nova espécie de extrapolação. O que transcende tudo o que os seres humanos conseguem realizar, mesmo que eles tenham superado a si mesmos como heróis, sábios e santos, é projetado, em forma de virtudes divinizadas, para um céu que não deve mais ser concebido somente em termos cosmológicos. Tal céu não serve mais como mera contraparte perene da terra; ele não é mais a unidade imaginada de abóbada diurna e noturna com todo o pessoal astral, mas um "outro-lado" supra-astral. Constitui o código para transcendência. Mediante a projeção das capacidades que apareceram na autoexperiência humana — sensatez, justiça, amor, lucidez e amabilidade para com o estrangeiro — para algo que está situado em um plano mais elevado do que as alturas baixa e média das conhecidas zonas dos espíritos, deuses e elementos, surgem tensões verticais que expõem o indivíduo, com o olhar voltado para cima, a uma nova espécie de sobrecargas formadoras do eu.[8] As virtudes metafísicas fazem surgir os primeiros extremismos e seu endereçamento a um sistema espiritual supraceleste.

---

7. Georg Wilhelm Friedrich Hegel, *Vorlesungen über die Philosophie der Religion II*, v. 17, Frankfurt am Main, Forgotten Books, 2018, p. 108.
8. Sobe o conceito "tensão vertical", cf. Peter Sloterdijk, *Du mußt dein Leben ändern: Über Anthropotechnik*, Frankfurt am Main, Suhrkamp, 2009.

Eu deveria ser mais sensato do que jamais poderei ser; isso alça ao último céu a inteligência idealizada como forma perfeita da sensatez; se eu fosse tão sábio quanto deveria ser, eu poderia existir já em meu tempo de vida como imagem fiel do intelecto arquetípico que entende mais do que jamais haverá para entender e calcula mais do que jamais haverá para calcular. Não bastasse, por estar comprometido com a sensatez, eu deveria ser mais justo do que jamais me será possível, enquanto, cativo em minha pele, eu for partidário da minha visão das coisas; isso faz da justiça perfeita um princípio divino, quer este se chame *Ma'at* ou *Díke*, *Iustitia*, *Tao* e outras instâncias, graças às quais se conjura um apartidarismo supra-humano, bem inumano. Pelo fato de a justiça se restringir a proporções exteriores e jamais bastar ao indivíduo, eu deveria ir ao encontro de seus objetos individuais com amor, e isso numa dosagem maior do que jamais serei capaz de oferecer; isso faz do amor no modo da *caritas* o mais divino e arbitrário de todos os poderes celestes. O elemento da justa injustiça no amor se torna visível quando sou preferido ou preterido independentemente de a preferência ou a preterição serem merecidas.

Além disso, eu deveria ser mais atento do que um ser passível de fadiga é capaz; isso faz do Deus real o observador sempre alerta; ele encarna a utopia da insônia que rompe a cumplicidade da noite com o crime.[9] Corresponde-lhe a moderna exigência de transparência. Por fim, eu deveria ser capaz de tratar todo estrangeiro como um dos nossos; desse modo, o mundo como um todo se converte em um refúgio simbiótico, povoado por estrangeiros e falantes de línguas estrangeiras, que, no final das contas, não podem permanecer tão estranhos a nós e aos quais o indivíduo, quer queira, quer não, fica devendo para sempre coisas essenciais.

Ciente de estar ligado a um supramundo desse nível de exigência, o céu estrelado sobre mim e a lei moral dentro de mim compõem uma soma de imperativos que gera tensões insuportáveis. O conceito comum de educação a minimiza, ao apresentar as metas ideais de

---

9. Raffaele Pettazzoni, *Der allwissende Gott: Zur Geschichte der Gottesidee*, Frankfurt am Main, Fischer, 1960.

formação como grandezas a serem alcançadas de modo aproximado. O personagem Manto, de Goethe, falou com bastante sinceridade sobre a essência do extremismo humanista: "Amo quem deseja coisas impossíveis." A isso responde uma conhecida tese grega: o ser humano que não é exigido não tem parte na *paideía*.

7
Habitar plausibilidades

A antropologia mais recente constitui, em todas as suas ramificações, o resto em formato científico da atividade que os entes humanos, desde sempre, realizaram para explicar a si mesmos, quem são, de onde vêm, ondem vivem, com quem e com o que estão e para que foram criados.

Seres humanos existem como entes antropopoéticos. O que quer que façam é parte de sua antropodiceia local. Eles fazem avançar sua humanização — e a destituição do inumano —, assimilando-se ao que "imaginam" que seja superior a eles. Há muito têm consciência de algo neles que os extrapola. Blaise Pascal resume a experiência do estar aberto para cima na seguinte frase: "O homem ultrapassa infinitamente o homem."[1]

O ultrapassar não se refere apenas à abertura mental passiva para realidades que "se mostram". Sendo uma aquisição adicional de capacidade e poder obtida mediante esforço, ele gera efeitos reais discretos. A realidade como tal se mostra no desnível entre poderes de diferentes níveis do ultrapassar. Por sua natureza, este não se efetua de forma permanente nem como atualidade duradoura. Na maioria das vezes, permanece virtual e, via de regra, já passou quando alguém se dá conta dele. É só de ouvir falar que muitos sabem da existência de algo como o transcender. As pirâmides do Egito e de Iucatá constituem monumentos obscuros de práticas incompreensíveis de

---

1. "L'homme passe infiniment l'homme" (*Pensées*, 1670, § 434) [Blaise Pascal, *Pensamentos*, trad. Pietro Nassetti, São Paulo, Martin Claret, 2004, p. 215].

ultrapassagem; as catedrais medievais encontram-se nas cidades da Europa como resquícios de um impulso para o alto que se tornou ininteligível. As cidades-templo da Ásia provam em que proporção a imersão meditativa se coaduna com a vontade de construir torres. Na maior parte do tempo em que vivemos, movemo-nos por paisagens mais planas, descontando a edificação de alguns *high-rises* [arranha-céus] como totens da urbanidade moderna. A tese de Pascal só é verdadeira em conexão com a antítese: o ser humano fica aquém do ser humano, não infinitamente, mas de quando em quando, de modo profundo e sem perspectiva de inversão da última posição com a primeira.

Acordos relativamente estáveis entre tendências de ultrapassar e de ficar aquém são representados pelas "culturas" que, até "havia pouco", se organizavam preponderantemente em forma de tribos e etnias. Sua realização essencial consistiu em integrar seus membros em compartimentos simbólicos onicompetentes. Elas supriam os seus com narrativas, rotinas e hábitos para repelir o medo, com cozinhas e artes, com festas e figuras de inimigos. O conjunto de sua realização deve ser descrito como transmissão de *fitness* [aptidão] relativa ao ambiente de vida. Elas situaram os seres humanos em um espaço de familiaridade, sitiado por um anel de coisas desconhecidas, de inquietação e insegurança; entre as esferas do conhecido e do inquietante-transcendente navegam os caracteres anfíbios que, na qualidade de curadores e videntes, têm conhecimento dos fatos de ambos os mundos. Hölderlin conjurou o construtivismo primário das culturas com seu hino *In lieblicher Bläue* [Em anil amoroso]:

> Repleno de méritos, porém poeticamente,
> mora o homem sobre esta Terra.[2]

---

2. Trad. de Flávio Kothe, disponível em: https://periodicos.unb.br/index.php/esteticaesemiotica/article/view/11843/10396. [N.T.]

É bem conhecida a intensidade com que Martin Heidegger explorou esses versos.[3] Em contraposição, a maneira de traduzir o discurso semimitológico do "morar" para a concepção da estada em "estruturas de plausibilidade" formadoras de coletividades foi aclarada pelos sociólogos austro-estadunidenses Peter L. Berger e Thomas Luckmann, em seu livro *A construção social da realidade* (1966).[4] De acordo com eles, seres humanos de todos os tempos e de todas as regiões moram em recintos de expectabilidades que, em tempos mais recentes, prefere-se denominar "construtos sociais" ou "sistemas de interação". Seria mais condizente designá-los como formações macropoéticas ou "grandes corpos" sociais — embora a metáfora do corpo já se tenha tornado débil para ser condizente com redes expandidas, tessituras globais de transações baseadas em dinheiro e construtos semiosféricos que cobrem territórios (nações, culturas, grupos linguísticos, comunidades de fé).[5] Para unidades menores e médias de interconexão social, foram impostas expressões como "tribos" e "povos", uma tão problemática quanto a outra.[6]

O "morar poético" ou então a estada de conjuntos humanos em suas estruturas de plausibilidade — Berger e Luckmann também falam de "províncias de sentido" — são afetados por uma complicação que, desde priscas eras, turva a qualidade do morar no espaço próprio. É preciso ter bem latente que "moradias" ou "estruturas" ou "culturas" sempre, e em toda parte, funcionam como sistemas imunes espacializados

---

3. Martin Heidegger, "… dichterisch wohnet der Mensch…" (1951), in: *Gesamtausgabe*, v. 7: *Vorträge und Aufsätze 1936-1953*, Frankfurt am Main, Vittorio Klostermann, 1985, pp. 181-98.
4. Peter L. Berger e Thomas Luckmann, *Die gesellschaftliche Konstruktion der Wirklichkeit*, Frankfurt am Main, Fischer, 1969 [1966].
5. Thomas Frank et al., *Der fiktive Staat: Konstruktionen des politischen Körpers in der Geschichte Europas*, Frankfurt am Main, Fischer, 2007. Sobre o motivo da "semiosfera" em conexão com Jurij Lotman, cf. Albrecht Koschorke, *Wahrheit und Erfindung: Grundzüge einer allgemeinen Erzähltheorie*, Frankfurt am Main, 2012, pp. 116-37.
6. No dia 23 de agosto de 1914, três semanas depois da irrupção da Primeira Guerra Mundial, ao pregar diante da comunidade de Safenwil, no Aargau, Karl Barth falou "das massas egoístas denominadas povos".

e simbolicamente articulados. Por estarem interessados na autopreservação, eles instauram medidas corporificadas de prevenção, conforme antecipam violações tipificáveis do meio ambiente e do ambiente humano. Sistemas imunes são expectativas corporificadas de violação, próprias de todos os organismos e todas as organizações superiores receptivos a dramas em dimensões ampliadas. Sejam inatos, sejam adquiridos — eles nunca conseguem blindar seus portadores contra todas as ameaças. Os organismos sempre apenas parcialmente imunizáveis permanecem expostos até o fim a riscos de violação, invasão e escravização que suplantam o potencial das blindagens existentes. Esses riscos partem de agressores, para cujos ataques não se dispõe nem de imunizações *a priori* (inatas), nem de imunizações *a posteriori* (adquiridas). Para que algum dia ovelhas se tornem imunes a lobos, seria necessário nada menos que a "abolição das espécies".[7] Antecipando os povos, espécies são coletivos evolutivos de sistemas imunes. Em suas relações exteriores, as espécies, como a maior parte dos povos, até agora se entendem apenas insuficientemente, e é incerto se algum dia conseguirão entrar em entendimento. O que atualmente chama a atenção como extinção zoosférica de espécies se deve à circunstância de que a maioria das espécies não dispõe de sistemas endógenos de proteção para contrapor ao seu submetimento pelos povos humanos tecnicamente equipados — até agora sua maior chance residiu em não terem sido descobertas.

Expectativas institucionalizadas de violação em coletividades humanas resultam de atritos com estruturas de plausibilidade de rivais fortes. Parceiros de fricção entram em cena historicamente, via de regra, como povos vizinhos expansionistas, aos quais, num primeiro momento, se contrapõe um comportamento análogo, ou seja, armamentismo mimético e ódio encarniçado, na medida em que os afetos polêmicos não puderam ser repassados a soldados profissionais: persas contra babilônios; persas contra gregos; macedônios contra persas; romanos contra cartagineses; sassânidas contra romanos; islamitas contra bizantinos; mongóis contra chineses; turcos contra europeus; franceses contra habsburgos; russos contra turcos; britânicos contra indianos; japoneses contra

---

7. Dietmar Dath, *Die Abschaffung der Arten*, Frankfurt am Main, Suhrkamp, 2008.

chineses; alemães contra britânicos; estadunidenses contra russos, iranianos contra sauditas, etc. Os rivais são fortes, sobretudo, quando aparecem no teatro do mundo com pretensões imperialistas. As pretensões das formações expandidas de poder que se esbaldam no plano militar, fiscal e imperialista se encontram sob o guarda-chuva de uma retórica universalista e religiosa universal, de tal modo que, frequentemente, ela designa a grandeza parcial com pretensão de ser a totalidade. Quando pretensões de prioridade codificadas em termos universalistas reagem umas às outras, a blasfêmia baseada no desprezo mútuo dos pretendentes não pode estar distante. Isso se evidencia, sobretudo, no embate de impérios de sentido do tipo monoteísta.

O fato de que, há 2 mil anos, existem judeus ortodoxos ao lado dos cristãos e que as duas formas de "monoteísmo" (um binitário[8], o outro trinitário[9]) se afirmaram sem ser convertidas gerou, depois que o islamismo pisou o palco com sua dinâmica monopolar, uma situação estruturalmente interblasfêmica.[10] As assegurações pronunciadas na *Declaração universal dos direitos humanos* referentes à "inviolabilidade da residência" e à "intocabilidade da convicção de fé" são "revogadas" de forma tanto literal quanto metafórica, assim que "alguém que mora poeticamente" se sente ofendido pela dissidência do vizinho, como se sua crença diferente pudesse atravessar as paredes. Ele sente essa crença — necessariamente ou não — como ofensa à plausibilidade, isto é, como ataque indireto às próprias premissas de codificação universalista que norteiam sua existência.

Cristãos trinitários que levam sua fé a sério só poderão responder com tácito desprezo quando islamitas argumentam que Deus, o eternamente solitário, não tem filho. Entretanto, compreensivelmente o sangue sobe à cabeça de islamitas convictos quando cristãos lhes dizem

---

8. Peter Schäfer, *Zwei Götter im Himmel: Gottesvorstellungen der jüdischen Antike*, Munique, C. H. Beck, 2017.
9. Gisbert Greshake, *Der dreieine Gott: Eine trinitarische Theologie*, Friburgo/Viena/Zurique, Herder, 1997.
10. Peter Sloterdijk, "Die Fronten", in: *Gottes Eifer: Vom Kampf der drei Monotheismen*, Frankfurt am Main, Verlag der Weltreligionen, 2007, pp. 63 e ss.

que o islamismo seria, no fundo, uma variante grosseira do cristianismo do Oriente Médio, que teria sido incapaz de compreender a trindade.

Complicações desse tipo, causadas pela vizinhança de "quem mora" de maneira diferente e faz poesia de maneira diferente, trazem consequências para a poética em geral[11], mas especialmente para a teopoética. Implicam conflitos corrosivos para o âmago das respectivas províncias próprias de vida, signo e sentido. Desde Aristóteles, a poética é tratada, sobretudo, como doutrina dos gêneros, principalmente da epopeia, do drama e do lirismo. No horizonte das observações aristotélicas, as invenções de deuses não constituem uma categoria autônoma, mas se distribuem por todos os gêneros. Na condição de grego, ele participa de uma cultura que vem ao encontro da representabilidade dos deuses em uma grande quantidade de sistemas de signos. O filósofo do século IV AEC toma ciência tranquilamente de que Homero e Hesíodo puseram no mundo narrativas sobre a gênese dos deuses e seus feitos, e de que poetas posteriores lhes dirigiram hinos; nos dramas, seu poder sobe ao palco em alto e bom som. Com serena ironia, ele é capaz de constatar que, em tempos mais antigos, poder e moral dos deuses ainda não eram diferenciados.

Antes da sensibilização pela objeção platônica, os gregos evidentemente não achavam escandaloso envolver os olímpicos na narrativa da Guerra de Troia. Também o fato de que um titã similar a um Deus castra seu pai com uma foice durante o ato sexual com a mãe foi aceito como um incidente em uma Antiguidade à beira do caos; o discurso mítico a respeito disso remete a uma Antiguidade tão remota que seria inadequado indignar-se por causa disso em categorias morais da época atual; muito menos era considerado não piedoso ou uma ameaça para a juventude desvelar o poder dos deuses no palco — por exemplo, quando, na tragédia *Ájax* de Sófocles (encenada em 442 AEC), a deusa Atena faz com que a loucura tolde de tal modo a visão do guerreiro que ele abate um rebanho de ovelhas pensando estar matando companheiros do odiado Ulisses; ou quando, em *As bacantes*, de Eurípides

---

11. Cf. Karl Eibl, *Animal poeta: Bausteine der biologischen Kultur- und Literaturtheorie*, Paderborn, Mentis, 2004.

(encenada em 406 aec), a rainha Agave, durante um êxtase bacante provocado por Dionísio, despedaça seu filho, Penteu, até recuperar a consciência e reconhecer (graças à *anagnórisis*) que, no delírio de ter matado um leão, empunhava a cabeça ensanguentada do seu filho. Até aquele momento, a aura cultual do teatro tinha sido capaz, é claro, de neutralizar os escândalos provocados pelos deuses — ademais a atualidade e a exemplaridade dos feitos foram quebradas por sua datação *in illo tempore* [em tempos idos]. A intervenção da filosofia, pela primeira vez, chamou a atenção para a inaceitabilidade das representações de deuses parciais, invejosos e cruéis. A "nova sensibilidade" tornou explícito — como que por meio de uma primeira postura politicamente correta — que deuses egoístas e caprichosos não são capazes de despertar reverência, mesmo que adotem o andar empertigado de um olímpico. O Platão tardio rejeitou o sistema de sacrifícios desde a raiz: o bem não quer ser subornado com dádivas nem ser persuadido por meio de "encantamentos e rezas", mas, sim, ser entendido no espírito.[12]

---

12. *Nomoi* [Leis], livro 10, 905 b-f.

8
A DIFERENÇA TEOPOÉTICA

Desde tempos remotos houve, nas mais diversas culturas, poesias que tratavam de "coisas divinas" ou dos deuses, mais tarde também do único deus ou simplesmente de deus, sem artigo definido ou indefinido. O ato mais antigo de narrar a respeito de totens, ancestrais, heróis da civilização, deuses e potências primordiais já se baseava em poesia, inclusive quando esta ainda era declamada sem versificação, rimas, figuras de linguagem e indicadores de ficção. No início, ele sempre esteve acomodado no leito de operações rituais, que eram entendidas como autoexposição de agências invisíveis ou reconstrução de atos-acontecimentos primordiais.

No que diz respeito às tragédias gregas, elas foram obras poéticas que proporcionaram vislumbres de histórias de deuses mais antigas, formuladas no modo mitológico e que eram de conhecimento geral. Essas histórias, por sua vez, pressupunham uma geração mais nova de deuses com perfis marcantes em relação a um mundo anterior de deuses amorfos entendidos como forças/energias. Grande parte das poesias mais exigentes era uma segunda versão de discursos e peças mais antigos sobre deuses. A história espiritual de civilizações mais evoluídas exibe, do início ao fim, uma classificação em poesias primeiras e poesias segundas, sendo que as mais antigas, em geral, tinham acentos mais cosmológicos, e as posteriores, acentos éticos mais nítidos. O surgimento de poesias segundas corresponde remotamente à ilusão das "rupturas" das eras axiais, discernida por Karl Jaspers por entre as névoas da Antiguidade oriental e ocidental. Mediante o princípio da suplantação de ficções de primeiro grau por segundas versões que, via de regra, já são capazes de servir-se da escrita, podendo até já ser condicionadas pela escrita, é dissipada a ilusão chamada "era axial", na medida em que seu núcleo temático se destaca mais claramente à luz da história redacional de teopoesias.

O documento canônico do cristianismo é chamado com ênfase suficientemente nítida: *kainè diathêke* [nova aliança], a segunda versão de uma aliança que, por sua vez, remete a uma série de novas instituições atestadas por escrito (aliança no Ararate, aliança com Abraão, aliança no Sinai). A aliança do povo de Israel com seu Deus já tinha sido uma segunda poetização religiosa eticizante em atrito rivalizante com fábulas mais antigas de cunho "pagão" ou da "religião da natureza". A fórmula "poesias de segundo grau" também abarca, sem nada forçar, todas as províncias de sentido da vida comunitária cristã e de suas superestruturas hierárquicas anteriores e posteriores ao pacto imperial do século IV. Provavelmente o termo *religio* só pode mesmo se tornar compreensível em sua apropriação cristã quando se identifica nele uma espécie de poesia eticizante que procura abarcar a totalidade da vida. O próprio da poesia não é a métrica do verso, nem o minuto lírico, mas a inclusão total da pessoa nas regras e liberdades da existência sob uma constituição ético-poética. Nessa linha, desde seus primórdios iranianos antigos, mesopotâmicos e judaicos, incluindo seus seguimentos nas correntes essênias, gnósticas, marcionitas, cenobitas, agostinianas, beneditinas e islâmicas, as segundas poesias eticizantes só puderam ter uma tendência "totalitária". Uma indicação aclaradora para a estrutura autopoética do *modus vivendi* islâmico é proporcionada pela lenda da ascensão de Maomé ao céu, ao final da qual o profeta teria negociado com Alá a redução da quantidade de orações obrigatórias de cinquenta para cinco ao dia. Se a "exigência inicial" de Alá tivesse vigorado, o islamismo teria se tornado uma religião monástica, na qual os crentes deveriam ter como profissão principal a de orantes. Regido por um deus que nada consegue esquecer e que, em consequência, tem de escolher entre perdoar e condenar, a seriedade do inferno ingressa na imagem de mundo dos monoteístas estritos — e com ela o dilema de criar formas vivenciáveis de totalitarismo.

A invenção do purgatório na Alta Idade Média tinha apontado à *religio* católica um caminho para a elevação do nível de vivenciabilidade de sua ficção totalitária, na medida em que criou a expectativa de uma possibilidade ontologicamente estável de depuração após a morte; com razão, René de Chateaubriand observou que o "purgatório" supera o inferno e o paraíso em termos de poesia por introduzir a luz do futuro no além. O fato de a poesia do purgatório culminar na segunda parte do maior dos poemas medievais, a *Divina comédia*, de Dante (surgida entre 1307 e 1320), deixa claro o quanto o espírito da segunda chance deu acesso ao lugar da esperança no além: o inferno intermediário torna os pecadores dignos do paraíso *a posteriori*, na medida em que ele, na condição de lavatório transcendente, remove da fronte da alma em sete rodadas de purificação as manchas da vida terrena. No parecer de Lutero e Calvino, a visão católica tripartite que Dante tinha do além não era suficientemente totalitária, por atenuar a obrigação do arrependimento com o qual o ser humano pecador, que nunca tem razão diante de Deus, toma posição diante da alternativa dada por Deus.[1]

Cada verso da *Divina comédia* trai seu pertencimento a uma arte poética teologicamente elaborada durante mais de um milênio; como segunda versão de uma poetização religiosa de segundo grau, ela repetiu o desinteresse desta por questões cosmogônicas referentes a princípio e origem, e explicitou, com minuciosidade sobre-humana, sua completa absorção pelos três estados das últimas coisas eticamente relevantes: o inferno eterno, o inferno depurador, o paraíso; isso pode ser lido como mais uma indicação de que não há "rupturas próprias de uma era axial", como pensou Jaspers, mas apenas fases de explicitação, temporalmente deslocadas uma contra a outra, de um estoque arcaico de símbolos altamente implícito em articulações posteriores. Se tivesse havido algo como uma ruptura, ela seria atestada pela *Divina comédia*, que, todavia, representa um arrojado empreendimento tardio. Dante sabe que sua descrição do paraíso verbaliza coisas que nunca foram ditas até aquele momento, já que antes dele ninguém jamais esteve lá e retornou; somente a poesia foi

---

1. Razão pela qual, segundo a teologia mais recente, só se chega ao lugar que tradicionalmente continua a ser chamado de inferno por meio de autointernação nele.

admitida no além: razão pela qual o poeta, com presunção mais do que legítima, arrogou-se o direito de denominar a terceira parte de sua comédia de *lo sacrato poema* [o poema sacro].[2] Esse direito do poeta nunca mais seria esquecido no Ocidente pós-dantesco, nem na Europa mais recente. A primeira edição de 1667 de *Paraíso perdido*, de Milton, trouxe despreocupadamente o subtítulo *A Poem in Ten Books* [Um poema em dez livros]; pondo-se na tradição de Dante, ela não negou sua constituição ficcional com nenhuma linha — embora tivesse escolhido como tema os primórdios satânicos da *conditio humana* —, e tampouco o fez o opus *Der Messias: Ein Heldengedicht* [O Messias: Um poema heroico], criado por Klopstock entre 1749 e 1773, abrangendo vinte cantos e quase 20 mil versos, negando ser um poema em versos sentimental ingênuo na tradição de Homero e Virgílio. As obras supremas da cultura — incluindo as paixões de Johann Sebastian Bach e as missas solenes de Mozart e Beethoven — atestam, com cada sílaba, com cada nota, como poesias segundas e terceiras surgem da dinâmica de sobrescrever formulações primeiras.

O gênero das *messíadas*, cujos primórdios remontam ao século II, deve ser compreendido, com base em sua mera existência factual, como indício de que a poesia épica oriunda do período homérico tinha uma conta a acertar com o gênero linguisticamente problemático dos evangelhos escritos no grego vulgar do século I. A prática da "epopeia bíblica", atestada desde a era de Constantino, o Grande (270/288-337), comprova que os habitantes cultos das províncias romanas não estavam nem um pouco dispostos a se dar por satisfeitos com as singelezas do discurso dos evangelhos; os *Evangeliorum libri quattuor* [Quatro livros dos evangelhos] (em torno de 330), do presbítero espanhol Juvenco, transpuseram as histórias sublimes ingênuas em torno de Jesus para a métrica heroica de Virgílio, a fim de lhes conferir, de um lado, a forma de uma narrativa biográfica com começo, meio e fim e, de outro, para provar que o populismo jesuânico também era passível de uma codificação aristocrática.[3]

---

2. Paraíso, canto XXIII, v. 62 [p. 384]. Cf. Kurt Flasch, *Einladung, Dante zu lesen*, Frankfurt am Main, Fischer, 2011, p. 195.
3. Jörg Rüpke, *Antike Epik: Eine Einführung von Homer bis in die Spätantike*, Marbach, Tectum-Verlag, 2012, pp. 239-43.

A partir da Antiguidade tardia, a poetização bíblica foi uma paixão tão plausível quanto vã do Ocidente antigo. Do ponto de vista da religião e da história da cultura, ela continua tendo importância sintomática, por representar uma variante de poesia que foi antecedida por uma forma mais antiga de poesia, a dos evangelhos. Ela atestou o emergir de um gênero novo que partiu para a ofensiva e deveria tratar dos feitos e sofrimentos de um redentor providencial. O gênero "evangelho", um amálgama de *vita* (*bíos*) e coletânea de ditos (*tà lógia*), tinha se originado, por sua vez, da *matrix* dos mitos que relatavam a respeito de mensageiros, emissários e auxiliares do além. Nele sobreviviam, transformados em termos de teologia do céu, os mitos do morrer e devir da era agricultural, teológico-botânica e telúrico-crente. A partir do momento em que levantou a cabeça, o ser humano olhou para fora na direção de uma abertura indefinida. De dentro dele veio algo ao seu encontro que logo se tornaria mais nítido.

Não levaria a nada querer contar a história das ideias elementares e das estipulações livres que conferiram forma ao difuso. Sobretudo em seus trechos mais antigos, ela seria menos uma "história das ideias religiosas", como a que foi exposta por Mircea Eliade[4], do que um relato sobre os rituais etnogênicos e os exercícios egotécnicos que possibilitaram tanto aos grupos quanto aos indivíduos passar, em estado de autossemelhança suficiente, pelo dia, pelo ano e, sendo da vontade dos bons espíritos, chegar até aos filhos e aos netos.

Quando Franco Ferrucci, em seu romance *Il mondo creato* [O mundo criado] (1988), atribui ao deus bíblico ambições autobiográficas — razão pela qual o subtítulo da tradução para o alemão *Das Leben Gottes, von ihm selbst erzählt* [A vida de deus, contada por ele próprio] reproduz acertadamente o estado de coisas em questão —, evidencia que, assim que o nível da liberdade de formulação se eleva, adentramos de imediato o campo da *theology fiction* explícita; é totalmente inevitável que aqui também seja transmitida a paródia das

---

4. Mircea Eliade, *Geschichte der religiösen Ideen*, v. 1: *Von der Steinzeit bis zu den Mysterien von Eleusis*; v. 2: *Von Gautama Buddha bis zu den Anfängen des Christentums*; v. 3/1: *Von Mohammed bis zum Beginn der Neuzeit*; v. 3/2: *Vom Zeitalter der Entdeckungen bis zur Gegenwart*, Friburgo/Basileia/Viena, Herder, 1991.

doutrinas gnósticas do criador inábil, surgidas na Antiguidade tardia. Algo semelhante deve ser dito da narração subversiva *Le petit Jéhovah* [O pequeno Jeová], de Pierre Gripari, que, em pouco espaço, traz à tona constituição teopsiquiátrica do cristianismo como epidemia de sentimentos de culpa desencadeada com inteligência — um opúsculo que equivale a uma estante inteira de literatura de psicologia da religião. A obra-prima no campo da ficção pararreligiosa é a extensa narrativa criptocatólica de J. R. R. Tolkien *O senhor dos anéis* (1954); ela desencadeou uma torrente de produções de *phantasy fiction* e *phantasy religion*, que, em pouco tempo, constituíram um gênero cinematográfico e icônico popular de grandes proporções. Depois da ópera e do romance, o filme se evidenciou como o meio ideal para representar o maravilhoso significativo.

O que obras desse tipo têm em comum, em linguagem técnica, é a tendência a liberar a função expositiva da linguagem, em parte também sua função evocativa que se destaca em hinos e orações, e, sob circunstâncias apropriadas, se autonomizar em lirismo, isto é, em invocação cantada ou em forma hínica da autodicção. A mescla híbrida dos gêneros "hino-oração" e "tratado expositivo" pode ser visualizada exemplarmente nas *Confissões* de Agostinho, que, por sua forma, representam uma oração a serviço da autodenúncia diante de Deus e do público. Essas confissões apresentam a tentativa, híbrida também no sentido ético, de forçar a entrada na história da salvação por meio da autoexposição terapêutica.

Característico desse tipo de *theopoetica* é que elas não são mais destinadas à recitação durante a realização do culto comunitário. Elas contam com a leitura privada ou semiprivada; manifestamente abandonaram a esfera das operações sacras. Mesmo que tratem de "coisas mais elevadas", elas se distanciam da celebração ritual, principalmente da prática sacrificial que, desde tempos arcaicos, havia provocado climas "numinosos", fascinantes, provocadores de calafrios pela participação em um caso real de matança que acontece aqui e agora. Ela é repetida sutilmente na oferenda da missa católica como "transformação".

Tais obras eram produtos literários, com os quais os autores tentavam conquistar, desde a Antiguidade média e tardia, clientes no acirrado mercado da atenção de pessoas cultas. Tertuliano já escreveu literatura apologética para a indústria ideológica romana, na qual os *literati* [letrados] cristãos se destacaram como confessores, propagandistas e apologistas combativos; inclusive Agostinho, no início, não passava de um *rhetor* [orador] letrado que se notabilizou pela superprodutividade e que só tardiamente enveredou por levar a sério a nova ordem amorosa do céu: *sero te amavi* [tardiamente te amei].[5] O discurso religioso, tanto o cristão quanto os demais, era também, naquele tempo, poesia em verso e prosa oriunda da fermentação persistente das fábulas primárias e de seus símbolos. Profundo não é só o poço do passado, mas também a abertura demandante de forma das palavras básicas. Desde sempre, muito já foi dito, embora nunca o suficiente, sobre expressões como nascimento, separação, reunificação, luz, escuridão, fertilidade, deserto, floresta, mundo, caminho, campo, rio, rompimento, etc.

Quando Hildegard von Bingen anotou uma de suas visões em que anjos desfilavam em roupas de seda e calçados brancos, nem lhe ocorreu pôr no mundo adereços para o culto católico — ela não pretendeu nada além de manter seus conselheiros espirituais e suas coirmãs informados por meios literários sobre suas condições incomuns. Retórica comportada com figuras da extrapolação da metafísica da luz: é disso que se tratou, quando Tomás de Aquino afirmou que, no reino de Deus, os justos resplandecem com uma intensidade sete vezes maior do que a do Sol. Os colegas do *doctor angelicus* podem ter lido isso como indício de que a maior erudição não protege nem um pouco da grandiloquência juvenil. E quando João Calvino deu ciência de que, no paraíso restaurado, os metais não mais oxidariam, isso constituiu um adendo à revelação a ser posto na conta de sua escrita não muito afeita à fantasia.[6]

---

5. Aurélio Agostinho, *Confissões* x, 27.
6. Dessa nota de Calvino referente à patologia dos metais parte um longo caminho até as especulações dos alquimistas sobre tecnologias mágico-químicas que possibilitaram um "renascimento dos metais".

Enquanto nos cultos rituais edificadores de comunidade, estruturalmente "conservadores", sejam eles antigos ou novos, o dito (*legómenon*) sempre se manteve estreitamente ligado ao acionado (*drómenon*) e ao mostrado (*deiknýmenon*), nas teopoesias extrarrituais o dito foi gradativamente se tornando autônomo: com frequência ele se apresenta desenhado com riqueza de detalhes e hiperbolicamente intensificado, atravessado por ações secundárias, matizado por notas introspectivas, enriquecido autobiograficamente, entremeado de argumentos eruditos.

A *Legenda aurea* [Lenda áurea], uma coletânea de histórias de santos cristãos elaborada por Tiago de Voragine em torno de 1264 e muito copiada, já toca a fronteira da literatura espiritual de entretenimento. Não resta dúvida quanto à sua finalidade edificante, mas ela já percorreu mais da metade do caminho que leva à separação entre leitura e ritual, para franquear a quem quisesse, dentre os letrados daquele tempo, o acesso a uma espécie de piedade de entretenimento *alla cattolica*. As histórias múltiplas e simplórias retomam episódios na vida de mais de 150 santos ocorridos no milênio desde o aparecimento de Cristo. Quem almejaria morar em meio a piedosos se estes também não tivessem algo para contar?

Demoraria só mais um século até a lenda devota ser substituída pela novela pré-moderna movida pela curiosidade. Quando se analisa como Tiago narra e como Boccaccio compõe suas histórias, tornam-se claramente reconhecíveis a mudança de época e o deslocamento do foco de sentido na narração de sucessos no mundo. O privilégio da novela se mostra na revogação do interdito da *curiositas* [curiosidade]. De repente a vida dos piedosos, tanto quanto a dos não piedosos, se torna suficientemente merecedora de atenção para ser exposta em observação externa, ou seja, "literariamente", nos contornos nítidos e prosaicos em decorrência do distanciamento ampliado e do olhar mais preciso. Nesse ponto, tanto os santos quanto os pseudossantos são visualizados pela primeira vez sem auréola — a pintura demoraria alguns séculos mais até descartar a aura dos santos. O espírito da novela não nega sua afinidade com a crítica histórica incipiente que ambicionava escapar da bruma da credulidade.

O Iluminismo europeu começa *de facto* no século XIV com o nominalismo, o anticlericalismo e o feminismo do livro das dez vezes dez histórias de Giovanni Boccaccio. Em sua obra *O Decamerão* (1353)[7], o autor, que dispunha de instrução filosoficamente precisa, expôs a hipocrisia como irmã quase coetânea da religião, não chegando a descobri-la como tal, mas podendo ser considerado seu primeiro fenomenólogo. A hipocrisia não é meramente a medida do vício diante da virtude, segundo o *bonmot* [observação espirituosa] de La Rochefoucauld; ela promove a cisão entre o que se diz e o que se faz — no culto, na política, na vida privada e na vida pública. O diálogo citadino e a novela nos mantêm a par tanto das cisões manifestas quanto das que são mantidas em segredo. Em um mundo dominado, do lado religioso pela mentira piedosa, do lado político pelo discurso laudatório falso, as novelas constroem uma cabeça de ponte para uma linguagem da verdade.

Próprio do programa de esclarecimento novelístico é que a primeira história do *Decamerão* trata da santificação de um canalha que, no leito de morte, faz de bobo um confessor de boa-fé; a segunda trata de um judeu que, antes de se converter ao cristianismo, quis ter uma ideia dos costumes praticados na corte papal em Roma: sendo que ele nada descobriu lá além de "luxúria, avareza e gula, engano, inveja e orgulho" — faltando apenas a ira para completar a lista dos sete vícios; isso significava que, para quem buscasse a fé, era melhor não olhar para Roma; a terceira novela oferece a versão original da história dos três anéis, usada por Lessing para formular a "parábola do anel" em sua peça *Natã, o sábio* (1779); nela, o papel do hipócrita é atribuído a Saladino, o sultão de Babilônia, que faz uma pergunta capciosa de cunho religioso para o judeu rico e sábio Melquisedeque, tentando deixá-lo em apuros para, em seguida, coagi-lo a lhe dar um empréstimo, em vez de lhe dizer abertamente que precisava de dinheiro e pretendia obter dele um empréstimo. A quarta novela narra a respeito de um monge que, em certa ocasião, se diverte com uma jovem mulher; o abade que devia puni-lo, contudo, experimenta, por sua vez, despertar o senso de oportunidade

---

7. Giovanni Boccaccio, *Poesie nach der Pest: Der Anfang des Decameron*, ed. italiano/alemão, trad. Kurt Flasch, Mainz, Dieterich'sche Verlagsbuchh Mainz, 1992.

e atende ao chamado do pecado, razão pela qual tem de se contentar a reconhecer que não tem nenhum direito de disciplinar o monge. Boccaccio antecipa a referência de McLuhan ao veículo medial: a sequência das histórias é a mensagem. Quem, acompanhando o novelista, conta até quatro e, levando em mãos a chave desse quarteto inicial, continua avançando até dez vezes dez — sendo que a quantidade das novelas mundanas equivale aos cantos da *Divina comédia* —, saberá qual é a intenção do esclarecimento. O livro de novelas pretende ser lido como exercício de observação de segundo grau. Nele reverbera a seguinte tese: "religião" é a causa que só pode ser entendida através de uma linguagem diferente daquela em que ela própria se aclara.

Boa parte daquilo que, na Europa pós-reforma, será chamado de "cultura" deve ser entendido como organização da hipocrisia como sistema. Ela constitui um espaço de simulação de direito próprio, cujo auge é a cortesia. Nela, a "crítica" — às vezes na forma de uma segunda hipocrisia — chega à condição de constante das relações modernas. Tanto a "cultura" quanto a "crítica" constituem, usando os termos de Niklas Luhmann, "reservatórios temáticos" de diferenças meio sérias, a respeito das quais se concorda em que não é preciso concordar a respeito delas. Karl Marx pode ter dito algo correto ao afirmar que toda crítica deve começar com a crítica à religião; sem crítica à hipocrisia não há crítica à religião. Ele fornece a prova de que o cinismo transcende toda ideologia.

Quando, no ano de 1799, foram publicados, de início anonimamente, os discursos epocais de Friedrich Schleiermacher *Sobre a religião*, ficou evidente que o dito se afastara do praticado a ponto da incoerência total. "Ter religião significa intuir o Universo."[8] Um enunciado como esse jamais terá nenhum gesto litúrgico correspondente: o ato interior

---

8. Friedrich Schleiermacher, *Über die Religion: Reden an die Gebildeten unter ihren Verächtern*, Stuttgart, Reclam, 1969 [1799], p. 82.

com que um indivíduo toma ciência de seu ser-no-universo é indeterminado. Não há como decidir se a exposição ao abrangente equivale a uma elevação interior, a um dar-se por perdido ou a um deslizar para a indiferença. Em todos os casos, o gesto através do qual a intuição do universo é efetuada tem afinidade com uma pantomima interior do morrer. Martin Heidegger a esquematizou, em *Ser e tempo* (1927), como figura do "antecipar a própria morte".[9] O sentimento da "dependência absoluta" conjurado por Schleiermacher designa a imersão desperta no abrangente. Essa eutanásia imaginária do eu não equivale, como supôs Hegel maldosamente, à escravização emocional, segundo a qual o cachorro seria o melhor cristão.

Pelo fato de "a ideia de Deus se acomodar a qualquer intuição do universo, deveis conceder também que uma religião sem deus pode ser melhor do que outra com Deus".[10] É manifesto que religiões podem ser produzidas de acordo com diferentes modelos de construção. Hegel, mais tarde, diferenciaria — em distinção às "religiões da natureza" — três grandes religiões da "individualidade espiritual": a "religião da sublimidade" no antigo Israel; a "religião da necessidade ou da beleza" entre os gregos; a "religião da conformidade com os fins" entre os romanos. Contudo, segundo Schleiermacher, a religião autêntica pressupõe, antes de tudo, "sentido e gosto pelo infinito".[11] Apesar de seu caráter vago, essa tese permite reconhecer que, mesmo que o construto agostiniano da *vera religio* [religião verdadeira] tenha se desbotado no curso do Iluminismo, ele manteve sua capacidade de assombração até o ano de 1800. Passa a ser considerada verdadeira a postura religiosa afeita ao infinito. Um conceito de Deus em que esse gosto não ganha expressão não pode constituir a coroa dos cultos.[12] Há deuses tacanhos do mesmo modo como há visões embotadas e indignas do além.

---

9. Martin Heidegger, *Ser e tempo*, 10. ed., trad. Marcia Sá Cavalcante, Petrópolis, Vozes, 2015, § 53, pp. 339-44. [N.T.]
10. Friedrich Schleiermacher, op. cit., p. 126.
11. Ibid., p. 53.
12. Hegel concorda com essa tese quando, em suas *Preleções sobre a essência da religião*, caracterizou a *religio* dos romanos como a "religião em conformidade com os fins", na qual "todos os deuses de todos os povos" estão postados lado a lado e se anulam

Na medida em que diferencia religiosidade das religiões e a desvincula de seus formatos históricos de culto e escritura, para interpretá-la como o reluzir do universo no sujeito receptivo genial, Schleiermacher consegue avançar para uma primeira explicação, ainda de coloração romântico-irônica do princípio da teopoética: "Possui religião não aquele que crê em uma escritura sagrada, mas quem não necessita de nenhuma e seria bem capaz de fazer uma."[13]

Aqui só falta a noção de que o "fazer por si mesmo" esteve em ação desde priscas eras, ou seja, desde que os "espíritos do povo", ressaltados por Herder, quer tenham se expressado coletivamente, quer tenham sido representados por autores individuais, deram suas contribuições ao grande coro dos povos.

O outro lado da diferença teopoética ganha contornos assim que tomamos ciência de um estado de coisas que se tornou determinante para as realidades da história das ideias e das mentalidades dos últimos dois milênios: há formações religiosas que, apesar de seu claro feitio poético, negam desde a base que são poesias, ficções, mitos, projeções ou outro tipo de obras da imaginação. Elas constituem o núcleo duro das "religiões" "reconhecidas", em sua maior parte de codificação monoteísta.

É preciso dizer as coisas com a desenvoltura exigida pela situação: as "religiões" (continuo reprimindo minhas ressalvas contra essa expressão desconcertante) que servem de parâmetro no sentido estrito da palavra — com frequência se fala de "grandes religiões" ou até de "religiões mundiais" — são *de facto* formações teopoéticas que se destacam por fazer de tudo para evitar sua comparação com mitos, cultos e ficções de outras culturas. Assim procedem, por um lado, sustentando o vínculo de seus dogmas com o rito no plano estritamente ortoprático (Jan Assmann diz ocasionalmente: "empraticamente") e, por outro, representando,

---

mutuamente. Na "religião da utilidade", o deus uno só pode ser usado como troféu esotérico. Após a inauguração da época imperial, o pluralismo religioso romano se evidencia como exercício prévio eficaz para o culto aos césares, e este, por sua vez, como pré-escola do monoteísmo.

13. Friedrich Schleiermacher, op. cit., p. 82.

com o auxílio de normatizações ortodoxas e completas, impulsos para a circunscrição herética, isto é, eclética e separatista, das escrituras sagradas. Elas dizem não a simples ideias que soam religiosas. Nos termos de uma teoria dos sistemas: "Não se pode chegar a ponto de qualquer um afirmar qualquer coisa."[14] Nesse campo visual, o religioso permanece sendo uma questão de observância.[15] Não totalmente sem razão, pôde-se afirmar que uma religião só "entende" o que ela pratica, que para os praticantes o que importa é a precisão de palavra e ato e a correspondência estrita de ambos.[16]

Da teologia filosófica que emanou das teorias da Academia ateniense não era de se esperar uma formatação formalmente cultual de suas doutrinas — embora haja indícios de que o ensino pós-socrático tenha sido acompanhado de sacrifícios convencionais, de cunho hipócrita, para evitar o risco de renovadas acusações de *asebeia* por parte da

---

14. Niklas Luhmann, "Die Ausdifferenzierung der Religion", in: *Gesellschaftsstruktur und Semantik: Studien zur Wissenssoziologie der modernen Gesellschaft*, v. 3. Frankfurt am Main, 1989, p. 273.

15. No século XX, o historiador da literatura e da cultura René Girard (1923-2015) desenvolveu uma terceira técnica de apologia, após aquela contra os heréticos dentro da Igreja e aquela contra os pagãos fora dela: ele defendeu o teor ético e dinâmico-cultural da verdade da religião cristã, ao interpretar a execução de Jesus como ato arquetípico de imolação de uma vítima inocente, que é efetuada em função da purificação interior de uma sociedade intoxicada pela peste da rivalidade segundo o esquema da expulsão de um bode expiatório.
A análise de Girard apresenta características de uma gnose sem transcendência na medida em que confere primazia ao saber em relação à fé: a descoberta decisiva de que a vítima da violência "purificadora" é inocente pertence ao domínio dos conhecimentos que se adquire com os meios da razão. O que, em termos cristãos, se chama "revelação" representa a antecipação de uma teoria universal desmistificadora da cultura e da moral. A esta podem ser vinculadas uma semiótica geral da cultura conforme Juri Lotman e uma teoria geral da narrativa conforme Albrecht Korschorke.

16. Daí decorre que a compreensão praticante a partir da perspectiva interior e a compreensão teórica de fora nunca poderão ser congruentes. A teologia enquanto teoria de reflexão sobre a fé não consegue sair da perspectiva interior, ao passo que a teopoética, enquanto parte da etnossemiótica, da teoria geral da cultura e da egotécnica, permite a maior aproximação exterior possível à existência vinculada a símbolos e mitos.

cidade desconfiada. O Platão tardio não quis mais nem ouvir falar de deuses que pudessem ser persuadidos por meio de súplicas e sacrifícios.

Quando Platão fez Sócrates falar, antes do seu processo, sobre a *therapeía theôn*, ele tinha em mente uma intelectualização, talvez até uma espécie de espiritualização mística do comportamento eusébico (em latim: *pietas*; em português: piedade). *Pro domo* [em causa própria], Sócrates pôde pressupor que, no caso dos crentes sensatos, os atos sacrificiais sangrentos de cunho popular seriam substituídos por operações internas, sobretudo por meditações sobre o justo e o bom. O desfecho do seu processo mostra que ele não logrou tornar essa virada para a sensatez plausível para a maioria dos quinhentos jurados. Pouco se percebe aqui da figura jaspersiana da "ruptura" na direção de um estado de consciência reflexivamente elevado relevante para a humanidade; na verdade, a própria figura da ruptura é própria das teopoesias de segunda ordem como tentativa de interpretação das mesmas. Os processos da história das ideias e mentalidades que realmente representam uma ruptura se efetuam ou no modo do decreto político-religioso, ou no da infiltração lenta e contínua, ao longo de gerações, de doutrinas exigentes em um "público" que só anacronicamente já poderia ser designado desse modo.

Onde os exercícios de reflexão sobre o absolutamente bom encontrariam seu contexto vivencial senão no cultivo discreto da existência consciente? É a isso que visa a sentença de que o estado vigilante seria a oração natural da alma. Quem se dedicasse ao seu exercício podia estar convicto de ser adepto de uma religiosidade de grau pós-convencional. Convertido a ela, Sócrates bebeu o cálice fatal.[17] A contraposição de fé

---

17. A última palavra de Sócrates: "Devemos um galo a Esculápio" deve ser entendida como mera formulação irônica. Combinaria bem com o modo de Platão lidar com a figura de Sócrates, se ele — em conformidade com o seu estilo *true lies* — também tivesse inventado essa formulação. Ela representa a concessão da filosofia idealista à religião popular; redigida no limiar entre esoterismo e exoterismo, dá a entender que os sabedores deveriam se manter conscientes da distância que os separa das multidões. Desse modo, Platão aponta um caminho grego para a religião dupla. Cf. Jan Assmann, *Religio duplex: Ägyptische Mysterien und europäische Aufklärung*, Frankfurt am Main, Verlag der Weltreligionen, 2010.

e saber teria sido para ele algo que, no jargão do século XX, se denomina um "pseudoproblema".

As "religiões", no sentido aqui explicitado de segundas poetizações que negam categoricamente ser poetizações, trazem à tona características de seus confessores profissionais que tornam seus pontos fracos indissociáveis dos pontos fortes. Com frequência, seus especialistas mostram uma alta dose de clarividência em relação a sistemas concorrentes. Discernem seus elementos ficcionais e funcionais com rotina profissional[18]; a ideia de que os sacerdotes de outros cultos, via de regra, não passariam de enganadores bem treinados lhes ocorre com facilidade; quase se poderia crer que a injustiça espiritual faz parte de sua primeira natureza. Eles tendem a se mostrar furiosamente sensíveis a juízos de estranhos a respeito de seus acervos doutrinais. Não é raro ver profissionais religiosos praticarem a edificação de fortalezas identitárias, exercitando a autodefesa — apologéticos, queixosos, acusando o espírito ímpio da época e, ocasionalmente, apelando para a autoridade secular, para que ela aplique aos heréticos o "auto da fé".

Desde o final do século XIX, representantes das religiões representáveis preferem tirar vantagem do diálogo ecumênico. Entrementes, compreenderam que a visibilidade da própria marca em mercados pluralistas contribui para gerar identificações; estas consolidam os laços com os clientes e a mobilização de doações. Após o primeiro parlamento das religiões do mundo nas cercanias da Feira Mundial de Chicago de setembro de 1893, o estar em diálogo como tal foi alçado à condição de dogma mínimo dos profissionais da religião — depois de se fazerem de rogados por muito tempo, os católico-romanos também anuíram mediante todas as ressalvas necessárias. Para a maioria, isso implica renúncia a atividades missionárias no território dos demais. A nova modéstia corresponde à recomendação

---

18. Heinz-Theo Homann, *Das funktionale Argument: Konzepte und Kritik funktionslogischer Religionsbegründung*, Paderborn, F. Schöningh, 1997.

de que cada parte deveria se ocupar, até ordem em contrário, com as ovelhas perdidas do próprio rebanho.

A ironia da religião positiva se mostra aos seus administradores no fato de serem forçados a escolher entre esclerose e heresia. Os monoteísmos longevos que existem há vinte ou catorze séculos — sem falar do judaísmo que, em suas formas pós-babilônicas, perdurou por 25 séculos, mas em sua forma rabínica é mais recente do que o cristianismo[19] — também devem sua resiliência aos rituais de estigmatização e aos processos punitivos com que carimbam seus engramas na descendência, para reforçar a aptidão memoativa[20] do grupo. Quando urgem sua juventude a reviver os conteúdos simbólicos da tradição, eles rejuvenescem em virtude da obrigação de processar dentro de si, de modo inovador-conservador, as inevitáveis erupções de matérias simbólicas e pré-simbólicas que continuam a fermentar.

---

19. Peter Schäfer, *Die Geburt des Judentums aus dem Geist des Christentums*, Tübingen, Mohr Siebeck, 2010.
20. Sobre o nexo entre geração consciente do trauma e aptidão memoativa em pessoas traumatizadas, cf. Heiner Mühlmann, *Die Natur des Christentums* (Paderborn, Fink Wilhelm, 2017). O nexo, característico das altas culturas, entre traumatização inconsciente e anseio por redenção é apontado pela tese de Adolf Holl, "Ohne Grundstörung wäre Religion überflüssig" (in: *Wie gründe ich eine Religion*, St. Pölten/Salzburg, Residenz Verlag, 2009), p. 77.

9
REVELAÇÃO DE ONDE?

A opção pela negação estrita de ser "mera" poetização está aberta a um culto com sua doutrina e sua superestrutura teológica sob duas condições: em primeiro lugar, caso seja possível ter acesso às "coisas divinas" por outra via que não a da aceitação de espíritos, usual em toda a humanidade, ou de fantasias acerca do além, nascidas do temor e do desejo, provenientes de fontes humanas, demasiado humanas; em segundo, quando, nas culturas mais complexas, sobretudo naquelas capazes de usar a escrita, se chega a uma classificação dos talentos mediais não cotidianos — principalmente à distinção entre a competência salvífica e a capacidade "profética" no sentido grego de predição do vindouro, bem como à separação entre inspiração poética e êxtase erótico.[1]

Tradicionalmente a outra via se chama revelação. Ela ingressa na consciência humana por uma das quatro portas referidas. Para o que segue, a segunda e a quarta se revestem de importância: a porta da proclamação profética e a da poesia que diz coisas mais elevadas e sabe coisas melhores do que a conversa popular cotidiana. Onde acontece revelação (em termos platônicos: mania benéfica), as coisas geralmente são dispostas de tal maneira que o achado e o recebido precedem

---

1. O *locus classicus* da diferenciação entre quatro manifestações da "mania" benéfica nos campos da divinação, da medicina, da arte poética e do êxtase erótico se encontra no segundo discurso de Sócrates, no diálogo *Fedro* de Platão. A quarta "mania" é ressaltada por Sócrates como pré-estágio afetivo do amor à sabedoria: dela decorre (no caso de suficiente ponderação!) a transição da atração por belos corpos para o amor ao belo enquanto tal que inunda a alma como resplendor do bom e verdadeiro. Em consequência, a filosofia constitui a quinta "mania": um entusiasmo sóbrio mediante a participação na vida própria da ideia.

estritamente o inventado e o pensado/feito por nós mesmos. Quando Moisés recebeu as tábuas no Sinai, elas já tinham sido escritas "pelo dedo de Deus" — ele mesmo não deveria ser o escritor. Só no decurso de redações posteriores ficou estabelecido que nelas constavam mandamentos, um com a forma "eu sou", alguns com a forma "farás (isso)", os demais com a forma "não farás (isso)" — sendo o rumo apontado aos editores pelo ideal do número dez. Diz-se que contratos estatais do Antigo Oriente teriam contido listas parecidas e se assemelhado ao teor do decálogo.

Onde a revelação é aceita aposta-se na pura recepção. Moisés pode ter sido considerado um indivíduo obstinado. Notória era sua falta de talento retórico; a seu tempo, ninguém o viu como um farsante.[2] Sua capacidade de escrever é uma suposição de época posterior, quando a Torá foi transmitida como os "cinco livros de Moisés" — ao passo que, à luz da crítica histórica, é evidente que nenhuma linha pode provir de um autor com esse nome; o que nada muda no fato de que a ficção da atribuição daqueles livros ao lendário autor se impôs como memória histórica potente. Moisés deve ter sido capaz de ler, pois do contrário a entrega das tábuas a ele não teria sido um gesto significativo; esse acontecimento também pertence, do começo ao fim, à esfera lendária. No referido contexto, apenas uma conclusão é admissível: dado que Moisés não era um poeta inspirado, ele deve ter entrado pela segunda porta, pela da recepção profética.

Por tudo o que se sabe, a sarça ardente, de dentro da qual a voz falou: "Eu sou quem sou"[3], não foi posta em chamas por ele próprio. Seria importuno supor que ele tenha introduzido, com seu ouvir no crepitar das chamas, a frase dita pelos *Elohim* ou então por IHVH. Ela queima, ela fala. O fogo e as palavras estavam lá antes de Moisés, embora não estivessem independentemente dele: ela ardia aos seus olhos,

---

2. Foi só no século XIII que começou a circular o boato "dos três impostores", segundo o qual os judeus, os cristãos e os islamitas teriam sido enganados, com premeditação, por Moisés, Jesus e Maomé. Cf. Wolfgang Gericke, *Das Buch "De tribus impostoribus": Ausgewählte Texte aus der Geschichte der christlichen Kirche*, Berlim, Evangelische Verlagsanstalt, 1982.

3. Êxodo 3,14.

ela falava ao seu ouvido — os dois sucessos devem ser datados em uma época em que olho e orelha puderam ser mistificados sem segundas intenções como órgãos receptores passivos, distantes de qualquer atividade alucinatória própria. Moisés só preservou sua grande importância na história das religiões por ter sido um daqueles de quem se diz que tiveram um encontro com Deus, o emissor absoluto, na posição — ou não posição — da pura receptividade, da aceitação submissa de uma dádiva significativa oriunda do outro lugar incondicional. Por mais impressionante que soe a tese da pura aceitação ou do deixar-se presentear incondicional, ela não demonstra que o lugar de onde vem a dádiva seja diferente daquele de onde vêm as poetizações. A diferença entre leis e poesias não é de natureza ontológica, mas teórico-genética. Que elas não provêm de estrelas diferentes fica evidente pelo fato de ambas existirem do início ao fim pela via da citação, da recitação, da interpretação e da transmissão.

A recepção ocorre inevitavelmente nas condições do receptor, das quais o doador não dispõe totalmente, mesmo que ele tenha treinado o receptor por meio dos seus mediadores para poder receber. Ademais, dificilmente se pondera que, da vontade própria da parte receptora, faz parte o anseio pela absurdidade mediante a qual os recebedores se põem à disposição do maravilhoso. A fé — no sentido exigente que caracteriza as religiões da revelação historicamente mais bem-sucedidas — se articula precisamente no ponto de interseção entre plausibilidade que funciona e absurdidade que funciona. As tentativas feitas desde priscas eras de provar a racionalidade da fé confluem, quando perigam dar certo, em tornar o absurdo incapaz de funcionar. A absurdidade desarma; prepara o ouvinte para a fala vinda de cima e de fora, desfazendo sua ancoragem na ontologia normal. Fundamentações bem-sucedidas revogam o desarme até que nada reste do crente além do que é concedido com a condescendência dominical.

O motivo da pura recepção de uma dádiva do outro lugar incondicional é resguardado culturalmente sobretudo no islamismo. Da lenda da revelação do Alcorão faz parte a representação de que o profeta teria recebido audiomedialmente, com seu ouvido interno, a recitação da sequência das palavras pelo arcanjo Gabriel, além de decorado de imediato as palavras ouvidas. Concomitantemente é formulada a representação de que o anjo teria lhe mostrado tiras escritas ao estilo de excertos do livro preexistente. As audições de Maomé começam diretamente com o maravilhoso: o que lhe é revelado de início são as doutrinas nem um pouco arábicas da ressurreição, do juízo e da vida eterna. Aqui se apresentam figurações como as que estavam estabelecidas havia meio milênio entre cristãos e havia bem mais tempo entre egípcios e iranianos; elas se articulam no modo de uma iluminação reassegurada que parte de coisas mais antigas. O fato de os islamitas, a princípio, terem rezado na direção de Jerusalém antes de serem repolarizados para Meca sinaliza o quanto a revelação posterior é marcada por atos de redação e edição.

Realizações incomuns da memória, não obstante, devem ter lançado as bases para as proclamações de Maomé. As proezas da memória do profeta podem ser admiradas nas suras iniciais, principalmente na superextensa surata 2, "A vaca", que é desfiada sem uma estrutura clara e sem uma lógica identificável de sequenciação. Se a sura exorbitante tivesse sido compilada por resenhistas muito tempo depois da morte de Maomé — o que decerto se deve supor, pois nenhuma mensagem do céu é entregue em tal estado de fragmentação sem que seja devolvida ao emissor —, teria sido rompido o vínculo entre recepção e reprodução, para dizer o mínimo. Dentre os numerosos registros escritos das comunicações orais feitos por ouvintes da primeira hora, acabou sendo canonizado — por ordem política e com intenção de legitimação do poder — aquele que mais exatamente teria correspondido ao que soou no ouvido de Maomé e foi recitado por ele em voz alta. Como essa seleção foi possível não se explica sem o recurso a uma causalidade superior.

Quando se diz que Maomé teria asseverado três vezes "eu não sei ler" antes de a revelação lhe sobrevir, isso deu suporte à pressuposição compartilhada pelos narradores da lenda do Alcorão de que o profeta seria o elo que faltava entre Deus e o livro terreno — ou melhor: entre Gabriel, o anjo intermediador que fala o que mais tarde seria escrito, e os numerosos (certamente mais de vinte) redatores das suratas que se materializaram ao som do ditado do profeta em jorros de tinta sobre os suportes da escrita, os papiros usuais naquela época —, até que, a partir disso, viesse a ser posta em circulação uma única versão como sendo a legítima. Pretendia-se validar o Alcorão como acontecimento escriturístico de motivação transcendente, porque Maomé, o analfabeto, não era cogitado como autor. Não podia se tratar de sua obra — no sentido da manufatura — porque ele fora isentado da suspeita de saber ler e escrever. Como no caso de Maria, seu ouvido ainda era virgem; e tanto mais isso se aplicava aos olhos do profeta — eles não tinham sido deflorados por leituras. Por essa razão, o Alcorão podia até ser designado o "livro de Alá". Podemos citar esse enunciado com postura neutra, sem a necessidade de entrar nos debates labirínticos de eruditos islâmicos posteriores sobre o caráter criado ou incriado do livro. A ideia da preexistência ou do caráter incriado de algo pressupõe a infiltração da diferenciação platônica de imagem original e cópia, da qual se pode dizer imparcialmente que estava situada fora do vocabulário e da sintaxe do profeta.

O anjo que falou no ouvido de Maomé deixou transparecer certo hábito de leitura: citou sem rodeios, mas também sem aspas, as sagradas escrituras dos judeus, principalmente os salmos; ele também dominava a arte da paráfrase e da alusão histórica a incidentes maiores e menores; era igualmente familiarizado com os discursos apocalípticos ameaçadores de Jesus nos evangelhos e, ao que parece, gostava de tomá-los como ponto de partida. Para quem falou em nome de Alá, parece não ter havido diferença digna de menção entre inspiração e compilação. Não obstante o anjo declarar: "Não instruímos [Maomé] na poesia" (surata 36,69), os escritores e redatores devem ter considerado tarefas suas a livre composição, a compilação e a rima. Poder-se-ia pensar que o Alcorão constitui *sub specie aeternitatis* [do ponto de vista da eternidade] uma única sentença abstraída do tempo e do espaço, que devido às pressões da sintaxe terrena frustra as expectativas de uma sequenciação logicamente ordenada. Mesmo que nele a sequência seja a mensagem, esta deve ser estritamente esotérica.

O conceito "revelação" se baseia na concepção de que o deus ou "Deus" que se comunica com os seres humanos nem sempre dependeria da facilitação propiciada pelas fabulações humanas, ainda que, na maioria dos casos, tivesse deixado por isso mesmo — do mesmo modo que, num primeiro momento, tenha sabido se contentar com as línguas locais. Isso pôde ser reconhecido quando marinheiros, comerciantes, sacerdotes e etnólogos, que dos portos da Europa saíram como enxames rumo a todas as regiões do mundo, começaram a inventariar milhares de povos quanto a suas representações do além. Em toda parte se confirmou o achado de que deuses e comunidades cultuais, independentemente de estas assumirem o formato de tribos, povos ou grupos de povos, desde tempos antigos viviam unidos por uma economia do dar e receber mútuos. O que o além anunciava sob essas condições não se fundava apenas em vaga reciprocidade, mas, na maioria das vezes, também era constituído por transações concretas que se expressavam em dádiva e contrapartida.[4]

E, no entanto, em raros momentos e em dado período, o Senhor que era superior a tudo fazia uso — segundo seus proclamadores, especialmente no Oriente Próximo — de sua liberdade soberana de se antecipar revolucionariamente às transações simétricas, condicionadas pela coparticipação humana, e de comunicar coisas tão superiores, tão evidentes em sua santidade e tão abaladoras da razão que nem mesmo um poeta como Hesíodo, ou um cantor dentre a multidão dos homéridas, ou ainda um filósofo da escola platônica ou vedanta teriam conseguido chegar a elas por si sós.

A situação inicial de um deus da revelação com pretensão à verdade, à exclusividade e à supremacia é sempre a mesma. Pois ele tinha de contar com o fato de que os seres humanos sempre foram entes que criaram poeticamente espíritos e deuses: assim que quisesse se revelar a eles de um modo condizente ao seu ser em si e para si, ele constataria o quanto a consciência deles já é abarrotada de histórias tradicionais de deuses, espíritos e heróis. Esse achado não deveria parecer estranho nem evitável a ele, como alguém que, do alto, é conhecedor dos seres

---

4. Cf. Walter Burkert, op. cit., cap. VI, pp. 158-88.

humanos. Povos supridos de mitos e rituais oriundos de fontes da cultura que lhes é própria — ao estilo da feira semanal de espíritos locais —, não importando em que lugar do planeta, se movem em "estruturas de plausibilidade" muito bem alinhavadas no que se refere à *therapeía theôn*. O fato de levarem a vida em províncias de sentido já instaladas deve ser admitido como *factum brutum*; por ainda existirem é justificada a suposição de que *a good enough god* [um deus suficientemente bom] as teria protegido até aquela hora. Em contraposição, um deus com ambições mais elevadas em relação a séquito e exclusividade tinha de propor-se a detonar estruturas de plausibilidade existentes ou transformá-las subversivamente.

A pergunta "o que fazer?" só pode germinar no deus que tem em mente fazer uma revolução. Um projeto como esse pressuporia uma fase de debilidade dos cultos mais antigos — em contextos sociopolíticos se falaria de uma "situação pré-revolucionária". Um grupo bem suprido em termos religiosos, caso se possa falar nesses termos próprios da economia de mercado, dificilmente poderia ser atraído por simples prédicas para um candidato a deus novo. Receptivas a reorientações da alma são, num primeiro momento, as naturezas problemáticas individuais tanto nos povos quanto nas coletividades que sentem como totalidades o esmaecimento ou a fragilização e a importunação do sistema que até ali lhes servira de inspiração. O avanço para um deus novo, único e que só aceita a vigência dele mesmo segue inevitavelmente uma tendência entusiasta-golpista. Ela traz para o jogo aquele deus que pressiona por uma decisão imediata por ele ou contra ele.

Quando ele entra em cena, surge o tempo essencial que evidencia um movimento rumo ao fim próximo e ao desvelamento de todas as coisas; onde ele é pregado forma-se a convicção da impossibilidade de que as coisas continuem sendo como foram até aquele momento — a partir dali, tudo o que é essencial se dá entre o agora e o logo mais. Quando se impõem as prédicas proferidas nesse tom, imediatamente as sombras fobocráticas se tornam mais densas. O deus que promove a expectativa de paraísos pavimenta, por precaução, amplos acessos ao fogo eterno.

O imenso campo das "religiões" que implicam revelações no sentido amplo do termo só poderá ser pisado aqui em um estreito ponto de passagem de fronteira. A primeira aproximação toca o objeto de forma totalmente superficial: deve-se partir da observação histórica de que a maioria dos cultos que possuíam revelações locais se extinguiu, a despeito de que o conceito neles implícito teria exigido que fossem atemporalmente válidos. Como se deve entender o fato de que verdades reveladas com suas execuções rituais e os grupos que as sustentavam emergiram, floresceram e desapareceram? Em que criptas, em que átrios memoriais foram depositadas as palavras extintas desses deuses? Como se poderia imaginar o arquivamento, ou dito de modo mais duro: a deposição definitiva das incontáveis *theopoeticas* que foram revogadas?

Em apurações desse tipo anuncia-se um problema de descarte de proporções difíceis de aquilatar. Do mesmo modo como, em tempos recentes, se formaram nos oceanos vórtices gigantescos de dejetos plásticos, cuja decomposição biológica levará séculos ou mesmo milênios, também poderiam ter surgido nos mares do psíquico vórtices colossais de resíduos de deuses, mesmo que raramente sejam notados. A despoluição e a reciclagem dos mesmos ainda está por ser feita em termos teológicos, etnológicos, psicológicos, histórico-culturais e estéticos. Como muitos integrantes da atual humanidade carregam dentro de si, consciente ou inconscientemente, partículas de memórias cultuais desagregadas, incontáveis indivíduos constituem criptas mais ou menos inquietas de relíquias aparentemente esquecidas e não lamentadas de transcendências obsoletas. Seria ingenuidade pensar que os deuses aposentados, com frequência desonrosamente dispensados, em sua totalidade se deixariam silenciar de maneira permanente em cemitérios profanos ou neutralizar em exposições histórico-religiosas. Acaso não se justifica supor que grande parte da moderna cultura de massas que teve início com a *gothic novel* do século XVIII e tentou explorar um além alternativo com o espiritismo do século XIX é um jogo meio sério com as sombras de um supramundo extinto? E como seria possível escapar à impressão de que os espíritos maus são muito superiores aos espíritos bons no que se refere à capacidade de assombrar?

Um segundo acesso segue ponderações dramatúrgicas. Ele resulta da pergunta sobre como um deus teria de proceder para se manifestar em termos práticos, assim que renunciasse à mediação feita por pitonisas sob o efeito de drogas ou por profetas com lóbulos temporais hiperativos e subisse à ribalta em causa própria: se ele de fato estiver pronto e disposto a se revelar com uma espécie de "nova via direta", é preciso assumir que ele esteja sob certa pressão para se manifestar, em decorrência da insuficiência dos "meios" usados até ali. Depois que o altíssimo não pôde mais entrar em cena portando máscaras, como no teatro grego — o que seria incompatível com o conceito da epifania ou da *revelatio* —, ele tampouco pôde continuar delegando sua representação a atores, rapsodos e *theologoí* (no sentido aristotélico de fabuladores de deuses). Um *theologeîon*, como o conheciam os frequentadores do teatro helenista, não se encontrava à sua disposição — o púlpito de pregação, como foi observado, só ganhou contornos arquitetônicos na Alta Idade Média. O princípio "revelação" também contradizia, visto em sua totalidade, o emprego de "efeitos" especiais — excetuando os sinais e milagres[5] que, em toda a Antiguidade, eram tidos como provas de espírito e de poder e que desde o final do século XVIII são motivo de riso como vingança do conto contra as verdades factuais.

No momento em que lança mão do milagre, um deus se comporta *de facto* como um orador populista persuasivo. Se visar ao aumento do número de seguidores, ele faz um trabalho de convencimento das pessoas que se encontram nos lugares menos favoráveis. Toda fé em sinais e milagres se baseia na hipótese de que Deus, ocasionalmente, não age da maneira habitual por meio de causas secundárias e regularidades naturais, mas aplica diretamente efeitos especiais. Desse modo, o ator invisível torna a si mesmo um coabitante do mundo da fábula. Seu ocasional aparecimento diante de olhos humanos, do qual os mitos do Oriente Próximo e do Oriente Médio gostam de falar, também permanece entretecido nas tramas do surrealismo popular oriental. Até quando se revelou singularmente no modo da encarnação, ele exibiu propensões

---

5. Cf. Walter Burkert, op. cit., cap. VII, pp. 189-212. Adeptos da teologia cristã dos *vestigia* diferenciam ocasionalmente entre os sinais que falam para os pagãos e os milagres que se abrem para os crentes.

orientalizadoras; Belém e seu cometa são, do ponto de vista geográfico-
-religioso, quintessência do Oriente. Abstraindo de razões cronológicas,
deus não teria podido se tornar humano em Husum ou Reykjavik.

Sem o vetor grego que desencadeou o fluxo para o Ocidente, o
cristianismo teria permanecido, semelhante ao islamismo, uma questão
oriental. Teríamos encarado a encarnação de Deus *summa summarum*
[em suma] como uma questão de fabulação oriental e relegado a mesma
às fogueiras dos acampamentos das caravanas. "Não se podam as flores
da arte narrativa oriental."[6] De fato o cristianismo também se difun-
diu ao longo da antiga rota da seda para o Oriente até as fronteiras da
China. Por meio da grecofonia do Novo Testamento, começando com
as cartas de Paulo, a fecundidade fabuladora das fantasias orientais de
redenção se acoplou à seriedade da ontologia e da teoria da verdade do
pensamento ocidental helenista.

Enquanto a emergência do islamismo no início do século VII marcou o
fim provisório da trajetória da deselenização do monoteísmo[7], a Igreja
cristã dos primeiros tempos, na medida em que não se tornou Igreja do
deserto, permaneceu inteiramente dependente da helenização e das in-
fraestruturas culturais citadinas. Onde se falava do Deus cristão no velho
Ocidente, ele foi anunciado de pódios ao estilo *theologeîon* — de *ambo-
nes*, púlpitos e cátedras, querendo provar que o evangelho tomara posse
primeiro do *lógos* grego e depois também da *ratio* romana. Foi só nos
séculos XVI e XVII que teve início na Europa, após alguns prelúdios no
medievo tardio, o processo denominado Iluminismo, no qual o legado
helenista se emancipou da tutela cristã.

---

6. Kurt Flasch, *Warum ich kein Christ bin: Bericht und Argumentation*, Munique, C. H. Beck, 2013, p. 131.
7. Carsten Colpe, *Griechen – Byzantiner – Semiten – Muslime. Hellenistische Religionen und west-östliche Enthellenisierung*, Tübingen, Mohr Siebeck, 2008.

10

O MORRER DOS DEUSES

A questão implicada no primeiro acesso à tese da revelação só pode ser respondida por desvios. Futuros visitantes da Terra, vindos de estrelas distantes, talvez chegassem à conclusão de que este é um planeta para deuses dispensados do seu serviço. Dado que, segundo as estimativas dos antropólogos, existiram no mundo todo, desde os primórdios das hominizações, cerca de 1 milhão de clãs, tribos e etnias, nos quais ocasionalmente houve manifestações teogênicas, por mais rudimentares que fossem, não está fora da realidade assumir que a Terra está recoberta de relíquias de milhões e até bilhões de entidades espirituais e divindades extintas — mesmo que não se incluam nas estimativas os barrocos censos indianos de agências transcendentes.

Linguistas do nosso tempo prognosticam que mais da metade das 6 mil línguas (a serem multiplicadas por um grande número de dialetos) ainda faladas hoje na Terra se extinguirá até o ano de 2100 por falta de novos falantes.[1] Supondo que, em cada uma das línguas em extinção, exista apenas um substantivo para designar as transcendências, seria de se admitir que, de todo modo, existimos em uma era da morte despercebida em massa de espíritos e deuses: em menos de um século, milhares de endereços usados para invocações e representações cultuais

---

1. Nicholas Evans, *Wenn Sprachen sterben und was wir mit ihnen verlieren*, Munique, C. H. Beck, 2014.
   Do Novo Testamento, existem atualmente cerca de 2.700 traduções completas ou parciais, das quais um grande número para culturas sem língua escrita, em que o NT representa o primeiro e provavelmente também o último livro.

do além estarão extintos, na maioria dos casos não documentados, despercebidos e não lamentados.

As formas silentes da teopausa pela via do esgotamento — que se observam tanto no passado mais recente quanto no presente — diferem radicalmente das extinções teocidais pela espada, que eram características das missões cristãs, mas não menos das primeiras expansões islâmicas. A entronização do deus único *in excelsis* geralmente andava de mãos dadas com a diabolização das concepções anteriores de deus, ocasionalmente também com o estabelecimento dos poderes destronados em posições de subserviência à monarquia do uno. Na Idade Média francesa, floresceu a crença de que, para um demônio destituído do seu posto, não haveria novo estabelecimento mais honroso do que o de servir em forma de gárgula na catedral de Notre-Dame em Paris. Para elfos, ninfas e seres intermediários de toda espécie, o inferno ampliado oferecia novos quadros profissionais nos campos de trabalho da sedução.

Processos de teopausa do tipo violento pouco têm em comum com o ateísmo trivial pós-iluminista que acompanhou a incursão de parte da humanidade, principalmente na Europa, nos habitáculos de uma provisão mais ou menos exitosa da existência. A extinção por falta de descendência, o fenecimento devido ao interesse evanescente e a atrofia em consequência de repressão têm em comum apenas os efeitos da entropia que fatalmente levam à dissolução.

A história das mentalidades dos séculos XIX e XX ilustrou como seria leviano subestimar a capacidade de assombração de deuses aposentados. No dia 25 de novembro de 1914, Hugo Ball, que em 1916 figuraria entre os fundadores do dadaísmo de Zurique, registrou em seu diário: "Todo mundo se tornou demoníaco."[2] Em abril de 1917, formulou seu enunciado de maneira mais precisa: "Todo mundo se tornou mediúnico."[3] De acordo com isso, todo e qualquer eu do nosso tempo poderia ser convertido, da noite para o dia, em canal para o renascimento de assombrações. Na Era Moderna, a "mudança

---

2. Hugo Ball, *Die Flucht aus der Zeit*, Luzerna, J. Stocker, 1946, p. 16.
3. Ibid., p. 153.

de forma dos deuses" extrapola o campo religioso. O que se extinguiu como religião pode retornar como política ideologizada, como encanto e magia de palco, como maravilha técnica e como pandemia informática.[4]

---

4. Em sua interpretação das teorias dos pensadores franceses do pós-modernismo, Arthur Kroker, em *The Possessed Individual: Technology and Postmodernity* (Palgrave, 1991), desenvolve a tese de que o moderno *environment* midiático não representa mais tanto um mundo objetal, mas um conjunto de agências psiquicamente invasivas que geram possessões alternativas, que não são mais espirituais. Na terminologia aqui utilizada, isso significa que a mediunidade pessoal e a mediunidade técnica se fundem. Os demônios se convertem em *persuaders*. O fenômeno do *influencer*, que se disseminou a partir de 2001, atesta uma disposição maciça, adquirida pelo uso obsessivo das mídias, para se entregar a vagas obsessões através de agentes de sedução insossos.

11
"Religião é incredulidade":
A intervenção de Karl Barth

A ruptura mais profunda com as origens teopoéticas das tradições religiosas foi levada a cabo no século XX por meio da doutrina do teólogo reformado suíço Karl Barth (1886-1968). A rústica genialidade de Barth encontrou seu caminho quando ele tentou afastar o cristianismo, enquanto modelo de verdade revelada de maior êxito histórico, do âmbito brumoso das "religiões". A seu ver, religiões são maquinações humanas no interesse da autoasseguração e da autoexaltação, ou pior: do autoendeusamento. Via de regra, elas acabam se revelando como fabricações em suporte a poderes políticos e crimes organizados. Agostinho já não havia perguntado em que se distinguem estados de grandes covis de salteadores? E, se fossem um pouquinho melhores do que associações criminosas, então só o seriam na medida em que se ocupam da administração da justiça.[1] Inclusive as doutrinas da Ásia oriental, sejam elas de inspiração indiana ou chinesa, constituem, no parecer de Karl Barth, meras ficções, com suas palavras: "religiões da mentira", "idolatrias" — anos-luz distantes da esfera da revelação válida. Até Martinho Lutero é acusado de ter ajudado a consolidar ideologicamente o paganismo enraizado dos alemães mediante seus erros atinentes à relação entre lei e evangelho.[2] Caso se queira criticar Karl Barth por algo, certamente não será pela falta de clareza polêmica.

---

1. Aurélio Agostinho, *Der Gottesstaat, De civitate dei*, Buch I-XIV, Paderborn/Munique/Viena/Zurique, Schoeningh, 1979, IV, 4, 1: "Remota itaque iustitia quid sunt regna nisi magna latrocinia."
2. Karl Barth, *Eine Schweizer Stimme 1938-1945*, Zollikon-Zurique, Evang. Verlag, 1945, p. 113.

Karl Marx teria se admirado das consequências a que levou sua tese dos anos iniciais, segundo a qual toda crítica deve começar com a crítica da religião. Em Barth, a "religião" revelada se volta contra a religião empiricamente existente de forma mais crítica do que jamais teria conseguido qualquer crítica materialista. Assim sendo, Barth registra no ano de 1937: "Religião é *incredulidade*: religião é uma questão, é preciso que se diga francamente, a questão do ser humano *sem deus*."[3] O autor não se faz de rogado quando o convocamos a explicar como ele tomou conhecimento disso: "Não podemos, por assim dizer, traduzir em termos humanos o veredito divino 'religião é incredulidade' [...]; como veredito *divino*, devemos deixá-lo pairar e vigorar acima de *tudo* o que é humano." A pergunta sobre como ele obteve ciência do "veredito divino" também não o deixa embaraçado. Ele sabe que o que ele diz é verdade porque "Deus o interpelou". O sujeito da interlocução reveladora seria "a palavra de Deus e, portanto, o próprio Deus". Revelação implica "revogação da religião" — recusa do "religionismo". Para tornar-se recipiente da revelação, também é preciso ser seu sujeito — ou melhor: incorporar-se como membro em seu sujeito verdadeiro, Deus, ou melhor, admitir que sempre já se está incorporado nele como membro.

Por ser necessária e impossível ao mesmo tempo, essa operação se chama "dialética"; impossível em termos concretos, necessária porque "nós" já estaríamos incluídos na revelação que nos sobreveio. "A verdade é a verdade, e nós, portanto, somos originalmente partícipes da verdade: isso nos é dito — pela verdade mesma."[4] Pode se tornar teólogo quem gosta de correr em círculos como esses. Pouco antes de morrer, Barth definiu o objeto de sua teologia em termos um pouco mais pueris: o que fala para nós seria "o céu para a terra".

Karl Barth entrega o segredo do funcionamento dos discursos supostamente não teopoéticos sobre Deus ao propugnar a ficção da não ficcionalidade desses discursos. Com veemente ingenuidade, ele insiste

---

3. Id., *Die kirchliche Dogmatik*, v. 1: *Die Lehre vom Wort Gottes*, Zurique, Theologischer Verlag Zürich, 1993 [1937], pp. 327 e ss.
4. Karl Barth, *Der Römerbrief: Zweite Fassung*, Zurique, TVZ Theologischer Verlag, 2015 [1922], p. 307.

estar falando como alguém a quem foi dirigida a palavra, executando uma incumbência pura e simplesmente obrigatória, vinda do alto, de passar aquilo adiante. *Deus dixit* [disse]: não há como voltar aquém do que foi dito por Deus. O procedimento do teologismo, isto é, do discurso não teopoético, que pretende exclusivamente tomar conhecimento, transmitir, atualizar e arriscar a "palavra de Deus", baseia-se em uma troca de sujeito, na qual o eu que se possui mediante a socialização, acompanhado de suas ilusões inveteradas e sua incorrigível submissão ao mundo e à morte, é substituído pelo eu da fé.

A operação "troca de sujeito" é bem mais antiga do que o cristianismo; quando aparece em solo cristão, ela é de cunho paulino. A fórmula mais aclaradora se encontra na carta do apóstolo Paulo aos gálatas (na opinião majoritária, redigida em torno de 55 da nossa era, de acordo com uma concepção destoante, falsificada no século II): "Logo, já não sou eu quem vive, mas Cristo vive em mim [*en emoí*]." De modo análogo, o evangelista João (possivelmente em torno do ano de 100) faz Jesus afirmar: "Permanecei em mim, e eu [permanecerei] em vós [*meínate en emoí, kagò en humîn*]."[5] A troca de sujeito — que os cristãos gregos denominam *pístis*, os romanos, *fides* e que, por sua forma, acontece por meio do batismo, a repetição ritual da cena às margens do rio Jordão — pretende efetuar a troca de posição até a ponto da imbricação mútua dos espaços psíquicos: Deus/eu, eu/Deus. Paulo tira a consequência extrema da imbricação quando, na carta aos gálatas, diz que teria sido crucificado com Cristo (*synestaúromai, confixus cruci*). Menos do que uma inversão global da postura fundamental, comparável a um transplante espiritual do coração, não basta para efetuar a aniquilação do próprio pela alteridade de Deus. Pela natureza da coisa, não se pode fazer uma cirurgia cardíaca em si mesmo. Karl Barth: "Se o ser humano, por si mesmo, estender a mão para a verdade, de antemão

---

5. Gálatas 2,20; João 15,4. Também no *Evangelium veritatis* [Evangelho da verdade], uma prédica cristã em língua copta, surgida supostamente em torno de 150, editada no códice de Nag Hammadi, encontra-se a figura da acomodação recíproca em uma esfera espiritual comum: "Alegraram-se por tê-lo achado todos aqueles que ele achou dentro de si e que o acharam dentro deles."

ele não conseguirá agarrá-la."⁶ "Nossa liberdade em Deus também é nosso cativeiro nele."

É recomendável arrefecer explicações ditas nesse tom mediante a compilação de reflexões complementares. Nesse ponto, poderia mostrar-se útil recordar o *Ensaio de crítica a toda revelação* (1792), de Johann Gottlieb Fichte (1762-1814), bem como fazer menção do aforismo de Nietzsche do ano de 1888: "Temo que não possamos nos livrar de Deus por ainda acreditarmos na gramática."⁷

Para Fichte, era imperiosamente evidente que a religião, concebida como órgão moral de condução da vida, não fazendo diferença se é ensinada como natural ou revelada, não deveria implicar, em termos de conteúdo, nada além do que exige a lei moral fundada na razão; esta deve conferir forma à nossa "faculdade desejante" e "determinar" nossa vontade para o bem. A fé numa "revelação" ocorrida poderia se mostrar útil, em ânimos mais débeis, como concepção auxiliar para despertar a vontade de fazer o bem; de resto a concepção permaneceria cognitivamente vazia; pelo contrário, toma-se conhecimento "com toda certeza de que, sobre a realidade de uma revelação, pura e simplesmente não se dispõe, nem jamais se disporá, de uma prova, seja a favor dela, seja contra ela, e que nenhum ser além de deus jamais saberá do que se trata de fato".⁸ A ironia tem a última palavra. Ela deixa por conta de Deus querer ou não fazer alguma coisa com a revelação enquanto conceito e acontecimento. Do ponto de vista do jovem Fichte, as religiões históricas são o que já eram para Spinoza: sistemas de persuasão e escolas de obediência que dão ao espírito infantil orientações provisórias na

---

6. Karl Barth, *Die Kirchliche Dogmatik*, v. I: *Die Lehre vom Wort Gottes*, Zurique, Theologischer Verlag Zürich, 1993 [1937], p. 330.
7. Friedrich Nietzsche, *Die Götzendämmerung oder Wie man mit dem Hammer philosophiert*, Leipzig, C. G. Naumann, 1889, p. 78.
8. Johann Gottlieb Fichte, "Versuch einer Kritik aller Offenbarung", in: *Fichtes Werke*, v. V, ed. Immanuel Hermann Fichte, Berlim/Nova York, Walter de Gruyter & Co., 1971 [1792], p. 151.

direção do que é correto, mas que deixam de ser dignas do espírito que pensa por si mesmo.

Muito mais incisiva é a abordagem que Nietzsche faz do problema de uma autoanunciação de Deus: ele está pouco interessado em saber como os seres humanos tiveram a ideia da existência de entes transcendentes. A ideia ocorreu a seres humanos em todos os graus de crueza e refinamento: isso deve ser aceito como fato da história das culturas e da etnologia. A concepção de grandezas transcendentes invisíveis, dispostas ao intercâmbio com seres humanos, constitui uma camada substancial do conjunto das representações da vida humana com a qualidade de ideias elementares; quer se trate do além bem próximo dos ancestrais e demais espíritos que convivem com os humanos em comunidades territoriais, quer se trate de um além regional elevado do tipo do Olimpo ou de um além radicalizado de qualidade *totaliter aliter* absoluta, cujas articulações enfáticas já se encontram, por exemplo, em Fílon de Alexandria: em toda parte aflora a experiência de que abscondidade não é equivalente à nulidade.

Segundo o etnólogo Adolf Bastian (1826-1905), ideias elementares são representações que se articulam espontaneamente nas diversas culturas independentemente umas das outras com base em experiências lógica, cósmica e socialmente análogas.[9] Uma existência sem elas seria impossível e poderia ser imaginada, quando muito, como produto de empobrecimento patológico da psique, como ocorreu na Antiguidade entre escravos, na Era Moderna entre parcelas miseráveis do proletariado, entre caubóis das savanas, entre donas de casa do Centro-Oeste ou entre candidatas a *casting shows* [shows de elenco] alemães. As ideias elementares tecem, tais como "ideias" a partir de baixo, padrões imagéticos no "fluxo" das percepções. Quem consegue imaginar pessoas atuando também é capaz *eo ipso* [por si só] de transpor o esquema da *agency* [atuação] sustentada por força e intenção para espíritos, deuses e fenômenos naturais no mundo circundante. A personificação constitui a figura básica da demoniopoética e da teopoética; ela modela potências,

---

9. Manuela Fischer, Peter Bold e Susan Kamel (eds.), *Adolf Bastian and His Universal Archive of Humanity: The Origins of German Anthropology*, Hildesheim/Zurique/Nova York, Georg Olms Verlag, 2007.

nas quais é implantada uma intenção. Quanto mais pessoal o deus, tanto mais poética é a descrição dele. Nos vocabulários que se referem a essas entidades animadas carregadas de energia, estrelas, desertos e matos, árvores, gramas e flores, insetos, répteis, pássaros e mamíferos, rios, fontes e mares, chamas, nuvens e raios estão na expectativa de iniciar uma segunda vida em sentenças poéticas. Agências pré-socráticas como o frio, o escuro e o azul se apresentam ao toque de despertar do ser.

Nietzsche passa por cima das deduções tradicionais pré-iluministas dos deuses como frutos da ignorância, do temor e da crença em presságios como se fossem lugares-comuns de psicologia folhetinesca. O que lhe interessa, sobretudo, é a questão referente a como seres humanos, no auge de sua vitalidade, poderiam ter concebido a hipótese dos deuses. A primeira poesia a falar de deuses, como quer que tenha soado, não pode ter sido, segundo a concepção de Nietzsche, nenhum lamento de autocomiseração e mendicância vingativa. Assim que o ímpeto ininterrupto da ilusão produziu articulações que franquearam às potências acessos a sinais ofensivos, ficou estabelecido de que material é feita a religião: "É-se grato a si mesmo; é para isso que se precisa um deus."[10]

A interpretação da formação simbólica primária no sentido de um deus que abarca um nós tônico permanece plausível, enquanto a emoção da gratidão — mais precisamente: a sábia união do júbilo coletivo pela vitória com a humildade diante do incerto — precede todo lamento, súplica e apelo ao impossível. Gratidão arcaica coletiva — e é só desta que Nietzsche quer abordar num primeiro momento — é uma emoção restrita ao âmbito moral; onde ela entra em cena, vencedores e seus deuses estão entre si. A gratidão que exige um deus para o ser--assim que lhe é próprio vive da experiência de que o povo do qual se faz parte se distingue por vitória, riqueza e poder de mando. Fazer parte dele é, *per se*, um privilégio. Em linguagem cultual, os êxitos se chamam "bênçãos" (*eulogíai*): estas provêm de atos de fala ou de "bem-dizer" do céu: *eulogeîn* em grego; *benedicere* em latim; *barak* em árabe. Não se recebem dádivas meramente da parte de parceiros de troca equivalentes;

---

10. Friedrich Nietzsche, *Die Götzendämmerung oder Wie man mit dem Hammer philosophiert*, Leipzig, C. G. Naumann, 1889, p. 182.

alguns presentes de fontes superiores remontam ao "fundamento das coisas" que precede todo e qualquer acaso. Capacidades vivenciadas como concedidas suscitam em seus receptores o senso para a interconexão de força, meio de poder e eleição. Por conseguinte, o complemento precípuo de "nós somos" só pode ser: "os preferidos"; quem nos prefere é o senhor do céu. Deus é o endereço no qual as coletividades bem-sucedidas acham que encontram a si mesmas. O fato de que Deus, quem ou o que quer que ele ou ela seja, desde sempre traz consigo um problema de endereço, é preocupação posterior, especialmente quando as vitórias deixam de acontecer. Sob sua proteção, as batalhas vencidas e as narrativas a respeito delas se convertem em sinais de constituição do nós. Também para isso Nietzsche encontrou uma fórmula: "Nenhum vencedor acredita no acaso."

Os argumentos de Nietzsche mostram os contornos de uma antropologia bipolar delineada com a mão esquerda. Ela visa explicar o que vitórias e derrotas efetuam nos seres humanos a longo prazo em termos morais. Ele suspeita que a moral de escravo — como *modus vivendi* de quem está fixado em derrotas — teria lançado, na forma das "religiões mundiais", uma expedição exitosa em termos de história mundial contra os restos da existência humana livre e soberana e estaria na iminência de obter a vitória.

Indo além da antropologia histórica, o autor de *Crepúsculo dos ídolos* se ocupa com a questão sobre por que é praticamente impossível, até para pessoas pós-iluministas, se tornar totalmente incrédulas. Nietzsche identifica a silhueta de Deus na sintaxe das línguas europeias. Via de regra, elas juntam um predicado com um — não por acaso assim chamado — substantivo ou então com um "sujeito" gramatical. Na sentença indo-germânica brilha o Sol de Eleia. Em toda associação de um enunciado verbal com um substantivo resplandece a luz de Parmênides. Primeiro está presente uma substância, algo duradouro, que filosoficamente é chamado de ente; à substância se somam atributos; em seus atributos, a substância ganha movimento, cor, potência e atividade.

O que fica se torna real como unidade de energia e sentido. O programa filosófico do idealismo, que quer fundamentar essa unidade, tem consequentemente o seguinte teor: o que importa é desenvolver a substância como sujeito. "Ainda" acreditar na gramática significa acreditar na onipresença do agir e, acreditando no agir, acreditar na oniatividade de grandezas quase pessoais. É essa crença que nos força a pensar em um agente sempre que há um acontecimento, em um emissor sempre que há um sinal, em um autor sempre que há uma obra, em um criador sempre que há um universo. Hegel denominou o sujeito substancialmente atuante de espírito. Este, tornando-se seguro de si mesmo, permite que o observemos em seu "trabalho", em sua luta consigo mesmo, seu movimento na história e sua sedimentação nos resultados e em sua continuidade sobre a base dos resultados alcançados: como espírito subjetivo, ele é vivaz, atual, aberto e inculto; para atingir o estado da arte, ele precisa se sujeitar ao trabalho de formação e educação, e coibir sua vitalidade irrefreada; como espírito objetivo, ele corporifica o resultado alcançado na ciência, na arte, na religião, no direito e no Estado. Para se tornar espírito absoluto, ele teria de desenvolver a capacidade de produzir, a qualquer tempo, sínteses soberanas de seu ter-sido-ativo que se tornou objetivo e seu refletir-e-agir atual. Se fosse possível realizar isso, os hegelianos teriam uma capacidade de ter razão que não se observou mais em seres humanos desde a expulsão do paraíso.

Karl Barth levou a crença na gramática ao seu auge ao interpretar o cristianismo de molde evangélico como ato de revelação do sujeito divino situada além de todos os acréscimos humanos, teopoéticos e culturais. Se quisesse ser, pura e simplesmente, o acontecimento incisivo da verdade, o cristianismo não poderia ter nada em comum com "religião" no sentido geral — nem como autoelogio de vencedores, nem como culto de lamentação de perdedores, tampouco como dispêndio de excedentes vitais de coletividades ou como vivência exaltadora de Deus por parte de indivíduos —, muito menos daquele tipo que alguns cristãos acreditaram ter tido em agosto de 1914, por ocasião da irrupção da guerra, para grande desagrado de Barth. Ele deveria assemelhar-se ao impacto de um meteoro, não à dissolução de um culto habitual. Ele não poderia ter mais nada a ver com o "culto divino" de uma comuna aburguesada que o frequenta ocasionalmente, muito menos com o culto de uma Igreja estética que se teria transformado em auditório de concertos para almas que apreciam música sacra.

Quando o jovem Karl Barth voltou resolutamente as costas para Friedrich Schleiermacher e seus epígonos que se compraziam com o protestantismo do século XIX, aquela foi uma atitude moderna e coerente. Ele abriu fogo, em nome da "nova ortodoxia", contra a esclerose eclesial e seus funcionários que haviam se acomodado no mundo que se tornara insustentável. Não era possível que a Igreja permanecesse sendo um conservatório no qual os bem-intencionados se deleitavam com a leveza e a constância de suas emoções simpáticas a Deus; o ser interpelado pela Boa Nova não poderia continuar sendo mal entendido como produto de talentos e humores. Havia passado o tempo das meras aptidões. As almas belas, demasiado belas, eram demasiado parecidas com o mundo corrupto, do qual pensaram ter se afastado. O jovem Karl Barth estava postado à beira da cratera formada pela revelação meteórica e acenava para que o público passasse adiante: continuem andando..., "aqui não há nada a vivenciar para românticos, nada a exaltar para rapsodos, nada a analisar para psicólogos, nada a narrar para contadores de histórias".[11]

A realidade empírica da Europa, o descaminho moral do Velho Mundo, revelou-se catastroficamente na guerra mundial. O que importava agora era experimentar a palavra de Deus como a catástrofe mais forte. Em vista do que os agentes do mundo e suas religiões nacionalizadas haviam causado, Karl Barth, como um pai da Igreja extemporâneo, conceituou com precisão a última chance do céu: que, apesar de tudo, a participação do ser humano na verdade transcende a desgraça provocada por ele próprio.

O que permanece sem aclaração é se, em questões de teopoética, Karl Barth disse a coisa certa. Um homem que passou boa parte de sua vida em púlpitos de igrejas e em cátedras de teologia decerto não pode ter acreditado ser, ele próprio, a palavra de Deus com sotaque helvético.

---

11. Karl Barth, *Der Römerbrief: Zweite Fassung*, Zurique, TVZ Theologischer Verlag, 2015 [1922], p. 305.

A crítica de Lutero a Zwínglio após o diálogo religioso frustrado de Marburgo em 1529: "Vocês, suíços, têm outro espírito", teria ricocheteado nele. Em contrapartida, ele jamais deve ter assumido ser um ator suspenso sobre uma assembleia de ouvintes em um *theologeîon* atualizado. Não há como evitar a suposição de que, na questão da constituição teopoética de "religiões", ele se equivocou desde a base em sua avaliação. Ele próprio também redigiu uma obra de religião, mesmo que isso tenha sido contra a sua vontade. A única maneira de entender seu *opus maximum*, *Die kirchliche Dogmatik* [A dogmática eclesial], surgido entre 1932 e 1967, é como um combate em retirada até o fim de sua vida, com o qual ele tentou compensar seu célere avanço neoprofético nos primeiros escritos, a saber, em *Der Römerbrief* [Carta aos romanos] (1919) e na segunda versão intensamente retrabalhada desse livro em 1922. A gigantesca obra implica como que a retrogradação do Espírito Santo, que estivera momentaneamente presente, em forma de teologia "habitual"; mas, já nos prefácios das novas edições do seu genial livro sobre a carta aos romanos, o autor negou ser um "pneumático" que teria voado além das fronteiras de sua especialidade; ele sempre teria falado apenas como teólogo. O Karl Barth tardio sentiu certo constrangimento em vista de sua fase inicial profética (os adversários disseram: pneumaticamente soberba): nela, sob a impressão do desastre da guerra, ele teria elevado o tom para imitar Paulo[12], que, de dentro das ruínas do judaísmo preso no círculo depressivo de lei e culpa, havia evocado o cristianismo como culto de desoneração — do que resultou uma ampliação da zona de culpabilização.[13] A rejeição da "religião" como maquinação do ser humano descrente, flagrante em Barth a partir do

---

12. No prefácio à primeira edição de *Carta aos romanos* (1919), Barth declarou ter tentado "se postar ao lado de Paulo como participante no tema", não na posição distanciada de um espectador em relação a ele — o que sinaliza que ele nem sempre foi um entusiasta do falar demais, típico da teologia, de que seu livro é o exemplo extremo ao lado de *O espírito da utopia*, de Ernst Bloch (1919/1922), e *A estrela da redenção*, de Franz Rosenzweig (1921), mas que, desde o início, ele dispunha do recurso estilístico do *understatement* [minimização, subestimação].

13. Uma passagem já dos primeiros tempos se encontra na Primeira carta de João 3,16: "Nisto conhecemos o amor: que Cristo deu a sua vida por nós; portanto, também nós devemos dar a nossa vida pelos irmãos."

início da década de 1930, é autocrítica indireta[14]: pois ele também já tinha sido um teopoeta em ação, cantando a duas vozes com Paulo, motivado por um ímpeto de proclamação ditado por sua época, em excitação ditirâmbica, impulsionado pela fúria do entendimento e pelo zelo da vicariedade, a 6 mil pés além da guerra e do tempo.

A nova situação — *a posteriori* ela é displicentemente chamada de "período entreguerras" — acarretou a coerção de contrapor às declamações altissonantes dos incontáveis oradores da crise uma forma mais rigorosa da *therapeía theôn*. Barth reeditou, na segunda década do século XX, um drama da Antiguidade tardia. Os primeiros sínodos e concílios já haviam percebido a necessidade de represar a brotação descontrolada que, no espaço de dois séculos, decorreu da interação de motivos jesuânicos e judaicos com uma variedade de fontes helenistas e do Oriente Próximo, para não falar de influências egípcias e vétero-iranianas. Em torno de 1914, irrompera na Europa e para muito além do Velho Mundo uma era de excrescências pararreligiosas — como se milhares de vozes quisessem refutar ao mesmo tempo a observação mal-humorada de Nietzsche do ano de 1888: "Quase 2 mil anos já se passaram e nenhum novo deus surgiu!" Historiadores das ideias e das religiões de gerações posteriores deverão chegar à conclusão de que, a partir do início do século XX, foram lançadas, tanto no Ocidente quanto no "resto do mundo", mais movimentos religioides do que em toda a história da humanidade desde os cultos faraônicos — meio que para evidenciar como mentirosa a lenda dominante da secularização. Quem quiser saber mais sobre isso encontrará informações no macropanorama de discursos neomitológicos surgidos desde o Romantismo europeu, coligido pelo teólogo e historiador neorreligioso Linus Hauser[15], principalmente no segundo volume, que abarca o amplo espectro dos "neomitos da finitude tranquilizada" da era pós-1945. Antes de outros, Bazon Brock

---

14. A segunda versão, de 1922, do livro sobre a carta aos romanos já se designava como autocrítica à primeira versão.

15. Linus Hauser, *Kritik der neomythischen Vernunft*, v. 1: *Menschen als Götter der Erde, 1800-1945*; v. 2: *Neomythen der beruhigten Endlichkeit, Die Zeit ab 1945*; v. 3: *Die Fiktionen der Science auf dem Wege ins 21: Jahrhundert*, Paderborn, Brill Schoningh, 2005, 2009, 2016.

havia apontado para esse complexo em seu polêmico tratado sobre os "bandos de buscadores de Deus"[16] do século xx.

Graças à sua presença de espírito, Karl Barth se envolveu, em busca do permanente para além da crise, em uma guerra midiática e de espíritos que englobou várias épocas. Embora já esteja há quase 2 mil anos em andamento, a guerra entre os designers da religião cheios de novas ideias e os terapeutas do retorno à sobriedade, os heresiólogos e os inquisidores está mais distante do que nunca de um acordo de paz. Desde priscas eras, o propósito dos guardiães da tradição "ortodoxa" — seu patriarca em solo cristão é Irineu de Lyon (cerca de 150-220), oriundo da Ásia Menor, cujos cinco livros contra os hereges estavam em circulação desde em torno do ano de 180 — era deter a proliferação do fator narcotizante, fabulador, que atrai cisões, mediante o estabelecimento de afirmações de fé essenciais, antepostas a qualquer discussão, denominadas "dogmas". Os dogmas condensam verdades e preceitos morais estatuídos como tais. Seu pronunciamento pressupõe emissores fortes ou, pelo menos, empenhados em se mostrar fortemente decididos, que se atrevem a submeter os receptores a seus estatutos para o próprio bem. Eles contam com a existência de pessoas dispostas a crer, receptivas a esclarecimentos com teor binário de decisão. Na esfera europeia ocidental, as principais fontes emissoras da autoridade capaz de formular dogmas se denominam católicas, evangélicas ou protestantes; na esfera europeia oriental, ortodoxas; na esfera islâmica, guiadas (no caminho certo). O *páthos* da retidão dogmática teve de se manifestar por razões sistemicamente compreensíveis porque os primeiros teólogos, na medida em que eram dotados de pensamento estratégico, tinham de temer a desagregação de seu "movimento" lábil e difícil de organizar, enquanto doutrinas especiais como a dos assim chamados gnósticos ou a dos marcionitas pudessem se disseminar sem contestação. Irineu já polemizara contra Marcião ao estilo de Marx contra Bakunin — e como as criaturas de Stálin contra Trótski e os "revisionistas". Em

---

16. Bazon Brock, "Selbstfesselungskünstler zwischen Gottessucherbanden und Unterhaltungsidioten: Für eine Kultur diesseits des Ernstfalls und jenseits von Macht, Geld und Unsterblichkeit", in: *Die Re-Dekade: Kunst und Kultur der 80er Jahre*, Munique, Klinkhardt & Biermann, 1990, pp. 127 e ss.

controvérsias desse tipo, a tolerância não faz parte do regulamento. O magistério católico recorreu já bem cedo ao anátema, a maldição da exclusão, como arma na luta de diferenciação; o que ele significava na prática foi exposto pelo jovem Marx quando estabeleceu que a crítica que se tornava realidade não queria refutar o adversário, mas aniquilá-lo.[17] Isso mostra que a vontade de formar Igreja não era estranha nem mesmo à escola crítica.[18]

---

17. Karl Marx, *Zur Kritik der Hegelschen Rechtsphilosophie*, MEW, v. 1, Berlim, Reclam, 1981 [1843/1844], pp. 201-333.
18. Nietzsche associa a crítica que é "feita contra tudo" à "vontade de causar dano" da magia, que na Era Moderna opera tendencialmente entre partidos, comerciantes e Estados. "A crítica [...] é a última demonstração de força de quem não tem influência — uma continuidade da bruxaria" (Friedrich Nietzsche, *Nachgelassene Fragmente, 1880-1882*, v. 9, Berlim, De Gruyter, 1980, p. 516).

12
NO JARDIM DA INFALIBILIDADE:
O mundo de Denzinger

Pode-se definir a dogmática — do seu aspecto jurídico não se falará aqui — como forma especial do discurso magisterial, oriundo da vontade de reduzir o que precisa ser dito ao irrenunciável, ao que está claro, ao que foi esculpido em pedra, mediante delimitação em relação a teses contrárias que se chamam erros ou heresias e cujos defensores são sancionados pela exclusão com caráter de maldição (*anáthema*).[1] Essa limitação gera um gênero estilístico *sui generis*, que se distingue pela concisão soberana. Conhecedores da estética medieval o associariam ao *style dépourvu* [estilo despojado].[2] Entre diplomatas de Estados dos primórdios da Europa, ele teria angariado respeito como estilo de chancelaria de um império que se impõe pela serenidade.

Para obter uma noção do tom, da abrangência e da forma da produção católica de dogmas em um lapso de tempo de quase 2 mil anos, basta compulsar o *opus magnum* dos pronunciamentos magisteriais de concílios e papas. Ele traz o título: *Enchiridion symbolorum definitionum et declarationum de rebus fidei et morum* [Compêndio de credos, definições e declarações sobre questões de fé e moral], de Heinrich Denzinger, publicado pela primeira vez em 1854, ampliado a partir de 1991

---

1. Tertuliano, escritor eclesial natural de Cartago (nascido após 150 e falecido em torno de 220), criador do latim teológico, tornou usual a tradução de *anáthema* por *damnatio*. A exclusão amaldiçoadora com o auxílio da fórmula *anáthema ésto* também foi praticada por Paulo, por exemplo, na Carta aos gálatas 1,8-9.
2. Especialmente em relação a edifícios da época otoniana influenciada pelos cistercienses, em oposição ao *stylus sumptuosus* [estilo suntuoso].

por Peter Hünermann e dotado de traduções alemãs, no ano de 2017 republicado em sua 45ª edição com numerosos complementos e um acréscimo de mais de 5 mil documentos. Ele inicia com achados de antiquíssimas confissões batismais coptas e conclui com uma seleção de passagens do escrito magisterial [exortação apostólica] publicado pelo papa Francisco no dia 24 de novembro de 2013 a um círculo de receptores dispostos a aprender.

Quem se aprofundar na obra se perderá nela como em um jardim mágico celta, em cujos arbustos crescem elementos distintivos bizarros. Alguns deles ainda nos são remotamente familiares, ao passo que a maioria deles há muito já parecem indevassáveis como notícias de alguma constelação estranha. Não é fácil para o leitor contemporâneo evitar a impressão de que muitos desses dogmas estão à altura das mais rutilantes ficções dos antigos *theologoí* de Hélade, Índia e Pérsia, não menos do que das mitopoesias da África, das duas Américas, da Ásia e da Oceania, mesmo que estas não estejam disponíveis no estágio de articulação da segunda poesia. O que no mundo de Denzinger alega ser espírito e letra da ortodoxia — o que é isso senão florescências da velha árvore, tantas vezes podada, da ortopoesia?

Os bispos do norte da África, reunidos no Sínodo de Cartago no ano de 418, fixaram a seguinte resolução doutrinária a respeito do pecado original e hereditário: "Quem disser que Adão, o primeiro homem, <foi> criado mortal de modo que, pecasse ou não pecasse, teria corporalmente morrido, isto é, teria deixado o corpo não por causa do pecado, mas por necessidade natural, seja anátema."[3] Esse cânone tinha sido formulado por iniciativa de Aurélio Agostinho, bispo de Hipo

---

3. Heinrich Denzinger, *Enchiridion symbolorum, definitionum et declarationum de rebus fidei et morum, Kompendium der Glaubensbekenntnisse und kirchlichen Lehrentscheidungen*, latim-alemão, ed. Peter Hünermann, Friburgo/Basileia/Viena, Verlag Herder, 2017, n. 222.
   Teólogos da Idade Média se ocuparam da questão referente a quanto tempo teria transcorrido da criação dos seres humanos até a expulsão do paraíso; a resposta ortodoxa é: sete horas. A intenção do escasso tempo de permanência era tornar irrelevantes as perguntas curiosas a respeito do fato e do modo das relações sexuais paradisíacas; mas, *de facto*, havia animados debates a esse respeito. Cf. Kurt Flasch, *Eva und Adam. Wandlungen eines Mythos*, Munique, C. H. Beck, 2004, p. 72-80.

Régio, entrementes conhecido por sua intransigência, visando desautorizar Pelágio (cerca de 350-418), seu rival natural da Britânia, que ensinara uma antropologia da liberdade não completamente corrompida pelo pecado. Agostinho estava interessado na imposição de sua doutrina engendrada com sinistra consistência, segundo a qual não só a morte deve ser entendida como consequência do pecado (sem se dar ao trabalho de perguntar por que os animais incapazes de cometer pecado morrem), como também o nascimento das crianças humanas já estaria obscurecido pelo pecado — de onde vem a insistência no batismo de infantes, mediante o qual os recém-nascidos seriam arrebatados do domínio do maligno.[4]

O papa Leão Magno, no cargo de 440 até 461, estatuiu, em carta magisterial endereçada ao bispo Torríbio de Astorga em 21 de julho de 447, que seria um erro acreditar que o diabo

> nunca foi bom e sua natureza não seja obra de Deus, mas que ele emergiu do caos e das trevas: isto significa que ele não tem autor algum, mas seja ele mesmo a substância de todo o mal, enquanto a verdadeira fé [...] professa que a substância de todas as criaturas, quer espiritual quer corporal, é boa e que não há nenhuma natureza do mal; pois Deus, que é criador de todas as coisas [*universitatis conditor*], não fez nada que não fosse bom. De onde também o diabo seria bom se permanecesse no <estado> em que foi feito. Mas, porque usou mal sua excelência [*excellentia*] natural e "não permaneceu na verdade" [João 8,44], não passou para uma substância contrária, mas desligou-se do sumo bem ao qual devia aderir, assim como os mesmos que afirmam tais coisas caem da verdade na falsidade e acusam a natureza naquilo em que por própria vontade, cometem falta e são condenados por causa de sua voluntária perversidade [*voluntaria*

---

4. Essa doutrina ajudou a trazer à existência, após 1310, o bizarro instrumento do clister batismal, com o qual a água benta do batismo podia ser ministrada *per vaginam* por parteiras católicas a fetos que tivessem morrido *in utero*; esse uso é atestado em locais isolados da Áustria até o início do século xx. Ainda depois de 1800, a injeção batismal fazia parte do equipamento profissional de todas as parteiras. Havendo Lênin ensinado que "a verdade é concreta", a empiria histórico-religiosa responde: o *delirium* é ainda mais concreto.

perversitate]. De qualquer modo, o mal estará neles e o mal mesmo não será a substância, mas o castigo da substância <aplicado a eles>.⁵

No segundo Sínodo de Orange, em julho de 529, o papa Félix III (526-530) proclamou 25 cânones, entre os quais este:

> Se alguém afirma que pela força da natureza se pode pensar como convém [...], sem a iluminação e a inspiração do Espírito Santo, [...] é enganado por um espírito de heresia, não compreendendo a voz de Deus, que diz no Evangelho: "*Sine me nihil potestis facere*" <"Sem mim nada podeis fazer"> [João 15,5].⁶

No ano de 1169, o papa Alexandre III escreveu ao sultão dos seldjúcidas, residente em Icônio (hoje Konya, na Turquia) e interessado na fé cristã, uma carta doutrinária, na qual expôs o seguinte sobre o mistério do corpo de Maria: "[Maria] concebeu sem que houvesse vergonha, deu à luz sem dor e emigrou deste mundo sem corrupção, em conformidade com a palavra do anjo, aliás, [a palavra] de Deus por meio do anjo, para que fosse provado que ela é plena, não semiplena [*non semiplena*] de graça."⁷

O papa Lúcio III (1181-1185) respondeu em carta ao bispo de Meaux à pergunta de uma priora se um jovem irmão leigo que fora privado de seus órgãos genitais poderia ser ordenado sacerdote com a permissão do direito canônico.

> Querendo sobre este ponto observar a distinção canônica, Nós mandamos à tua fraternidade, por meio dos escritos apostólicos, procurar com diligência a verdade, isto é, se lhe foi tirada a virilidade por inimigos ou por médicos ou, não sabendo opor--se ao vício da carne, ele mesmo o tenha feito. Os cânones, de

---

5. Heinrich Denzinger, op. cit., n. 286. O texto propõe para *poena substantiae* (castigo da substância), na última parte da frase, erroneamente: "castigo <aplicado> à substância", o que deturpa o sentido do enunciado em seu contrário.

6. Ibid., n. 377.

7. Ibid., n. 748.

fato, admitem os primeiros, se são idôneos por outras razões, mas estabelecem que se deve punir o terceiro como homicida de si mesmo.[8]

No Concílio de Florença (1439-1444), a Sacrossanta Igreja Romana voltou a anatemizar e amaldiçoar a antiga heresia gnóstica de Valentino (cuja influência se tornara perceptível a partir de meados do século II no Oriente Próximo), "que afirma que o Filho de Deus não recebeu nada da Virgem Maria, mas assumiu um corpo celeste e passou através do útero da Virgem assim como a água escorre através de um aqueduto [*sicut per aquaeductum defluens aqua*]".[9]

Algumas linhas depois, a santíssima Igreja romana condenou todos aqueles que não compreendem "que no Cristo duas são as vontades e duas as operações. Ela crê firmemente, professa e ensina que jamais alguém concebido de homem e de mulher foi libertado do domínio do demônio [*diaboli dominatu*], senão pela fé no mediador".[10]

Em agosto de 1896, o Santo Ofício confirmou, motivado por interrogação do arcebispo de Tarragona, ser permitido adicionar "álcool

---

8. Ibid., n. 762. A questão da castração no caso de religiosos já havia sido tratada no Concílio de Niceia, no ano de 325. O cânone 1 (cf. ibid., n. 128a) diz: eunucos podem se tornar sacerdotes, a não ser que tenham castrado a si mesmos. O problema da castração voluntária foi sentido como preocupante em Niceia principalmente porque em muitas regiões da Magna Graecia era possível deparar com vestígios da resistência de religiões da fertilidade, telúricas e mais antigas, contra os ditames do deus celestial — cujas invocações típicas são: *hýpsistos, altissimus*. Na Ásia Menor e na Anatólia, o culto da deusa-mãe Cibele, celebrado por sacerdotes castrados (*galloi*), ainda se manteve por séculos.

9. Ibid., n. 1341. A tese valentiniana continha uma heresia teológica em formulação ginecológica; ele contradizia a doutrina estabelecida dos dois fatores, segundo a qual, na encarnação de Jesus, o esperma imaterial do Logos masculino tinha de se unir à corporalidade humana real da mãe; a teoria do aqueduto excluía a contribuição feminina. A doutrina dominante na época assumia como certo que a criança se formava *in utero* do sangue coagulado da mãe (como se poderia deduzir da interrupção das regras). No caso de Jesus, isso não podia ter acontecido por meio de um sangue materno poluído pelo esperma masculino real; o sangue de Maria teria permanecido "o mais casto possível".

10. Ibid., n. 1346-1347.

etílico" (*spiritus*) ao vinho da missa para além do seu teor alcoólico natural, desde que a quantidade de álcool não ultrapasse 17% ou 18%.

No dia 29 de maio de 1907, a Comissão Bíblica do Vaticano publicou um ríspido não a uma pergunta precária, motivada por conhecimentos filológico-históricos acrescidos:

> Não obstante a prática que constantemente vigorou desde os primeiros tempos da Igreja universal, de argumentar com o quarto Evangelho como documento propriamente histórico; [...] pode-se dizer que os fatos narrados no quarto Evangelho foram total ou parcialmente inventados [*ficta ad hoc*] com o fim de serem *alegorias* ou *símbolos* doutrinais, e os *discursos* do Senhor não são própria e verdadeiramente discursos do Senhor mesmo, mas *composições teológicas* do autor [*compositiones theologicas scriptoris*], embora postas na boca do Senhor?[11]

A resposta negativa da Comissão de 1907 não consegue esconder o crescente dilema. A suposição de teopoesia avançou o suficiente para afetar um evangelho, cujo pertencimento à revelação central parecia intocável desde tempos antigos. Também entre teólogos, desnecessário chamá-los de católicos, havia muito já se sabia que as religiões são inventadas e para quê. Agostinho havia exercitado isso nas representações de deuses dos romanos[12] — principalmente para refutar a acusação de que as derrotas militares de Roma nas guerras contra os godos seriam sinais de que os antigos deuses descartados pelos cristãos não continuavam a estender sua mão protetora sobre o império.

O profeta Isaías se antecipou a Agostinho quando pensou ter dado o exemplo da crítica desmascaradora no caso dos ídolos mesopotâmicos; a seu ver, eles não passam de pedaços de madeira pintados — supondo que os babilônios, do mesmo modo que outros povos apreciadores de imagens anteriores a eles, especialmente os egípcios de mentalidade cosmoteísta, adorassem as estátuas como tais — "deveria eu me ajoelhar diante de um pedaço de madeira" —, sem que ele, como a maior parte

---

11. Ibid., n. 3400.
12. Aurélio Agostinho, *Der Gottesstaat, De civitate dei*, livros VII-IX, Paderborn/Munique/Viena/Zurique, Schoeningh, pp. 415-609.

dos posteriores fanáticos contrários a imagens, se dignasse a entender que imagens de deuses, estátuas, ícones e representações cênicas, tanto nesse caso quanto em outros, eram amparos cultuais para a elevação ao superior.[13] Episódios iconoclastas da subsequente história da arte e da religião mostram como turbas atiçadas à soberba convertiam em atos seu ódio contra a ousadia de querer que os objetos sagrados dos outros tivessem alguma validade.

Os reformadores do século XVI também falaram sem reticências a linguagem de crítica do desmascaramento exercitada de Isaías até Agostinho. Lutero em Wittenberg, Zwínglio em Zurique, Farel e Calvino em Genebra: eles pensaram ter se convencido de que a Igreja romana criara um produto a partir de falsificações traiçoeiras e até que os mandamentos de jejum, o celibato, o conjunto do clero, bem como sua hierarquia que culminava no papado, inclusive a santa missa com seu aparato solene e seu hermetismo latino, seriam fabricações biblicamente insustentáveis, em nada diferentes da veneração dos santos e do culto a Maria, para não falar das ficções do purgatório e das enganosas cartas de indulgência. O certo seria pôr isso tudo de lado como obra humana inventada e acrescentada, para reformar a fé, ou seja, devolver-lhe sua forma verdadeira. Porém como diferenciar poesia e verdade se os crentes que receberam o novo ensinamento devem rejeitar como ficção e acréscimo grande parte do que, até aquele momento, era tido como a *religio* correta, enquanto apenas um resto, delimitado pelo princípio "somente a Escritura", fica isento da suspeita de ficção? E quem protegeria a escritura da decifração histórica, da leitura aleatória ou mesmo da desmitologização?

Ficções são sempre as ficções dos outros. A minha fé se desenrola em um campo isolado muito distante dali, por estar fundada na escritura sagrada e ser sustentada pela tradição dos proclamadores (enquanto não se rejeitar totalmente o católico como proveniente do antigo). Essa convicção é o que o mais barroco dos católicos tem em comum com o mais austero dos protestantes. No juramento antimodernista que Pio X obrigou o seu clero a fazer no ano de 1910, os sacerdotes e teólogos fiéis

---

13. (Dêutero-)Isaías 44,9-20.

a Roma tiveram de prometer manter distância "das fantasias (!) [*commentis*] dos racionalistas" e só dar crédito aos métodos insolentes da crítica textual moderna sob a mais estrita ressalva[14]; a obrigatoriedade do juramento foi suspensa só em 1967.

Não há nada melhor para quem quiser experimentar como soam as *theopoetica* que negam ser poetizações inspiradas ou até ficções estratégicas do que estudar a obra de Denzinger-Hünermann. Sem ter concorrente, é o livro mais sinistro da história das ideias da Europa antiga e recente, impregnado de monotonias hipnóticas e singularidades inteligentes. Nele cintilam os efeitos de luz de uma ginecologia cavilada em sínodos, que atribui a uma mulher que transcende as mulheres a faculdade de acolher uterinamente uma palavra angelical que lhe foi sussurrada no ouvido.

Nas colunas da gigantesca obra em composição tipográfica de acabamento impecável, em grande parte redigida em latim elaborado de especialista, reverberam condenações e palavras delimitadoras. Prefeitos invisíveis, como que ocultos por trás do véu da não ignorância, se esbaldam em litanias hipnóticas: eles salmodiam sua rejeição contra grande parte daquilo que cunhou a vida espiritual do milênio passado, principalmente dos séculos XVIII e XIX: neoaristotelismo, protestantismo, racionalismo, panteísmo, fideísmo, quietismo, indiferentismo, agnosticismo, magnetismo, naturalismo, socialismo, modernismo. Em rápida sucessão retumbam os trovões contra o uso onanístico do matrimônio. Além da preocupação permanente com a pureza da doutrina, percebem-se os esforços, tão incessantes quanto vãos, dos guardiães da fé para cercar os genitais naturalmente rebeldes dos crentes com um anel de admoestações.

O perplexo leitor é conduzido pela mão de Denzinger por uma cidade cheia de erros, que quase não se diferencia do *Inferno* de Dante. Ele é instruído sobre uma quantidade de descaminhos maior do que ele seria capaz de trilhar, caso o seu tempo de vida fosse triplicado. Quem quiser conhecer o surrealismo católico em seu estado culminante, ou seja, a soma das poetizações que por nada neste mundo admitem ser

---

14. Heinrich Denzinger, op. cit., n. 3546.

o que são tanto em sua estrutura profunda quanto já à primeira vista, não pode deixar de se aprofundar nesse livro de coisas inacreditáveis. Nele se desfia a melodia interminável das autocitações santas. Onde mais o que foi acrescentado depois está tão estreitamente ligado ao que foi dito logo acima? A estrutura frasal curial é de uma mediocridade fleumática, como corresponde a um discurso majestático, ao qual não seria condizente brilhar com belas tiradas ao estilo de autores jovens. O que outrora foi pronunciado pelo próprio Deus sobre si mesmo e sobre os seres humanos por seus órgãos colegiados terrenos retorna no *theologeîon* da Santa Sé e de suas comissões quase infalíveis em recitações notavelmente uniformes. Quem fala por Deus não tem ideias inovadoras. A arte de dar razão a si próprio não atingiu o mesmo patamar de desenvolvimento em nenhuma outra formação, excetuando o Alcorão, no qual se nota o empenho em prender os receptores com os laços da autorreferência.

Retornando daqui à manobra "neo-ortodoxa" de Karl Barth (ele detestou a expressão desde o início) que o levou ao vasto campo da interpretação dos dogmas: não se consegue fugir da impressão de que sua intenção foi rever o expressionismo proclamatório de seus anos de juventude para não confirmar a suspeita de que, após a Grande Guerra, teria se levantado novamente um "profeta da crise alemã"[15] entre tantos outros. Nos comentários à *Carta aos romanos*, já não estaria se manifestando ruidosamente, mais uma vez, um *homo religiosus* genial da inquieta periferia helvética, para criar um clima favorável às irrupções do *totaliter aliter* [totalmente outro] no imanente, demasiado imanente?

A virada antiteopoética e antirreligioide de Barth desembocou na convicção de que, em questões de religião, seria preciso recomeçar tudo da base. A partir de 1927, os rascunhos da *Dogmática eclesial* ganham contornos nítidos; no ano de 1932, é disponibilizado o primeiro volume parcial; até 1967 amontoa-se uma pilha de treze pesados volumes.

---

15. Rudolf Olden, *Propheten in deutscher Krise: Das Wunderbare oder die Verzauberten* [Profetas na crise alemã: a maravilha e os enfeitiçados], ed. Rudolf Olden, Berlim, Rowohlt, 1932.

Quem folheia as obras logo chega a esta certeza: não é desse modo que o espírito, que ainda sopra onde quer, poderá pôr em pratos limpos seu caso com a gravidade — muito menos o caso com a diversidade incompreendida das formações religioides no mundo inteiro, para não falar da distância que Barth manteve de tudo o que as artes mais antigas e as contemporâneas têm para mostrar. Em sua monumentalidade desajeitada, a *Dogmática* de Barth, no distanciamento específico e com a reverência que se sente diante de descomedimentos monológicos, pode ser comparada com *O anel dos nibelungos*, de Richard Wagner, ou com a tetralogia *José e seus irmãos*, de Thomas Mann, mais do que com um catecismo que projeta a palavra de Deus em um telão.[16] Se Barth fracassa a grandes alturas — mais exatamente: quando ele entra em um ponto morto teologístico que produz falsa prolixidade sem ganho de conhecimento — é porque não tem uma opinião suficientemente elevada do espaço originário da poesia e das realizações formadoras de mundo dos inúmeros corações inquietos.

---

16. Pode-se prometer um futuro para a doutrina de Karl Barth quando sua *Dogmática eclesial* for lida como manifesto estético, comparável às ficções de Tolkien: essa é a tese do ensaio de Ralf Frisch *Alles gut: Warum Karl Barths Theologie ihre beste Zeit noch vor sich hat* [Tudo bem: Por que a teologia de Karl Barth ainda viverá seus melhores tempos] (Zurique, Theologischer Verlag, 2019). De acordo com a declaração do autor, o *opus* de Barth deve ser lido como "beletrística", iniciando com o "dadaísmo da revelação" e passando gradativamente para as águas navegáveis de uma epopeia apolínica.

II
Sob os altos céus

13
Pertencimento inventado

Seria um mal-entendido concluir, das reflexões apresentadas, que o império do religioso deva ser anexado ao da beletrística; seria, ademais, uma preocupação supérflua. Nenhuma livraria estaria disposta a pôr Denzinger ou a *Dogmática eclesial* de Karl Barth na seção de belas-letras em suas estantes — entretanto, na Campus Bookstore de Stanford, a *Divina comédia* de Dante se encontra na seção *Fantasy fiction*. As presentes sugestões para uma nova descrição de "fatos religiosos" mediante expressões teopoetológicas (ou daimonopoetológicas) têm uma finalidade que não interfere nas classificações das livrarias. Elas tangem os limites historicamente traçados, contingentes e pouco refletidos entre teoria poética e teologia. Por encontrarem a teologia já pronta nos pontos decisivos, na maioria das vezes em fixações anacrônicas, algumas declarações a seguir, atinentes a seu campo, possuem traços irônicos (em grego: *eironeía*, o falar modesto). Isso supostamente representa o mal menor em comparação com o "dizer demais" usual da teologia (*alazoneía*: fanfarronice, vanglória) e o "afinal saber tudo melhor".

Não se deveria poder acusar o empreendimento "teopoética" de facilitar as coisas para si mesmo ao constatar, em todas as versões da *religio*, sem exceção, um operar do tipo poético, primordial e diretamente poético, das faculdades de intuição, imaginação e formulação. Não se pode falar de uma tomada de posse hostil do sagrado pelo profano; deve-se, antes, falar de um aturar amistoso do demasiadamente sério. Em contraposição, a esfera de ação do poetar, do sonhar e do alucinar, bem como a do recitar, do imitar, do reformular e do reencenar, será levada mais a sério do que é corrente em diferenciações tradicionais de poesia e verdade. Heródoto não receou dizer que Homero e Hesíodo teriam dado os deuses aos gregos; as ideias de Herder, Goethe e Rückert sobre a afinidade entre as poesias universais e os primórdios religiosos das culturas traduzem a tese de Heródoto para um programa que continua vivendo nas formas fecundas da atual ciência da cultura. Diante desse pano de fundo, as presentes reflexões reivindicam uma não originalidade quase clássica.

Haveria um mal-entendido ainda maior se quiséssemos tirar da estreita aproximação de poesia em sentido amplo e religião em sentido estrito a conclusão de que as "coisas religiosas" seriam concebidas aqui como peças decorativas ou extrapolações ornamentais de uma vida prosaica que também poderia passar sem elas. Não se trata de anexar a poesia como fenômeno supraestrutural a uma base social, como quer que esta seja definida — não importando onde se põe a ênfase nesta, se nos sistemas de parentesco, na reprodução humana e no cuidado com os mortos, na divisão do trabalho ou no exercício do poder físico e simbólico.

Faz mais jus ao raio de ação da poesia primária quem leva em consideração o modo como um fazer poético se insere em gerações de mundos desde a origem das línguas. Com cada registro em seus vocabulários, a poesia tem efeitos formadores de realidade; com cada sentença que permite formular, ela confere às "realidades" uma constituição. Ela forma a primeira arquitetura da existência coletiva, bem antes de se tornar decoração e adereço — da mesma forma como "cultura" é uma capacidade total antes de se afunilar em setor da educação superior em civilizações cada vez mais diferenciadas.[1] Ela representa a capacidade característica do *homo poeta*[2] de implementar "ordens" e habitar o que foi implementado. Ao atribuir nomes e articular ritmos, rimas e relações, o pensamento poético, ativo desde o início da gesticulação e da composição de palavras, erige mundos habitáveis para os coletivos falantes.

---

1. O ponto de partida para isso se encontra na latinização da filosofia por Cícero: em suas *Discussões tusculanas* (II, 10-13), ele cunhou a expressão *"cultura animi"* ("cultivo do espírito"), da qual provém, mediante omissão do objeto genitivo, a cultura como tal.

2. Cf. nota 11 na p. 86.

Por essa razão, a formulação que Martin Heidegger tomou emprestada de Nietzsche, referente à linguagem como "casa do ser", é mais do que uma metáfora de domesticação.³ Para a noite domesticada, o autorrevestimento é complementado com portas de cavernas e casas: é por isso que a linguagem pode ser denominada casa do ser, mas seria melhor entendê-la como janela do ser. Com o falar, que desde o início faz poesia, surge uma atividade que promove a passagem dos sons e gestos da naturalidade primária para a cultura como processo de articulação. Ela também é efetiva em termos fisiologicamente autoplásticos, já que, sem o falar e o recitar, as laringes humanas não teriam surgido.

Gramática é sociologia anterior à sociologia; trata de atores, ações e consequências de atos, atributos e semelhanças, de compatibilidades e incompatibilidades. Ela designa aos indivíduos posições nas estruturas genealógicas tanto quanto de distribuição de tarefas, assim como atribui o lugar de sílabas em palavras ou de elementos frasais em moléculas de sentido. Na condição de elementos frasais, indivíduos são atores nas junturas humanas designadas — há pouco mais de duzentos anos — de "sociedades", ao passo que, antes, se falava de *éthnoi, tribus, gentes*.

Quando, a partir do final do século XVIII, se começou a usar expressões como *populus, people, peuple* para designar a população de Estados nacionalistas em formação, em geral o que se tinha em mente eram conjuntos escassamente estruturados que não estão mais em condições de atribuir aos indivíduos posições e tarefas claras — exceto as de aclamar líderes, enviar delegados a assembleias representativas e oferecer no mercado mão de obra simples ou sofisticada. O populismo implica a tentativa de atribuir poeticamente a um agregado fracamente caracterizado (a um não nós) um caráter (um nós).

---

3. Martin Heidegger, "Brief über den Humanismus", in: *Wegmarken*, Frankfurt am Main, Klostermann, 1978 [1946], pp. 354-7; Friedrich Nietzsche, *Also sprach Zarathustra. Sämtliche Werke: Kritische Studienausgabe*, v. 4, Berlim, De Gruyter, 1980, p. 273: "[E]wig baut sich das gleiche Haus des Seins" [Eternamente se edifica a mesma casa da existência].

É possível aclarar o que significam procedimentos de formação do nós para um grupo de conviventes em cidades e países antigos com o auxílio de algumas memórias de declarações do filósofo grego Protágoras de Abdera (490-411 AEC), que convencionalmente figura entre os primeiros "sofistas". Como seus escritos foram eliminados, não é mais possível obter uma noção adequada de suas ideias em seu contexto interno.[4] Duas citações isoladas transmitidas por outros autores deixam transparecer a tendência de suas reflexões. A primeira contém o teorema *homo mensura*, tão conhecido quanto difícil de interpretar: "*Ánthropos métron apánton*", "o ser humano é a medida de todas as coisas". Leitores de mentalidade humanista de época mais recente queriam descobrir no dito a fonte do individualismo ocidental, segundo o qual o indivíduo mede o mundo à sua volta pelo parâmetro de suas preferências.

Essa interpretação não acerta o sentido exato da tese. Isso pode ser depreendido de uma segunda passagem que merece ser citada: "Quem não quiser ter parte na justiça e no temor aos deuses seja morto como doença do Estado." Enquanto a primeira passagem podia ser interpretada com alguma boa vontade como axioma da mentalidade pragmática que se tornou característica da racionalidade atlântica posterior, a segunda aponta uma mentalidade de pólis forçosamente coletivizadora, da qual os modernos admiradores da Grécia preferiram não tomar conhecimento.

Não obstante: as duas sentenças não se contradizem. Elas mostram porque Protágoras deveria ser valorizado como o pai do funcionalismo da pólis. O seu *ánthropos* corporifica o ser humano citadino, que obtém de "sua cidade" os parâmetros para o que é importante (existente) e o que é não importante (não existente). Num primeiro momento, não importa se esses parâmetros são verdadeiros ou falsos — seja qual for o critério usado para determinar isso. Aqui ser ou não ser justamente não é a questão. O que conta, exclusivamente, é que a pólis sempre tem razão. Do ponto de vista funcional, coletivos políticos possuem a

---

4. O diálogo *Protágoras* de Platão dá a entender, dentre os teoremas do pensador de Abdera, pelo menos isto: que ele acreditava na possibilidade de ensinar a virtude, especialmente a arte da convivência na pólis. Esta deveria ser ensinada e aprendida, porque não poderia se estribar em nenhum saber inato.

forma de comunidades com razão que reproduzem a si mesmas. Para imporem-se como tais, elas se obrigam a eliminar dissidências que passam dos limites. O nome da recusa de consenso, que em quase toda parte passava dos limites, era, tanto naquele tempo quanto mais tarde, ateísmo.

A segunda sentença de Protágoras ilustra esse estado de coisas, ao anunciar, com toda a sua rudeza, uma primeira teoria funcional da religião. O que Protágoras denominou "temor aos deuses" constitui o afeto psicopoliticamente relevante a serviço da "síntese social". Ele ainda não tem nada a ver com a posteriormente assim chamada "crença", para não falar da "consciência" íntima. A *eusébeia* grega comum é uma grandeza habitual que subsiste independentemente de convicções pessoais. Pode-se identificar nela — como na *religio* romana — um produto da adaptação discreta a padrões coletivos rigorosamente incutidos de comportamento e sentimento; entre os romanos, esses padrões estavam orientados preponderantemente no exemplo dado pelos ancestrais, ao passo que os gregos preferiram orientar-se em mitos atemporais. A característica comum dos cultos gregos e romanos (com exceção de alguns ritos secretos mais sérios) consistiu em que nada neles era "profundo", senão sua inculcação desde os primeiros dias. No início, o sacrifício de animais sobre altares deve ter tido um efeito chocante sobre os participantes, em especial no caso das hecatombes, em cujo decurso boa quantidade de bovinos crescidos e bem dotados era abatida em meio a um solene banho de sangue. O efeito da vivência conjunta de matanças sacrificiais sobre a formação do coletivo, do "nós", necessariamente enfraquecia com o tempo. No decorrer dos séculos, os altares se converteram em açougues mistificados.

A crença pessoal de indivíduos só teria chamado a atenção nesse quadro se seu comportamento fosse "mais religioso" ou "mais irreligioso" do que o dos membros medianos do coletivo, aos quais ninguém fazia perguntas a respeito do seu grau de seriedade. Seriedade ou falta de seriedade não faziam nenhuma diferença enquanto não aflorassem doutrinas fundamentalmente dissonantes. Como se sabe, no império romano, a dissonância religiosa só levou a conflitos insolúveis quando judeus e cristãos entraram em cena. Dado que uma pluralidade de deuses existia lado a lado sem tensões, a preocupação com uma possível debilidade na fé dos demais era, em princípio, irrelevante. Quem adorasse Atena de modo especial talvez negligenciasse Poseidon, o dominador do mar cor de vinho — isso não incomodava nenhum frequentador de culto nem de um lado, nem de outro. Toda piedade com endereço certo tinha um aspecto não iluminado, com cujas áreas de latência se podia conviver despreocupado. Nos cultos dedicados a numerosos deuses individuais, os demais deuses eram contemplados em vagas nuanças. O fenômeno do ateísmo parcial não apareceu no campo visual da antiga "religião" prática e popular.

Os indivíduos "religiosos" se destacaram como especialistas em temor aos deuses no sentido mais intenso da palavra; um clero organizado era fenômeno desconhecido na Antiguidade ocidental. Os acentuadamente piedosos daquela época eram os primeiros a se intranquilizar quando alternativas fundamentais à crença do lugar se tornavam visíveis. Deles partiam as acusações de "impiedade" (*asébeia*) contra aqueles que divergiam do culto geral por meio de inovações indesejáveis (suspeitos altares privados, deuses novos e estranhos, cultos secretos) ou indiferença forçada (escárnio, ceticismo, negação do mundo superior). De resto, a cidade mais antiga de Atenas também não tinha uma instituição para cumprir a função da promotoria pública. As acusações eram lançadas por pessoas privadas que sentiam ou simulavam o interesse coletivo como algo pessoal, no caso em pauta, o interesse pela conformidade cultural. A apologia de Sócrates transmitiu os nomes de seus acusadores: Anito, Meleto e Lícon. Eles estão depositados no arquivo das *humanities* como fichas vazias que nada contêm além da alusão à mediocridade venenosa de cidadãos de uma cidade derrotada.

Na questão da *asébeia*, Protágoras se evidencia — caso o segundo fragmento expresse sua verdadeira opinião — como pragmatista, e podemos dizer até como precursor da "teologia política"; de acordo com isso, ele estaria presente, como indicado, no começo das concepções funcionais de "religião". De início, *eusébeia* e *religio* nada significam além de programas de consenso performativamente ancorados, fazendo com que "povos" tenham consistência tanto sincrônica quanto diacronicamente. De acordo com isso, a "verdade" de um culto se evidencia nos êxitos de sobrevivência do culto e do grupo que o sustenta, seja uma etnia, seja uma comuna citadina. O que o indivíduo crê *en détail* é indiferente para o filósofo-sofista. Decisivo é que o "cidadão" participe convencionalmente da justiça e do temor aos deuses, incluindo seus rituais. Quem se comporta como os demais ao participar dos jogos de linguagem da comunidade não fere a "síntese social", o meio do espírito comum local, não importando se este é concebido como "parentesco" ou como "comuna religiosa" — ou, em linguagem moderna: como "comunidade de valores". Quem diverge do consenso mais do que o usual no quadro de tolerância dado atrai a atenção sobre si como "doença do Estado". No conformismo cultual — assim como nos discursos públicos —, o problema da hipocrisia pode passar despercebido. Não há como diferenciar o hipócrita cotidiano do crente. Em termos mais precisos: a hipocrisia generalizada, fundada no hábito de participar do jogo de participação dos demais, é a alma da "unidade" "política" ou "cultural". Antes da invenção do "indivíduo", estar junto é tudo. Para os membros de comunidades ligadas pelo culto, vale o que Martin Heidegger observou na análise do *Man* [impessoal] em *Ser e tempo*: "Cada qual é o outro e ninguém é ele mesmo."

Em culturas guerreiras, e não só da Antiguidade, reinava, para dizê-lo com ênfase, a hipocrisia até a morte, que, tanto na Europa mais antiga quanto na recente, foi estilizada como heroísmo de acordo com o modelo grego. Heroísmo por prescrição, via de regra, não produz heróis, mas tombados anônimos; ele leva a situações nas quais, em média, "se" age heroicamente — reportando-se a deuses da guerra como Tir, Indra, Ares, Marte, etc. Em cidades comerciais, heróis e seus *followers* não têm utilidade; ali se buscam pessoas capazes de fazer contas, organizar e debater — esses talentos visam conexões com membros do mundo superior cognitivamente resilientes, como Tot, Hermes, Apolo ou Atena/Minerva. A Platão cabe o mérito de, em seu diálogo tardio *Politikós* (*O estadista*, surgido em torno de 360 AEC), ter entrelaçado as duas competências (em tempos idos: virtudes) mais significativas para uma vida exitosa na pólis, a saber, a valentia militar (*andreía*) e a temperança civil (*sofrosýne*), em um projeto visionário de cunho psicopolítico e pedagógico, que pode ser aproveitado *cum grano salis* pelas democracias modernas, sendo que, em democracias, a *andreía* designa, antes de tudo, valentia na hora de emitir opinião.

Onde retrospectivamente se supõe que havia "religião", tem-se, na maioria das vezes, também e igualmente a semirreligião. Na Antiguidade, já era preciso considerar as pessoas em toda a sua diversidade, da maneira em que se encontravam. Um árbitro religioso seria forçado a dizer sobre os mortais: tenham clemência com eles, pois não sabem o que creem. As cidades da Antiguidade média e tardia viviam graças a uma sinergia de fervor, desconfiança e folclore. A hipocrisia, o sincretismo, o conformismo, o fanatismo, o esoterismo, a curiosidade acerca do além, a ironia e o senso vago para as coisas superiores constituíam uma mistura que nenhum participante tinha como conhecer por completo. Jörg Rüpke denominou esse lado a lado e essa interpenetração de religiões, semirreligiões e não religiões na era greco-romana tardia de "densas zonas cinzentas".[5]

Claude Lévi-Strauss parece ter razão quando insiste em que só se compreende o funcionamento de uma cultura "a partir de fora": só seria possível compreendê-la na medida em que não se participa das automistificações que lhe conferem sustentação. Somente os observadores que, devido a sua origem estrangeira, não cedem à tentação de participar da consumação de autoenganos ensaiados são capazes de apreender, em relação a etnias individuais, a diferença entre seus mitos e suas estruturas reais. Entretanto, a etnografia "objetiva" é impossível, já que as relações entre os povos e seus observadores do estrangeiro inevitavelmente mantêm um elemento de tensões inter-hipócritas. O etnólogo que se encontra no lugar da pesquisa, via de regra, é o hipócrita mais intenso, já que nunca pode explicar aos povos que ele honra ou ofende com sua atenção, sejam eles denominados "primitivos" ou não, por que

---

5. Jörg Rüpke, *Pantheon: Geschichte der antiken Religionen*, Munique, C. H. Beck, 2016, p. 390.
   Carsten Colpe, em seu *opus Griechen – Byzantiner – Semiten – Muslime* (Tübingen, Mohr Siebeck, 2008), pp. 43-154, diferença entre os modos cultuais, sem culto, cultivados, especulativos e críticos de tratar os deuses.

ele os visita, descreve, inventaria e traduz.⁶ O seu aparecimento sempre marca um momento em que as etnias visitadas têm de se confrontar com a possibilidade de que, logo em seguida, aparecerão visitantes mais rudes que ameaçarão sua existência. A declaração mais sintomática de Lévi-Strauss consiste em sua confissão de que detesta viagens e viajantes pesquisadores. Isso significa que é permitido ocupar-se com culturas estrangeiras a partir de uma distância apropriada tão intensivamente quanto se desejar e se considerar possível; em sua proximidade física, pouco haveria a fazer, salvo esclarecer que, apesar de toda a sua alteridade, no final das contas, eles são como nós. A seu ver, todas as pretensões de superioridade em virtude de algum desenvolvimento superior permanecem ilusões autocomplacentes.

Em contrapartida, o antropólogo ignora — podendo-se supor que o faça com base em uma autocegueira artificial, como a que ocorre entre rousseaunianos — um fato básico da história das ideias e da sociedade do Ocidente: que, há dois milênios e meio, a "nossa cultura" trava uma batalha de titãs contra a própria herança composta de mistificações paleolíticas, neolíticas e da Idade do Bronze, às vezes também em nome da filosofia. A batalha ainda em andamento, e não decidida, foi travada sob os estandartes das ciências empíricas, da historiografia crítica, do romance realista e, por fim, da teoria universal da cultura — foi no rol das tropas filosóficas de apoio a esta que se inscreveu o presente ensaio. Nessa "gigantomaquia", não se pode ter nem almejar neutralidade. Quanto a esse ponto, do mesmo modo que em relação a uma quantidade de coisas referentes ao drama de ciência e vida, Nietzsche, uma vez mais, enunciou o essencial: "Porém o encanto dessas lutas é que quem as vê também tem de travá-las."⁷

---

6. Sobre um caso extremamente ambíguo no papel de etnólogo, informa o africanista estadunidense Paul Stoller que, entre 1976 e 1984, fez a iniciação no sistema de magia dos Songhai, às margens do Níger. Paul Stoller, "Cheryl Olkes", in: *Im Schatten der Zauberer*, Berna/Viena, Piet Meyer Verlag, 2019 [1987].

7. Friedrich Nietzsche, *Die Geburt der Tragödie aus dem Geist der Musik*, Frankfurt am Main, Insel Verlag, 2000, p. 102.

Raramente se percebeu que, em Platão, inclusive em idade mais avançada, repercute o enfoque funcionalista social da tese de Protágoras. Quando ele registrou por escrito nas *Leis* (*Nómoi*; cerca de 355 AEC) sua versão tardia, pragmaticamente arrefecida, da teoria do Estado e do direito, já havia transcorrido mais de meio século desde a morte de Protágoras. A preocupação deste com a coesão social por meio do "temor aos deuses" (*eusébeia*) e suas conjurações evanescentes nos cultos civis era mais atual do que nunca. Sua máxima, segundo a qual o ser humano é a medida de todas as coisas, se contrapõe ao lema de Platão, segundo o qual a medida de tudo reside no divino. As sentenças contrárias concordam em que ambas reivindicam, cada uma à sua maneira, dar nome ao fundamento que possibilita a vida na pólis. Platão não pôde mais assumir como sua a despreocupação relativa do seu colega mais velho quanto à "verdade" do culto. Ele acreditava ter reconhecido a necessidade de substituir a piedade citadina convencional e sua duplicação hipócrita por convicções baseadas na verdade. A pólis reformada só poderia existir com base em uma compreensão pós-convencional, isto é, graças à temperança filosoficamente guiada na liderança da sociedade. Se a orientação na verdade, na fundamentabilidade e na objetividade não passasse de um consenso semirreligioso turvo entre outros, os projetos "filosofia" e "ciência" perderiam todo o sentido. Verdade e sociedade teriam se divorciado para sempre.

A melhor forma de tornar plausíveis as novas convicções, formadoras de pólis, pós-convencionais, saturadas de verdade, de que trata Platão seria concebendo a sociedade como obra de arte ou como academia ampliada em Estado e até como organismo superior animado, como *res cogitans* [coisa pensante] coletiva (na mesma linha em que, mais tarde, a Igreja seria substancializada como *res orans*, a coisa orante). A seu ver, o *commonwealth* governado filosoficamente formava uma totalidade que não podia conceder nenhuma autonomia a suas partes — ou somente o necessário para que todos os "participantes" concordassem voluntariamente com o plano global. Platão não tinha nada melhor a oferecer aqui do que sugestões vagas a favor do totalismo como cunho do verdadeiro. Ele contrapôs à advocatocracia real de sua época uma epistemocracia irreal, o sonho de um domínio indiscutível dos sabedores.

A experiência de que, desde a Idade Média, mesmo o saber científico continua controverso[8] faz a transição para o estatuto da democracia cognitiva, a seu tempo objeto de lutas renhidas.

Contudo, Platão sabe do que fala quando suspeita das vacuidades da "democracia", em termos modernos: da "sociedade aberta". Sua vacuidade começa nas denominações falsas dadas às condições reais. Pois é a "sociedade aberta" que pendura na guerra permanente a etiqueta "paz".[9] Esse é o argumento do cretense que concorda tacitamente com o espartano.[10] O ateniense, que é introduzido como estrangeiro (*xénos*), consegue contrapor a isso apenas uma visão utópica da vitória duradoura de uma minoria de bons contra uma maioria de maus. As objeções são claras: não havia sido a "sociedade democrática" que processara o cidadão mais sensato de Atenas sob a acusação de impiedade e votara a favor de sua execução com um conformismo decorrente do pânico latente? Sócrates, decerto, tinha se relacionado com o seu divino (*daimónion*) indefinível, percebido interiormente, com seriedade muito maior do que os atenienses comuns com seus deuses-padrão. O teor "religioso" destes dificilmente terá sido mais exigente do que o de atrações turísticas amareladas pela ação do tempo. A sátira ateniense não tinha solapado até o Olimpo há pelo menos uma geração? O que predominou no tribunal foi a piedade do faz de conta. Ao término de sua era democrática, tinha se transformado em um complexo de mania de processar, justiça leiga e política de agitação, guiado por especialistas em retórica parajurídica e pedagogia mais ou menos venal. Esta última deveria cuidar para que os filhos dos abastados aprendessem o necessário para permanecer no topo.

Quando Platão compôs os *Nómoi* — mais de vinte anos depois da morte de Sócrates —, nos quais registrou por escrito a suma pormenorizada de sua reflexão sobre a possibilidade de convivência de muitos em uma organização em formato de pólis, ele já havia tomado suficiente

---

8. Kurt Flasch, *Kampfplätze der Philosophie. Große Kontroversen von Augustin bis Voltaire*, Frankfurt am Main, Vittorio Klostermann, 2008.
9. *Nómoi*, Buch I, 626a.
10. No texto denominado lacedemônio.

distância da catástrofe jurídica do ano de 399 AEC para enunciar com ponderação esclarecida, ao estilo de um juiz constitucional aposentado, o que estivera em jogo na época em que foi tratada a questão da *asébeia* socrática.

Para o aluno de Sócrates, é inquestionável que a sentença contra Sócrates não teria sido possível sem a desídia obcecada da corte formada por quinhentos juízes. No entanto, entrementes ele sabe que o comportamento dos muitos guiado pela convenção remonta a uma razão compreensível de busca por autopreservação da pólis. Autoenganos capazes de conseguir maioria constituem combinações entre partidos com opinião e hábito, sem os quais sociedades mais complexas dificilmente têm condições de existir.

A tragédia de Sócrates foi resultado de sua ousadia em ponderar uma forma superior de intuição ou consulta do divino no momento em que a forma mais antiga deste se confrontava com a ameaça de desaparecer em um crepúsculo irônico. Não se deve esquecer que, vinte anos antes do processo contra Sócrates, Aristófanes, em *As nuvens* (424 AEC), ridicularizara de maneira vulgar o errático pensador. Porém a gozação mais pesada foi dirigida contra Zeus, o *primus* dos deuses, o qual teve negado pelo coro popular o privilégio de lançar raios e trovões. A despeito de ser comédia, já pairava no ar um ateísmo meteorológico. Característico foi que, além do mais, na primeira vez que o sofista entrou em cena, o comediógrafo o fez pairar sobre o palco deitado em uma rede junto ao *theologeîon*: daquela posição, Sócrates ensinava como falso deus que as nuvens seriam os novos deuses olímpicos; seriam elas que lançam para baixo as ideias, os raios vazios dos pensamentos e a névoa azulada.

É de se supor que muitos dos que se pronunciaram contra Sócrates em 399 AEC dificilmente tinham com vultos como Zeus, Ares, Ártemis, Poseidon, etc. uma relação mais estreita do que os alemães atuais com a águia do seu estandarte nacional. Em torno de 400 AEC, a *politeía* antiga se assemelhava à moderna em termos de constituição mental, ou seja, uma coletividade de hipócritas e, ademais, uma convenção de perplexos. Já se aplicava a ela a lei tácita da igualdade do faz de conta e do fazer-se de piedoso em função da totalidade; isso não excluiu a existência de uma minoria que levava a sério os deuses e as leis da convivência citadina. Já naquela época, os que simplesmente iam com os outros é que concediam a um punhado de resolutos os espaços de manobra para grandes gestos de fé: com suas edificações de novos templos na Acrópole, as elites atenienses, infladas por seu poder, tinham se dado a partir de 450 AEC um luxo imperialista de cunho religioso que visava ostentar imponência tanto aos habitantes locais quanto aos visitantes humilhados e deslumbrados de toda a Grécia. A quem quer que contemplasse a altura dos edifícios da "cidade alta", deveria ocorrer o pensamento de que essa pólis tinha de ser favorecida pelos deuses. Não se descarta que, já naquele tempo, havia a prática da construção de templos com a finalidade de atrair visitantes, tal como hoje se constroem museus voltados a turistas dispostos a experimentar o efeito da arte em um espaço enlevador. A ilusão ateniense virou pó na Guerra do Peloponeso (431-404 AEC). Os moradores da pólis raramente foram acometidos de escrúpulos em suas atuações como cidadãos extrapoladas tanto para dentro quanto para fora; isso se deve ao fato de temerem, com razão, que tudo que fosse diferente do regime atual acabaria sendo ainda mais controvertido e inegavelmente os aproximaria do mal maior, a guerra civil. Só esta seria pior do que a desordem que, até aquele momento, gerara o interminável conflito com a Liga do Peloponeso liderada por Esparta. A vacuidade majoritária havia se tornado o espírito da época para os moradores da cidade democrática.

O velho Platão atingiu, em *As leis*, um grau de esclarecimento que chega às raias do abismal. Como proceder — na sociedade pragmática — com aqueles que insistem em afirmar que as estrelas não são deuses visíveis de longe, mas grandes pedras incandescentes? O que se poderia contrapor aos irônicos sofistas que negavam a existência de deuses de modo geral e declararam os seres humanos como órfãos do céu? Como lidar com os intrépidos que ameaçavam a possibilidade de convivência dos mortais, negando abertamente a existência dos imortais? A sabedoria anciã de Platão se aproximou da consciência trágica, em um sentido não teatral, ao ensinar que é preciso insistir com os incrédulos como se fossem ignorantes, a fim de convencê-los da ideia da interconexão de todas as coisas. Se as naturezas problemáticas se negassem até o fim a aderir ao consenso da *eusébeia*, elas teriam de ser erradicadas — mesmo que não fosse fácil para o sábio no poder, comprometido com a benevolência, pronunciar sentenças tão duras. As sepulturas dos *átheoi* ou *asebeîs* deveriam se situar no lugar-nenhum, fora do território do Estado, sem que pudessem ser visitados ou encontrados; suas ideias deveriam ser consideradas sem valor, vazias, e não poderiam ser citadas.

O escândalo não percebido se torna visível quando se atenta para a forma como Platão, em idade avançada, estende a mão a Protágoras, o seu antagonista de outrora. Eles se encontram na seguinte noção, sumamente passível de problemas: a coesão social também surge no plano das comunidades mais complexas através da crença compartilhada nos deuses — mesmo que não seja mais possível diferenciar efetivamente deuses, convenções, ficções e mentiras estratégicas. Os dois pensadores saúdam a imprecisão produtiva da *therapeía theôn* como valor funcional social. Para eles, o deus é o "outro generalizado" — o senhor das zonas cinzentas e das afinidades vagas; sendo o outro generalizado, ele também é o eu generalizado, algo como o interlocutor olímpico ou urânico dele. Quem se relaciona com ele por meio da participação no culto é um concidadão que aprova o ser-nós em nome de Atena, Apolo, Zeus e outras improbabilidades nobres; ele prova que é como um daqueles que estão dispostos a aderir à possibilidade de estar com outras pessoas para além de família e clã: com o círculo mais estreito dos concidadãos de Atenas, para os quais era preciso deixar valer, mal ou bem, a ficção do parentesco — ao passo que, para os residentes vindos de fora (*metoikoi*), não se costumava conceder o direito de cidadão; aos que foram acrescentados por compra, aos escravos, na condição de ferramentas vivas, ele, de modo algum, podia ser concedido —; ademais, com os helenos com os quais se tinha afinidade linguística tanto do continente quanto das ilhas e com seus deuses locais, que tinham de animar não menos que setecentas *póleis*; por fim, talvez até com a humanidade em seu todo, desde que suas periferias não fossem consideradas bárbaras e ela tivesse de ser descartada como miscelânea de hordas de seres grunhindo em condição subumana.

Agora se pode dizer do que os ateístas devem ser acusados: os resolutamente indispostos a se relacionar estão em greve contra o *koinón*, a coisa em comum, o espírito unificador. Na visão de Platão, se não cederem até o fim, eles merecem a morte como sabotadores do frágil nós.[11]

O escândalo não percebido da retomada de Protágoras por Platão — o que concretamente quer dizer: a resignação da filosofia diante da sofística — foi precedido de um escândalo mais aparente e, desde sempre, percebido com toda nitidez: no auge de sua energia literária e pensante — no escrito anterior, *A república* (*Politeía*) —, Platão já havia, descaradamente, dado a primazia à preocupação pela coesão sociopolítica em relação à "verdade". A infame teoria da "mentira nobre" (*gennaîon pseûdos*) lembra o compromisso histórico da filosofia com a ilusão planejada.

Quem quiser saber como as expressões "verdade", "religião", "justiça", etc. passam pelo teste do estresse político deve seguir o bom conselho de retomar as passagens da *Politeía* nas quais Sócrates esclarece os efeitos politicamente benéficos dos contos para adultos. O Sócrates de Platão sabe, como qualquer observador de fatos sociais em "sociedades" complexas depois dele: a desigualdade é a principal característica de conjuntos sociais hierarquicamente estratificados e funcionalmente diferenciados. Nelas, a "lei" da desigualdade imprime sua marca em todas as escalas da realidade, começando com as diferenças entre os sexos e as faixas etárias no quesito "acesso à participação política" (da qual estrangeiros residentes, mulheres e escravos estiveram excluídos, inclusive nos melhores dias da democracia ateniense) e indo até a educação da prole. É nesta que o fosso entre as classes aparece com mais clareza. Enquanto as crianças dos abastados são objeto de preocupação dispendiosa, os descendentes de pobres geralmente permanecem entregues à sua impotência cultural. Teimar em denominar tais conjuntos de "povos" equivale a dar a entender que ordens de parentesco ou fantasias de parentesco desempenham o papel determinante para a coesão da totalidade "social". Elas dariam um sentido tolerável às desigualdades na atribuição de posições na sociedade. Onde o parentesco — seja ele

---

11. *Nomoi*, livro x, 909a-d.

concreto, seja imaginário —, enquanto principal mecanismo de coesão, representa uma grandeza que ainda pode ser parcialmente vivenciada como real, o pertencimento a ela, na maioria das vezes, tem mais peso do que o status do indivíduo no tecido social.

No conto da pólis do terceiro livro da *Politeía*, Platão fez, por meio do seu arauto Sócrates, a tentativa de tornar plausível a primazia do parentesco em relação à ideia da isonomia (*isonomía*) por meio de uma fraude geosófica simpática. A mãe terra, em cujo solo os cidadãos atenienses conviviam, dera em tempos imemoriais provas de sua força geratriz, dando existência a crianças de ouro, crianças de prata e crianças de ferro. Desses rebentos metálicos procedem as três classes oficialmente nominadas do Estado ideal — os governantes, os guardiães e os artesãos ou agricultores. Estes só conseguirão entrar em entendimento mútuo se a desigualdade de suas funções e posições for sobrepujada em importância pela energia da ficção de origem que os une. As crianças da mesma mãe devem ser pré-politicamente, se não exatamente reconciliadas, pelo menos mediadas pelos laços de sangue.[12]

Sócrates admite que nenhum adulto poderia, de início, crer à vera em tal história. Contudo, em gerações posteriores, bem ou mal, o conto também se tornaria aceitável para não crianças, dado que explicações melhores para a desigualdade dos cidadãos não seriam mais admitidas. Com a ajuda da censura, deveria surgir uma *therapeía theôn* artificial — o modelo mais antigo da "religião civil" exigida por Rousseau. Desse modo, estaria provado o que — do ponto de vista filosófico-sofístico — tinha de ser provado: nas sociedades estratificadas ou então nas "sociedades de classes" do tipo pólis (mais tarde *res publica* ou Estado) não há como surgir um senso comum espontâneo de todos, a não ser que ele seja promovido com base em ilusões planejadas. A única alternativa para a animação ilusória idealista da nova cidade resultaria do estresse real da guerra, que deixava claro para os cidadãos de todos os degraus da escala social *ipso facto* de que lado eles se encontravam.

Quando Platão escreveu a *Politeía* (supostamente após 390 AEC), a última suposição quase correspondia ainda ao *status quo*; uma guerra

---

12. Pressupondo a lógica matrilinear ou bilinear de parentesco.

que durara quase trinta anos tinha sido levada a um horrível desfecho mediante enormes sacrifícios. Quem havia sido ateniense naquele tempo se identificava, *nolens volens* [querendo ou não], com sua cidade porque era forçado a desejar que ela saísse vitoriosa do conflito bélico permanente com Esparta. Em seu programa de Estado, Platão tentou pensar além da guerra externa como força que une uma comunidade em tensão, inquirindo se, e como, uma pólis inevitavelmente estratificada poderia desenvolver um senso comunitário capaz de se manter vivo. Ele fez Sócrates perguntar pela essência da justiça também porque a pólis real, havia muito, já se convertera em um teatro de agitação para advogados, no qual os oradores que faziam uso da palavra incessantemente pervertiam os procedimentos democráticos de busca da justiça e de tomada de decisão política — fazendo com que a guerra, externamente, e a mania de processar, internamente, se transformassem em companhias constantes do *modus vivendi* democrático.

Sócrates não deixa de exibir certo embaraço ao narrar o conto das classes metálicas "aparentadas" entre si pela linha materna. Seu argumento revela uma consciência infeliz, caso se possa denominar assim uma existência pensante que acabou caindo entre as épocas: as condições em que os deuses fundadores da comunidade e da sociedade (os lares nas famílias, os deuses do Estado nas *póleis*) floresceram por si mesmos são, evidentemente, coisa de um passado distante, assim como a idade de ouro. O Novo Estado, em contraposição, que deverá basear-se no conhecimento filosoficamente fundamentado do divino e do justo, só pode ser postulado mediante antecipações impotentes e impopulares — demoraria setecentos anos até que os herdeiros de Constantino, o Grande, pusessem em prática, com sua política religiosa cristã, uma parte dos postulados platônicos.

O embaraço causado pela situação de transição deve ser explicado em termos de história da consciência: enquanto os próprios adultos, que me seja permitido dizer, fossem como crianças grandes do ponto de vista intelectual, eles podiam acreditar sem rodeios em seus mitos e em quem os narrasse; na medida em que se emanciparam na condição de seres pensantes, eles cresceram e deixaram a esfera dos mitos — mas o divino não evoluiu de maneira sincrônica; ele se apresentou preponderantemente no modo de mistificações autossugestivas, semirracionais, semifabulosas. Seu viveiro, no que diz respeito ao espaço ocidental antigo, foram as metrópoles, nas quais pululavam fundadores de cultos, intérpretes de escrituras e importadores de mitos. Eles concorriam pela influência sobre um pequeno estrato de pessoas cultas, entre as quais as convenções religiosas necessariamente dariam lugar ao interesse pelos sincretismos modernos. Graças a miscelâneas simbólicas, as formações religioides foram adaptadas pós-convencionalmente. Ao encontro da vontade de crer, que pairava livre no ar, vieram as ficções geradas por combinação, propagandeadas pelos ofertantes urbanos de religiões empenhados constantemente por se diferenciar.

O embaraço de Sócrates ao apresentar o conto do metal retrata o desconforto que brotava na "boa piedade" — a melhor maneira de traduzir a expressão "*eusébeia*": enquanto puderam acreditar *bona fide* [de boa-fé] no que os antigos haviam lhes contado, os membros dos povos se encontraram em estado de feliz desorientação; seja como for, estavam condenados a crer, porque não tinham à disposição explicações melhores para a constituição do mundo e de seus males. O ato de crer como tal foi se tornando constrangedor na medida em que o entendimento dos antigos se distanciou da esfera dos mitos e dos contos, graças a avanços em termos de reflexão e prática, condicionados pela época, principalmente nas cidades metropolitanas, onde surgiu a comparação e circulava a palavra livre: o crente da época pós-mítica (ou de mitos diferentes) crê, sabendo e almejando isso, abaixo do seu nível. Esse é o motivo principal da tão discutida "individualização" da religiosidade na Antiguidade tardia. "Indivíduos" são pessoas que "precisam" de ilusões metafísicas privadas e que, para satisfazer sua "necessidade religiosa", se servem das ofertas de círculos mistagógicos ou filosóficos locais. Na verdade, a "necessidade metafísica" equivocadamente generalizada por Schopenhauer é um produto da decadência que devia compensar o vazio que ficou depois da evaporação da crença nos mitos; o que Schopenhauer denomina "necessidade" entra em cena, ao mesmo tempo, como direito humano, fundado sobre o postulado de que todo indivíduo esvaziado da crença de outrora teria a liberdade de descansar nos braços de sua ilusão favorita.

A "consciência infeliz" não advém, como ensinou Hegel, da insuficiência que necessariamente acompanhava tanto o estoicismo quanto o ceticismo da Antiguidade tardia — ambos entendiam como filosofias uma subjetividade que não leva a nada além do ideal do autodomínio em vista de um destino a ser aceito passivamente. Ela decorreu, por um caminho bem mais curto, da exigência descabida feita à inteligência desvinculada dos mitos de cooperar com sua autoilusão socialmente compatível. Infeliz é a consciência que se encontra diante da escolha de apequenar-se em função do pertencimento a uma comunhão de inscientes ou emigrar para a solidão de um saber impopular.

Em nenhum indivíduo do mundo da Antiguidade tardia, os efeitos da semipiedade crente típica da época podem ser lidos com mais nitidez do que em Constantino, o Grande (cerca de 280-337). Seu interesse pelo cristianismo — não importa se continha traços pessoais ou se foi preponderantemente motivado pela estratégia — só pode ser compreendido a partir de sua busca por uma *religio* que servisse de marco para o *imperium*. O que deixou o general obcecado pelo sucesso fascinado pela doutrina cristã foi a analogia entre monarquia e crença em um só deus, que se havia tornado atual depois da eliminação de seus rivais na disputa pela posição de *augustus*.[13] Ainda que não se saiba praticamente nada de concreto a respeito da vida interior de Constantino, a despeito das ficções eulógicas de seu biógrafo Eusébio de Cesareia (que Jacob Burckhardt identificou como "primeiro historiador inteiramente desonesto da Antiguidade")[14], pode-se ver claramente que ele foi "um homem sob influência", dedicado, um pouco além da conta, à sua mãe, Helena, que era dada a beatices pós-menopáusicas. A lenda piedosa não fornece dados muito precisos sobre sua carreira de taberneira e concubina de oficiais em Constantinopla até se tornar uma santa que, em idade mais avançada, descobriu a cruz de Cristo e assim deu início

---

13. Cf. Erik Peterson, *Der Monotheismus als politisches Problem: Ein Beitrag zur Geschichte der politischen Theologie im Imperium Romanum*, Leipzig, Hegner, 1935.
14. Jacob Burckhardt, *Die Zeit Constantins des Großen*, Basileia/Stuttgart, Schwabe, 1978 [1853], seção 9.

a um comércio de relíquias que floresceu por mais de um milênio — sendo glorificada, sobremodo, com uma estátua grandiosa na basílica de São Pedro em Roma. Igualmente claro é que Constantino, em correspondência à sua posição à frente do império, buscou o contato com a *eusébeia* ou *religio* cristã, porque o deus desta revelava o potencial de ser lançado como deus de sucesso do espaço imperial.

Aos títulos orientais mais antigos de Cristo, especialmente ao de salvador (*sotér*), a propaganda constantiniana acrescentou o predicado romano "*victor*", do qual se podia depreender a palavra "*invictus*"; esta teve origem no culto ao Sol invicto, que fez sucesso a partir do médio império. O *Sol invictus* havia sido o favorito de Constantino no bazar de deuses da Antiguidade tardia; uma moeda cunhada com sua efígie em torno de 309 mostra, no verso, o imperador com a coroa solar na cabeça e a esfera do cosmo sobre a mão esquerda. Cristo assumiu a liderança *no tocante à* invencibilidade junto a Constantino porque ele requeria uma consagração superior para o seu agir como soldado. Ele tinha eliminado seus concorrentes no campo de batalha: ainda faltava o texto religioso para isso. Constantino também não acreditava no acaso.

O Estado romano da fase imperial foi descrito, com razão, como um império militar; a partir da época de Augusto, sua constância também foi assegurada por meio de medidas político-religiosas, em primeiro lugar pelo culto aos imperadores; hoje se descreveria esse culto como estratégia de *soft power*. A integração religiosa oferecia uma clara vantagem, em termos de custos, em comparação com a robusta dominação administrativa militar. A política religiosa de Constantino se movimentava na linha dessa noção de poder econômico. Sua decisão mais carregada de consequências não foi a "virada" que leva o seu nome — a do compromisso de Milão do ano de 313 — nem o gesto de se deixar batizar no leito de morte (337) por um bispo de tendência ariana: mas, sim, a de alçar, em todo o império, o "Dia do Sol" (*heméra helíou*) à condição de feriado oficial a partir do ano de 321, o qual, duas gerações mais tarde, supostamente porque o termo ainda soava muito pagão, foi renomeado como "Dia do Senhor" (*kyriakè heméra, dies dominica, dimanche*, domingo) no território da religião cristã imperial instituída após o ano de 380. No decreto de política de calendário, deparamos com a ambivalência do fenômeno constantiniano: a partir do centro do poder, ela proporcionou ao lado cristão a satisfação havia muito ansiada. Se se quisesse, o Sol podia ser relacionado, sem hesitação, com Cristo e ainda concedia aos adeptos de cultos mais antigos (aos povos, aos pagãos) a ilusão de que o título cultual "Sol" estaria se referindo a Apolo, Zeus e uma série de outros destinatários de adoração e sacrifícios de origens iraniana, egípcia e helenista. O duplo endereçamento foi mantido com a escolha explícita de símbolos: quando Constantino inaugurou sua nova capital na cidade grega de Bizâncio, no dia 11 de maio de 330, ergueu-se, no centro do novo foro, uma coluna que sustentava sua estátua com uma coroa solar de sete pontas, em conformidade com a representação icônica de Apolo — diz a lenda que, em seus raios, teriam sido embutidos pregos da cruz de Cristo.[15] Só sessenta anos mais tarde, depois que o Dia do Sol já fora rebatizado para "Dia do Senhor", a ambivalência parece ter sido desfeita em favor da decisão cristã.

A ambiguidade constantiniana sobreviveu à era do cristianismo como religião do império e do Estado. Nos domingos da Era Moderna, cristãos e não cristãos gozam do direito de fazer o que bem entendem — sem precisar pensar se o domingo designa o sétimo dia da semana, no qual o criador usufruiu de seu merecido descanso sabático, ou se designa o primeiro dia da semana, que é dedicado à ressurreição do Senhor. Para eles, é o dia em que gostariam de ser deixados em paz por senhores de qualquer ordem; a ida à igreja se tornou uma opção rara. Hegel achava[16] que, nos "domingos da vida", a opção mais significativa seria a frequência às suas preleções — era sempre aos domingos que Hegel dava preleções. Inclusive na cândida indecência dos casamentos de agricultores holandeses do século XVII — como mostra a pintura daquela época —, reinava, segundo Hegel, um bafejo de atmosfera de domingo da vida: quando, durante uma refeição descontraída, um dos convivas urina debaixo da mesa e outro agarra o vestido de uma serva,

---

15. A estátua da liberdade de Nova York, inaugurada em outubro de 1886 como presente do povo francês aos Estados Unidos, porta a coroa solar de sete pontas do culto cristão romano.
16. Em sua preleção inaugural em Berlim, no dia 22 de outubro de 1818.

dissemina-se sobre a cena um espírito de perdão; pessoas capazes de celebrar com tanto bom humor e tanta alegria não podiam ser tão ruins.[17]

Na época do imperador batizado pouco antes de sua morte, supõe-se que os cristãos não representassem no império mais do que um "partido dos 5%", por menos que a analogia parlamentarista possa ser adequada às relações antigas; no Exército, o cristianismo já tinha uma representação maior e, nas cidades maiores, as comunidades estavam estabelecidas com capacidade de irradiação; no Oriente, em contrapartida, a cristianização havia avançado mais e já poderia ter alcançado um terço da população. Assim que um deles logrou ascender ao grau de teólogo da corte — quer ele tenha se chamado Eusébio de Cesareia ou Eusébio de Nicomédia —, os relativamente poucos se converteram em maiorias quase totais no período de uma ou duas gerações. A atuação apodítica de Ambrósio, bispo de Milão, diante do *augustus* de Bizâncio após o massacre de Tessalônica (390) já atestou a reivindicação de suprema autoridade moral por parte de um dignitário da Igreja.[18] Constantino tinha confiado a educação de seus descendentes a clérigos, decerto subestimando as consequências. O restante sucedeu de acordo com a probabilidade psicológica: dentre os anteriormente perseguidos foram recrutados, a partir do início do século IV, coortes altamente motivadas de perseguidores na direção oposta. Sob os descendentes dos *augusti* de Constantinopla educados à maneira cristã, punia-se o simples ato de contemplar estátuas e templos do período pré-cristão, na medida em que não tinham sido destruídos. Mas Eusébio já louvou o próprio Constantino por seus esforços em livrar o mundo da "inimizade contra Deus".

O declínio do regime pré-cristão de deuses foi sinalizado pela remoção, controvertida por décadas, do altar à deusa Victoria do átrio do

---

17. Georg Wilhelm Friedrich Hegel, *Vorlesungen über die Ästhetik III*, v. 15, Frankfurt am Main, Suhrkamp, 1986, pp. 129 e ss.
18. No ano de 390, tropas godas promoveram um massacre no hipódromo de Tessalônica, no qual, supostamente, 7 mil cidadãos perderam a vida, depois que Teodósio I ordenara uma ação de retaliação pelo assassinato do comandante do seu Exército, o general godo Butherich, por adeptos revoltados de um auriga local muito popular. Por causa disso, Ambrósio forçou o imperador a um ato de penitência, depois de barrar-lhe o acesso à catedral de Milão.

edifício do senado de Roma (a remoção do altar fora ordenada provisoriamente em 357 pelo imperador Constâncio II, mas ele foi restaurado por Juliano Apóstata em 361; a partir de 384, foi objeto de controvérsia de nível mais elevado entre o prefeito Símaco e o bispo Ambrósio, sendo mais uma vez removido por Graciano em 393 e definitivamente proscrito por Valentiniano II). Quem tem o *Christus Victor* ao seu lado não tem necessidade de uma deusa da vitória extra.

Aos príncipes de formações posteriores do império não era preciso explicar especificamente a sinonímia entre crer e vencer. Onde há um *empire* [império], não faltará uma *Victoria*. Seja como for, no início do século V (depois da derrocada de Roma no ano de 410 por ação dos godos), Agostinho providenciou uma matização da ideia imperial de sucesso com sua grande obra *De civitate Dei* [A cidade de Deus]: embora a *civitas* terrena não esteja imune a derrotas, a *civitas* de Deus não poderá ser detida por reveses em seu percurso temporal. Sua existência é ilustrada pela igreja terrena, seja ela oprimida, seja militante, seja triunfante. Ela constitui a plateia da "comunhão dos santos", na qual os não santos ainda vivos confessam sua fé. Os lugares mais próximos de Deus nas galerias pertencem, conforme a promessa, aos mártires e aos apóstolos que já partiram.

Entre os que chegaram mais longe na presença de Deus, destaca-se o próprio Agostinho, embora não tenha obtido uma coroa de mártir; ele foi excelente não só por ter fornecido à *civitas dei*, com o auxílio de seus voluntariosos alunos Lutero e Calvino, mais de um milênio após seu falecimento, as palavras-chave para causar agitação na esfera da *civitas terrena*. Seu maior triunfo ficou evidente no *Paraíso* de Dante, no qual Agostinho goza do privilégio só concedido a poetas iluminados, a saber, o de permanecer na proximidade imediata do altíssimo em companhia de João Batista, São Bento e Francisco de Assis.[19]

---

19. Dante Alighieri, *A divina comédia*, canto 32.

14
CREPÚSCULO DOS DEUSES E SOCIOFANIA

Quem busca esclarecimento sobre as coisas religiosas do tempo presente — caso se admitisse por um instante a sugestão de que é possível captar um estado geral de coisas a partir de um único ponto de vista — não conseguirá escapar de se ocupar com o clima espiritual generalizado que se formou na Europa a partir do final do século XVIII — naquela Europa que não podia mais se chamar de "Ocidente", depois que o poente migrara para além do Atlântico em decorrência da viagem marítima de Colombo.

Lembrar o *finale* do século XVIII implica a tarefa de conceber a Guerra de Secessão estadunidense, a Revolução Francesa e a fase inicial do Romantismo alemão não só como fenômenos temporalmente vizinhos, mas também como votos no conflito infindável em torno das formas políticas e culturais futuras da convivência humana. As tendências faticamente mais fortes daquela era — ao lado da indústria e da ciência, poder-se-ia denominá-las de futurismos que não cessam de cunhar a face do mundo — constituem uma sinergia de imperativos que apontam para a Era Moderna, a época da autoatividade ilimitada em todos os campos: aprendam a construir sistemas estatais sem reis! Pulverizem os institutos repressivos da infâmia eclesial![1] Escrevam seus livros sagrados com tinta própria!

Há tempos Claude Lévi-Strauss disseminou inquietação nas ciências humanas ao declarar que só se poderia conhecer o funcionamento

---

1. A divisa de Voltaire *"Ecrasez l'infâme!"* [Esmaguem o infame!] se referia às instituições repressivas de seu tempo, que se manifestavam na aliança entre Estado e Igreja, sobretudo ao catolicismo.

de uma "cultura" a partir de fora; mas sua tese perdeu grande parte do teor polêmico. No decorrer do século XX, estar do lado de fora e ver-se a partir de fora passou a ser um traço básico da situação que nos é própria — especialmente no que tange ao legado do cristianismo de cunho ocidental antigo e europeu. A situação de quem está do lado de fora também nos compete no que tange ao "humanismo", que do século XV até as reformas prussianas do início do século XIX produziu um *remake* pedagogicamente exitoso de motivos greco-romanos. Já faz algum tempo que humanismo e *humanities* [ciências humanas] não têm mais o espírito da época a seu favor. Após 1914, tornou-se manifesto o quanto a formação clássica nos impérios nacionais da Europa tinha se alienado das condições técnicas, políticas e comunicacionais de massa da modernidade. Ainda se lia nos ginásios a *Ilíada* de Homero; mas Karl Marx não tinha sido o único a perceber, já em meados do século XIX, a impossibilidade de um Aquiles e de um Heitor na era da artilharia e da morte não heroica por ação de projéteis disparados a distância: "É possível Aquiles com pólvora e chumbo?"[2]

A "cultura dos nossos" mostrou a *nous autres européens* [nós, europeus], sem rodeios e violentamente, a porta de saída. As guerras totais em solo europeu deram lições que dissiparam as ilusões humanistas e os sentimentos de superioridade ligados a elas. Quem quiser apurar quem somos não precisa mais encenar o papel de viajante culto vindo do Oriente que, ao nos visitar, nos encontra como curiosidades vivas, como demonstrou Montesquieu no ano de 1721 em suas *Cartas persas*. A partir da década de 1920, os surrealistas expuseram a seus contemporâneos como alguém pode se tornar estranho até a incompreensibilidade no próprio lugar em que vive. Aos dadaístas e surrealistas seguiram-se, sem interrupção, gerações de artistas do estranhamento, autossolapadores e endoetnólogos, que, em nome das artes transgressoras, da crítica ao sistema, da cisão inconsciente do sujeito, da variabilidade sexual e da situação pós-colonial, nos apresentam permanentemente novas provas da impossibilidade de sermos idênticos a nós mesmos sem contradição.

---

2. Karl Marx, *Grundrisse: Manuscritos econômicos de 1857-1858 – Esboços da crítica da economia política*, trad. Nélio Schneider, São Paulo, Boitempo, 2011, p. 63. [N.T.]

Não deveria causar surpresa o fato de a confusão atual decorrer de uma história prévia mais longa. Uma fresta do portal que leva à compreensão do presente tinha se aberto em meados do século XIX, quando se explicitaram dois motivos cuja interconexão ainda não é fácil de aclarar. Denominemo-los de crepúsculo da religião e crepúsculo pós-revolucionário da coesão social; este último será designado aqui de sociofania.

Desde a Revolução Francesa ficou evidente que, neste quadrante do mundo, o cristianismo, após um milênio e meio de dominação política, moral e pedagógica, estava em vias de voltar a ser uma *religio* de minorias, como havia iniciado na Antiguidade média e tardia; a discrepância entre os cristãos de cartórios e estatísticas e sua vida prática aumentou continuamente no decorrer do século XIX, mostrando-se flagrante no final do século XX. A França, outrora orgulhosa de ser a filha mais velha da Igreja em solo ocidental, apresentava, em 2010, 4% de católicos praticantes. Enquanto isso, a Igreja ortodoxa oficial da Grécia ainda produz cristãos estatísticos em massa, carimbando a população do país sumariamente como membros da Igreja. Onde mais, com exceção da China, os bispos têm de ser confirmados no cargo pelo Parlamento ou por uma autoridade de censura ideologicamente comprometida? Em contraposição, as Igrejas estatais luteranas do norte da Europa aprenderam, em longos invernos e sistemas de seguridade social bem acolchoados, a sobreviver de maneira discretamente conservadora.

Compensações públicas para a crescente deseclesialização foram se constituindo de modo hesitante. O "culto ao Ser Supremo" que Robespierre "ergueu da pia batismal" no dia 8 de junho de 1794 no Campo de Marte como alternativa deísta à religião popular cristã não tinha como ser, por sua natureza, mais do que uma efêmera improvisação. Uma "religião civil" respeitada nacionalmente não pode ser instalada ao estilo de uma ópera parisiense durante uma matinê. Quanto ao seu teor ideológico, o culto inventado por Robespierre ofereceu uma reedição da "teologia filosófica" ao feitio de um recorte com a tesoura — cujos *revivals* [reavivamentos] modernos foram do espinosismo até o idealismo alemão e a "religião" racional da primeira fase do socialismo, passando pela maçonaria —, com um breve poslúdio na ala judaica do neokantismo.³ O culto ao Ser Supremo traía sua origem no idealismo político da Antiguidade ocidental pela queima solene de um boneco monumental que representava o ateísmo: Robespierre estava disposto a admitir a liberdade religiosa individual, mas não a irreligiosidade pública. O não-nós descrente deveria ser consumido pelas chamas, como nos velhos dias da coação à unanimidade. Quem se saiu vitorioso foi o *kitsch*: depois que o envoltório de papel do ateísmo foi consumido pelas chamas, apareceu uma estátua descomunal da sabedoria sentada com um vestido de gala vermelho e o braço direito levantado em gesto professoral.

Percepções intuitivas da debilidade de ficções cultuais filosoficamente imaginadas estavam na base da resolução de Napoleão, não isenta de cinismo, tomada poucos anos depois, de chegar a um novo acordo com o Vaticano por meio de uma concordata: o catolicismo deveria ser confirmado como culto tradicional "da maioria dos franceses" — a expressão "religião do Estado" foi evitada no documento de 1801; isso não impediu Napoleão, depois de ter sido coroado *empereur* em dezembro de 1804 na presença de Pio VII, de mandar prender o papa e interná-lo durante cinco anos — a partir de junho de 1809 na cidade ligúrica de Savona, de 1812 a 1814 em Fontainebleau. A atuação inescrupulosa de Napoleão em relação à Santa Sé se inseria na tendência da época de remodelar o cristianismo como uma espécie de religião compensadora de si mesma, já que ele estava convicto de que nem mesmo a "sociedade" moderna poderia dispensar um suporte transcendente para a moral coletiva — uma opinião que não era estranha a sociólogos conservadores do século XX, tais como Talcott Parsons e sua escola. Quando François-René de Chateaubriand, em sua obra *Le Génie du christianisme* [O gênio do cristianismo] (1802) — sob a impressão das pilhagens de igrejas e da política de descristianização da Revolução —, celebrou o culto cristão como a matriz das artes europeias antigas, ele já se deixara imbuir da corrente contemporânea de uma apologética estetizante. Nela, o belo teve de se prestar ao papel de

---

3. Herman Cohen, *Religion der Vernunft aus den Quellen des Judentums*, Frankfurt am Main, 1919. A esse respeito, cf. também Mark Lilla, *The Stillborn God: Religion, Politics and the Modern West* (Nova York, Vintage, 2007).

fundamento de segundo grau da verdade. Ele tinha a incumbência de provar que o cristianismo "é capaz de encantar o espírito com o mesmo poder divino dos deuses de Virgílio e Homero".[4] Desde então, a bela religião figura na esfera das artes.[5] Ela deve ocultar a verdade feia. Mais uma vez é Nietzsche que fornece a fórmula: "Temos a arte para que não pereçamos por causa da verdade."[6]

Quando saímos em busca de um conceito para os efeitos desses desenvolvimentos, impõe-se o título da quarta parte de *O anel dos nibelungos* (1848-1876), grande composição de Richard Wagner: o crepúsculo dos deuses. A concepção da monstruosa obra, que explicitou seu sentido próprio para além de desagregação e edificação, se deu já em meados do século, ao passo que a execução da composição só se daria entre 1869 e 1874; a estreia ocorreu em 1876, na Casa dos Festivais de Bayreuth. Ela constituiu o acontecimento-chave no movimento de festividade da arte moderna; levou à entronização da seriedade sintética que deveria substituir o evanescente contexto cultual cristão.

Naquela época, o autor do *Anel* já pôde lançar um olhar retrospectivo sobre boa parte da época em que a moderna religião da arte tinha se alienado da tradição cristã tanto em termos de culto quanto de *modus vivendi*. Para o próprio Wagner, não deve ter sido segredo que sua obra era, ao mesmo tempo, sintoma e fator dessa tendência. De acordo com seu significado manifesto, a expressão "crepúsculo dos deuses" remete à mitologia nórdica: ele elucubra a ideia de uma catástrofe cósmica em forma de incêndio, na qual, forçosamente, perece o mundo consumido pelas chamas com seus deuses corruptos, para dar lugar a um novo ciclo de devir e decadência.

---

4. François-René de Chateaubriand, *Geist des Christentums oder Schönheiten der christlichen Religion*, Berlim, Morus, 2004 [1802], p. 17.

5. Em sua investigação *Gott ist schön: Das ästhetische Erleben des Koran* (Munique, C. H. Beck, 1999), Navid Kermani dá continuidade ao programa de uma apologética estética do ponto de vista islâmico, demonstrando que o elemento estético foi inerente à recepção do Alcorão desde cedo, caso não tenha sido desde o início.

6. Friedrich Nietzsche, *Nachgelassene Fragmente, 1887-1889*, v. 13, Berlim, De Gruyter, 1980, p. 500.

Concomitantemente, o discurso do "crepúsculo dos deuses" constitui uma figura de pensamento para interpretar o decurso e a decadência de estruturas de plausibilidade em "sociedades quentes".[7] Ele aborda a morte calórica das ficções, com o auxílio das quais povos históricos ou então civilizações estabilizadas endogenamente tinham organizado sua moradia no contexto do mundo. O crepúsculo designa a encenação de despedida de coletivos culturais que gastaram todas as suas reservas de ingenuidade unificadora ou de capacidade de simulação sociogênica — até se acercarem do ponto zero da disposição comum de motilidade e erguimento. "Todos os mundos de deuses são seguidos por um crepúsculo dos deuses."[8] Onde ocorrem tais crepúsculos torna-se perceptível que também a esfera das ordens simbólicas e das poetizações estruturais etnogênicas pode ser engolfada por efeitos entrópicos. Não só os organismos carregam dentro de si o "potencial" da decomposição; organizações e "sistemas sociais" também não podem ser concebidos sem uma inclinação para a decadência.

Denominar tais processos "secularizações" significaria ceder a um reflexo simplificador que imita a figura jurídica da entrega de propriedade eclesial à posse de civis ou órgãos estatais. Enquanto só se falar de "mundanização", permanece totalmente incompreensível que o "objeto" seja repassado nessa "entrega" (em grego: *parádosis*) ou, melhor, "transmissão" (*transmission*) a outros titulares, que manifestamente também são de natureza não espiritual.[9] Modernização, no sentido pleno da palavra, designa um processo que abarca várias épocas, nas quais as trocas de gerações são recobertas por rearranjos mais ou menos abruptos das maneiras de pensar, dos processos laborais, dos modos de vida e dos efeitos semiosféricos. Em algumas regiões do mundo, os rearranjos se

---

7. Peter Sloterdijk, "Götterdämmerung", in: *Nach Gott*, Frankfurt am Main, Suhrkamp, 2017, pp. 7-30.
8. Gotthard Günther, "Seele und Maschine", in: *Beiträge zur Grundlegung einer operationsfähigen Dialektik*, v. 1, Hamburgo, Meiner, 1976, p. 79.
9. Cf. Pierre Legendre, *L'Inestimable Objet de la transmission: Étude sur le principe généalogique en Occident*, Leçons IV, Paris, Fayard, 1985. Sobre a complexidade da assim chamada "mundanização", cf. *Säkularisierung. Grundlagentexte zur Theoriegeschichte*. ed. Christiane Frey, Uwe Hebekus e David Martyn, Berlim, 2020.

dão aos saltos, de tal forma que exigem que as pessoas saltem, no decurso de uma única geração, de uma espécie de Idade Média tardia para a pós-modernidade.

Ainda não foi suficientemente esclarecido quais são os procedimentos e as concepções que levam à conversão de anteriores comunidades cultuais e grandes associações animadas ou ornadas pela religião do tipo Estados monárquicos em equipes econômico-políticas de sucesso, resistentes, que se estendem por gerações, regidas por "constituições". Aprecia-se o uso do termo "democratização" para essa alquimia. O que se pode observar empiricamente é o fenômeno de, antes de conseguir efetuar a transição para a existência sob uma constituição democrática pluralista, um grande coletivo buscar refúgio preferencialmente numa ficção do nós de roupagem nacionalista. O "conceito" "nação" constitui, num primeiro momento, uma metáfora lábil, semigenealógica, para a capacidade incompreendida da coesão e predileção mútua entre não parentes enquanto estranhos de primeiro grau em um entorno de "estrangeiros" integrados como estranhos de segundo grau e novos migrantes como estranhos de terceiro grau.[10]

Não é por acaso que o século XIX se constituiu como a era de ouro do pensamento das línguas — no início, sob a liderança das filologias.[11] A "língua" ascendeu à condição de hipertema no horizonte religioso, social e filosófico-cultural, por propiciar a maneira mais fácil de captar o fato de ter algo em comum com parentes desconhecidos da mesma ficção cultural e política do nós. A filologia veio ao mundo como irmã mais velha da sociologia: os falantes de uma língua são os primeiros a manifestar o que significa seguir regras juntos. De fato, as gramáticas escritas de línguas regionais são mais antigas do que constituições

---

10. Nietzsche já interpretou o emergir das ideologias coletivas (como formas substitutas da vetusta "propensão gregária") como consequência do desconforto trazido pelas exigências descabidas da individualidade: "De modo geral, tanto a corrente do socialismo quanto a do nacionalismo constituem uma reação ao tornar-se individual. É complicado lidar com o ego, com o ego maluco semiamadurecido: o que se quer é estabelecê-lo novamente em lugar seguro" (Friedrich Nietzsche, *Nachgelassene Fragmente, 1880-1882*, v. 9, Berlim, De Gruyter, 1980, p. 515).

11. Rudolf Pfeiffer, *Die Klassische Philologie von Petrarca bis Mommsen*, Munique, C. H. Beck, 1982.

políticas explícitas. Antonio de Nebrija, autor da primeira gramática de Castilha, que veio a público em 1492, o ano da viagem marítima de Colombo, observou com clarividência que a língua seria "a acompanhante do império".

O que a era filológica tinha incubado com a ajuda da crítica histórica e do conhecimento das fontes veio à tona nas primeiras três décadas do século XX no formato mais incisivo da "crítica linguística", iniciada por Ferdinand de Saussure, Fritz Mauthner, Ludwig Wittgenstein, Ernst Cassirer, para mencionar apenas os pioneiros mais proeminentes. Foi Richard Rorty quem, quase duas gerações mais tarde, resumiu os efeitos do crepúsculo dos deuses, dos signos e das regras desde uma distância atlântica mediante a etiqueta *linguistic turn* [virada linguística]. As intuições de Wagner, assim se poderia dizer da perspectiva europeia, atingiram seu estágio pragmático em solo estadunidense.[12] Os deuses não perecem no incêndio do mundo; são guardados em recipientes lexicais, arquivados em baixas temperaturas e pouca luz, para serem reativados por ocasião da posse de presidentes que juram pela Bíblia. A entropia cultural desemboca em tratativas ecumênicas pouco diferenciadas; tendências neguentrópicas nas ciências humanas vicejam em ilhas de especialistas, bem distantes de tudo o que poderia se tornar popular. Não é preciso falar da gritaria identitária de grupos separatistas neonacionalistas em conexão com as filigranas da crítica linguística e do saber comparativo das culturas.

Não se faria justiça ao plurívoco século XIX caso se quisesse ressaltar, a partir do ponto de vista do início do século XXI, exclusivamente o aspecto do "crepúsculo dos deuses" — não importa se o proclamamos com Ludwig Feuerbach mediante robustas retrotraduções do divino para o humano ou se ele é apresentado ao público, como no palco de Bayreuth, no formato de extinção da câmara alta dos deuses nórdicos em um grande incêndio. Não foi só o crepúsculo da decadência

---

12. Richard Rorty (ed.), *The Linguistic Turn: Essays in Philosophical Method*, Chicago, University of Chicago Press, 1967.

manifesto na deseclesialização progressiva e nas inúmeras novas reivindicações de espaço do religioso que traçou o perfil do século XIX e do início do XX; com ele também começou a afundar o que os historiadores da Revolução Francesa denominaram *ancien régime*. Em sentido estrito, referem-se à época que se estendeu de Henrique IV até Luís XVI, em que o jurista Jean Bodin e os cardeais em exercício Richelieu e Mazarin sugeriram aos protegidos do rei modelos para o Estado absoluto — assim denominado porque o poder do Estado monárquico, nos séculos XVII e XVIII, abrangeu apenas uma fração das competências de Estados republicanos e democráticos posteriores, para não falar dos plenos poderes das ditaduras do século XX e da atualidade. Em sentido amplo, ele designou a era monárquica do Ocidente, que — após o prelúdio do macedônio Alexandre — teve início com Gaius Julius Caesar e Octavianus Augustus, findando-se com a derrubada do czar em 1917, bem como com a abdicação dos imperadores da Alemanha e da Áustria em 1918.

O crepúsculo vespertino da velha ordem foi sobreposto por um crepúsculo matutino em que o hiperobjeto emergente "sociedade" começou a ofuscar as demais instituições e associações. As rupturas de 1789 e 1793, seguidas da era das guerras napoleônicas com seus exércitos em massa e suas covas em massa, tiveram o efeito de prova contundente de que o princípio — para não dizer o segredo — da possibilidade de muitos estarem juntos em "sistemas comuns" desde o início da "história" atestada nunca tinha sido compreendido devidamente; na maioria das vezes, as pessoas haviam se contentado com metáforas de família, séquito e comunidade para circunscrever a *synousía* [estar junto] de milhões e milhões em associações do tipo estatal; destilados de experiências cotidianas, somaram-se a elas os motivos da associação corporativa, da comuna de artífices e da comunhão militante ("povo em armas"). Deveria ser óbvio que nenhum deles explica suficientemente o fenômeno supercomplexo "sociedade" no estágio avançado do século XIX. Contudo, essa falta de compreensão do agora assim chamado "laço social" (*lien social, social bond*) e seus fios, nós e modelos ocultos, não pode ser usada como prova da insuficiência cognitiva dos mais antigos. Como se começou a compreender, eram as "relações sociais" como tais que ainda não estavam suficientemente "desenvolvidas" para provocar uma investigação suficientemente profunda da razão de sua possibilidade.

Não se pode perguntar a respeito do princípio e da "razão" da "sociedade" antes que esta seja realidade. "Sociedades" no sentido moderno da palavra surgem somente quando a massa dos participantes no coletivo despe os invólucros dos pontos em comum de ordem genética, genealógica, cultual-grupal e religioso-estatal para se constituir como *ensembles* sistêmicos, formatados, política, econômica e midiaticamente, para além de comunhão, reciprocidade e conterraneidade. Nesses grandes organismos, as literaturas nacionais, as moedas, as relações de mercado e os meios de comunicação em língua pátria passaram a ocupar o primeiro plano de sua "autoexperiência". A forma como estes se coordenam a partir de subsistemas em "sistemas" (talvez até apenas em hiperimprovisações) constitui, apesar de Luhmann, um problema que ainda não foi efetivamente devassado.

Após a decapitação de Carlos I (1649) e Luís XVI (1793), os contemporâneos não dispunham mais de explicações suficientemente sugestivas do alto, embora os autores da ala "reacionária" tivessem procurado reanimar a síntese social a partir do cume, mediante a forçação de motivos do romantismo familiar e de sugestões dinásticas. Foram dadas insistentes explicações a partir de baixo, de fora e da lateral, as quais giravam em torno de motivos imanentes, mesmo que tenha sido a "mão invisível", trazida à baila por Adam Smith, a capturar em uma imagem, pela primeira vez, o motivo cibernético "autorregulação". Onde se deveria localizar o princípio atuante do estar junto em um "chão" comum depois que a síntese sugestiva e, pelo menos no início, favorável em termos de custos representada por um monarca da mercê de Deus tinha deixado de ser plausível? Sendo a "sociedade" uma grandeza que tem de comparecer perante si mesma também para estar aí "para si" — de que maneira poderia se dar o fenômeno do social nos órgãos de sua auto-observação? Como refletir aquilo que Georg Simmel denominou "a possibilidade da sociedade" e que Niklas Luhmann discutiu em impressionantes pormenores sob o título *Die Gesellschaft der Gesellschaft* [A sociedade da sociedade]?[13]

No crepúsculo da sociedade do final do século XVIII e início do XIX, novos deuses despertam e irradiam halos verbais: povo, nação, comércio, indústria, imprensa, literatura, arte, liberdade, petulância, radicalidade. Será que Nietzsche pensava em tais grandezas quando anotou o seu suspiro profético no ano de 1888? "Quantos novos deuses ainda serão possíveis!" Certo mesmo é que os novos não seriam nada olímpicos. Para se tornarem atuantes como deuses, eles tiveram de se manter incógnitos. Eles pisaram o palco como fizeram antigamente as potências personificadas e transfiguradas em estrelas mediante apoteose, como impulsos parciais da "realidade social" única, inapreensivelmente complexa e avassaladoramente complicada.

Antes do 14 de julho de 1789, a nova situação havia se manifestado em tensões pré-políticas de nervosismo coletivo. Ela irrompeu em uma cascata de acontecimentos contundentes, que, do começo ao fim, se acomodavam em uma atmosfera de estresse gerada por meios de comunicação nacionalistas. De súbito, a insatisfação iminentemente violenta das massas inquietas que, por falta de uma expressão melhor, se denominavam "o povo" se evidenciou como o primeiro dos "fatos sociais". Ela constituiu o caldo de cultura no qual símbolos, carreiras, palavras de ordem, partidos e programas políticos puderam se cristalizar. Pelo fato de "o povo" representar um parassujeito difuso, nunca idêntico a si mesmo, a publicação, a estimulação, a concentração e a organização de sua rebeldia, do seu ódio e de suas esperanças se revelam em ligas, clubes, blocos e partidos como um empreendimento ambivalente e interminável. Quando a pequena parcela ativada do povo que se denomina "o povo" ameaça outras parcelas da população com ações

---

13. Georg Simmel, "Exkurs über das Problem: Wie ist Gesellschaft möglich?" (1908), in: *Schriften zur Soziologie: Eine Auswahl*, ed. e intr. Heinz-Jürgen Dahme e Otthein Rammstedt, Frankfurt am Main, Suhrkamp, 1983, pp. 275-293; Niklas Luhmann, *Die Gesellschaft der Gesellschaft*, Frankfurt am Main, Suhrkamp, 1997.
Como alternativa equivalente e em parte superior às propostas teórico-sistêmicas de Luhmann, é preciso citar a obra até agora pouco considerada de Günter Dux, *Historisch-genetische Theorie der Kultur: Instabile Welten. Zur prozessualen Logik im kulturellen Wandel* (Weilerswist, Velbrück Wissenschaft, 2000).

revolucionárias ou as arrasta para junto dela, ela sempre ameaça confusamente também a si mesma. Como os atores poderiam saber, antes de começar o jogo, quem assume os papéis de carrasco e de enforcado? Desde o início, a "sociedade" moderna possui a estrutura psicanalítica de um autoflagelador, *heautontimoroúmenos*: ela não consegue aparecer diante de si mesma sem meter medo em si mesma; os que pertencem a ela intuem que, debaixo de superfícies tranquilas, é ocultada uma violência congelada que se soltará ao primeiro clima de degelo; quando se manifesta abertamente nas margens extremistas, áugures de ofício e autonomeados ensinam que ela só poderia ter origem no "centro da sociedade"; a violência é a assombração e a casa assombrada ao mesmo tempo. Ademais, a "totalidade" que almeja aparecer no espelho dos seus parlamentares eleitos assume o risco de que seus "representantes" tenham em mente apenas a sua clientela eleitoral e, no final das contas, apenas a si mesmos.[14] Porém, seja lá como for, a "sociedade", a exemplo de Deus, é sempre culpada de si mesma.

"Crepúsculo da sociedade" significa: a revelação do verdadeiro e do essencial não parte mais de cima — não mais de administradores sacerdotais da palavra determinante, não mais de panegiristas oficiais das condições reinantes, não mais de príncipes e representantes clericais de Deus. Os novos oradores são pessoas do mundo que falam ao mundo que os cerca. Tem início uma era de autonomeações, discursos espontâneos, testemunhos, projeções e agitações de baixo, de dentro e de fora. Descrições empíricas das condições dadas e prédica secular se aproximam a ponto de poder ser confundidas. Quem acha que sabe algo, expondo preto no branco como são as coisas "na sociedade", o que

---

14. Em seu estudo sobre *A ideologia alemã* (1845), Marx e Engels explicitam a ideia de que aos intelectuais comunistas compete a representação das verdadeiras necessidades da "humanidade" trabalhadora. Eles deveriam assumir esse cargo no modo da autonomeação, o que decorreria da vantagem de sua teoria verdadeira em termos concretos e gerais em relação às críticas abstratas e particulares da sociedade por parte dos jovens hegelianos. A esse respeito, cf. Johannes Weiß, *Handeln und handeln lassen: Über Stellvertretung* (Wiesbaden, VS Verlag für Sozialwissenschaften, 1998), pp. 153-73.

fermenta dentro dela e o que só aguarda a irrupção no bojo de sua cratera, fala *per se* do púlpito da "realidade". A realidade, que passou a ser a emissora de grau supremo, envia suas testemunhas diante dela, para que estas familiarizem o mundo com ela e suas tendências. Um novo *theologeîon* paira sobre a cena politizada: a imprensa. O céu posto a falar chegou aos quiosques.

Enquanto a Antiguidade tardia, que (como verdadeira "era axial")[15] do ponto de vista mediológico só findou no século XIX, foi determinada pela potência discursiva das teofanias — diga-se: do suporte à manifestação do divino em cenários cultuais, em catedrais, palácios e sagradas escrituras, e, por fim, no século XX, até em casas brancas, chancelarias imperiais e casas do governo —, a partir da transição do século XVIII para o XIX o poder, e até o pleno poder, de dizer a verdade real passou para o serviço à sociofania. Até hoje ele se chama "literatura" — incluindo as publicísticas de ciência, pesquisa e teoria política. O objetivo supremo do novo *alethès lógos* [Palavra verdadeira][16] é fazer "a sociedade" comparecer diante "da sociedade" — não raro sob o pseudônimo tendencioso de "humanidade", mais tarde com predileção sob o codinome "sistema". Em vista dos estudos *Die Grundzüge des gegenwärtigen Zeitalters* [Os traços fundamentais da era atual] (1806), de Johann Gottlieb Fichte, e *A situação da classe trabalhadora na Inglaterra* (1845), de Friedrich Engels, passando por *O antigo regime e a revolução* (1856), de Alexis de Tocqueville; até *Ensaio sobre a dádiva* (1923/1924), de Marcel Mauss; *O público imaginário* (The Phantom Public, 1925), de Walter Lippmann; a obra *Passagens* (1928-1940)[17], de Walter Benjamin; *O segundo sexo* (1949), de Simone de Beauvoir; *A multidão solitária* (1950), de David Riesman; *Os condenados da Terra* (1961), de Frantz Fanon; *Os meios de comunicação como extensões do homem* (1964), de Marshall McLuhan; *Sociedade de risco* (1986), de Ulrich Beck; *O fim da história* (1992), de Francis Fukuyama; *Desenvolvimento como liberdade* (1999), de Amartya Sen; *Homo*

---

15. Jan Assmann, *Achsenzeit. Eine Archäologie der Moderne*, Munique, C. H. Beck, 2018.
16. Título de uma polêmica de Celso, platônico da Antiguidade tardia, contra as doutrinas do cristianismo, redigida em 178.
17. Editado postumamente em 1983.

deus: uma breve história do amanhã (2015), de Yuval Noah Harari; etc., boa parte dos "textos determinantes" dos dois séculos passados são do tipo sociofânico. Essa publicística assume quase que inevitavelmente a forma de análise da situação e aconselhamento para crises. Autoinquietação é o primeiro dever do sociólogo. Desnecessário enfatizar que um importante ramo do gênero de mensagens que "a sociedade" envia "à sociedade" migrou para o filme realista e as artes plásticas engajadas.

No entanto, nada garante que "a sociedade" se reconheça nas descrições que lhe são enviadas. Ela está tão cindida por diferenças de estilos de vida, mentalidades, relações de posse, modelos de formação, que nenhuma mensagem "para todos" jamais poderá chegar a ela. Nessa situação, parece plausível voltar as costas para imagens ilustrativas e expor as estruturas sociais com o auxílio de números, curvas e estatísticas. A sociologia métrica renuncia ao saber cotidiano, à intuição, ao *tacit knowledge* [conhecimento tácito] e à similaridade com a vida, para demonstrar, com o auxílio da linguagem numérica e de gráficos aplicados ao seu objeto híbrido e esquivo, regularidades, constelações e tendências que escapam à observação perceptiva e participante.[18]

Publicações do tipo sociofânico modulam a ideia elementar da Era Moderna, segundo a qual ao presente compete a qualidade de um período de transição. Assim que "a sociedade" começou a se entender como "sociedade", ela só pôde conceber a si mesma como sociedade em transição para seu estado seguinte. Sendo o que acredita ser, ela também já abre o portal para a "próxima sociedade". Desde o século XVIII, intelectuais determinantes da cultura interpretaram sua época como período de desenvolvimento e *eo ipso* como período de transição para formas novas e mais avançadas, na hipótese mais favorável. Ainda em 1920, o luterano Friedrich Gogarten, à época com 33 anos de idade e logo depois companheiro de lutas de Karl Barth, imaginou que dizia algo significativo ao proclamar a trivialidade comprovada havia séculos: "O destino da nossa geração é estar postados entre os tempos."[19] Nesses

---

18. Armin Nassehi, *Muster: Theorie der digitalen Gesellschaft*, Munique, C. H. Beck, 2019.

19. Friedrich Gogarten, "Zwischen den Zeiten", *Die Christliche Welt*, v. 24, pp. 374-8, 1920. A simplicidade retrocessiva da declaração de Gogarten é aclarada pelo

termos, ele se referia, de modo inabalavelmente teológico, à existência em uma lacuna coberta de ruínas entre uma revelação desgastada e uma nova, ainda não ocorrida.

Nesse contexto, faz-se compreensível o segundo acontecimento do século XIX que cunhou a história das ideias: o nascimento da ciência social a partir do espírito da sociofania. Da mesma maneira como a proclamação cristã associada a sua teologia tinha se estribado na suposição altamente improvável de que seria possível explicar ao ser humano, *in statu corruptionis*, a sua situação pouco promissora diante de Deus — a não ser que ele se convertesse à fé no ressuscitado e, assim, passasse a integrar o eterno —, também os primeiros sociofânicos, em especial os da corrente socialista, partiram do postulado de que seria possível aclarar a um membro da sociedade burguesa sua "verdadeira posição" nas "relações de produção" (atualmente: nas relações climáticas, nas relações ecológicas, nas relações micróbicas, nas relações mediológicas) — correndo o risco de provocar no receptor do esclarecimento social uma cisão da consciência. O indivíduo a que se destina o discurso teria de aceitar conscientemente seu estranhamento: ou tentando emigrar para um antimundo, um deserto, um subterrâneo, uma zona heterotópica, uma terra nova — como outrora fizeram ascetas, eremitas, monges e peregrinos —, ou mantendo seu posto na engrenagem social e cultivando a melancolia que lhe foi ensinada nos termos da teoria dos sistemas.

Os protossociólogos da primeira geração após os Grandes Dias deixaram transparecer muito pouco do seu dilema. Entre seus porta-vozes — Saint-Simon, Lammenais, Cabet, Fourier, Owen, Weitling, Bauer, Hess, Engels, etc. — praticamente não houve quem fizesse segredo de suas inspirações paracristãs. O *père fondateur* [patriarca fundador] propriamente dito da sociologia enquanto ciência do sistema social para o

---

contraste com a exclamação de Nietzsche: "Nós, as crianças do futuro, como poderíamos nos sentir em casa neste presente! Detestamos todos os ideais que poderiam levar alguém a ainda se sentir em sua pátria nesse tempo de transição quebrado e quebradiço" (Friedrich Nietzsche, *Die fröhliche Wissenschaft. Sämtliche Werke: Kritische Studienausgabe*, v. 3, Berlim, De Gruyter, 1980 [1882], pp. 628-9).

sistema social, Auguste Comte (1798-1857), autor do *Cours de philosophie positive* [Curso de filosofia positiva] (1826-1842), pareceu sentir a dívida da sociologia para com seu real objeto mais claramente do que os demais sociofânicos daquela época. Ao lançamento das bases de sua ciência do social, ele acrescentou a fundação de um movimento religioso: aquela *religion de l'humanité* [religião da humanidade] ateísta que — com os slogans "ordem e progresso" e "viver para outros" ("*vivre pour autrui*") — quis compensar o que o *esprit positif* [espírito positivo] tivera de causar mediante o desencantamento das imagens de mundo teológico-míticas e metafísicas. Não se pode criticar o autor de ter esquecido a questão social em virtude da fundação da sociologia. No seu *Catecismo da religião positiva* (1851), ele estatuiu o ingresso na idade de aposentadoria aos 63 anos como um dos nove sacramentos compulsórios da religião racional. Para estabelecer isso, não foi necessário nenhum concílio dos sociólogos; sindicatos profanos alcançariam em décadas posteriores o que o *grand Prêtre* [grande sacerdote] da Igreja autofundada havia reivindicado com verbosidade impotente; sua coragem para o ridículo superava qualquer obstáculo; sua crença na vitória mediante a derrota atingiu alturas pré-cristãs. Das fabulações de Comte se pode depreender o que ocorre quando o filistinismo progressivo marcha para o abrangente. Elas caracterizam a tendência da época — no espaço europeu que, então, ainda dominava o mundo: a transição da "religião" para o estágio da paródia.

15
Glória:
Poesias de louvor

Quando Hölderlin formula, em uma de suas maiores poesias, no hino *Andenken* [Rememoração], composto no ano de 1803 (primeira impressão em 1808), a linha final não exatamente fácil de entender: "Porém o que permanece fundam os poetas", levanta-se a suspeita de que a frase possa ser sintomática para uma cultura que passa por uma crise devastadora do permanente. Como deve ter se tornado lábil um modo de vida em que o permanente não se deriva mais da matriz do antigo, do qual proveio desde tempos imemoriais aquilo que parecia dotado da força do bem-vindo retorno! E quando não é mais a natureza que fornece o modelo para o duradouro, não deveriam ser os ancestrais, os deuses ou os heróis que instauraram as formas permanentes e dignas de serem preservadas de um modo de vida clânico, tribal ou étnico? De onde procede esse refugiar-se pouco plausível junto aos poetas? Por que as ordens duradouras do mundo deveriam ser confiadas a integrantes de um grupo aleatório, que já era para ser afastado do "Estado" de Platão em razão de sua notória inconfiabilidade? E, muito antes do fundador da Academia, o legislador ateniense Sólon (640-560 aec) já não tinha advertido: "Muito se enganam os poetas!" ("*Pollà pseúdontai aoidoí*"), sendo que *pseúdontai* também foi muitas vezes traduzido por "mentem"? Como um eco distante daquela antiga manifestação de desconfiança soa este versículo do Alcorão: "Os poetas — os que se equivocam os seguem."[1]

---

1. Surata 26, versículo 224 (tradução segundo o texto alemão). [N.T.] Referência aos poetas arábicos antigos que, em suas obras, davam testemunho, sobretudo,

A erosão do permanente havia extrapolado o limiar crítico na era das guerras napoleônicas, a partir da qual o escorregar e o cair claramente desbancaram o ficar de pé e o permanecer. O pacto de estabilidade dos tronos europeus de 1815 denominado "Santa Aliança" postergou as crescentes agitações por algumas décadas. No início do ano de 1848, Marx e Engels estatuíram no *Manifesto comunista*: "Tudo o que era sólido e estável desmancha no ar." Quase quarenta anos depois, Nietzsche faz o louco perguntar: "Não estamos incessantemente caindo? Para trás, para os lados, para diante, em todas as direções? Ainda há um em cima e um embaixo?"[2] As metáforas de movimento canônicas do século XIX, "evolução", "revolução", "progresso", foram tremendamente intensificadas por verbos corrosivos como "evaporar" e "cair".

O século XIX não deve ser caracterizado meramente pelas figuras do "crepúsculo dos deuses" (esmaecimento do mundo superior) e do "crepúsculo da sociedade" (sociofania como despontar da imanência universal). A marca filosófica predominante da época se revela no crepúsculo vespertino das estabilidades. Se fôssemos dizer em terminologia filosófica o que perfaz a modernidade, uma possível resposta poderia ser esta: ela executa o programa do pensar e do agir em conceitos funcionais. Em vez de contar com substâncias fixas, ela conta com variáveis em campos multiplamente configuráveis da prática. A partir da perspectiva epistemológica, ela quer passar de grandezas essenciais para determinações funcionais. Do ponto de vista ético, ela aposta em inovação, diferenciação, mobilização; do ponto de vista técnico, em otimização do grau de eficiência, estandardização e economias de escala. Ela convida a fazer com as coisas o que se quiser, só não as deixar da forma como se encontram, a não ser que sejam separadas como antiguidades.

Para que a primazia do projeto, da suplantação crítica e do *plus ultra*, típica da modernidade, seja apreciada em sua inabitualidade histórica

---

da crença pré-islâmica no destino.

2. Friedrich Nietzsche, *Die fröhliche Wissenschaft. Sämtliche Werke: Kritische Studienausgabe*, v. 3, Berlim, De Gruyter, 1980 [1882], p. 481.

e psicológica, é oportuno lembrar dois monumentos da Antiguidade ocidental e do Oriente Médio, nos quais a bondade do existente em sua totalidade foi conjurada classicamente: o Gênesis bíblico (composto como "Escrito sacerdotal" decerto ainda durante o século VI AEC na fase do exílio babilônico ou pouco depois do retorno à Palestina) e a cosmologia filosófica do escrito platônico *Timeu* (cerca de 360 AEC ou um pouco antes disso). Os dois documentos permitem reconhecer que o negativismo, ou então futurismo antiontológico, ativista, crítico progressista da modernidade, deve ter se originado de uma transvaloração de todos os valores relativamente recente — embora rudimentos disso não faltassem já na Antiguidade tardia, sobretudo na penumbra da especulação gnóstica e hermética[3]; a mais impressionante entre elas foi a gnose valentiniana, segundo a qual os sofrimentos deste mundo são consequência de um aborto sofrido pela Sofia (Sabedoria) inferior. Cinco séculos antes disso, os filósofos cínicos que viviam nas ruas de Atenas haviam chamado a atenção por escolher como sua divisa a "nova cunhagem da moeda" (metaforicamente para: mudança dos costumes rumo a uma simplicidade ditada pela natureza [*fýsei*]).[4]

A narrativa bíblica da criação se condensa em um ato incondicional de aceitação. Ela foi citada incontáveis vezes, impossibilitando a menor suspeita de que à criação possa aderir alguma sombra de carência de reparação, para não falar da possibilidade de melhoramento. Quando, ao final do sexto dia da criação, deus contemplou sua obra e viu "que ela era muito boa" ("*valde bonum*") (Gênesis 1,31), ele propiciou ao seu trabalho o devido aplauso. Não foi o autoaplauso de um virtuose que, depois de receber o júbilo do público, se retira para o vestiário para harmonizar seu desempenho sobre-humano com sua personalidade conectada à terra. O *valde bonum* eloísta após a obra consumada se assemelha mais ao discurso de agradecimento do dono da construção durante a festa da cumeeira.

---

3. Cf. Peter Sloterdijk e Thomas H. Macho, *Weltrevolution der Seele: Ein Lese- und Arbeitsbuch zur Gnosis*, Munique, Artemis & Winckler, 1994.
4. Heinrich Niehues-Pröbsting, *Der Kynismus des Diogenes und der Begriff des Zynismus*, Frankfurt am Main, Suhrkamp, 1988.

A criação, de acordo com a redação israelita, não tinha a qualidade de uma performance ou de um espetáculo (em todo caso, não no sentido de que o mito babilônico da gênese do mundo referente à luta de Marduque contra o dragão primordial Tiamat devesse ser superado para pôr em cena as competências cósmicas superiores do deus judeu). Ao *valde bonum* no entardecer do sexto dia atribui-se o valor de um predicado absoluto. Isso não é dito a respeito da obra a partir de uma reflexão exterior, mas é inerente à coisa toda. Quando céu e terra foram separados do caos inicial, para se distinguir em bela dissonância, quando os mares ficaram repletos de incontáveis seres vivos e a terra firme passou a ser habitada com a riqueza de formas e cores de répteis, quadrúpedes, aves e plantas frutíferas, então o olhar sintetizador no entardecer do quinto dia alude ao senso de totalidade bem-sucedida. No momento em que, por volta do findar do dia seguinte, a silhueta do primeiro par humano se insere no *tableau* [quadro], o *opus* pode ser considerado completo, não só no sentido de acabado, mas também no de perfeitamente bem-sucedido.

O *valde bonum* com o qual se conclui a parte ativa do Gênesis convida as criaturas dotadas de espírito a concordar com o veredito acerca do existente. Ao passo que o "ser muito bom" manifesto da criação representa para o seu autor uma suave tautologia que merecia ser articulada, a criatura feita de barro e fôlego só consegue reagir com perplexidade à sua condição dentro do conjunto da obra de arte. A princípio, ela não está em condições de se perceber como parte do quadro, pois ainda o habita em imersão paradisíaca. As coisas expostas tocadas pelo seu olhar à volta suscitam o pressentimento de que algo grandioso e indizível estaria para ser enunciado. O que se mostra anuncia abundância, superabundância, supremacia. O fato de Adão poder dar nomes às coisas com que depara é um privilégio derivado de sua semelhança com o criador. No início, seu vocabulário deve ter se mantido bem restrito, mal sendo suficiente para árvores, gramíneas e animais em suas imediações; não foram transmitidas as expressões que ele usou para se dirigir a Eva. Porém o decisivo foi isto: o que estava exposto no entorno se estendia para além do horizonte. Se estivesse cercado por um muro se chamaria jardim. Sem muro é o mundo como abertura absoluta. Envolto por um panorama de demonstrações de majestade, emerge na criatura o perfil de um poder, em comparação com o qual não há como poetizar nada que seja maior. É no falar sobre ele que se forma a matriz das glorificações. Dela procedem os hinos, as canções de vitória, as apoteoses, as adorações que, nas civilizações propensas à exaltação, lideram os registros do discurso laudatório.[5]

O Gênesis bíblico exibe uma criação baseada em palavras de ordem em formulação paralela e monótona do começo ao fim — arquetipicamente: "haja luz e houve luz"; "encha-se a terra com todo tipo de animais" — e, em consequência, em uma logocracia expedita, cujo teor é a produção instantânea de estados por comando, exceto quando se trata da criação do ser humano, em que se alterna para o ramo artesanal, principalmente o da cerâmica superior, análoga à produção de vasos e estátuas. Enquanto isso, o mito platônico da criação do *kósmos* (em grego: resplendor, honra, adorno, ordem) conduz a um terreno formal, matemático, construtivista. É de se duvidar se o filósofo-físico Platão levou mesmo a sério sua narrativa do construtor do mundo (*demiurgós*) e seu procedimento. Não são poucas as coisas que falam contra isso, entre as quais a circunstância de que, desde sempre, esteve muito distante da lógica inquiridora grega investigar a respeito de um primeiro autor; procurava-se com entusiasmo as substâncias básicas, os "elementos", as menores partículas indivisíveis e as formas de sua composição, não um fazedor primordial ou um construtor. As representações helênicas sobre a proveniência do mundo tendiam à suposição de eternidade; Aristóteles — *nonostante Platone* [a despeito de Platão] — também optou por elas.

Um mundo que subsiste eternamente equivale a uma estrutura sumamente venerável em todos os seus componentes: nela, cada ente podia se conceber sob o título de nobreza: "*von Jeher* [de Sempre]". Com essa ideia de derivar a nobreza do que dura para sempre rivaliza a sugestão de Nietzsche em *Assim falou Zaratustra*, segundo a qual apenas o fundador persa antigo regressado do dualismo poderia devolver às

---

5. Cf. a exclamação de Adão no hino *Frühlingsfeier* [Celebração da primavera] (primeira versão de 1759), de Friedrich Gotthold Klopstock: "Parado aqui estou./ Tudo ao meu redor é onipotência!/ Tudo maravilha!"

coisas o verdadeiro *titre de noblesse* [título de nobreza] a que têm direito desde que são lançados os dados do acaso: "*Von Ohngefähr* [Do Acaso] — esta é a mais antiga nobreza do mundo, que devolvi a todas as coisas; eu as resgatei do domínio da finalidade."[6]

A decisão de Platão de rejeitar a tese tradicional e cômoda da eternidade do cosmo e introduzir um construtor do mundo até ali desconhecido permaneceu errática por muito tempo. O filósofo quis interpretar a criação como feito de uma inteligência divina, para dar sustentação à tese de que as proporções harmoniosas do cosmo não poderiam nem estar dadas desde tempos antigos, nem ter surgido por acaso; em vez disso, elas pressupõem decisões bem pensadas de um supremo artífice matematicamente competente e ontologicamente autorizado. Com o *Timeu* de Platão começa a infiltração explícita do feito técnico no ser.

As especulações de Platão só evidenciariam todo o seu alcance depois da ampliação do império romano helenizado para o Oriente: o mito do demiurgo do *Timeu* se mostrou apto à conexão com os enunciados judeus e cristãos sobre o mundo como criação; sob o signo de terem sido feitos, a ordem do Gênesis bíblico e o cosmo conceitual da filosofia da natureza ateniense puderam se fundir. Em todo caso, o discurso do demiurgo também pôde ser tranquilamente posto em função das ficções cosmocríticas da gnose valentiniana e ofítica dos séculos II e III: para elas, estava provado que o deus criador só podia ter sido um espírito inferior que abandonara os seres humanos à escuridão de sua criação malsucedida; entretanto, o deus redentor havia enviado seus mensageiros para mostrar o caminho de volta para casa, o caminho até a luz, aos que andavam errantes lá embaixo.[7]

Quanto às reflexões cosmogônicas do *Timeu*, em sua execução elas têm pouca coisa em comum com o Gênesis bíblico. O ponto de convergência dos dois escritos reside no fato de não extraírem o predicado "perfeição/completude" de alguma atribuição exterior, mas, sim, de o depreenderem da feitura do produto. Nem uma coisa nem a outra poderiam subsistir se cada uma delas não fosse, por si só, a melhor possível.

---

6. Friedrich Nietzsche, *Also sprach Zarathustra. Sämtliche Werke: Kritische Studienausgabe*, v. 4, Berlim, De Gruyter, 1980, p. 209.

7. Cf. nota 3 na p. 187.

Enquanto o deus do Gênesis estatui o *valde bonum* no final do procedimento, o construtor do mundo do *Timeu* não se poria a trabalhar sem antes ter aclarado as premissas supremacistas desse trabalho. Melhor não criar nenhum cosmo do que criar um que não seja excelente. No caso dele, a sentença final já está estabelecida no início. O demiurgo (literalmente: o que atua pelo povo) de fato não é idêntico ao *agathón* absoluto, mas constitui, por assim dizer, seu poder executivo e, nessa função, deve transmitir à sua obra as qualidades do melhor, tanto quanto lograr fazê-lo na passagem para o material. É por isso que ao cosmo *per se* compete uma forma de manifestação que louva a si mesma: pelo fato de deus ser bom, o cosmo tem de ser redondo — isso vale para o organismo do mundo tanto quanto para a alma do mundo que impregna o organismo do mundo e o envolve como se fosse uma atmosfera. A dupla redondeza, ou seja, o organismo do mundo na alma do mundo, constitui o lugar em que seres inteligentes podem instalar sua casa — daí a analogia de *oîkos* e *kósmos*. O supremacismo morfológico tem efeito compulsório até nos detalhes. As demais subdivisões se orientam nos princípios teogeométricos estabelecidos *a priori*. Assim se garante que todo o existente seja bom, e isso não só no sentido de bem-feito, mas também no sentido de participando desde o princípio da melhor bondade possível, da qual sempre só poderá decorrer mais bondade.

As duas histórias da criação, a primeira de inspiração vétero-oriental, a segunda de cunho ocidental, apresentam uma característica comum: elas inserem o louvor ao criado no modo de ser do resultado — o mundo está completo ao entardecer do sexto dia de "trabalho" — ou nos princípios da construção insuperável antes de qualquer execução. Algo melhor não poderia ter surgido. Nos dois casos, a descrição que se atém aos fatos equivale ao supremo louvor. No Gênesis, ouve-se o júbilo dinamista em enunciado singelo: há uma força capaz de fazer algo assim. No *Timeu*, percebe-se uma exultação matemática: existe uma inteligência capaz de promulgar as disposições soberanas que podem ser depreendidas dos meridianos do existente. Mais tarde, essas duas linhas de júbilo se cruzam uma única vez, em *Œuvre* de um pensador na virada do século XVII para o XVIII — Leibniz.

Seguiram-se milênios nos quais se desdobrou um paralelismo de júbilos, uma das linhas dirigida a deus e deuses, a outra, a reis e líderes carismáticos. A ocorrência de efeitos espelhados residia na qualidade das coisas. No hino a Zeus do estoico Cleantes (cerca de 330-230 AEC), o pai dos deuses foi louvado como príncipe que impregna de forma dominadora tudo o que, em alguma medida, tem o condão de obedecer, em primeiro lugar os seres humanos dotados de razão. Inversamente Alexandre da Macedônia foi envolvido, já durante sua vida, com o nimbo de um deus e filho de deus: os sacerdotes do oráculo de Siva, localizado no deserto do Egito ocidental, tinham adivinhado seu gosto quando, por ocasião de sua visita no ano de 331 AEC, o saudaram com a alocução "Filho de Amon (Zeus)". Artistas plásticos, narradores e panegiristas transferiram atributos de Zeus ao conquistador. Como lançador de raios, Alexandre gozava, a exemplo do seu "pai", do privilégio de segurar em seu punho a força concentrada da natureza como uma arma de raios. Como se fosse uma condição marginal praticamente negligenciável, os autores antigos passaram ao largo da ideia de que, para haver um filho de deus, é preciso haver uma mãe. Porém não foi totalmente silenciado que ela também teve seu grande momento. Olímpia, a princesa dos molossos, uma das esposas de Filipe II da Macedônia, teria se entregado — é o que dizem os romances gregos sobre Alexandre — ao deus quando este lhe insinuou que ela daria à luz uma criança divina.[8] No que segue, nada mais se ouve a respeito dela. Seria preciso esperar por Maria para saber mais detalhes sobre uma mãe de deus.

 A história do discurso de exaltação pode ser contada como história da troca recíproca de louvor ao rei e louvor a deus. Foram, em primeira linha, os grandes reis, os césares, os príncipes que, com a ajuda de seus panegíricos contratados, mantiveram a manivela dos discursos exaltadores em movimento. Pode-se denominar a simultaneidade de

---

8. A cena em que Alexandre foi gerado no romance sobre Alexandre, copiada com frequência desde a Alta Idade Média, inspirou Giulio Romano (1499-1546), aluno de Rafael, a uma obra de teopornografia explícita: na Sala della Psiche do Palazzo del Te em Mântua, é possível ver um homem-dragão de barba, representando Zeus, com uma respeitável ereção pouco antes de penetrar a futura genitora do deus e rei, que está nua, vestida apenas com a parte superior de um biquíni.

monoteísmo e monarquia uma "constelação" histórica — um sistema de dois sóis, no qual os discursos sobre deus e sobre o rei se inflamam mutuamente. Os homens na ponta da pirâmide "social" — e as poucas mulheres que chegaram até lá — responderam às coerções de sua posição, remetendo a uma soberania de ordem superior, da qual obtiveram sua legitimidade. O fato de haver o divino deve ser pressuposto como premissa do conviver de muitos em associações da coexistência "política", não familial. O fato de haver reis se tornou plausível quando exatamente estes, e nenhuma outra pessoa, foram postos nessa posição por providências divinas. Necessita-se de deus também para operar a remoção do acaso da liderança do Estado.

O real e o divino operam como covariáveis. Nesse caso, o divino desempenha o papel de envoltório que abarca o real.[9] Em interpretação técnica, monarquias são construídas como garrafas térmicas: ondas de calor (ondas de poder) são refletidas pela cápsula; esta impede o resfriamento por um tempo mais longo. Por conseguinte, monarquias bem estabelecidas devem ser entendidas como sistemas de protelação da entropia. Enquanto os reinados estiveram duradouramente ativos em seu contínuo de louvor próprio teologicamente reforçado, seu resplendor se refletia eficazmente em sua duração. Para gerar razões de louvor próprio, eles tinham de ser bem-sucedidos no plano militar, econômico e teatral-estético, ou, ao menos, não podiam ser notoriamente malsucedidos. As guerras de conquista de Luís XVI ainda foram emanações do sistema teomonárquico de grandiosidade do Estado europeu no limiar para a modernidade.

Nesse contexto se inserem os desempenhos retóricos dos oradores que, por força do ofício, envolvem os poderosos no manto da louvação.

---

9. Para monarquias estabelecidas, mudanças de sistema em cultos religiosos representam momentos de crise, porque, durante as fases de transição, a aliança entre trono e culto parece ameaçada. Após êxitos iniciais, Mani, fundador da religião maniqueísta, fracassou na tentativa de fazer com que os reis persas aceitassem sua nova síntese de budismo, zoroastrismo e cristianismo, visto que a monarquia decidiu dar continuidade à aliança com os sacerdotes de Zoroastro; no império romano, a troca de culto foi exitosa porque Constantino tomou partido a favor do novo *decorum* teopolítico.

Entre as particularidades da civilização cristã ocidental figura a de que nela, diferentemente do que ocorreu em Bizâncio, para não falar dos lambe-botas das casas reais orientais, os que entregam o manto e os que recebem o manto — os legitimadores e os legitimados — raramente se encontravam do mesmo lado, a despeito das tentativas de cooptação dos que recebiam o manto.

Da cisão inevitável de louvor próprio e louvor alheio decorreu o desenvolvimento do "espírito crítico", típico da Europa. O que hoje se chama "crítica" não surge só através do distanciamento estrutural entre *clercs* [clérigos] e príncipes, e entre monges e o "mundo", mas também através do deslocamento do louvor para indivíduos e grupos não monárquicos. A velha divisão de trabalho entre louvor a deus e louvor ao rei passou a ser menos rígida desde que os especialistas em louvor a deus descobriram novos grupos-alvo: encontraram o divino não mais somente nos ramos das instituições eclesiais com sua fundamentação na sagrada escritura, nem mais somente nos reis como vigários políticos do céu, mas passaram a deparar com ele também nas artes, na erudição em geral e em uma filosofia que, cada vez mais, abandonava a tendência de se prestar ao papel de serva da teologia.[10]

Por essa via, ocorreu, a partir do século XIV, uma fragmentação do louvor ao rei. Os especialistas começaram a perguntar se não haveria mais cabeças dignas de coroação do que aquelas que se encontravam nos tronos oficiais. Assim que essa suposição se espalhou, manifestou-se

---

10. A diferenciação entre discursos exaltadores e detrativos (*laudationes, vituperationes*), que prefiguram a "crítica" moderna, é latente em práticas antigas. Antes da virada para a era imperial, explicitou-se em Roma o discurso detrativo como verdadeira arte da ofensa, principalmente nas polêmicas entre *populares* e *optimates*. Catulo zombou de César e seu amigo Mamurra, chamando-os de bichas gêmeas doentes; Salústio acusou Cícero de corrupção e autoendeusamento.

    A arte do discurso difamatório atingiu seu ponto alto entre os primeiros mestres da Igreja, sendo que sua fúria contra não cristãos produziu os gêneros de sucesso da polêmica *adversus Judaeos* e *adversus haereticos*. Destacou-se entre eles São Jerônimo (347-420), de cujas formas de tratamento se pôde ter uma primeira impressão quando ele chamou hereges de "jumentos bípedes comedores de cardos" e qualificou cristãos dissidentes como "gado de abate para o inferno". Ele próprio justificou seus descarrilamentos como expressão do seu "temperamento dalmático".

a demanda por coroações não políticas. Quando Francesco Petrarca, depois de complicadas negociações prévias com o rei de Nápoles (que acabou não estando presente) e magnatas romanos, sobretudo os da casa Colonna, vivenciou sua coroação como poeta em abril de 1341 no Capitólio romano, a busca por eminência paramonárquica havia se tornado um *fait accompli* [fato consumado] público no caso de um homem das letras: com o espalhafato típico da primeira vez, foi posta sobre sua cabeça uma coroa de louros délficos, e em volta dos seus ombros, um manto real. Em sua primeira manifestação de entusiasmo, Petrarca acreditou que até as velhas pedras do Capitólio teriam participado com alegria do ato solene — totalmente sem animismo, a poesia mais recente também não consegue passar. O discurso de gala em seu louvor o teria feito enrubescer, embora admita ter gostado de ouvi-lo. Mais tarde, ele anotou que, a partir de então, sua existência teria sido envenenada pela matilha dos ciumentos.

Petrarca foi retratado, com razão, como o primeiro intelectual da Europa.[11] O título de intelectual não corresponde inteiramente à sua atuação: ele foi concomitantemente um dos primeiros nos quais se tornou manifesto o deslocamento da ideia da realeza do âmbito político para o artístico-poético; nesse processo, a retomada da representação romana do *genius* desempenhou um papel intermediador.[12] O jogo do *genius* não desagradou aos altos senhores do início da Era Moderna: "Como um espírito fala a outro espírito?" era uma pergunta que os talentosos gostavam de dirigir ao mundo superior, arriscando confundir o Espírito Santo com o gênio. Durante quatrocentos anos, os imperadores do Sacro Império Romano da Nação Alemã — bem como os reitores das escolas superiores — exercitaram, apoiados na cena de Roma, seu privilégio de colocar a coroa de louros na cabeça de seus contemporâneos rimadores.

---

11. Karlheinz Stierle, *Petrarca: Ein Intellektueller im Europa des 14. Jahrhunderts*, Munique, Hanser, 2004.

12. Seis anos após a coroação de Petrarca, o genial populista Cola di Rienzo tomou o poder em Roma graças a mecanismos neorrepublicanos análogos de aclamação, mas, por causa de suas atitudes megalomaníacas (ele se deixou conduzir em triunfo permanente pela cidade como "candidato do Espírito Santo" com plenos poderes salvíficos), foi banido depois de apenas meio ano, em novembro de 1347.

O ritual da coroação de poetas por príncipes ou universidades se extingue a partir do século XVII. Na época de Goethe, ele já era considerado ridículo. O desbotar do culto ao louro decorre da mudança das relações de louvor. Doravante louvor válido só pode partir do público e de sua elite com formação crítica. Depois de Goethe e Beethoven, nenhum gênio se sentiria exaltado pelo cumprimento de um monarca — a não ser que este se chamasse Napoleão; mas até o aplauso deste, como o que fez a Goethe no congresso dos príncipes em Erfurt no ano de 1808, permaneceu episódico.

O que mais tarde foi denominado democracia começou também com a ampliação da zona de honraria. Thomas Mann chamou a região ampliada, dessa vez sem ironia, de "nobreza do espírito". No início do desenvolvimento, não era tão fácil prever que a "democracia", uma vez suficientemente estabelecida, um dia produziria, para aparecer como trivialidade, a popularização do desprezo ao superior e elitista. O século XX deu a impressão de almejar acabar com as monarquias secundárias dos gênios, dos chefes, dos diretores artísticos, dos líderes, que tinham sobrevivido às monarquias primárias; *de facto* lhes ofereceu espaços de atuação mais amplos do que nunca.

O magistral orador romano Marco Fabio Quintiliano (cerca de 35-cerca de 100) tinha definido, em seu *Manual de oratória*, a *laudatio* como uma forma de discurso artístico. Seu *proprium* consistia em exaltar e embelezar o objeto do discurso: faz parte do saber civilizado ir ao encontro de um objeto com a arte verbal da amplificação. Quem aprendeu a falar também deveria ter aprendido a falar bonito: *amplificare et ornare* [amplificar e embelezar] é o que demanda o ofício.[13] O negócio do pragmatismo retórico estava tão avançado na época de Quintiliano que a amplificação e o embelezamento de coisas, cidades e pessoas podiam ser vistos como uma tarefa artesanal, a ser levada a termo em ampla medida, independentemente das qualidades do objeto. A partir

---

13. Marco Fabio Quintiliano, *Ausbildung des Redners, Zwölf Bücher*, Parte I, livros I-VI, ed. e trad. Helmut Rahn, Darmstadt, Wissenschaftliche Buchgesellschaft, 1995, pp. 350 e ss.

do início da era imperial, constituiu-se — tendo como ponto de partida tradições republicanas[14] — um mercado de *laudationes*, ao qual, mantendo a devida distância em relação a Augusto, altos funcionários, senadores, oficiais, beneméritos ricos e eruditos apresentavam suas demandas. Quanto menos tais personalidades conseguiam despontar no campo político — neste o monopólio do imperador era intocável —, tanto mais elas queriam se beneficiar de exaltações retoricamente disponíveis nos espaços livres da "cultura". Nesse contexto, a "cultura" aparece como esfera da glorificação secundária e terciária. Sua fonte é a *analogia augusti* [comparação com Augusto]. Como é lá em cima no caso do imperador, também é aqui embaixo na cidade. Numa analogia ampliada, as subculturas cristãs dispersas criaram os novos gêneros das histórias dos mártires e dos santos. Eles louvavam um deus que assegurava às suas testemunhas que elas ascenderiam ao além na certeza da salvação; ao mesmo tempo, alçavam suas testemunhas a alturas tais que não havia um risco muito grande de que os "mortais comuns" se aproximassem delas.

Até o século V, Roma permaneceu sendo o vale do Silício dos oradores; com o auxílio de combinações de programas ciceronianos, quintilianos, platônicos e estoicos, eles experimentaram uma profusão de simulações prolixas da soberania existencial — partindo do lema dos sofistas, enunciado desde o século V AEC, segundo o qual o ser humano seria um ente que jamais deveria afundar na impotência muda (em grego: *amechanía*, ausência de expedientes e recursos auxiliares).[15]

Foi no clima desse categórico "jamais ficar embaraçado com uma resposta" que o indivíduo mais talentoso do seu século, o norte-africano

---

14. Políbio menciona, no livro VI (cap. 53) das *Histórias*, dedicado à constituição da república romana, o antigo costume romano de fazer com que um filho ou parente apresentasse, nos funerais dos *nobiles* [nobres] realizados no *Forum*, uma *laudatio funebris* [louvação fúnebre], sendo que o morto geralmente estava presente na posição sentada, como um ouvinte.

15. Não pode ser por acaso que só o evangelista João, de origem grega, tenha citado a fórmula "está consumado" (*tetélestai*) como as últimas das palavras ditas por Jesus na cruz (João 19,30). Uma tradução atual seria *mission accomplished*. Sobre a expressão *"amechanía"*, cf. Thomas Buchheim, *Die Sophistik als Avantgarde normalen Lebens*, Hamburgo, 1986.

Aurélio Agostinho, recebeu sua formação de orador. Ele a utilizou para louvar de tal maneira a claridade do Altíssimo e a obscuridade de sua eleição graciosa que perdeu a certeza, quanto a sua pessoa, de ter obtido a aceitação no círculo dos redimidos. Não há como não atestar honestidade intelectual ao bispo de Hipo. Agostinho teria partido da vida com 75 anos de idade, durante o sítio de sua cidade por tropas vândalas, na aflitiva incerteza quanto à sua salvação. No seu caso, a "vontade de crer" já havia deixado para trás o singelo poder crer. Não foi possível apagar o rastro deixado pela consciência infeliz nem no caso desse mestre da Igreja. Infeliz é uma consciência em que a crença singela, não acostumada a dúvidas mais profundas, não consegue mais acompanhar o ritmo da reflexão que desabrocha em dúvidas e de seu perigoso excesso.

A subjetividade que se esvai pode ocasionalmente ser socorrida por fórmulas públicas singelas. "Grande Deus, nós te louvamos,/ e tua força enaltecemos/ Diante de ti se curva a terra,/ e se maravilha com tuas obras." O coral católico composto por Ignaz Franz em 1771, acolhido em hinários protestantes e, graças à emigração alemã, cantado em todo mundo (*Holy God, we praise thy name*), dir-me, numa afirmação melódica incisiva, as dúvidas e hesitações pelo tempo que dura o canto comunitário.

Esse hino de louvor soa como um eco às linhas iniciais do livro mais fascinante da literatura mundial, uma obra sem autor composta de fontes indianas, persas, gregas, egípcias e arábicas, a saber, a invocação de Alá, no início das histórias de *As mil e uma noites*:

> Louvado seja Deus, Rei bondoso, Criador de todas as criaturas e de todos os seres humanos, que armou a tenda do céu sem colunas e estendeu a terra por leito, que usou as montanhas como estacas e fez jorrar água da rocha sem vida […]. A Ele dou louvor, a Ele, o Sublime, por nos ter guiado com retidão e a Ele agradeço por suas inumeráveis bondades.[16]

---

16. *Tausendundeine Nacht: Der Anfang und das glückliche Ende*, trad. Claudia Ott, Munique, C. H. Beck, 2018, p. 9.

16
POESIA DA PACIÊNCIA

Dois mil anos antes de Platão enunciar o axioma que seus intérpretes da Idade Média latina traduziram por "*omne ens est bonum*", "todo ente é bom", poetas da antiga civilização entre o Eufrates e o Tigre fizeram suas primeiras tentativas de lançar luz sobre a presença do não bom no meio do que está dado. Seus poemas, resgatados dos escombros de cidades esquecidas por escavadores britânicos, alemães, franceses e outros a partir do século XIX, atestam que o pensamento mesopotâmico tinha descoberto nada menos que o problema da "teodiceia"; em seu formato amadurecido, ela indaga sobre a origem do mal (*unde malum?* [de onde vem o mal?]). Em sua primeira fase, levantou-se essa questão como anseio por entender como se deveria comportar o ser humano sem consciência de ter cometido uma transgressão quando lhe sobreviesse alguma desgraça.

Na segunda metade do segundo milênio antes da nossa contagem do tempo havia se formado na Babilônia e em outras cidades da Mesopotâmia um ambiente de sacerdotes, escribas e eruditos que poderiam ser definidos como hinistas profissionais e especialistas em rituais. Entre suas tarefas constava a de tornar presente em versos a relação entre o ser humano e a esfera dos deuses para uso privado e cultual público. Não se sabe em que contextos esses poemas foram recitados; em algumas canções, faz-se referência à rua principal da Babilônia, na qual, pelo que se sabe, se formavam procissões funerais. Nelas um verso como este pode ter tido sua *sedes in vita* [contexto vital]: "Todos aqueles que o [o morto] virem na rua enalteçam a tua divindade, dizendo: só o Senhor [...] só Marduque [...] pode fazer com que o morto volte à vida."[1]

Dentre as formações literárias em linguagem aprimorada desponta uma obra da era da dinastia cassita (1475-1150 AEC) que é denominada por suas linhas iniciais *Ludlul Bēl Nēmeqi*: *Que eu louve o senhor da sabedoria*; segundo a opinião majoritária dos assiriólogos, ela deve ser datada em torno de 1300 AEC e é concebida como uma obra encomendada por um funcionário próximo da corte chamado Šubši-mašrâ--Šakkan, com a intenção de erguer um monumento à sua piedade por meio de um poema fundacional. No decorrer dos séculos, o poema adquiriu status canônico; sua presença nas bibliotecas de placas de argila de várias cidades mesopotâmicas comprova que foi um sucesso de cópia por um período não inferior a setecentos anos. Já nessa época, "teologia" — neste caso: marducologia — é uma questão de prática escriturística. Quem, à época, passasse pelas escolas babilônicas de escrita tinha de incorporar, durante o curso, até a ponto da automatização, numerosas orações a Marduque, as venerandas listas de deuses e excertos das seiscentas linhas do *Ludlul*, bem como as mil linhas do mito da criação *Enūma Elish* (*Quando o céu ainda não era conhecido*).

Se o "papel" egípcio aceitava tudo, o mesmo se podia dizer das placas de argila acadianas e babilônicas. O eu crente inevitavelmente assumia a forma da placa de argila. Assim como os escribas, com seus estiletes, faziam falar a argila mole, Marduque escrevia na totalidade da existência humana os seus signos de destino e poder, sofrimento e bênção; talvez ainda não se deva falar aqui de "alma" no sentido metafísico definido posteriormente em termos mais precisos. O fato de o "Senhor" de Israel ter entregue a Moisés a revelação no Sinai em duas "placas" escritas pelo dedo de deus aponta, por um lado, uma apropriação imaginativa dos formatos babilônicos pelos narradores judeus e, por outro, uma retrodatação da deportação da elite judaica para a Babilônia do século VI antes da era cristã para uma Antiguidade egiptizada que, no parecer dos historiadores, nunca teria existido na forma exposta. Não

---

1. Takayoshi Oshima, op. cit., p. 31 (nesta, como em todas as citações seguintes, tradução própria [para o alemão] das versões em inglês de Oshima). (Tradução para o português a partir da tradução para o alemão. [N.T.])

faltam apropriações cristãs do motivo das placas. Soube-se que o escrito de João Clímaco sobre a disciplina monástica denominado *Scala Paradisi* [Escada do paraíso] teria, a princípio, levado o nome de *Plakoì pneumatikoí*, *Placas espirituais*.

Mas a história das circunscrições não terminou aí, como mostra a passagem dogmática central de *Assim falou Zaratustra*, de Nietzsche, parte III: "Das antigas e das novas placas". O autor tem consciência de que Paulo, o único rival a quem ele se equipara com sua pretensão de repercussão epocal, visualiza um deus que escreve cartas e placas: cada indivíduo vivo, diz Paulo, seria uma carta de Deus: "Escrita não com tinta, mas com o Espírito do Deus vivo, não em placas [*en plaxín*] de pedra, mas em placas de carne, isto é, nos corações."[2] Daí decorre que o coração cristão não pode ser pensado sem a formatação babilônica, mesmo que os instrumentos de escrita, as tintas e as vogais tenham se modificado.[3]

O ponto de partida das práticas veterobabilônicas no trato com o invisível consiste em que os deuses, incluindo Marduque, foram invocados primeiramente apenas como garantidores do sucesso — em terminologia moderna: como "parceiros sociais" superiores. Max Weber os denominou, com razão, "deuses funcionais"; suas competências eram estritamente regionais, clânicas, étnicas, concentradas em uma cidade, uma metrópole com templo, uma dinastia. Para seus adoradores, eles tinham a função de patronos de sua qualidade de vida:

> Meu pai é Marduque, o grande Senhor,/ que vela por mim. Que ele ordene o que é vantajoso para mim./ Que ele estenda o dedo da justiça sobre mim,/ que meus descendentes sejam iluminados,/ que ele faça crescer a minha prole./ Que o bem, a riqueza e a saúde me visitem.[4]

---

2. 2 Coríntios 3,3. Em Romanos 2,11-16, é concedido aos pagãos que não "possuem" a lei que ela estaria "gravada no seu coração".
3. A respeito do Alcorão também se afirma que seu original preexistente se encontra em uma placa no céu.
4. Takayoshi Oshima, op. cit., p. 43.

Ainda não está associada a tais exclamações a representação de que Marduque seria o soberano absoluto. Para os que acreditavam nele, tratava-se de um deus eletivo, eminente, mas não singular; nesse sentido, assemelhava-se a IHVH de Israel, que igualmente era um deus entre outros, mas que impôs sua singularidade por meio da aliança com "seu povo" e forçou sua incomparabilidade por meio da proibição de fazer imagens. Os babilônios, é claro, não lograram gerar uma relação igualmente densa e passível de corporificação por tantas gerações com o seu deus principal. Para que houvesse a glorificação de Marduque era preciso decidir-se primeiro *pro domo* [em causa própria] como se fosse um *security provider* [provedor de seguro] no céu, próprio da tribo. Só em dinastias posteriores parece que o culto a Marduque foi assumido como religião oficial de um reinado babilônico; antes disso, os regentes cassitas na cidade sumeriófona de Nipur, às margens do Eufrates, tinham adorado a Enlil com seu deus principal. A partir dessa troca de destinatário do culto, o rei da Babilônia receberia os destinos do reino das mãos do regente transcendente. No mito da criação próprio do reino, Marduque porta, ao lado de cinquenta outros nomes, os títulos da "política social" primária: "vingador"[5] e "provedor".

Nabucodonosor I (que reinou de 1125 a 1104 AEC) parece ter sido o primeiro a invocar Marduque como o "rei dos deuses".[6] Também foi ele, supostamente, quem acolheu a política bipolar de poder de Marduque em seu programa de dominação em relação ao séquito dos cabeças pretas, ou seja, dos seres humanos, como se pode ver a partir do *Ludlul Bēl Nēmeqi*: do que faz parte o poder de fazer um súdito qualquer sofrer sem dar explicações para, então, redimi-lo igualmente sem dar explicação nenhuma. Nos comentários dos especialistas em Antigo Testamento sobre o Livro de Jó, impôs-se, para designar esse esquema, a expressão "provações". Pode-se considerá-lo pedante ou profundo; sua característica é apontar processos de irracionalidade insolúveis.

---

5. O principal representante do neokantismo judeu, Hermann Cohen (1842-1918), confessou que só poderia amar Deus como vingador dos pobres.
6. Não confundir com Nabucodonosor II (que reinou de 605-562 AEC), aquele que mandou deportar a elite de Israel no ano de 597 para a Babilônia.

A troca por Marduque marca uma cesura significativa em termos de história da religião. Sob seu nome surge um destinatário divino ao qual se pode perguntar, *expressis verbis*, por que, no âmbito de seu senhorio, bênção e castigo são tão estreitamente ligados — por que no sentido moral e não no sentido causal. Em resposta a isso, o poema mesopotâmico *Ludlul* detalha uma ideia com a qual judeus e cristãos estão familiarizados em virtude do poema de Jó, do Tanach, oitocentos anos mais novo. Jó também falha diante de questões que cindem sua existência: como pode ser que o justo tenha de tomar sobre si um excesso de sofrimento, enquanto os malfeitores gozam da vida sem ser incomodados? No que os ímpios são melhores do que os piedosos para que passem bem, durante o dia sentados a mesas fartas, durante a noite entre as pernas de concubinas, ao passo que os fiéis ficam tão cansados que não conseguem nem erguer a cabeça? Alguns autores judeus que não conseguiram digerir a falta de uma resposta se inclinaram, a exemplo de alguns filósofos do helenismo, ao ceticismo e à indiferença: "Tudo é vaidade", diz o autor desconhecido do livro *Kohelet*, que Lutero denominou *Pregador Salomão*, aliás, *Eclesiastes*. Quem ainda crê em Deus sob tais premissas o vê como uma máscara rígida de incompreensibilidade cósmica.

Šubši-mašrâ-Šakkan, o justo sofredor da era babilônica, não tinha consciência de culpa, por mais que se examinasse *bona fide* [de boa-fé]. Por mais que investigasse, ele não conseguia concordar com as insinuações de seus amigos no sentido de que teria cometido algum pecado sem saber. Ele não dava crédito à ideia rebelde de que em deus devia estar operando um elemento de injustiça. Como a incapacidade de entender o afligisse, ele sofria, sobretudo, por causa do sofrimento em si, já que este não poderia ter sido causado, de acordo com seu juízo, por sua conduta de vida. Para ele, só era evidente que, neste mundo, não poderia haver sofrimento sem que este proviesse de um emissor superior. O que lhe sucedia é, sem dúvida, uma punição enviada por Marduque ou uma provação do tipo penitencial — o deus moderno chamado "Acaso" ainda era desconhecido no antigo reino das finalidades estipuladas desde sempre a partir de cima. A razão pela qual Marduque se voltou tão energicamente contra ele permanecerá enigmática até o fim para Šubši-mašrâ-Šakkan.

A conversa com os amigos sobre a razão de suas aflições não traz nenhum resultado. Sofrendo, questionando, debilitado e incapaz de entender, ele chega ao fundo do poço em termos de resistência à dor. Afunda na mais profunda miséria; anda de joelhos, porque o andar ereto se tornou penoso demais para ele; rasteja na palha e nos excrementos das ovelhas; passa os dias em montes de cinzas, as noites em estábulos. Caminha a esmo e, em toda parte, só depara com sua incapacidade de sublevar-se. Enfraquecimento e submissão coincidem. A poderosa genuflexão posterior de tenores no papel de heróis da fé — como exposta pelos conquistadores ibéricos da América do Sul — não tem seu modelo no justo sofredor da Babilônia. Ele suporta o que lhe sobrevém e, com o que resta de sua existência exaurida, suporta o que a degradação continuada fez dele. Mesmo que ele próprio não seja ciente de ter cometido pecados: alguns lhe poderiam ter escapado e ele teria de assumir as consequências de cabeça baixa e olhos abertos questionadores. Quem seria capaz de conhecer a si mesmo cabalmente?

Então a página é virada: o deus resolve que já basta de provações. Ele instala seu servo comprovadamente fiel Šubši-mašrâ-Šakkan em suas antigas funções e volta a lhe conceder vida plena. O pensamento babilônico já desenvolvera uma noção de que a fé ocupa uma lacuna entre a resignação última e a prontidão para o impossível.

Os paralelismos com o Livro de Jó do Tanach são evidentes demais para que se trate, no caso deste, da abordagem posterior casual de um tópico parecido. A narrativa de Jó atesta a receptividade espiritual da comuna judaica durante o exílio babilônico em relação à cultura "hospedeira". É de se duvidar da lenda segundo a qual os exilados às margens dos rios da Babilônia teriam se ocupado, antes de tudo, da lamentação pela Sião perdida — se assim fosse, mais da metade dos deportados não teria permanecido na Babilônia após a permissão de retorno dada pelo rei persa Ciro em 539 AEC. Logo aparecem ali nomes judeus nas listas dos bem-sucedidos; são conhecidos os nomes das firmas de banqueiros israelitas na Babilônia que prosperaram durante o exílio e depois dele. Mas é plausível que, entre os resolutos nostálgicos de Israel, se tenha formulado uma memória agressiva de dias melhores. O Livro de Salmos ilustra a interação de saudades da pátria, louvor a deus e desejos de vingança. Na época da redação pós-exílica dos salmos, também deve ter tomado forma uma versão inicial do Livro de Jó. Diferentemente dos versos de vingança, nos quais a linguagem do ódio dos ofendidos é despejada sem nenhuma censura, suplicando ao Senhor de Israel as piores coisas para seus inimigos[7], a mágoa de Jó se volta autoagressivamente contra o próprio fatalismo de "ter de estar no mundo". A última redação do livro, que contou com a colaboração de autores de gerações posteriores, cai no início da era helenista — como permitem supor alusões a motivos cínicos, céticos e estoicos.

Na primeira placa do *Ludlul*, o primado de Marduque é formulado com expressões similares às de uma *theory of mind* [teoria da mentalidade] na relação dos deuses entre si: Marduque é capaz de discernir tudo o que os colegas inferiores cogitam, ao passo que nenhum deus comum tem condições de perscrutar os juízos do superior. Isso sinaliza que a teologia babilônica participa, à sua maneira, do movimento que desloca o deus para o alto. O epíteto *hypsístos*, o supremo, que os gregos posteriores atribuíram a Zeus, encontrou, em sua migração para o Oriente Próximo helenizado, uma estrutura de pensamento sensível para alturas desde priscas eras; ela veio ao encontro especialmente do monoteísmo rígido que, com as doutrinas de Zaratustra, havia deixado a sua marca no espaço iraniano antigo e no mundo circundante. Nesse espaço de ressonância pôde aninhar-se, um milênio e meio mais tarde, uma figura como Alá, ele também um supremo solitário, o único que sabe o que fazer e deixar de fazer.

É pela ordem imperscrutável de Marduque que os deuses protetores pessoais de Šubši se retraem e o abandonam ao seu destino. O deus soberano se evade a uma altura a que nenhum clamor alcança. Seu sumiço em zonas em que não se pode interpelá-lo não pretende ser uma quebra de contrato nem uma regressão à indiferença. Marduque

---

7. Ao lado do Salmo 109, que, em tom mágico, amaldiçoa e ora pela morte, e do versículo final do Salmo 137 ("Feliz aquele que pegar os seus [da Babilônia] filhos e espatifá-los contra a rocha"), é importante para compreender a queixa de Jó como introversão da agressão sobretudo o Salmo 58,7-8: "Que eles desapareçam [...] como a lesma, que se dilui ao passar;/ como o aborto de mulher, que nunca vejam a luz do sol." Cf. adiante pp. 212-3.

lança mão do privilégio do céu de obter uma visão geral, deixando de ver muitas coisas.

Diante de um céu que não deve nenhuma explicação, aquele que foi abandonado pelos seus bons espíritos, até aquele momento prestativos, afunda na miséria; seus rivais triunfam contra ele e se apropriam do que é seu; sua família se envergonha dele; quando sai de casa, ele tropeça na terra baldia e vaga errante por pastos ressequidos; suas faces ardem de tantas lágrimas (tabuleta i,110). Um bando de demônios debilita seu corpo, ateando fogo em seu abdômen; seus braços ficam paralisados; "Passei noites no meio das minhas fezes como uma rês; fiquei misturado com meus excrementos como uma ovelha" (tabuleta ii,106-107).

O texto da terceira tabuleta dá início ao relato da cura que, subitamente, começa a acontecer. A voz é recuperada, a respiração volta a fluir livremente, os intestinos, grudados e trançados como um balaio de vime, tornam a se abrir para acolher o alimento. A cabeça se ergue, a virilidade é retomada. A quinta tabuleta equivale a um salmo de louvor: "Meu Senhor me absolveu dos meus pecados./ Ele me devolveu a vida" (tabuleta v,3-4). "Ele tirou a pá da mão dos meus coveiros" (tabuleta v,18). As pessoas de todos os quadrantes exclamam: "Quem diria que ele voltaria a ver seu Sol?" (tabuleta v, 71).

Das conclusões do *Ludlul*, faz parte a observação de que, para o seu autor, o suportar é mais profundo do que o entender. Poderíamos falar de um estoicismo primordial mesopotâmico; o que não se compreende deve ser suportado. No entanto, nessa postura protoestoica que aparece do começo ao fim em codificação religioide, ainda não há uma providência (*prónoia*) nem uma alma cósmica (*psychè toû pantós*) proporcionando a confiança na inteligibilidade do todo.

Por mais paradoxal que possa soar: os deuses superiores mesopotâmicos de fato estão associados ao eterno, mas não conseguem mais do que improvisar; eles flutuam de uma capital para outra, de um templo para outro, de uma dinastia para outra. O eu narrador do *Ludlul* (quem encomendou a história não toma a palavra pessoalmente, mas faz com que um especialista narre em seu nome) dá a entender que não avançou nem um milímetro no esclarecimento da questão com o seu deus Marduque. Após o feliz evitamento de sua aniquilação, ele apenas sabe melhor o que tinha de ser pressuposto: o Senhor é a pura ambivalência *in persona*, por demais irado, castigador, implacável — e, "ao mesmo tempo", misericordioso, clemente, acessível e afetuoso como uma vaca com seu bezerro. Não é possível decifrar a natureza desse "ao mesmo tempo". Quem quiser compreender Marduque bate contra uma parede de ambiguidade inanalisável. O deus é, desde o começo, uma e outra coisa em alta potência, mais destrutivo do que o habitualmente temível — doença, miséria, desapropriação, guerra, morte —, mais doador de vida do que a capacidade habitual de gerar e abençoar — juventude, potência procriativa, bem-estar, estar no topo, triunfo. Seus retratistas inventam para ele o atributo sofístico da "imperscrutabilidade".

É plausível resumir o trabalho teopoético sobre deuses do tipo Marduque, IHVH e, enfim, também Alá por parte dos que querem crer neles como confrontações com a ambivalência previsivelmente imprevisível do soberano transcendente. Os versos mais antigos do *Ludlul* ressaltam esse estado de coisas desde o início:

> Sua ira é como uma tempestade devastadora,/ mas seu fôlego é benfazejo como a brisa matinal./ Seu rancor é irresistível, sua raiva é como um dilúvio,/ mas seu espírito é solícito, seu coração é clemente. (Tabuleta 1,5-8)

Sobre o pano de fundo desses enunciados fica claro: os mais antigos formuladores dos paramonoteísmos na Mesopotâmia, também denominados sumoteísmos e henoteísmos, se confrontavam com a missão de dar conta da ambivalência do deus — um deus que consiste inteiramente de capricho, capacidade e permissão para tudo; às vezes ele entra em cena como guerreiro ensandecido manuseando um brinquedo gigantesco chamado catástrofe. Ele espalha suas simpatias e aversões como um supercreso que se alivia de sua abundância.

Da perspectiva clínica dos tempos modernos é evidente que as primeiras figuras de deuses imperiais padeciam, a exemplo dos seus rivais de mesma hierarquia, do que se denomina uma grave dissociação de personalidade: esta os impossibilitava de ir ao encontro de seus adeptos mostrando um perfil coerente. As menores violações cultuais já faziam com que eles perdessem a compostura e descarregassem sua raiva pelas ofensas de modo infantilmente destrutivo. Da mesma forma que, no caso dos sucessores do Augusto romano — Tibério, Calígula, Cláudio e Nero —, assistiu-se ao delineamento de um *furor Caesarum*, os retratos dos deuses do Oriente antigo e, mais recentemente, de Marduque, Ahura Mazda e IHVH até Alá revelaram uma espécie de *furor deorum*, uma fúria no estado de constante lesa-majestade que não sabe diferenciar entre perturbações da ordem e crimes: assim, a mordida de Eva e Adão na maçã errada é punida com a expulsão do paraíso — o que implica o castigo da mortalidade —, enquanto o fratricida Caim sobreviveria incólume sob a proteção de deus e atuaria como fundador de cidades.

O furor pode ser interpretado como efeito da condensação de qualidades incompatíveis entre si sob a mesma designação cultual. Ele constitui uma inconfundível síndrome de uso excessivo. Assim como os atributos da onipotência e da onisciência se repelem mutuamente — o que, na maioria das vezes, foi silenciado no reino bimilenar do semipensamento teológico —, também não é fácil fazer com que a justiça e a misericórdia morem sob o mesmo teto; razão pela qual rabinos de épocas posteriores disseram que deus ora para si mesmo, a saber, para que sua misericórdia prepondere em comparação com sua justiça ofendida.[8] Que deus não ficaria dividido, tendo de proteger amorosamente os seres humanos sob seu poder e, não obstante, ao mesmo tempo sentindo vontade de submetê-los às mais cruéis torturas diante da menor transgressão? O deus do Tanach, que é preciso ter em vista como figura paterna idealizada de Jesus, se comporta de maneira tão indescritível ao enviar o dilúvio, bem como na destruição de Sodoma e na fase da tomada da terra israelita que a confiança nele só pode ser preservada mediante obscurecimento (ou neutralização moral) da memória de seus feitos e suas incumbências.

---

8. Peter Schäfer, *Zwei Götter im Himmel: Gottesvorstellungen der jüdischen Antike*, Munique, C. H. Beck, 2017, pp. 136 e ss.

Veem-se os candidatos ao monoteísmo do Oriente Médio caírem um após o outro na armadilha da onipotência para a qual estão predispostos devido à sua função e concepção. Os deuses protomonoteístas — segundo o parecer de Nietzsche, "orientais ávidos de honrarias"[9] — se comportam como pais inexperientes, eles próprios infantilmente fixados, que traumatizam suas crianças bem cedo com castigos demasiado rigorosos, enquanto lhes declamam que nada se iguala ao seu amor por elas. Dão a entender que sua incapacidade de deixar as crianças crescerem sem surras seria um sinal de sua fidelidade ao contrato. "O que retém a vara odeia o seu filho; quem o ama o disciplina bem cedo."[10] O axioma pedagógico da surra seguiu em vigor até o século XX, por exemplo em algumas greis obscuras do catolicismo irlandês. Sua *raison d'être* [razão de ser] pode ser reformulada nos termos da teoria da memória: é a preocupação de que aquilo que não é inculcado bem cedo à base de pancadas, isto é, fixado em associação com a memória da dor, não "sedimenta" mais tarde.

Os povos entre Babilônia e Jerusalém se comportavam, em termos sumários, como jovens espertos que, com o tempo, aprenderam a contornar a incoerência paterna. Conseguiram convencer os celestiais descompensados de que, se crianças podem se tornar adultas, cedo ou tarde os deuses deveriam fazer o mesmo. Não é por acaso que os povos teopoeticamente talentosos da Antiguidade falavam de gerações anteriores e posteriores de deuses, cuja sequência equivale a um processo de civilização dos deuses infantis, ciumentos, que se sentiam ofendidos a ponto de desejar extinguir tudo, e a um processo de amadurecimento de sua atitude dominadora. A domesticação de deus pelos crentes, e é disso que se deve tratar em toda *therapeía theôn*, está longe de estar concluída, mesmo muito tempo depois da era dos dramas mesopotâmicos, persas, judeus e cristãos. Nela o ateísmo desempenha um papel criativo por emancipar o divino das coerções associadas às exigências do ser real, do aparecer, do invocar, mas, sobretudo, dos mandatos imperiais do

---

9. Friedrich Nietzsche, *Die fröhliche Wissenschaft. Sämtliche Werke: Kritische Studienausgabe*, v. 3, Berlim, De Gruyter, 1980 [1882]. A formulação de Nietzsche está no singular.

10. Provérbios 13,24.

céu. Aqui a poesia da inexistência não pode ser adequadamente tratada — por mais que poetar o desaparecimento de deus fosse instrutivo para os modos de seu chamado à existência. Porém, em sua suposição de que a sombra de deus ainda seria mostrada por milênios, Nietzsche também verbalizou que a eliminação de complicações mediante o poetar ficaria dificultada.[11]

A mais importante projeção de troca entre deus e seu grupo cultual (seu "povo") se desdobra por meio da elevação da paciência à condição de virtude central da piedade. Sendo exercitada pelos *pious sufferers* [sofredores piedosos] como atitude diante do impenetrável, ela pode ser projetada sobre deus: nesse caso, exalta-se sua longanimidade e louva-se a retenção de sua justa ira; pois ele poderia ter enviado muito antes seu juízo punitivo contra os injustos e ter ampliado ainda mais as provações dos justos. Paciência é o equivalente daquilo que é admirado como a "imperscrutabilidade" de deus. Diante do imperscrutável, que está presente especialmente na desgraça, o intelecto humano aprende a desistir de suas perguntas e a contentar-se com a informação de que deus pensa *bem diferente* do ser humano. "Os meus pensamentos não são os vossos pensamentos, e os meus caminhos não são os vossos caminhos" (Isaías 55,8).

A inferência do incompreensível para o misterioso possibilita a teologia. Esta dá sustentação à fé em um deus, ao qual não se pode imputar nenhuma deficiência. Ele permanece incompreensível aos seus porque sua riqueza de segundas intenções não pode ser exaurida. Mas quando ele é corretamente entendido, deus planeja fazer campanha em prol do ser humano — desde os dias de Agostinho não faltam tentativas de narrá-la

---

11. Friedrich Nietzsche, *Die fröhliche Wissenschaft. Sämtliche Werke: Kritische Studienausgabe*, v. 3, Berlim, De Gruyter, 1980 [1882]. Entre os mostradores de sombras das primeiras gerações pós-deus, os filósofos da história desempenharam um papel de liderança: em suas reflexões sobre a teodiceia após Leibniz (isto é, no processo impetrado contra deus pela razão humana sob a acusação de permitir males), Odo Marquard falou que deus acabou inocentado "com base na não existência comprovada", logo, em um ateísmo *ad maiorem Dei gloriam* [para a maior glória de deus], mediante o qual tutores da humanidade livre de deus se recomendaram como deuses substitutos.

como "história da salvação" abrangente, aberta ao futuro, rumando para o dia do juízo. Seria temerário querer compreender seus cálculos — quem tenta acaba invariavelmente atraído por ideias paranoicas, que supõem em toda parte conspiração, codificação, telecondução, lógica secreta e comprobabilidade contraintuitiva — todas elas características de um irracionalismo que se banha em conhecimento superior.

No chão da fé, abaixo do desespero que almeja o fim e para além de manter a esperança contra toda a razão, encontra-se uma camada não analisável de resignação (em latim: *resignare*, arriar a bandeira, desistir da luta — em alemão: *Ergebung*; em inglês: *surrender*; em espanhol: *sumisión*; em árabe: *islam*).

A resignação não deveria ser vista só como desistência da luta decorrente da impotência depois de se tentar tudo o que estava ao alcance, mas como desempenho sintético original da paciência que suporta a insondável incoerência divina. A paciência sobrepassa a zona em que se podia assumir aquela analogia simples de tratamento entre ser humano e deus, como atesta um dito da lógica popular da *Coletânea assíria* (II,23-26) do primeiro milênio: "Se cuidares bem do teu deus,/ esse deus será o Teu./ Se não cuidares bem do teu deus,/ esse deus não será o Teu."[12] Modos de pensar transacionais desse tipo também estão presentes nos salmos de Davi: "O Senhor me retribuiu segundo a minha justiça,/ recompensou-me conforme a pureza das minhas mãos. [...] Tu te mostras fiel aos fiéis."[13]

Os justos sofredores da Mesopotâmia desempenharam um papel pioneiro no obscurecimento e na elevação concomitantes do deus eleito: eles o arrebataram da esfera das transações singelas, tornando-o mais assimétrico, mais irracional, mais voluntarioso e mais irônico do que costumavam ser os deuses com os quais se podia negociar (em termos paulino-luteranos: "entrar em disputa") com base na estreita mutualidade.

---

12. Takayoshi Oshima, op. cit., p. 132.
13. Salmo 18,20 e 25.

Os autores do Livro de Jó deram um passo dramático adiante ao inserir, na resignação paciente do sofredor, sua lamentação inigualável e extrapolar, por meio de um emudecer temporário, essa lamentação para o formidável a fermentar sem dar sinal de si, como sabem as pessoas desenganadas não só de si mesmas e de suas coordenadas internas e externas. Durante os sete dias de silêncio de Jó, a assimetria entre o de cima e o de baixo se aprofundou da maneira mais abissal possível. Sob o ato de não mais falar se oculta a possibilidade de questionar a criação. Enquanto deus se retira para as alturas da total alteridade mediante a permissão da provação, o sofredor despenca para dentro de um abandono de sentido de um tipo infernal que desloca o ônus do sofredor na direção do infinito. Na lamentação de Jó repercute o que ficou sem ser dito na escuridão da semana de silêncio:

> Pereça o dia em que nasci,/ a noite em que se disse: "Foi concebido um homem!" [...] Por que não morri ao nascer?/ Por que não expirei ao sair do ventre da minha mãe? [...] Como o aborto oculto eu não existiria,/ como crianças que nunca viram a luz.[14]

E de novo: "Por que me tiraste do ventre da minha mãe?/ Por que não morri antes que um olho me visse? Teria sido como alguém que nunca existiu,/ e já do ventre teria sido levado à sepultura."[15] Jó fala aqui como alguém que vivenciou a demonstração do caráter pesado da existência até o extremo. Pode-se ler isso como versão subjetiva de uma questão do ser: por que o nascimento? Por que o mundo? Por que se deve existir no mundo? Não há espaço aqui para especulação filosófica, tampouco para os constructos auxiliares gnósticos.[16] Não se pode esperar informações compreensíveis. A réplica soa como o contrário de uma resposta explicativa. Por acaso não se ouve o tom de um cinismo

---

14. Jó 3,3.11.16.
15. Jó 10,18-19.
16. Cf. as perguntas básicas da gnose, transmitidas por Clemente de Alexandria: quem fomos? O que nos tornamos? Onde estivemos antes de vir a este mundo? Dentro do que fomos lançados? Para onde corremos? Do que estamos sendo redimidos? O que é nascimento? O que é renascimento?

sacerdotal quando o senhor humilha o queixoso com contraperguntas? Ou trata-se, no caso da réplica de Deus, do exemplo mais antigo de uma intervenção paradoxal?

> Onde você estava quando lancei os fundamentos da terra? Responda, se você tem entendimento! [...] Ou quem encerrou o mar com portões, quando irrompeu do ventre, quando lhe pus as nuvens por vestimenta e a escuridão por fraldas, quando lhe tracei limites e lhe pus ferrolhos e portas e disse: "Até aqui você pode chegar, mas deste ponto não passará. Aqui se quebrará o orgulho das suas ondas!" [...] Você pode fazer aparecer as constelações a seu tempo ou guiar a Ursa Maior com seus filhos? Você conhece as leis que governam os céus, e pode estabelecer a sua influência sobre a terra?[17]

As perguntas de Jó em tom de queixa fizeram com que o deus se tornasse mais loquaz do que em qualquer outra passagem do Tanach, e até parece que o provocaram como a um poeta com vontade de amansar o mar com metáforas. Comparável a um ator grego, o deus de Israel, denominado "Senhor", entra em cena, posta-se diante de Jó, o não israelita, e de seus amigos e declama — como se fosse do alto de um *theologeîon* — um monólogo, cheio de escárnio diante da petulância do compreender; seu sermão transborda figuras retóricas que indicam autoconfiança cósmica e ânimo autocongratulatório. Já deixou de ser o *valde bonum* sereno do Gênesis; corresponde bem mais à diatribe de um advogado que considera improcedente a mera cogitação de acusação contra o seu mandante. Com argumentos obtidos tanto da natureza quanto da moral, o excelso, demasiadamente excelso, afunda o potencial acusador na terra com seu discurso. O que este poderia replicar de significativo a perguntas irônicas como estas: "Será que é pela inteligência que você tem que o falcão voa, estendendo suas asas para o sul? Ou é por uma ordem sua que a águia sobe e faz o seu ninho lá no alto?"[18] Depois disso, só resta responder como Jó: "Ponho a mão sobre a minha

---

17. Jó 38,4.8-11.32-33.
18. Jó 39,26-27.

boca."¹⁹ O repreendido quer calar, arrepender-se e desistir da petulância de perguntar. Nada se diz no sentido de que perguntar é a piedade do pensar.

Uma das curiosidades da autoexposição do "Senhor" em sua réplica ao homem da terra desconhecida é a minuciosidade com que o deus excelso se apresenta como o criador da vida animal; isso inclui beemote e leviatã, dois monstros erráticos, que lavram a terra e singram o mar. Supostamente, representam um resquício do poder titanoide que não pôde ser considerado na narrativa da criação. Eles lembram o quanto o caos cósmico necessitara de uma mão ordenadora antes da mítica obra de seis dias. O fato de o "Senhor" ressaltá-los nesse ponto, como se inexplicavelmente fizessem parte do seu séquito, combina com a tendência da retórica de persuasão e imponência que confere ao Livro de Jó sua posição especial entre os livros do Antigo Testamento. Ele mostra um deus argumentativo querendo causar boa impressão. Contudo, ele não reina sobre nenhum império político — o que traz à lembrança que as antigas tentativas judaicas de formar um império haviam fracassado definitivamente. O motivo da aliança entre Deus e seu povo escolhido passou a constituir um excedente tendencialmente disfuncional que manteve viva a constante memória de ambições imperiais malsucedidas — e, além disso, deu origem a um atrito crônico com as teologias dos outros povos, mais bem-sucedidos em termos de política de poder. Enfaticamente ele comanda o reino animal e suas excrescências aterrorizantes. Politicamente destituído do poder, o Senhor reclama sua supremacia sobre o *kingdom of animals* [reino animal] e os dois superanimais surreais.

Deles se pode depreender coisas até aquele momento jamais ditas — neles se torna visível o que, de fato, é sensacional do Livro de Jó: mais coisas saíram errado na criação do que aquilo que se manifestara na ação da serpente em conversa com Eva. É certo que o mal esteve presente desde o início no mundo criado por meio da transgressão mediada pela serpente da proibição de comer a maçã, com as consequências conhecidas, sendo que a banalidade da proibição acarretou o convite à

---

19. Jó 40,4.

transgressão — como se Eva tivesse cometido a primeira negação no puro mundo do sim de Deus —, pois é óbvio que a fundação primordial da negação foi efetuada pela proibição, ao passo que o não ao não vinha embutido nela como uma armadilha, na qual não se podia cair. Porém agora se passou a falar de um mal adicional, significativamente tardio, no caso dos dois monstros que podem ser interpretados, sem maiores delongas, como símbolos dos reinos tanto marítimos quanto terrestres.

O Livro de Jó desvela a necessidade de aprofundar a reflexão sobre os problemas relativos ao poder ocultos no Livro do Gênesis; num primeiro momento, isso só pôde acontecer mediante a atualização simbólica dos apavorantes seres gigantescos, que adentram o quadro à semelhança de animais domésticos anômalos de Deus à margem da inofensiva fauna do paraíso. É preciso concebê-los como os impérios que ingressaram epigeneticamente no mundo. Eles também são criaturas da primeira hora, a exemplo da astuta serpente, mas serpentes de grandes dimensões, maldades criadas, que só se alçaram à sua enormidade no período pós-paradisíaco. No Livro de Jó, o deus de Israel alega ter o domínio sobre eles, como se andassem ao seu lado sob uma coleira, embora ele não tivesse conseguido levar o seu povo à hegemonia sobre eles.

Porém o fato de Israel não ter sido totalmente esmagado por seus superpoderosos inimigos já deveria ser apreciado como resultado de solicitude providencial. Foi assim que Deus puxou os fios no caso do faraó egípcio, ao endurecer o seu coração; foi assim que ele jogou com o rei persa Ciro para trazer uma parte dos judeus da Babilônia a Jerusalém. Após a estada no exílio babilônico e seu término (parcial) graças à *surprise divine* do edito de Ciro do ano de 539 AEC, foi apagada a vela das ambições expansionistas entre a elite judaica pós-exílica; durante o meio milênio seguinte, sucederam-se períodos de hegemonia persa, grega e romana e, por fim, a diáspora. Primeiro foi a desimperialização da aliança entre Deus e povo que exigiu a elaboração teopoética, mais tarde a desterritorialização por enquanto definitiva do judaísmo.

O fato de, no século XVII, o leviatã ter se convertido, pela pena de Thomas Hobbes, no emblema do moderno Estado imperial que singrava os mares corrobora a atualidade do monstro das profundezas. No século XX, certamente se deveria ter discutido menos sobre "teologia política" do que sobre monstrologia. A menção dos monstros beemote e leviatã, em cuja descrição o autor do Livro de Jó se esmera ao máximo poeticamente, revela um mistério em nenhum outro lugar aventado: à obra de seis dias foi anexado, após seu término com o predicado *valde bonum*, um algo mais não resolvido. Este pode ser relacionado com o que Philippe Nemo chama de "excesso do mal"[20], que não podia ser separado da decisão não derivável de Deus de proceder à criação. Para que haja alguma coisa, é inevitável dotar o que é bem-sucedido com um elemento excedente do amorfo, do malformado e do incontrolável; isso inclui um algo mais de poder político ambivalente, como se manifestou nos impérios dos egípcios, babilônios e outros. Contudo: se, por ocasião da criação, Deus já tivera em mente a emergência posterior dos impérios, por que ele deixou seu povo chegar a uma condição de sofrer mais do que outros sob a existência dessas potências? Se os beemotes do Egito e da Babilônia também eram, de fato, suas "criaturas", por que ele não permitiu que Israel se tornasse um beemote e até um superbeemote? Era sua intenção fazer de Israel um Jó entre os povos?

A poesia da paciência, que é desdobrada nas narrativas mais antigas e mais recentes do justo sofredor, dá um passo de graves consequências para além da economia do pensamento "*do ut des*" [dou para que dês] — cuja importância para o sistema quase universal de dádiva e contrapartida dificilmente se conseguirá superestimar.[21] Entre Deus e os crentes de Israel vigora a relação da aliança (Jó não faz parte dela), que implica certa reciprocidade; mas ela já não pode mais ser entendida segundo a lógica singela do "dou para que dês". É evidente que Deus não tem para com o *pious sufferer* nenhuma relação compromissiva de dívida, tampouco uma relação do tipo estritamente contratual, já que a aliança foi firmada com o povo e não com os membros individuais deste; do mesmo modo está claro que Šubši-mašrâ-Šakkan e Jó não

---

20. Philippe Nemo, *Job et l'excès du mal*, Paris, Albin Michel, 2001 [1978].
21. Cf. Walter Burkert, op. cit., pp. 158-88.

estão sendo punidos por transgressões manifestas nem por rebeliões latentes ou "inconscientes". O "Senhor" faz uso do direito que lhe compete de aplicar uma prova, dado que a labilidade do ser humano tanto dentro quanto fora da aliança não é mistério nenhum para ele. Como ele manteve sua promessa principal de "dar" terra ao povo, deixando acontecer a sangrenta "tomada da terra" em Canaã ou até levando-a a termo como o senhor da guerra, não restam mais reivindicações a fazer a ele.

O aspecto especial dessa prova reside em que não há como ser aprovado nela. O candidato nem sequer pode saber que se trata de uma prova. A intenção disso é que possa computar sua ação de suportá-la como realização própria. Suportar é tudo. Para o sofredor, quase da mesma forma que para um morto, não há projeto, exceto a esperança desesperançada de que passe aquilo que tem de ser suportado. Disso faz parte que aquele que suporta dê conta da expectativa descabida de permanecer vivo, sem evadir-se para o desespero arbitrário — na medida em que ao desespero inere um senso temporal de raiva, que adere ao eu magoado —, para o repouso autoescolhido da sepultura.

À poesia da paciência se atribuem, como mostram os desfechos das histórias, qualidades não só protoestoicas, como também protoevangélicas. Elas respondem à pergunta: há vida após a desgraça? Como não deixa de haver uma resposta afirmativa, as histórias são mais do que peças de literatura "sapiencial". Elas já exibem um traço de boa nova. Mas quem já quisesse identificar no Livro de Jó um vestígio do messiânico não estaria cedendo à inclinação para o exagero interpretativo?[22] Em histórias como as do justo tolerante não se trata da vinda de um redentor, muito menos de um ressurgir dos mortos. Já é suficientemente maravilhoso recuperar-se do infortúnio — do mesmo modo como a parcela da população que retornou a Jerusalém se recuperou da desgraça do exílio na Babilônia, graças a Ciro, ao Messias que veio da Pérsia.

---

22. Como fez Philippe Nemo, no ensaio mencionado, sob influência de Emmanuel Lévinas.

Da poesia da paciência decorre a poesia da restauração, em todos os sentidos possíveis da palavra. Nela se anuncia a poesia da resiliência que, por mais de 2 mil anos, se ocultaria sob as codificações de narrativas a respeito da boa *fortuna*. Elas tratam de razões para ter esperança de modo geral, venham elas acompanhadas de um fator messiânico ou não. Como se poderia viver humanamente sem ter — ou esperar ter — sorte de alguma maneira? Esperança não pode ser um princípio, a despeito do que Ernst Bloch tenha deposto em seu favor. Sendo filha da paciência, ela vive de pressupostos que ela própria não consegue gerar.

A recuperação completa da desgraça equivale a uma ressurreição; vegetar na desventura já correspondia à morte social. Através da restauração da condição anterior à da miserabilidade, Marduque e o "Senhor" de modo nenhum admitiram que se tenha tratado de um experimento ditado pelo capricho; dão a entender que, tanto na glória quanto na miséria, se trata do mesmo soberano exercendo o poder — ou melhor, deixando exercer (pois tanto o deus mesopotâmico quanto o deus israelita agem através de causas secundárias — por meio de inimigos, de auxiliares, de "Satanás", de enfermidades, de coisas humanas, demasiado humanas). Nesse caso, não ocorre nenhuma evolução: se, no final das contas, Jó se torna mais rico do que era antes e, após a reintegração em sua casa, ainda presencia por longos 140 anos a totalidade dos filhos e netos, bem como dos descendentes destes, não se pode dizer que ele mereceu esta segunda felicidade; não se pode nem mesmo afirmar que ele a compreendeu mais profundamente do que antes. A segunda sorte permanece, ainda mais do que a primeira, um sinal plenipotenciário da parte do "Senhor" superpoderoso. Este passou a ter um nome próprio. ("O autor" do Livro de Jó o chama ocasionalmente de *Shaddaï* — "o da montanha".)

A diferença entre a primeira sorte e a segunda reside no efeito proselítico: pela primeira vez, a lei tinha pulado a cerca étnica. Nessa peça de literatura ecumênica antiga, o deus de Israel foi experimentado e reconhecido por um não israelita. Posto em apuros por ele, o homem de Uz teve de compreender isto: a exemplo do que fora Marduque, esse Senhor nas alturas é capaz de tirar a pá da mão do coveiro. Ele, inclusive, permitiu que um quase morto voltasse a ver a luz.

17
Poesias do exagero:
Os virtuoses religiosos e seus excessos

Se paciência fosse a última palavra da "religião", praticamente não haveria mais razões para pessoas do mundo moderno se interessarem por ela senão só superficialmente. Abstraindo de alguns dias festivos sentimentais, ela teria se dissolvido no estoicismo raso da finitude tranquilizada; quanto aos seus efeitos terapêuticos, ela teria sido substituída por ansiolíticos, analgésicos, estimulantes e energéticos — os discretos benfeitores que Aldous Huxley denominou os "substitutos químicos da graça". A maldição lançada por Fausto contra a paciência está mais próxima dos nossos contemporâneos do que a exortação cristã a carregar a cruz. O que sobrou do anseio por redenção que perdurou por milênios na civilização do bem-estar foi a busca por alívio, pela forma de agir do princípio da despenalização. O que pareceu específico da religião, o excedente em termos de revelação concedida do alto, teria se perdido na mentalidade empirista de tempos mais recentes. John Locke teria enunciado opinião esclarecida quando, antecipando Kant e Fichte, afirmou que a religião não revela nenhuma verdade à qual a razão humana não pudesse chegar com seus próprios meios; ela teria de se contentar com um grau de certeza menor do que o reivindicado pelas verdades da razão ou da observação. Para seus enunciados, não haveria assegurações, exceto aquelas que ela própria traz consigo.[1]

---

1. John Locke, *Versuch über den menschlichen Verstand*, livro IV, Hamburgo, Felix Meiner, 1988 [1690], cap. 18, pp. 392-404.

Se, no tempo presente, a "religião" continua a ser distinguida de muitas formas com o predicado "interessante", não é porque uma parcela maior do público esteja inclinada a frequentá-la como escola da paciência. Não é a disposição dos indivíduos ao sofrimento que continua lhe rendendo atenção, mas sua falta de vontade de ter paciência. Os pacientes tanto do céu quanto da prática médica se tornaram impacientes; eles acham que podem fazer reivindicações de salvação e cura cobertas por contratos de seguro e fundadas em expectativas de vida.

A "religião" continuará sendo notada enquanto cultivar seu fascínio — isto é: na medida em que for capaz de chamar a atenção para si por meio de encantamentos alheios à razão, rituais bizarros e absurdidades bem dosadas. Ao lado do seu componente normalizador, ao qual deve a fama de obnubilar-se em rotinas ou manejar demandas indeterminadas de sentido, ela ainda possui, via de regra discretamente encoberto, um lado extravagante que tende ao obscuro, de arrepiar os cabelos, inaceitável. Sobretudo em suas fases de fundação, na medida em que foram transmitidas informações mais detalhadas a respeito delas, o estado de exceção parecia ser permanente. Nelas havia em profusão fenômenos como revelações pessoais, episódios psicóticos, contágios coletivos, alucinações grupais e vitórias miraculosas. A capacidade de fascinar é o que "a religião" tem em comum com o teatro, o circo e a magia, especialmente quando se apresenta como um teatro de sagrada crueldade voltado contra os atores, como nos ritos de iniciação arcaicos. Quando se mostra estranha em grau máximo, ela permite vislumbres do maravilhoso pela porta entreaberta.[2]

---

2. Uma teoria geral das fascinações ativas e passivas foi esboçada por Giordano Bruno em seu escrito erotomágico *De vinculis in genere* [Dos vínculos em geral] (1591), no qual o mundo é descrito como campo de atratores e seus efeitos sobre o que pode ser atraído. Uma de suas frases-chave é: "Com todos os seus sentidos, o que está para ser cativado corre ao encontro daquele que cativa." O que cativa entra no que está para ser cativado pelo portal da fantasia como o *vinculum vinculorum* [vínculo dos vínculos]. A arte de cativar consiste, sobretudo, em identificar os desejos do que está para ser cativado. Cf. Elisabeth von Samsonow (Ed.), *Giordano Bruno*, Munique, 1995.

A fascinação mediante quebras de limites, em geral, não parte do excesso do mal[3] que se torna visível na miséria dos pobres e debilitados, bem como das vítimas de catástrofes naturais e sociais; a maioria das testemunhas prefere desviar o olhar deles, como se a desgraça próxima pudesse contagiar o observador. Desde priscas eras os brâmanes consideravam o simples olhar para o sofrimento alheio como uma contaminação a ser evitada. Na magia de evitação atuavam forças de repulsão na linha dos reflexos de fuga que puderam ser sobrepostas por posteriores fixações neuróticas de pureza. Em contraste, assim que o *fascinosum* que pertence à esfera do sagrado desencadeava o seu efeito, ele punha em marcha uma espécie de atração, um enfeitiçamento exercido pelo irritante, do qual o participante dificilmente sabia como escapar. Esse "enfeixamento" de atores religiosos em estados não cotidianos fascinava não só os simpatizantes, como também, com frequência, as testemunhas de fora.[4] Ademais, quem uma vez esteve na luz buscava cúmplices com os quais compartilhar coisas inauditas e não vistas alhures.

Como ocorre na maioria das formas da vida ativa, também aqui o campo prático se cinde nos poucos que expõem sua paixão e os muitos que, a uma temperatura levemente mais elevada, não abandonam seu lugar protegido no meio da multidão. A separação entre atores e espectadores não diz respeito só ao teatro e a seus frequentadores; ela possui relevância antropológica, já que o trabalho de articulação, formador de cultura, é exercido, num primeiro momento, apenas por aqueles que se destacam da multidão.[5]

Com a poesia do excesso é inaugurado um capítulo decisivo na investigação das premissas e formas de poetizações da religião. Nela uma definição não cotidiana de "fé" assume contornos: não raro, o

---

3. Cf. nota 20 na p. 216.
4. Em latim *fascinatio*: enfeitiçamento, encantamento. Cf. Gálatas 3,1: "Quis vos fascinavit?" "Quem vos enfeitiçou?"
5. Magnus Schlette e Matthias Jung (eds.), *Anthropologie der Artikulation: Begriffliche Grundlage und transdisziplinäre Perspektiven*, Würzburg, Königshausen & Neumann, 2005; Dieter Claessens, "Heraustreten aus der Masse als Kulturarbeit: Zur Theorie einer Handlungsklasse – 'quer zu Bourdieu'", in: Klaus Eder (ed.), *Klassenlage, Lebensstil und kulturelle Praxis*, Frankfurt am Main, Suhrkamp, 1980, pp. 303-40.

que costuma ser assim designado surge — abstraindo da imitação de membros mais velhos por membros mais novos do culto, manifesta em toda parte e efetuada pela educação — em consequência da observação fascinógena de sujeitos que se encontram no estado espiritual de exceção por integrantes de um público que é comovido a distância. Na fé convencional, acredita-se que a outros sucedeu o que se denomina "experiência religiosa" no sentido eminente — não importa se esta é concebida em termos fenomenológicos, psicológicos ou paranormais.

Tais experiências se estendem por um espectro de estados, nos quais a personalidade cotidiana perde o controle de si mesma e, por momentos mais breves ou mais longos, se torna permeável para vivências como que abstraídas do eu, nas frequências do êxtase. Entende-se, é claro, que a diferenciação entre pessoas com experiência extática e aquelas que são impedidas ou poupadas de tê-la não é equivalente à diferenciação entre sacerdotes e leigos; esta última, falando nos termos de Luhmann, é "interna do sistema religioso"; ela caracteriza a diferenciação incipiente do sistema "religião". O elemento extático remonta a um tempo muito anterior a qualquer *religio* ritualizada e constituída; ele se manifesta muito antes do estabelecimento de ofícios sacrais, hierarquias, sagradas escrituras e do despontar de movimentos ascéticos rigoristas. Onde os cultos superiores se estabeleceram, como no bramanismo, no zoroastrismo, no budismo, no cristianismo, no islamismo, fatores extáticos e ascéticos se entrecruzaram e geraram um pandemônio de extremismos sacrais; estes deram o tiro de largada para a disposição de fazer um esforço extra. Por exemplo, na ala da extrema esquerda do islamismo xiita emergiram tendências para uma gnose anárquica, que foram designadas por islamitas mais ponderados como *ghuluv* (ir longe demais, exagero). Fenômenos faquirianos das esferas islâmicas e hinduístas causaram sensação enquanto figuravam mais no âmbito do sagrado do que no do *show business* fisiológico.

Na fase inicial do cristianismo, deu-se o caso paradigmático de "experiência religiosa" em que o inquisidor de cristãos Saulo foi tomado por um êxtase em sua viagem até Damasco, conforme "descrito" em Atos dos Apóstolos (capítulo 9) algumas décadas *post eventum*[6]: no meio da jornada, ele teria sido ofuscado por uma aparição luminosa, caído no chão e ouvido uma voz — "Saul, Saul, por que me persegues?" —, sendo que seus companheiros de viagem não teriam notado nenhuma luz, mas compartilhado a manifestação auditiva. Segundo o capítulo 22 de Atos dos Apóstolos, os outros homens viram uma luz, mas não ouviram voz nenhuma; comum às duas versões é a queda. O narrador parece ter se contentado com a informação de que estiveram em jogo influências superiores que derrubaram o viajante no chão.

A diferença entre as versões afeta a autenticidade dos relatos: inicialmente os acompanhantes teriam ouvido o próprio Jesus falar ao seu perseguidor, identificando-se pelo nome; na segunda versão, Saulo teria sido o único a ter a audição. Pouco depois, já em Damasco, hospedado por um adepto de Jesus, o viajante, após uma fase de três dias de cegueira, teria se convertido, se batizado e, dali por diante com o nome Paulo, começado a pregar a messianidade de Jesus, sua ressurreição e sua missão.

O que Saulo-Paulo vivenciou diante das muralhas de Damasco — sempre pressupondo que não estamos lidando com ficções de um ambiente ávido por milagres — foi um incidente relativamente descomplicado, ademais fácil de interpretar psicologicamente, se comparado com as enormidades de estados de exceção interiores em culturas ascéticas elaboradas, principalmente nas do Oriente[7] e nas culturas que fazem uso de drogas do Sul global; ele redirecionou seu talento zelote na direção oposta, mas a vivência pouco modificou a estrutura de sua personalidade. Característico da "experiência" de Saulo foi que ela sucedeu de modo aparentemente repentino em meio à vida — o que não significa

---

6. O evento de Damasco, caso seja histórico, poderia ter ocorrido em torno do ano de 35; a redação dos *Acta Apostolorum* é datada majoritariamente nos anos 80-90; as tensões entre as tendências de datação em uma data anterior (em torno de 60) e uma data posterior (até 120) ainda perduram; no último caso, os autores do Evangelho de Lucas e dos *Acta* não seriam idênticos.

7. Segundo uma observação do monge hinduísta versado em sânscrito, oriundo da Áustria, Agehananda Bharati (1923-1991), um dos mestres de sua ordem, Ramakrishna (1836-1886), praticava estados extáticos com uma facilidade como se fosse um Mozart do *samadhi*, da imersão enstática completa.

que não tenha sido preparada; o que Paulo aprendera como perseguidor foi proveitoso para ele como proclamador. Por ter entrado na mente do adversário, ele sabia como trocar as claves. No entremeio se situa o momento, não mencionado pelo autor de Atos dos Apóstolos, em que surgiu a ideia até então reprimida por Saulo: como seria se o outro lado tivesse razão? Que belo mar de tormentos e esplêndidos esforços se abriria se, finalmente, fosse possível pregar as antigas verdades judaicas também para almas não judaicas? Verdades bem sedimentadas, havia muito aclaradas, milhares de vezes passadas no pente fino que, graças ao surgimento da hipótese "Jesus Cristo", poderiam ser transmitidas agora repentinamente com a força de uma primeira vez a receptores escolhidos, tanto no centro quanto na periferia, como mensagem libertadora; por um lado, libertando da lei judaica e, por outro, libertando muito mais do mundo dos romanos e de seu realismo ornado de *religio*; verdades que, pelo fato de o fim estar próximo, nos catapultam para fora do realismo de autoafirmação do mundo caduco e nos concedem a sabedoria de ainda viver por algum tempo aqui, no desconforto, para festejar tanto mais lá.

De qualidade bem diferente deve ter sido a vivência "mística" da qual Paulo fala de modo apenas alusivo, mas referindo-se inconfundivelmente a si mesmo: um "homem em Cristo" teria sido arrebatado há alguns anos até o terceiro céu; se no corpo ou no espírito, só Deus saberia.[8] Embora uma expressão como "terceiro céu" de modo nenhum fale por si, não há como ignorar seu sentido supremacista. Quem afirma ter sido "arrebatado" até lá tem em mente apenas uma iniciação transitória na esfera dos mistérios últimos. Se a vivência foi causada por uma convulsão tônico-clônica, como ocasionalmente se supõe, não tem importância para as consequências histórico-religiosas do episódio.

---

8. 2 Coríntios 12,1-10. O discurso paulino do "terceiro céu", que se refere à sua visão do paraíso, atesta a ambiguidade numérica da concepção "céu". O céu para o qual Jesus ascende quarenta dias após a Páscoa não é marcado por nenhum número ordinal. Os autores dos evangelhos poderiam estar cientes de que, de acordo com a imagem de mundo aristotélica, havia sete camadas celestes, sendo que a última delas constituía a fronteira para o nada. O modo de falar, segundo o qual os amantes se encontram no sétimo céu, é pré-moderno. Em Dante, a ascensão no *Paradiso* chega a um nono céu, denominado céu de cristal.

Se tomarmos conhecimento de que os livros sagrados do povo de Israel contêm o arrebatamento ou a viagem para o céu como um motivo quase estereotipado nos relatos de vocações para o ministério profético, como em Isaías, Jeremias e Ezequiel (que, por sua vez, são sucessores de Elias), recai sobre as informações de Paulo uma luz diferente: como o epistológrafo quis fazer valer diante da parcela dissidente da comunidade de Corinto sua autoridade de apóstolo — de "servo" (*doûlos*) e médium de Cristo —, a alusão à vivência do arrebatamento também deve ser entendida como parte de sua estratégia de legitimação diante de céticos locais (embora estes, como moradores de uma cidade grega, não podiam ter familiaridade com figuras do profetismo judaico; possivelmente, porém, também havia ali alguns "*christianoí*" judeus). De acordo com isso, Paulo teria apelado para "experiências religiosas", visando enfatizar sua primazia diante dos membros da comunidade, que não dispunham de tais experiências ou que dispunham delas em menor grau. Em todo caso, ele não se pôs no mesmo nível dos que recebem carismas corriqueiros como profecia, poesia, glossolalia ou cura espiritual.[9] De resto não se pode ignorar que também Maomé teria dado conta, *summa cum laude* [com o máximo louvor], da tarefa judaica da viagem celestial.

A William James se deve a noção de que, no caso de indivíduos das culturas modernas, a fé, via de regra, não se baseia na singela aceitação de doutrinas autoritativamente proclamadas; no caso de adultos, ela possui muito mais a estrutura de uma vontade de crer.[10] Esta, por sua vez, pressupõe uma fé no valor excepcional da fé que avalia tudo o mais. Quando se trata de sua fé na fé, registra James com pena afiada, a maioria dos defensores das convicções norteadores de sua vida começa a falar dogmaticamente como papas infalíveis (*when left to their instincts, they*

---

9. Sobre Paulo como fundador de uma "*doulocracy*" ("doulocracia", reinado de escravos), cf. Stathis Gourgouris, "Paul's Greek", in: Ward Blanton e Hent de Vries (eds.), *Paul and the Philosophers*, Nova York, Fordham University Press, 2013, pp. 346-7.

10. William James, *The Will to Believe*, palestra para os clubes filosóficos da Universidade de Yale, New Haven, e da Universidade Brown, Providence (Rhode Island), 1896.

dogmatize like infallible popes) [quando relegados aos seus instintos, eles dogmatizam como papas infalíveis].

Em nenhuma ação religioide a vontade de crer se manifesta de maneira mais escancarada do que na ascese. Ela constitui a *matrix* dos exageros que miram a santificação da existência como um todo. Com o auxílio dela, são produzidos estados de exceção interiores que franqueiam o acesso à "experiência religiosa". Quando o sujeito ascético — seja ele atleta, monge e, em tempos mais recentes, artista radical — se despede de sua existência pregressa na cotidianidade não exercitada, ingressa em um espaço de intensificação cujos limites não aparecem num primeiro momento; em princípio, interpretar sua dimensionalidade como altura, ou profundidade, ou amplidão, não faz diferença para o que se segue. Ela preenche, com teor existencial, a figura retórica da hipérbole (literalmente: o que foi jogado para cima), do exagero. Em seu manual do orador, Quintiliano definira a hipérbole como "extrapolação decente da verdade" ("*decens veri superiectio*")[11] e derivara sua decência da natureza do ser humano, porque todos exibiriam o desejo (*cupiditas*) de aumentar ou diminuir as coisas, ao passo que dificilmente alguém se daria por satisfeito com "como ela realmente é". Em contraposição, os mestres da ascese no contexto da *religio* deduzem a necessidade do treino excessivo da corrupção da natureza humana — ao passo que os mestres dos artistas e os treinadores dos atletas explicam a necessidade de treinar com o alto nível da arte e a posição dos recordes.

Para Quintiliano, o exagero é um recurso estilístico legítimo, adequado e eficaz quando o objeto em pauta "extrapolou a dimensão natural".[12] Em tais casos, seria melhor ir longe demais do que não ir longe o bastante. Dado que os mestres da ascese, à frente de todos os da fase inicial do cristianismo, não admitem nenhuma "dimensão natural" no que diz respeito à corrupção humana, não pode haver, em seu entendimento, nenhum exagero que vá longe demais. A ascese penitente extrai

---

11. Marco Fabio Quintiliano, *M. Fabii Quintiliani Institutionis Oratoriae Libri XII*, ed. e trad. Helmut Rahn, Parte II, Darmstadt, Wissenschaftliche Buchgesellschaft, 1995, pp. 246 e ss.
12. Ibid., pp. 248 e ss.

seu critério da depravação pecaminosa. Na medida em que, segundo o parecer de muitos teólogos anteriores e posteriores a Agostinho, a corrupção da essência humana chega à enormidade, não há limites para a penitência, excetuando a erradicação total do velho Adão. Os atos de arrependimento de quem admite para si mesmo ter decepcionado Deus nunca vão longe demais.

Os exercícios de penitência dos primeiros anacoretas e cenobitas (de: *koinòs bíos*, vida comum), na medida em que seguiam regras estabelecidas, exibiam, do começo ao fim, um componente endorretórico e endopoético invasivo. Eles se originaram da aplicação de figuras de linguagem hiperbólicas e metáforas poéticas à existência moral e física de quem se exercitava. Foram testadas, quanto a seu exagero, especialmente expressões como mortificação, extinção, consternação, purificação, retirada, isolamento, ascensão, ressurreição. O resultado foi que preencheram as mais altas expectativas em seu potencial de excesso.

O discurso hiperbólico goza de antiga cidadania na esfera de Cristo, como atestam as numerosas palavras de Jesus compiladas pelo evangelista Mateus, nas quais ocasionalmente se expressa um humor leve mediante o exagero — é um humor sem sorriso que, muitas vezes, foi literalmente mal entendido: Deus seria capaz de gerar filhos para Abraão a partir de pedras; sua previdência teria contado os cabelos da cabeça dos seres humanos; ao que rouba a túnica, deve-se entregar também a capa; se alguém lhe bater na face direita, ofereça-lhe também a esquerda (nesse caso, a pessoa que dá o tapa tinha de ser ambidestra, porque, para acertar a face direita, precisaria bater primeiro com a mão esquerda). Marcos acrescenta uma luz paradoxal sobre as hipérboles: é mais fácil um camelo passar pelo buraco de uma agulha do que um rico entrar no reino de Deus. Quem quiser ser o primeiro seja escravo de todos.[13] Um profeta que fala desse modo se aliou à rebelião das proporções; como à sátira, ao discurso metafórico tudo é permitido.

Uma clara ilustração do procedimento endorretórico dos monges é dada por um escrito do cofundador da cultura monástica do Oriente

---

13. Rudolf Bultmann, *Die Geschichte der synoptischen Tradition*, Göttingen, Vandenhoeck & Ruprecht, 1961 [1921], p. 180.

Próximo, Evágrio Pôntico (345-399), intitulado *A grande réplica* ou *O antirrético*. Em correspondência à doutrina dos oito vícios exposta pelo autor, que por séculos serviu como brevê do autodesprezo, são expostas as direções para as quais os pensamentos depravados dos monges podem ser atraídos — para a glutonaria, a incontinência sexual, a avidez por dinheiro, a tristeza, a falta de desejo, a ira, a avidez por fama e o orgulho. Para expor em sua totalidade a corrupção psíquica, que sempre começa por dar ouvidos a vozes interiores acionadas por demônios, o autor não recua diante do trabalho de registrar por escrito 498 desses pensamentos tentadores, subdivididos em oito seções, a rosa dos ventos completa da perdição. Para cada pensamento ruim ele ministra, um tanto psicagogo, um tanto farmacêutico, um antídoto em forma de dito extraído do Antigo ou do Novo Testamento. Daí que, forçosamente, a consequência da vida monástica era o oposto da tão louvada paz de espírito; quanto maior a simplicidade com que se queria conduzir a existência, tanto mais ela dependia de estilizações exigentes. Quanto mais conscientemente o asceta evitava o diálogo com as pessoas do mundo, tanto mais ele dependia do incessante persuadir-se do fio condutor dos objetivos dos seus exercícios. Quem se esquivava dos ruídos do mundo não conseguia deixar de notar como o seu interior era ruidoso, confuso e desonesto.

A inovação mais radical e, ao mesmo tempo, mais questionável nas poesias do excesso se evidencia na forma resoluta com que pregadores cristãos antigos envolveram o morrer e a morte em uma intensificação que daria origem a um superlativo mórbido. É melhor que os próprios leitores decidam se querem saber mais sobre isso ou não.[14]

Que há alternativas desagradáveis ao suave "adormecer" — para mencionar uma metáfora corrente da morte[15] — é sabido desde tempos antigos por quem foi testemunha de agonias prolongadas em decorrência de graves enfermidades. As diferenças entre os modos leves e graves

---

14. Em caso negativo, é recomendável pular as quatro páginas seguintes.
15. Thomas H. Macho, *Todesmetaphern*, Frankfurt am Main, Suhrkamp, 1995 [1983].

do fenecer estão guardadas no *tacit knowledge* das culturas. Nos impérios fobocráticos da Antiguidade, os reis lançaram mão delas apoiados por conselheiros, juízes e carrascos, para desenvolver métodos de execução prolongados e extremamente humilhantes, combinados com torturas, visando à intimidação de adversários e malfeitores. Se, de modo geral, podia-se partir da premissa de que o delinquente tem pressa de chegar ao fim, o carrasco e seus ajudantes, já bem cedo, tinham a licença e até a incumbência de dispor do tempo que quisessem.

A constelação de ser e tempo, explicitada por Martin Heidegger, não provém da experiência das trincheiras da Primeira Guerra Mundial, nas quais se poderia ter aprendido a "correr ao encontro da própria morte", como ocasionalmente foi afirmado, sob a chuva de granadas do *friendly fire* [fogo amigo]. Caso tenha tido um modelo empírico, então ela se originou dos patíbulos do Velho Mundo. Nas execuções antigas, o correr ao encontro da morte, com o qual o filósofo quis angariar seriedade para o "existir propriamente dito", era forçado e simultaneamente bloqueado por procedimentos de torturante gradualidade. O horror da execução excluía a fuga para o fim tanto quanto possível. Desse modo, as execuções sob tortura geraram imagens apavorantes do morrer que ficaram traumaticamente gravadas a ferro e fogo nas populações transformadas em espectadoras — foi o caso da crucificação romana que, em geral, demorava vários dias (no caso de Jesus, demorou metade de um dia porque a debilidade causada pela flagelação precedente reduziu as horas na cruz), do suplício da roda na Idade Média tardia, que se estendia por horas, em que os braços e as pernas do delinquente eram despedaçados com barras de ferro até que fosse possível trançá-los como cordas por entre os raios de uma roda de carreta[16]; e, no caso do temível

---

16. Em seu mal-afamado *Louvor do carrasco*, contido na primeira *soirée* de São Petersburgo, Joseph de Maistre se refere a esse método. Apenas meio século antes do excurso pró-terror de Joseph de Maistre, o protestante Jean Calas tinha sido executado publicamente em Toulouse, em março de 1762, segundo um procedimento alternativo de suplício da roda (afivelado de costas sobre a roda e girado por horas sob dores extremas cada vez mais intensas); a ocorrência ficou conhecida em toda a Europa pela intervenção de Voltaire, sobretudo por meio do seu *Tratado sobre a tolerância* (1763). Ela levou à cassação da sentença promulgada em 1764 pelos tribunais de Paris e, em 1765, à reabilitação de Jean Calas.

lingchi chinês (em tese praticado oficialmente pela última vez no ano de 1905), em cujo decurso eram cortados bem devagar, do corpo do delinquente amarrado nu em um poste, cada um dos membros, órgãos e feixes de músculos, no caso de uma execução ortodoxa, com quinhentos cortes pequenos, que sangravam o mínimo, até que, ao final do dia da execução, a cabeça do mutilado pendia, olhando em êxtase de dor para o seu esqueleto à mostra. O que não se sabe ao certo é se ele ainda vivenciava sua decapitação como parte da tortura ou já como início da libertação. Tais cenas, presenciadas por testemunhas oculares ou transmitidas pelo ouvir dizer, disseminaram a evidência de que o limiar que levava à libertação por desfalecimento podia ser deslocado para alturas extremas. Ela constituiu a certeza de fé mais sólida da era fobocrática, cujo início remonta aos mais antigos impérios.

Se entendermos as execuções prolongadas como comparativos da morte difícil, a intensificação para o mais difícil seria atingida assim que o morrer dilatado pela tortura pudesse se estender para além da morte. Essa extensão foi realizada no imaginário pelo cristianismo, mediante a utilização de motivos iranianos antigos, através da institucionalização do inferno com seu fogo inextinguível — uma conquista da qual o islamismo como religião da dupla valoração rígida se apropriou fervorosamente.[17] A exemplo do cristianismo antes da invenção do purgatório, o islamismo era uma religião sem soluções intermediárias.[18] O dito atribuído a Karol Wojtyła, formulado com um humor acre de sacerdote: "*Speriamo che l'inferno sia vuoto*" ("Esperemos que o inferno esteja vazio"), quer se trate ou não de uma imputação, parece pouco adequado para revogar uma psicopolítica do terror praticada durante 2 mil anos.[19]

---

17. Surata 4,55-56: "E o inferno é suficiente como Tártaro. Quanto àqueles que negam os Nossos versículos, introduzi-los-emos no fogo infernal. Cada vez que a sua pele se tiver queimado, trocá-la-emos por outra, para que experimentem mais e mais o suplício. Sabei que Deus é Poderoso, Prudentíssimo" (*O Alcorão*, tradução de Mansour Challita, Acigi, 2013).

18. Jacques Le Goff, *Die Geburt des Fegefeuers: Vom Wandel des Weltbilds im Mittelalter*, Stuttgart, Klett-Cotta, 1984.

19. De resto, o Vaticano reage há bastante tempo a toda tentativa de relativização dos dogmas referentes ao inferno com a retirada para o argumento topológico de acento ontológico de que o inferno seria o estado de distanciamento de Deus; ele

No juízo de Nietzsche, ela se baseou em uma "espécie de loucura da vontade, nessa crueldade psíquica, que é simplesmente sem igual".[20]

A passagem do comparativo para o superlativo do sofrimento pode ocorrer assim que se declara como cumprível a exigência de conservação da alma passível de sofrimento para além da morte. O traço superlativo adquire nitidez na doutrina cristã das últimas coisas, que, por sua vez, depende de uma doutrina metafísica sugestiva a respeito do ser inextinguível da alma. Em seu ensaio "Cristianismo bizantino: Três hagiografias", publicado em 1923, Hugo Ball enunciou, com disposição neocatólica e neoconservadora de partir para o ataque, o mistério comum às duas disciplinas, ao retratar João Clímaco (cerca de 579-649), autor do escrito *Escada para o paraíso* (*Scala Paradisi*), de graves consequências no plano espiritual, e, por algum tempo, abade do mosteiro de Santa Catarina junto ao monte Sinai: "O superlativo da saúde é a imortalidade."[21] A sentença escancara a impossibilidade de deixar de existir — contudo, ela apenas articula o lado luminoso de um "conhecimento" ambivalente. Do mesmo modo que o indivíduo, durante sua vida, não consegue deixar o seu corpo, a alma individual tampouco pode desmentir a sua substancialidade pós-morte. Não haveria nada a objetar se os imortais saudáveis forem reunidos em torno de Deus, o que quer que a locução prepositiva "em torno de" possa significar nesse caso. O reverso da imperecibilidade se manifesta no prolongamento do morrer comparativo sob a tortura no superlativo do morrer perene em algum fogo transcendente. "Não há morte maior nem pior do que a morte que não morre."[22] Como doentes de imortalidade, os candidatos dessa opção povoam um submundo constituído de penitenciárias

---

começa aqui e se estende ao infinito na condição pós-morte. Sobre o esquema da troca da designação para vida e morte na retórica cristã, cf. mais adiante as pp. 237-41.

20. Friedrich Nietzsche, *Jenseits von Gut und Böse: Zur Genealogie der Moral. Sämtliche Werke: Kritische Studienausgabe*, v. 5, Berlim, De Gruyter, 1980, cap. 22.

21. Hugo Ball, *Byzantinisches Christentum: Drei Heiligenleben*, Göttingen, Wallstein, 2011 [1923], p. 25.

22. Aurélio Agostinho, *Der Gottesstaat, De civitate dei*, Paderborn/Munique/Viena/Zurique, Schoeningh, pp. 412 e ss.: "Nulla quippe maior et peior est mors, quam ubi non moritur mors."

incandescentes. Elas constituem a "cidade do ai" descrita por Dante, na qual ninguém jamais deixa seu alojamento; inferno significa toque de recolher permanente. Nele moram almas passíveis de sofrer que descobrem muito tarde que a morte não oferece saída.[23]

No pensamento de João Clímaco, a intensificação não só constituiu uma via gramatical. Para o mestre do extremismo cristão, no modo da gradualidade, ela tinha se explicitado na forma da existência em geral. O que foi intensificado é o empenho pela expulsão da realidade mundana e de seu agente interior, o eu profano, ao qual incessantemente se atesta o distanciamento de Deus. O procedimento exposto por João abrange um itinerário com trinta estações que conduz 29 comparativos a um superlativo — a um impossível deveras existente. A respeito deste, diz-se que ele deve e pode se dar na santidade perfeita, nesta vida, neste corpo, nesta alma. Os numerosos comparativos são necessários porque a fuga do mundo, que começa com o ingresso no mosteiro, mostra ser um empreendimento demorado, ameaçado por revezes e guinadas paradoxais. É no isolamento que, efetivamente, fica bem mais clara a obsessão dos que fogem do mundo pelas coisas mundanas. O mundo persegue o monge que abriu caminho para a vida angelical em sua cela,

---

23. Em seu romance autobiográfico *Retrato do artista quando jovem* (trad. Caetano W. Galindo, São Paulo, Companhia das Letras, 2016 [1916-1917]), James Joyce descreveu os extremos a que pode chegar a poesia católica do deleitar-se com o infernal. Nele, o estado pós-morte dos condenados é descrito como suprassumo da escuridão, do fedor, do barulho, do ódio a si mesmo, da agonia causada pelo fogo e do desespero diante da infinitude. O tormento supremo reside na representação da eternidade como tal, segundo a qual, mesmo depois de milhões de anos mergulhado na cloaca incandescente, ainda não se terá extrapolado o limiar da condenação sem fim; a imaginação sacerdotal não esquece de enfatizar que o penitente exposto às chamas do fogo nunca se acostuma à sua miséria; ele a vivencia durante todo o tempo como se tivesse caído neste exato segundo com os sentidos vívidos no insuportável. "Ao final desses bilhões e trilhões de anos, a eternidade apenas teria começado" (p. 161). E, no entanto, por causa de sua intensa insuportabilidade, cada instante seria como uma eternidade, para gerar uma eternidade de relances insuportáveis de seu eterno permanecer como tal. Por fim, o sacerdote palestrante apela aos ouvintes jovens (que, por esses dias, fazem suas primeiras experiências com a impureza solitária) dizendo ter esperança de que, entre eles, não haja nenhum que fará essa difícil experiência que fatalmente decorre dos pecados sem arrependimento.

seus sonhos, os tons de suas orações e o vocabulário de seus monólogos e diálogos interiores. Ele mostra seu poder por meio do eu socializado, adestrado para ser humano entre humanos, o eu que não consegue deixar de querer agradar a si mesmo e ao mundo que o rodeia, mesmo que seja por meio da atitude de abnegação. Assim como não é raro que clientes da psicanálise estabeleçam o tratamento a serviço de sua neurose, não são poucos os monges que usam a ascese como pretexto para engrandecer seu ego. Esse constrangimento não escapou à atenção dos mestres da psicologia do deserto, razão pela qual dificultaram a jornada por meio de numerosas chicanas.

Para livrarem-se desse incômodo "ser perseguido pelo mundo", os degraus da escada sacral laboram até o vigésimo quarto na superação dos vícios que aderem à alma socializada, seja no mundo, seja no eremitério; só bem mais tarde é possível começar a falar cautelosamente das virtudes cristãs. A recaída na *superbia* [soberba] deve ser temida até o final, tanto mais quanto mais alto se ascendeu a escada. Somente no degrau mais alto não se repete mais a diferenciação entre soberba e submissão virtualmente reiterável 29 vezes. Só então o praticante teria se tornado uma fonte de luz, situada além do vazio e da plenitude. Pareceu pouco surpreendente aos participantes que o procedimento poderia demandar quarenta anos, como no caso do próprio João, que passou a maior parte do tempo como eremita no deserto. Em incessante incentivo endorretórico dirigido ao Grande Outro, o construtor da escada para o paraíso se transformara em obra de arte pós-humana.

Das instruções de Clímaco é possível depreender como se chega à síntese de comparativos e hipérboles. Ela pressupõe a poesia do segundo advento postergado do Senhor. Depois de, nas primeiras gerações de *christianoi*, ficar claro que o *kýrios* não retornaria tão cedo do céu para separar os bodes das ovelhas, os esperançosos tiveram de fazer acordos pós-apocalípticos, organizando-se no mundo contra o mundo. O que se esperava era o Senhor, mas o que veio foi a igreja dos bispos; nas margens, vez ou outra flamejava a expectativa da volta iminente de Cristo. Porém a consciência do caráter de adiamento e prazo do tempo propriamente dito — entendido como dilação histórica da parusia — só se perdeu no Iluminismo.

Os santos do deserto, que a partir do século III apareceram esporadicamente, e em quantidades maiores a partir do século IV, mantiveram viva a ressalva de que a Igreja não deveria ser mais do que um *provisorium*, caso não quisesse petrificar-se em sala de espera do absurdo. Secretamente eles não se deram por satisfeitos como retardamento da parusia. Dedicando-se ao exercício da santificação, eles queriam forçar o retorno de Cristo no monge perfeito. Já que a segunda vinda do Senhor em sua *dóxa* (Lutero: "glória") se tornara improvável, ele deveria se manifestar no resplendor do asceta totalmente modificado e vivificado. Quase meio século após a ressurreição, o extremismo monacal tirou a consequência do não retorno de Cristo: ele buscou realizar a parusia no santo deveras existente. Como Cristo não quis aparecer de forma triunfal nas nuvens rodeado de exércitos celestiais, ele foi criado sob o sol sinaítico em estufas de abstinência. Esse *arcanum* do cristianismo oriental só foi repetido uma vez abertamente no Ocidente: no fenômeno Francisco de Assis.

A igreja majoritária não podia seguir por esse caminho devido ao caráter elitista do extremismo ascético. Ela tinha de garantir procedimentos mais simples para a volta do Senhor. Assim, aplicou parte essencial de sua energia estratégico-ritual no estabelecimento do sacramento da eucaristia. Por essa via, o retorno de Cristo foi alcançado em cada celebração da missa, sem que o indivíduo tivesse de sair para o deserto em busca de transfiguração.[24] Quem recebe em si a hóstia — o pão que equivalia à carne do sacrifício (cordeiro) e que, mais tarde, seria substituído pela oblata — aceita ser consumido pelo recebido. A intenção da incorporação é inverter a relação entre o recipiente e o conteúdo, em conformidade com o esquema da troca de sujeito. Quem recebe em si a oblata é recebido por ela como que por um envoltório aureolar. Se ocorresse a Cristo não aparecer na forma da hóstia, mas em presença real, por exemplo, como caminhante pelos povoados da Espanha, a igreja erigida em seu nome se veria obrigada a tratá-lo como o pior

---

24. Thomas Macho, "Et expecto", in: *Das Leben ist ungerecht*, St. Pölten/Salzburgo, Residenz, 2010, pp. 65-88.

dos hereges — como descrito por Dostoiévski na novela do grande inquisidor no romance *Os irmãos Karamázov* (1878-1880). Como se sabe, ela termina assim: o retornado é solto do cárcere pelo homem da igreja com a condição de nunca mais retornar, enquanto o Jesus *redivivus* beija os lábios frios do representante religioso da *Realpolitik*, que defende sua causa terrena com cinismo trágico.

A suprema realização da teopoesia cristã no âmbito do teatro litúrgico consistiu na repoetização do termo *sacramentum*, que, entre os romanos, designara o juramento à bandeira dos soldados (e, em paralelo, também o juramento prestado pelo funcionário público e a caução prescrita por um processo judicial)[25], no sistema dos sacramentos salvíficos, organizado em torno da eucaristia e do batismo, cujo número foi fixado em sete (por último, no Concílio de Trento, 1545-1563). Os *sacra*, pelos quais os soldados romanos eram jurados *per sacramentum*, eram as águias (*aquilae*) da legião, capazes de trazer salvação, aqueles signos do campo de batalha que integravam simbolicamente as tropas e nos quais o poder de comando (*imperium*) dos augustos e césares assegurava uma presença numinosa. No batismo, os cristãos eram juramentados ao comandante do exército, que é Cristo, a serviço da paz. O fato de a vontade cristã de repoetização ter produzido a síntese paradoxal ou, mais exatamente, a síntese perversa de serviço espiritual à paz e disposição militante de matar como vocação do *miles christianus* [soldado cristão] figura entre os segredos comerciais mais bem ocultados da civilização ocidental. O entusiasmo com que a Idade Média francesa contemplou a figura de São Martinho de Tours (317-397), o soldado misericordioso, atestou a sensibilidade coletiva para a contradição fundamental da cultura ocidental (dessa vez assim denominada com razão). O segundo segredo, o ódio aos judeus, se ocultou, a exemplo do primeiro, na superfície da religião que pregava o amor. Sua marca distintiva é

---

25. Adolf von Harnack, *Militia Christi: Die christliche Religion und der Soldatenstand in den ersten drei Jahrhunderten*, Tübingen, J. C. B. Mohr, 1905, pp. 33 e ss.

a encampação hostil do Antigo Testamento, cujas reservas de sentido foram repoetizadas mediante uma leitura pirata.

Como a transfiguração não acontece da noite para o dia, as etapas do comparativo microparcelado da escada são elaboradas como exercícios a serem cumpridos e como unidades de tempo. Seria um indício de ambição querer pular etapas; consta que ambição denuncia impaciência, e impaciência, soberba. Quem é impaciente não reservou tempo necessário para lamentar a própria depravação; não foi às últimas consequências na tentativa de "abater a ambição com a fúria da obediência".[26]

Em discurso atribuído a Efrém da Síria (cerca de 309-373), o poeta entre os mestres da Igreja (que também se servia profusamente do gênero da polêmica *contra Judaeos*), habitante de Nísibis, mais tarde de Edessa (no norte da Mesopotâmia, hoje sudeste da Turquia), encontramos a fundamentação detalhada da razão pela qual ninguém que anseia pela salvação deveria se conformar com sua incapacidade de lamentar. Ele proporciona uma introdução à poesia da consternação a respeito de si mesmo:

> Pois então, vamos lá, pecadores, choremos aqui para que não precisemos chorar lá! [...] Quem seria capaz de descrever a provação que sobreveio a Jó? Durante uma semana inteira ele ficou sentado em cima de um monte de cinzas. Quantas lágrimas [...] a menina dos seus olhos terá derramado, sendo obrigado a assistir aos vermes roerem a sua carne [...]? [...] A alma mortificada pelo pecado necessita da dor, da lamúria, das lágrimas, do luto e dos suspiros de lamentação pela impiedade que a corrompeu e aniquilou. Por estar afastada de Deus, lamurie-se, chore e suspire por ela e, assim, traga-a de novo para perto de Deus [...]. [...] Quando o pelicano tenta se matar de tanta amargura pela perda de sua ninhada, o Criador fica condoído e desperta seus filhotes da morte. Porém, quando uma alma morre e se separa de Deus por causa da impiedade, Deus fica ainda mais amargurado por causa da imagem fiel que

---

26. Hugo Ball, *Byzantinisches Christentum: Drei Heiligenleben*, Göttingen, Wallstein, 2011 [1923], p. 17.

foi separada dele. Portanto, chore pela sua alma [...]; deixe as lágrimas rolarem sobre ela e, assim, desperte-a novamente para a vida! [...] Você está morto e, no entanto, não está chorando porque sua alma se separou de você! [...] As lágrimas que caem sobre um cadáver não despertam mais o corpo morto para a vida; mas, se correrem sobre a alma, elas a despertarão e farão com que se levante outra vez.[27]

Dificilmente seria exagerado dizer que, até a queda de Constantinopla no ano de 1453 e às vésperas da Reforma — na esfera das igrejas ortodoxas, inclusive até o século XIX —, a literatura de orientação espiritual tanto do Oriente grego quanto do Ocidente latino consistiu de paráfrases das doutrinas edificantes de Efrém. Seu louvor às lágrimas procede da apropriação cristã da doutrina aristotélica da *kathársis* — com a nuança de que não é mais o espectador que lamenta o destino do herói enredado em aporias, mas o ser humano caído que lamenta a própria miséria a caminho da tomada de consciência. A obra de Efrém lança luz sobre o esquema da poetização da poetização até o ponto em que se torna irrevogavelmente apreensível o caráter poético secundário da "verdadeira *religio*" e o status literário secundário de sua teologia — desde que não se estivesse de antemão predisposto a não o perceber.

Se a repoetização do juramento do soldado e do funcionário público romanos no sistema sacramental foi a operação liturgicamente mais significativa da teopoesia cristã, sua manobra semântica de consequências mais graves em termos existenciais resultou da permutação dos conceitos "morte" e "vida" da linguagem cotidiana — no elã oratório de Efrém já se tornou *common sense* a figura da revaloração espiritual de todas as coisas estabelecida por Paulo e João. Só agora pode se tornar

---

27. Efrém da Síria, *Des Heiligen Ephräm des Syrers ausgewählte Schriften*, Kempten/Munique, Kösel, 1919, pp. 96-100. Sobre o mito do pelicano, cf. Louis Charbonneau-Lassey, *The Bestiary of Christ*, trad. e abrev. D. M. Dooling, Nova York, Parabola Books, 1991, pp. 258-66. O original francês, de mais de mil páginas, do *Bestiaire du Christ: La mystérieuse emblématique de Jésus-Christ*, foi publicado em 1940 pela editora Desclée de Brouwer & Cie.

totalmente manifesto o caráter hiperbólico do conceito cristão de pecado, intensificado em termos cristãos. O termo "pecado" não designa tanto as irregularidades menores ou maiores nas quais incorrem os indivíduos no decorrer de sua vida de ação, desejo e sonho, tampouco as transgressões ou crimes cometidos conscientemente por eles, por mais condenáveis que sejam; pecado, no singular absoluto, representa nada mais e nada menos do que o "fato", ontológica e moralmente, relevante de que o ser humano como tal, em primeira linha e na maioria das vezes, existe como o ser que, em algum momento, apostatou de Deus e, na sequência, ficou separado dele. O estar separado é imputado ao que foi separado como ato próprio e consequência do seu ato, com o ponto alto de que o pecado cometido pelo primeiro ser humano (*peccatum originale*) inevitavelmente se repete no pecado próprio dos descendentes.

Não por acaso foi Agostinho que insistiu em que o ser humano já nasce em pecado — como se a criança, ao passar pelo aperto do canal que leva ao nascimento, não só tivesse lutado para se livrar do corpo materno, como, ao fazer isso, também tivesse dado concomitantemente sua contribuição para se afastar de Deus. Logo, o "existir" como ente humano isolado é *per se* pecado e consequência do pecado, como ato e como estado. Assim foi aberto o caminho para a operação simbólica de consequências mais graves em termos existenciais no vocabulário cristão: somos "jogados" no estado de morte, em uma má existencialidade fora de Deus. No entanto, apesar de termos, a princípio, voltado as costas para Deus, o que equivale à "morte propriamente dita", podemos deparar, no *sacramentum* do batismo, com a oportunidade oferecida graciosamente de, *a posteriori*, ainda assim fazer o juramento à bandeira do seu reino vindouro. Por meio da juramentação na água batismal, nós, mortos nascidos vivos e *followers* de Satanás, somos trazidos de volta à vida, mais exatamente à vida reanimada. O sacerdote católico que batiza é, de fato, um paramédico que reanima sacramentalmente o lactente um dia depois do nascimento.[28] Como o efeito inicial do batismo enfraquece

---

28. Durante toda a sua vida, Karl Barth contestou o batismo de lactentes como recaída do ritual cristão em mero costume, no fundo, em magia pagã e prelúdio ao encantamento etnorreligioso. Ele não esqueceu: nas frentes de batalha da Primeira Guerra Mundial, quem atirou um contra o outro foram quase só sujeitos-objetos do batismo infantil.

nos adolescentes, eles precisam ser admoestados durante toda a vida para que a disposição pecaminosa não seja reavivada. Quando o efeito do batismo enfraquece, a eucaristia presta auxílio.

A inversão dos campos de sentido de morte e vida constitui o pilar principal da construção que, desde Paulo, é denominado *ekklesía*, a assembleia comunitária, que constitui uma antipólis, isto é, um *oîkos* governado por Deus como chefe da família. Quem saísse de uma igreja, do *oîkos toû theoû* [da casa de deus] tanto como edifício quanto como comuna espiritual, após um culto divino poderia verificar se de fato estivera "dentro": caso tivesse a sensação de estar se misturando, na condição de um dos poucos viventes, numa multidão de mortos ambulantes.

A implicação mais importante da repoetização da vida habitual em morte se manifestou na mudança de sentido da ressurreição. Por mais que esta seja definida como acontecimento pós-morte, seu momento, ainda assim, se desloca para frente, para dentro "desta vida", na medida em que o retorno à verdadeira vida ainda se dá no evento corrente, sob as formas de conversão, batismo e eucaristia. A pré-datação da morte também sugere a antecipação da ressurreição. O sentido da operação poderia ser circunscrito com a fórmula "imortalidade já". Ela produz efeitos que chegam até o idealismo alemão; sua manifestação mais clara é nos escritos populares de Johann Gottlieb Fichte, em particular na publicação *Die Anweisung zum glückseligen Leben* [Orientação para a vida feliz] (1806), que tem por objeto nada menos que uma arte autógena de ressurreição; nela, a divisão do conceito de vida em vida verdadeira e vida aparente e a equiparação da vida aparente com a morte são efetuadas explicitamente — em total sintonia, segundo a autointerpretação do autor, com as doutrinas do cristianismo corretamente entendido, como devem ser depreendidas do Evangelho de João.

Uma versão quase côncava da doutrina cristã da ressurreição pré-datada foi desenvolvida pelo Extremo Oriente, ao estimular a desidentificação do meditante com sua existência corporificada. O espírito que almeja libertação deve chegar a ponto de não se sentir implicado por seu nascimento e suas consequências, para permanecer na bem-aventurada serenidade da condição de não nascido, que precedeu o episódio da existência e persistirá depois dele. Se o crente cristão antigo é um *athanásios* (sem morte), seu parceiro do Extremo Oriente é um *átokos* (não nascido).

Forte eco tiveram as considerações de Efrém sobre a imprescindibilidade das lágrimas quase trezentos anos mais tarde, nas seções inferiores da escada para o paraíso, que João dedicou ao "cárcere", aquele lugar de exercício da vergonha e da auto-humilhação, o qual qualquer um que nutrisse alguma esperança de perdão pela apostasia em relação a Deus deveria praticar longamente. Como uma colônia penal, o lugar se situava a um quilômetro e meio de distância do mosteiro. Nele os penitentes, amargurados contra si mesmos, encenavam o extremo do que podem significar as metáforas da separação, do isolamento, da reprovação, do autodesprezo. Os irmãos que, sob o sol escaldante e os pés amarrados na estaca, se culpavam por todo tipo de pecado, cometido e não cometido, foram chamados por Hugo Ball, muito acertadamente, de "atletas da lamentação".[29] De fato, naquele tempo, os mosteiros também eram chamados de "ascetérios" — locais para exercícios (do grego: *áskein*, exercitar-se). Neles, os monges competiam como "atletas de Cristo" pela recompensa da auto-humilhação. Quem busca a salvação deve ser capaz de detestar a si mesmo; é considerado feliz aquele que consegue se condenar; o mais feliz é aquele que, fugindo do seu eu corrompido, obtém a dádiva das lágrimas. A antiga psicologia monacal havia descoberto o que só seria captado novamente por Kafka, à sua maneira: a culpa vem logo atrás do castigo.[30]

---

29. Hugo Ball, *Byzantinisches Christentum: Drei Heiligenleben*, Göttingen, Wallstein, 2011 [1923], p. 18. Os anacoretas, por sua vez, são chamados de "atletas do desespero".

30. A inquisição espanhola montou seus processos contra os suspeitos de heresia na medida em que havia alguma probabilidade de serem culpados, sobre o princípio de jamais dizer abertamente ao suspeito qual era a acusação contra ele. Os interrogatórios criaram uma atmosfera de pseudointimidade, com a intenção de facilitar aos delinquentes lembrar-se de pecados e declarações blasfemas, quer as tenham cometido de fato ou não. Se o resultado do interrogatório não fosse satisfatório, era empregada a tortura. Quem admitisse tudo sumariamente sob tortura não conseguia se beneficiar porque os inquisidores eram instados a trazer à tona confissões precisas. Aplicavam as torturas como investigações dolorosas dos pensamentos mais íntimos dos hereges. Muitos deles não sabiam nem depois da tortura o que deveriam ter dito. Durante os interrogatórios, os inquisidores, que ocasionalmente eram psicólogos bem treinados, ficavam postados bem próximos atrás dos delinquentes estirados e, com perguntas sugestivas feitas em tom de voz suave, criavam um clima favorável à confissão. Quando os inconfessos eram condenados à morte,

A poesia dos excessos cristãos se fundava em uma topologia metafísica. Esta indicava por onde corre a fissura que divide o mundo criado. A linha divisória divide o interior humano ao meio. O eu pecador vulgar deve ser associado ao mundo cotidiano, ao passo que o núcleo íntegro da alma forma um alhures que muitos ainda não frequentaram; ele é como uma sucursal do céu que, qual centelha eterna, arde sob as cinzas da autoconsciência profana. Ele é evocado mediante o recolhimento na concentração internalizada. Quando os monges do Oriente, como mais tarde também os do Ocidente, se isolavam, eles seguiam, na maioria das vezes sem saber disto, uma indicação de Platão, segundo a qual o ser humano da verdade seria *ho éso ánthropos* — o jovem Agostinho traduziu isso, partindo indiretamente de Paulo (2 Coríntios 4,16: *qui intus est*), diretamente com *homo interior* [ser humano interior]: "Não vá para fora, volte-se para dentro de si mesmo. No ser humano interior habita a verdade."[31] A figura do "ser humano interior" indica que, entre os eruditos da Antiguidade média e tardia, as tradicionais adestrações para a obediência, visando gerar conformidade social e religiosa, não eram mais suficientes — elas deveriam ser substituídas pela obediência guiada a partir de dentro, a partir da compreensão, levando em conta o risco de que o princípio da compreensão pudesse provocar reações em cadeia de dúvidas insubordinadas.

O ser humano exterior costuma residir em casas, o ser humano interior é habitado, por mais duvidosos que possam ser os hóspedes. Os gregos pré-platônicos falavam de demônios bons ou maus fazendo companhia para o eu. A respeito de Sócrates, sabe-se que ele mantinha relações com um *daimoníon* de nível superior, com um *divino* situado além dos deuses populares. Mais tarde se passou a dizer sem rodeios que "deus" mora no íntimo. Agostinho formulou de forma mais precisa,

---

eles ainda recebiam, antes que a fogueira fosse acesa, a oportunidade de dizer o que tinham silenciado. Se, no último minuto, confessassem e se arrependessem de sua heresia (conforme adivinhassem o que deveriam confessar), recebiam a absolvição; eles eram estrangulados e depois queimados com a promessa de que teriam evitado o fogo eterno.

31. Aurélio Agostinho, *De vera religione: Über die wahre Religion*, Stuttgart, Reclam, 1983 [390], p. 123.

dirigindo-se ao Altíssimo: tu és *interior intimo meo*, mais próximo de mim do que eu mesmo poderia ser. "O ser humano", em sua cotidianidade, prefere se movimentar mais para fora. Martin Heidegger: "O ser humano é o que se foi [*das Weg*]."

Entre os séculos III e IV, o eremitérios dos meditantes egípcios e sírios forneceram os protótipos de organização simples de espaços para indivíduos em *retreat* [retiro], sejam eles cabanas primitivas ou escavações em rochedos secos; também casas abandonadas no deserto e até sepulcros vazios foram ocupados como locais de oração e de autoexploração: foi o caso de Antônio (cerca de 251-356), que foi santificado logo após sua morte e cuja reputação se baseou na descrição de suas lutas visionárias intermináveis contra invasores demoníacos perversos de sua habitação e do seu interior. Se suas visões não tivessem consistido de imagens interiores inobserváveis, Antônio poderia ser considerado o pai da *fantasy fiction*, além de patriarca da psicopornografia; o fato de vulvas aladas e dentadas o puxarem de um lado para outro deve ter sido apavorante para o assediado; pior foi o desfile de hereges que tentavam convencê-lo e sempre tinham razão. Ele ficou tão velho que se pode dar crédito à lenda de que ele teria vencido todas as tentações.

Logo em seguida à fundação dos primeiros mosteiros — o mais antigo foi construído cerca de cinco anos após a morte do patriarca por seus discípulos em um oásis situado quinhentos quilômetros ao sul de Alexandria —, a criação monástica de espaços atingiu o ponto em que pôde dar conta da tarefa de oferecer habitações para as necessidades do *homo interior* também com recursos arquitetônicos: passou-se para a fase de subdividir os dormitórios comuns em cômodos separados, utilizando, via de regra, paredes divisórias de madeira. O princípio do mosteiro, o isolamento em relação ao "mundo exterior" (daí: *claustrum*/ claustro), foi reiterado dentro do edifício como instalação de um espaço de retiro para o monge individual. Com razão, João Cassiano (cerca de 360-425) pôde estatuir: *cella facit monachum* [a cela faz o monge]. Cada cela deveria se tornar uma palestra para o pentatlo do monge. Suas disciplinas consistiam de esforços para superar o ver supérfluo, o ouvir curioso, o falar vazio, o desejar impuro e o ressentimento dissimulado contra a obediência que dificilmente se extinguem por completo. Na cela, foram impostos limites à "impermanência [*Aufenthaltlosigkeit*]"[32] da existência comum que foge de si mesma.

Foi no Egito monástico que o individualismo arquitetônico do Ocidente iniciou sua carreira, fazendo vigorar o esquema "uma pessoa, um quarto", que se tornou uma obviedade aparente na moderna poética do espaço.[33] O princípio "cela" sobreviveu, no plano da técnica de construção, no sistema penitenciário — e na biologia, que, a partir do século XVII (depois da introdução do microscópio e da descoberta de padrões regulares na matéria orgânica), se apropriou da metáfora da cela/célula, inspirando-se na arquitetura dos mosteiros da Idade Média tardia. O motivo da exclusão do mundo também se manifestou ocasionalmente nas novas destinações de mosteiros anteriores: nessa linha, o mosteiro de Clairvaux, fundado em 1115 por Bernardo, foi transformado durante a era napoleônica em prisão, o maior instituto desse tipo da França e, ademais, o que apresenta as piores condições de detenção: para os presos mais miseráveis, a estada era agravada mediante o confinamento em gaiolas de ferro, trazendo à memória as gaiolas dos hereges de Münster, antecipando as gaiolas de terroristas de Guantânamo; Victor Hugo situou sua narrativa *Claude Gueux* (1834) nesse lugar de terror penal — ela é vista por historiadores da literatura como ensaio para o romance sociopolítico *Les Misérables* [Os miseráveis] (1862), que marcou época. O mosteiro Siegburg, fundado em 1064, se transformou sequencialmente, a partir de 1803, em manicômio, presídio, hospital para soldados, hotel, centro de conferências.

Inspirando-se nos patriarcas solitários do antigo Oriente, o sistema monacal ocidental alcançou uma intensificação do excesso mediante a organização da prática de reclusão e inclusão, também designada de clausurismo [*Klausnertum*]. Ela introduziu, na cultura ocidental da ordem monástica, o deserto portátil como espaço de recolhimento e

---

32. Martin Heidegger, *Sein und Zeit*, Tübingen, Max Niemeyer, 1927, § 36.
33. Matthias C. Müller, *Selbst und Raum: Eine raumtheoretische Grundlegung der Subjektivität*, Bielefeld, Transcript Verlag, 2017.

privação sensorial. Os ocupantes de um *inclusorium* eram encerrados com alvenaria, durante a celebração de uma missa fúnebre híbrida, dentro de uma cela, cujo único acesso era um vão em forma de janelinha que permitia a passagem de provisões de fora para dentro e, às vezes, também um estreito vislumbre do espaço da igreja. O ingresso na cela tinha como pressuposto o voto de isolamento por toda a vida. Só na cidade de Colônia, na Idade Média tardia e ainda no tempo do jovem Lutero, conta-se que havia dezoito clausuras; elas foram erigidas, via de regra, como anexos de igrejas monásticas e igrejas citadinas, ocasionalmente também junto aos muros da cidade. O sistema de inclusão era, sobretudo, um domínio feminino; as mais conhecidas mulheres encerradas entre paredes de alvenaria foram Viborada de São Galo (século X) e Juliana de Norwich (século XIV). Também a jovem Hildegarda de Bingen (1098-1179) viveu — sob a influência de sua mestra Jutta de Sponheim — vários anos em "inclusão".

Em nenhum outro lugar do monasticismo ocidental a força hiperbólica do poetar-se para fora do mundo se manifestou com veemência similar. Nele se esbaldaram, com rígida coerência, as metáforas da separação (*anachóresis*), da despedida da vida exterior, da emigração e realocação na esfera do *homo interior*. Deve ter sido uma noção intranquilizadora para os passantes daquela época imaginar que, atrás das portas fechadas com alvenaria das clausuras, se ocultava um núcleo vivo da cela em imersão mística. Tendo em vista a tradição das inclusas, impõe-se uma linha de Franz Kafka: "A gaiola saiu em busca de um passarinho."

O único lugar que pôde apresentar coisas analogamente inacreditáveis a partir do século V foi o deserto montanhoso da Silícia, no norte da Síria, quando se cobriu com uma floresta de colunas ocupadas por monges meditantes, os patriarcas do verticalismo. Todos eles foram seguidores de Simeão Estilita, o Antigo, ou o Grande (389-459), a respeito do qual se conta que teria passado 37 anos em cima dos capitéis de colunas cada vez mais altas, por fim sobre uma coluna de dezoito metros de altura, a maior parte do tempo em pé, em constante oração, em jejum extremo e privação quase total de sono. As performances de Simeão e muitos outros homens sobre colunas *coram publico* [em público] eram expressas pelas locuções "chegar mais perto do céu", "elevar-se a Deus em oração" e "deixar o mundo para trás", complementado por um caráter milagroso que se acreditava obter pela vitória permanente sobre a *fýsis* humana. Conta-se que, ao pé da coluna de Simeão, se reuniam não só curiosos vindos de Antioquia, a dois dias de caminhada do local, mas também massas vindas de longe e ávidas por milagres; a fama de Simeão chegou à Gália e até a Britânia, e alcançou a mesma distância para o Oriente. Em um povoado não muito distante do palco da ascese extrema sobre a coluna, brotaram do chão alojamentos de vários andares para peregrinos, cujas ruínas lembram aos turistas modernos que visitam a Síria que, já há um milênio e meio, curiosidade e lascívia espiritual bastam como razões para viajar. O imperador de Bizâncio Teodósio II (falecido em 450) esteve entre os que visitaram Simeão; ele não deixou escapar a oportunidade de subir até o orante na plataforma para buscar conselho espiritual e político; possivelmente viu a si mesmo como colega do Estilita, já que também ele tinha sido vocacionado para assentar-se sobre uma coluna que se alçava até o sobre-humano, o trono de Augusto em Bizâncio, sitiado por hostilidades invisíveis, intrigas etéreas e enredado no murmúrio de sussurradores espirituais.

As asceses dos que oravam incansavelmente em pé sobre as colunas se moviam no espectro extremo do desconforto; incluíam aflições psíquicas intensificadas, na medida em que acompanhavam o ódio a si mesmo aprendido e calejado. Seus motivos se encontravam, do começo ao fim, em procedimentos endorretóricos e endopoéticos consolidados que se traduziam em esforços psicofísicos crônicos. Nessa linha, as orações, seja segundo formulários, seja em articulação livre, constituíam as variantes que os inexperientes entendiam mais facilmente. Enquanto os depressivos dos tempos modernos costumam vivenciar autodepreciações amorfas, em tempos antigos crises desse tipo encontravam nos exercícios de penitência uma forma que lhes dava sentido. Em contrapartida, exatamente os mosteiros eram focos da *acedia*, daquela doença monacal em que não era possível diferenciar entre a falta de impulso e a sensação de ter sido abandonado por Deus e o mundo. Seja como for, podia-se dar a entender aos monges inanes que, inclusive, o esgotamento seria uma estação no caminho para a salvação. Pairava sobre eles a suposição típica daquele ambiente de que não fazia sentido e até seria perigoso sentir-se em casa em um lugar como o mundo.

As disposições ascéticas podiam levar a autolesões; isso reside na natureza das coisas, em especial quando as práticas são atiçadas pelo espírito da concorrência. Por que eu não deveria ficar em primeiro lugar na corrida da autorrejeição? Ao ser cultivada, a abjuração forçada do eu desemboca na ascese do dolorismo. Quem procura o suplício sente mais a si mesmo; quem sente mais a si mesmo tem razões melhores para abjurar de si mesmo. Tendo em vista fenômenos desse tipo, Nietzsche chamou a Terra de "estrela ascética", habitada por seres mal-humorados, cuja única fonte de alegria seria a autoflagelação. No caso dos doloristas praticantes, são exercitadas metáforas do campo semântico do espinhoso, do cortante, do mordente, do lancinante, do flagelante, do queimante e do perfurante associadas aos instrumentos correspondentes. Quem possui um sistema nervoso pode infligir sofrimento a si mesmo, na busca por participar em comunhões não triviais. A recompensa pela dor consiste na representação de ingressar na comunhão dos sofredores santos. Quem quisesse voar mais alto podia se imaginar tomando parte no sofrimento do Senhor.

Com bastante frequência, reflexos primitivos de autopunição se encontram no começo de um excesso. Um dos patriarcas do deserto, ao ter um acesso de sensualidade, teria se jogado em um espinheiro e rolado dentro dele até pôr em fuga o demônio venéreo. Formações elitistas desregradas mediante o dolorismo são notórias: penitentes da Alta Idade Média percorriam a região em bandos, maltratando-se com chicotes e flagelos com pregos, enquanto bradavam palavrões contra a autoridade secular e espiritual; foi necessário um decreto papal para pôr fim à anarquia flagelante no final do século XIV. Desde tempos antigos, os eremitas e monges vestiam roupas ásperas para não lhes ocorrer a ideia de que estavam no mundo para se sentir bem na própria pele. Os membros plenos da ordem católica Opus Dei, fundada em 1928, que no início teve afinidade com o "fascismo" espanhol, antes que este submergisse no decantado extremismo de direita pós-Franco, os assim chamados numerários, ainda hoje são urgidos a submeter-se a exercícios regulares com um cinto penitencial farpado feito de arame trançado que cinge a coxa; como no caso dos patriarcas do Oriente Médio, vigora entre eles a seguinte regra: "o desconforto compromete". Alguns dos praticantes asseguram que é fácil observar o exercício, que não representa mais do que o mínimo requerido pela mortificação. Os drogados em Deus, na Espanha e em outros lugares, são livres para aumentar a dose. Expedientes similares são relatados a respeito de diversas ordens ascéticas.

Doloristas resolutos tomaram a conclamação de superar o ser humano exterior dentro deles mesmos bem mais literalmente do que os praticantes moderados, que conceberam o arrependimento ativo como metáfora de uma transação no mercado das dívidas quitáveis. Eles buscavam a dor do castigo como o grande medicamento da existência. Não era raro que, em seus círculos, fossem recrutados os especialistas que se distinguiam do resto do mundo como portadores da "experiência religiosa" — Max Weber os denominou, com precisa ironia, de "virtuoses religiosos". A precisão dessa formulação se evidencia no fato de que os assim caracterizados, muitas vezes, pareciam dispor de acesso a estados extáticos, que conseguiam evocar como peças em um instrumento musical de sua escolha. A expressão aparentemente paradoxal "técnica do êxtase" visa evocar situações excepcionais psíquico-espirituais efetuada pela vontade. Depois de quarenta dias de jejum, torna-se possível muita coisa que não acontece quando o metabolismo está normal. Longos períodos de privação de sono, fortes dores autoinfligidas, jejum intenso, movimentos monótonos intermináveis e outros exercícios que levam o organismo a condicionar-se a programas de alarme e alucinação arcaicos complexos[34] costumam suscitar estados interiores em uma escala entre desarranjo e iluminação.

Até coisas extremas parecem ser "integráveis", desde que estejam emolduradas por uma doutrina espiritual. O sofrimento conscientemente infligido detém a qualidade de um ato consumado. As características fortes da técnica, a transformação de energia e a repetibilidade

---

34. Hans Peter Duerr, *Die dunkle Nacht der Seele: Nahtod-Erfahrungen und Jenseitsreisen*, Berlim, Insel Verlag, 2015.

estão dadas no caso dos exercícios psicofísicos religioides. A transformação de energia se dá na medida em que dispêndios em um ponto são superados por reforços em outro — Arnold Gehlen foi o primeiro a formular isso com precisão em seu teorema da "desoneração".[35] Nele se baseiam concepções tão heterogêneas quanto o celibato sacerdotal, a promoção de talentos, o acrobatismo e o esporte extremo. Quanto à repetição, ela é a arma universal dos exercícios a serviço de projetos de autoformação. Não só a cela, como também a repetição que faz o monge; ela faz o músico, o atleta, o equilibrista, o *hassid* [piedoso], ocasionalmente o erudito.

Mesmo quando não apresentam nenhum aspecto de técnica, o êxtase e os atos da *imitatio Christi* ocasionalmente confluem em um anseio por paixão extrema: na ocasião em que o pregador reformista dominicano Girolamo Savonarola estava para ser executado em companhia de outros dois integrantes da ordem, no dia 23 de maio de 1498, na Piazza della Signoria em Florença, acusados de heresia e cisão da Igreja — por enforcamento, seguido de cremação dos cadáveres —, seu coirmão, Fra Domenico da Pescia, rogou aos juízes a graça de ser queimado vivo para sofrer pelo Senhor e com o Senhor. Evidentemente ele tinha acolhido a ideia, que se disseminava desde os dias de Francisco de Assis, de que era mediante a paixão que o verdadeiro crente lograva a *conformitas* com Cristo[36] — o que aponta que o "conformismo" começou como extremismo. Seu pedido foi indeferido e, ademais, desaprovado pelo superior da ordem. Não obstante, ele teria comparecido ao enforcamento cheio de júbilo.

Entre os exemplos seguidos por ele pode ter estado o de Inácio de Antioquia (cerca de 50-110/117): quando o antigo mestre da Igreja, que caíra no desagrado do imperador Trajano (110-117) como

---

35. Arnold Gehlen, *Der Mensch: Seine Natur und seine Stellung in der Welt*, Wiesbaden, Akademische Verlagsgesellschaft Athenaion, 1997 [1940], cap. 8. A figura de pensamento da desoneração (como esforço para poupar esforços ou como liberação para a atividade espiritual) já estava na base da *Meditação sobre a técnica*, de José Ortega y Gasset, de 1933 (*Gesammelte Werke*, v. IV, Stuttgart, Deutsche Verlags-Anstalt, 1978, pp. 7-69).

36. Jörg Traeger, *Renaissance und Religion: Die Kunst des Glaubens im Zeitalter Raphaels*, Munique, C. H. Beck, 1997, pp. 87 e ss.

dissidente religioso, foi transportado sob rigorosa vigilância do Oriente para Roma, onde seria condenado *ad bestias* [a ser devorado pelas feras na arena], ele escreveu aos seus amigos cristãos no local pedindo que não fizessem nada para libertá-lo, pois ansiava pelo dia em que seria triturado como trigo de Deus pelos dentes dos animais selvagens "para se tornar pão puro". Os seguidores de tais candidatos à extinção se orientam pela tese da mística do sagrado coração de Jesus Marguerite-Marie Alacoque (1647-1690): "O supremo sofrimento consiste em não sofrer o suficiente."

Até hoje encenações da paixão e imitações da crucificação se consolidam como parte dos folclores locais de regiões católicas da Baviera até as Filipinas. Não é preciso abordar aqui rituais análogos de sofrimento nas diversas culturas religiosas, não importa se são da Índia, da Espanha, da Rússia ou do Irã. Eles devem seus efeitos ao embotamento, ao refinamento ou a uma combinação de ambos; em todos, deve-se contar com o paradoxo endocrinológico de que a dor pode se fazer sentir como psicofármaco e autonarcótico. Tanto na religião quanto no esporte e em outras disciplinas de treinamento intensivo vale a divisa: *there is no gain without pain* [não há ganho sem dor].[37]

Figura tanto entre os motivos quanto entre as consequências das reformas do século XVI que as igrejas protestantes se livraram das memórias das asceses extremas. O que elas mantiveram em termos de "asceses intramundanas", para retomar a expressão de Max Weber, foram, via de

---

37. Ariel Glucklich, *Sacred Pain: Hurting the Body for the Sake of the Soul*, Nova York/Oxford, Oxford University Press, 2001. Glucklich contesta a tese de Elaine Scarry, que, em seu conhecido livro *The Body in Pain: The Making and Unmaking of the World* (Nova York/Oxford, Oxford University Press, 1985), havia postulado que o ser humano avassalado pela dor estaria exposto à autorreferencialidade da dor e, por essa via, se tornaria "sem mundo". Ele concede que isso pode ser acertado no que se refere aos exemplos favorecidos por Scarry, oriundos da experiência de tortura e guerra; em contraposição, os casos por ele analisados, vindos da esfera espiritual, provam que o sofrimento também pode ser transitivo: como sofrimento por [alguém/algo] e como vivência exemplar de dor e até como performance de alta qualidade de *agency* [atuação]. De fato, no contexto espiritual e artístico, as experiências de dor costumam se mostrar como estados subjetivos que provocam a faculdade de articulação; com razão, a dor foi caracterizada como uma "força semiossomática" imprevisível.

regra, disciplinamentos moderados de conduta de vida. Elas assumiam constantemente a forma de decalque de literatura religiosa para a existência cotidiana. O que restou da ascese foi a regulação metódica das rotinas diárias. Dela trata a imensa publicística do *how to do* do início da Era Moderna, na qual figuram os manuais para o cortesão, os escritos sobre boas maneiras e a literatura para os pais de família, sem deixar de lado os almanaques com citações bíblicas e os calendários com pérolas de sabedoria para o dia. Onde florescera a histeria santa surgiram monoculturas da compulsão moderada. Com razão se pôde dizer que o protestantismo — caso o singular despreocupado seja admissível — eliminou o Oriente do cristianismo ocidental.

De fato a *vita activa* cristianizada absorveu a contemplação e a inseriu na motricidade da vida citadina de sucesso. Se isso levou a uma nova afirmação do mundo ou desembocou em uma fuga permanente do mundo é uma das perguntas que a modernidade deve se fazer, não importando se a motivação é protestante ou pós-cristã. Saber que o jovem Martinho Lutero não encontrou suas soluções sem passar por crises difíceis faz parte da formação geral no Ocidente; da perspectiva do oriental João Clímaco, Lutero seria considerado um monge de meia-tigela que desistiu da carreira das escalas pneumáticas no degrau inferior do cárcere. Como Lutero chegou do semidesespero (*prope desperatio*: segundo a décima sexta das teses afixadas em 1517) de seus anos de juventude ao consolo na fé continuaria sendo seu segredo autoterapêutico, a despeito da profusa publicística reformatória a respeito.

É compreensível por que, depois da atuação de Lutero e Calvino, incontáveis luteranos e reformados quiseram evitar o desvio que passava por Roma, à frente de todos os príncipes dos territórios do norte; eles não tinham como prever que a tentativa da monasterialização discreta da vida citadina em franca efetuação, como almejada entre os séculos XVI e XVIII em todos os níveis de seriedade entre puritanismo e latitudinarismo, não podia resultar senão em uma solução intermediária. Tendo em vista a imagem protoprotestante de que o seguimento de Cristo também pode ser padecido nos braços de uma esposa de pastor, muitos pupilos da Reforma concluíram que seria mais plausível buscar a proximidade do Altíssimo na natureza livre.

Uma noção inquietante das estratégias elaboradas do autoesgotamento a serviço da transformação espiritual é proporcionada por alguns sistemas de exercícios inspirados no budismo, domiciliados principalmente no Japão. Dentre estes, a vertente extremista do *kaihōgyō* praticado por monges da escola Tendai chamou alguma atenção nos últimos tempos também no Ocidente. Em sua variante mais representativa, essa "ascese de circulação do pico da montanha" consiste em uma sequência de mil peregrinações noturnas distribuídas ao longo de sete anos numa distância de trinta quilômetros, depois de sessenta e até de 84; os monges andantes circulam o monte Hiei nas proximidades de Kyoto, cinco vezes cem e duas vezes duzentas noites seguidas, ao longo de uma trilha demarcada por 260 pontos de oração; nessas caminhadas se desgasta grande quantidade de sandálias de ráfia; apesar de seus curtos períodos de sono, os monges em treinamento também são obrigados a participar das orações diárias do mosteiro. O ritual remonta a um monge chamado Sōō Osho, que viveu no monte do mosteiro na virada do século IX para o X — conta-se que, no auge da seita Tendai, teria havido ali ao todo 3 mil locais de retiro. O excesso do excesso é constituído por uma fase de nove dias no final do quinto ciclo de caminhadas que prescrevia o jejum completo, a falta de sono coerente e o constante caminhar de um lado para outro em um átrio do templo com a rigorosa proibição de deitar-se — sendo o monge em teste constantemente acompanhado por dois auxiliares que o apoiavam na luta contra a tentação de se deixar cair. Ao final da hiperascese, inevitavelmente apareciam visões do imaginário do panteão budista, entre outras, a manifestação do popular Buda Amida e do esotérico Fudo Myōō. Se um monge quisesse desistir de sua tentativa após o centésimo primeiro dia, era deixada à sua disposição uma faca com a qual ele podia se matar.

Atingem um plano totalmente incompreensível as mortificações de sacerdotes budistas que se propunham a ingressar no Nirvana mediante a automumificação. O procedimento é conhecido pelo nome de *sokushinbutsu* — sendo praticado, sobretudo, em mosteiros da escola esotérica do Shingon-shu, no norte do Japão; teria sido introduzido por um monge do século IX. Ele abrange três fases de mil dias cada, sendo que as duas primeiras prescrevem uma dieta radical visando à queima total de gordura e à autossecagem, até que do indivíduo só restem literalmente ossos recobertos de pele; algumas horas de banho em cachoeiras geladas faziam parte do procedimento. Na segunda fase, o que sobrou do corpo do monge, que só consumia pequenas quantidades de cascas de árvores e raízes, era como que desinfetado por dentro mediante a ingestão de um chá venenoso, com o objetivo de torná-lo resistente aos ataques de bactérias e larvas; o que buscava o Nirvana vomitava com frequência e sentia fortes dores; o sistema nervoso, que já nem era mais propriamente utilizado, produzia na mortificação píncaros absurdos de dor. É aí que a tese *sarvam dukha*, "toda existência é dolorosa", atinge uma literalidade infernal. Se o meditante não estivesse ciente de estar em um caminho que beneficiaria a muitos, ele deixaria de respirar bem antes. Como só existia ainda como redentor, ele se mantinha vivo por um período incompreensivelmente longo.

Por fim, o praticante era encerrado pelo terceiro período de mil dias, na posição de lótus, em uma cripta estreita ligada ao mundo exterior por um duto de ar e um sino; o que estava indo para o além só se alimentava ainda de ar. Se, passado algum tempo, parasse de soar o sino do interior da cripta, os sacerdotes selavam o sepulcro, para abri-lo depois de decorrida a terceira fase de mil dias. Nesse momento, ficava comprovado se o vencedor de si mesmo não tinha, apesar disso, começado a se decompor — o que acontecia com certa frequência. Mas nem por isso ele deveria ser desprezado, pois aceitara correr o risco extremo. Com máxima reverência, tomava-se conhecimento do êxito ocasional do *opus magnum*. No último meio milênio, há relatos de cerca de 25 casos de mortificação completa mediante preservação do "corpo" ressecado e desinfetado.

A partir do momento em que seus restos eram guardados, o que fora para o além era reverenciado como um "buda vivo". A seu modo, o Oriente também dispõe daquela inversão de vida e morte, sem a qual a teopoesia cristã não se teria tornado efetiva em suas radicalizações extremas. Em alguns lugares havia a crença de que as múmias ainda estariam vivas de modo sutil; atribuía-se a elas uma presença espiritual salvífica. Ocasionalmente tal corpo era exposto em relicários para servir de objeto de meditação para peregrinos; em alguns casos, o automumificado era recoberto com figuras douradas do Buda. Ao aproximar-se de tal objeto, um venerador deveria sentir que, diante dele, se encontra, oculto sob a figura budomórfica, o não objeto absoluto. Ele deveria sentir uma presença da qual emana uma sutil radiação para além de ser e nada.[38]

Procedimentos análogos, possivelmente menos cruéis, são conhecidos na Tailândia e na Mongólia; algumas múmias de monges do Tibete chamaram a atenção porque sua conservação não seguiu, é claro, métodos japoneses nem egípcios. O caso mais recente de mumificação de uma pessoa viva teria acontecido em 1973 em um mosteiro na ilha tailandesa de Koh Samui. O quase octogenário abade do mosteiro Wat Kumaran faleceu na posição de meditação sentada, depois de ter exortado os irmãos no sentido de que, no caso de não deterioração do seu cadáver, este fosse exposto para lembrar os seus semelhantes dos ensinamentos de Buda. Como seu corpo se conservou, os monges viram que estava dado o motivo para seguir sua sugestão. Um óculo de sol esconde da vista as cavidades vazias dos olhos, como se um turista proeminente descansasse incógnito diante do templo.

É inquestionável que essas asceses se baseiam em aplicações físicas de metáforas endorretóricas e verbos poéticos — como extinguir, deixar para trás, sumir, esvaziar e transcorrer. O que é preciso eliminar desde a base é sede e fogo, ambos entendidos no sentido mais figurado possível. O que é preciso deixar para trás é a ganância piromaníaca na base da busca por validade, posição, autoexpansão. Os exercícios excessivos eram, em muitos aspectos, variantes da anuência à despedida do sentido próprio. Estavam a serviço da autopoiese do vazio.

Na visão de observadores do Ocidente, tais procedimentos equivalem a suicídios estendidos, que provocam estranheza e pavor em vista do prolongamento da agonia; essa sensação é acompanhada da suspeita de que deve se tratar de mal-entendidos de metáforas de iluminação

---

38. Depois que, no ano de 2015, uma estátua "habitada" de Buda, provavelmente de origem chinesa, foi examinada em uma clínica de Amersfort tanto mediante uma tomografia de ressonância magnética quanto por métodos endoscópicos, relatos sobre "Budas vivos" devem ser desconsiderados como lendários. No caso em questão, não se tratou de uma múmia *sokushinbutsu*, mas de uma mumificação milenar *post mortem* de um sábio, supostamente produzida por seus veneradores.

nas escrituras sagradas do Extremo Oriente. O que se esquece, nesse caso, é de que o Ocidente possui uma fascinação por múmias de qualidade bem própria, especialmente no entorno das ordens e das Igrejas ortodoxas, nas quais foi afirmada e celebrada uma interconexão entre santidade completa e não deterioração dos restos mortais; circulou o boato de que o corpo do santo emanava um perfume supraterreno. A propaganda soviética da década de 1920 tomou medidas contra a "superstição popular", difundindo imagens de mortos normais não deteriorados, como a de um falsificador de moedas da época dos czares, ressecado pelo frio; inclusive apresentaram a foto de uma rã morta que ficara presa em um duto de ventilação e fora perfeitamente desidratada como testemunho da verdade do materialismo.[39] Contudo, os frequentadores do culto budista que se entusiasmaram pela salvação mediante extinção consideravam os "Budas vivos" como nada menos do que as caligrafias mais sublimes do nada.

---

39. René Fülöp-Miller, *Geist und Gesicht des Bolschewismus: Darstellung und Kritik des kulturellen Lebens in Sowjet-Russland*, Zurique/Leipzig/Viena, Amalthea-Verlag, 1926, pp. 248-50.

18

Querigma, propaganda, ofertas promocionais ou:
Quando a ficção não está para brincadeiras

Nas discussões de sociólogos da religião que fizeram uso da palavra após a Segunda Guerra Mundial, em particular Peter L. Berger, tornou-se comum descrever o vasto campo em que grande quantidade de sistemas religiosos atua lado a lado na sociedade moderna ou pós-moderna como um mercado em que os vendedores anunciam seus produtos. Há quem chame isso ironicamente de bazar ou supermercado, outros falam, mais em tom de decepção, de liquidação ou competição de embalagem de conteúdos similares. O juízo depreciativo se intensifica em desprezo assim que fenômenos religioides são designados como meros modismos.

Quem julga dessa maneira negligencia a possível sutileza do conceito "moda" que, num primeiro momento, designou tão somente a imitação efêmera de um modelo temporariamente atraente. Em seu "Diálogo entre a moda e a morte", contido em *Operette morali* [Opúsculos morais] (1835), Giacomo Leopardi expôs o quanto o desprezo da moda incorre em uma falácia convencional. Ele faz com que a mais jovem (a Moda) clame à mais velha (a Morte): "Madama Morte, Madama Morte!" — ao que a Morte retruca: "Espera a hora chegar e virei sem que você me chame." A Moda responde: "Como se eu não fosse imortal. [...] Sou a Moda, sua irmã! [...] Você não se lembra? Foi a caducidade [*caducità*] que nos trouxe ao mundo." "Sei bem e sei também que nós duas nos esforçamos do mesmo modo por destruir e transformar as coisas terrenas, mesmo que você adote um método diferente do meu para fazer isso".[1]

---

1. Giacomo Leopardi, "Gespräch zwischen der Mode und dem Tod" (1824) in:

Em conexão com a obra *Über die Nachahmung* [Sobre a imitação] (1890), de Gabriel Tarde, a moda pode ser concebida — em afinidade lexical e de conteúdo com o conceito da modernidade — como imitação epidêmica do contemporâneo e do não aprovado — acompanhada da consciência da fugacidade tanto do *imitandum* quanto da imitação. Ela se põe em oposição levemente acentuada à continuidade da tradição como imitação do antigo, do clássico, do que foi aprovado pela "moralidade da moral" — lembrando a fórmula de Nietzsche, que ressaltou na moral o efeito compulsório de convenções assentadas e passíveis de punição.

No culto tradicional que, desde tempos imemoriais, é realizado de modo implicitamente "conservador" e, em épocas mais recentes, isto é, pós-revolucionárias, passou a ser explicitamente "conservador" como cultivo do que foi transmitido, com frequência se observa o *imitandum* ser transposto para alturas tão sublimes que se compreende por que a imitação mais antiga *per se* exigia um distanciamento condizente com a humildade e proibia estritamente a paródia. Contudo, ambas, tanto a imitação do contemporâneo quanto a do tradicional de longa data, são irmãs da inovação — é assim que a modernidade chama o aspecto produtivo da transitoriedade. Aquela percorre longas cadeias de repetição e variação, esta varia com as mínimas mudanças de direção dos ventos.

No uso depreciativo do conceito de moda ignora-se que tudo o que mais tarde se apresenta como uma tradição veneranda, inclusive em questões religiosas, no início foi, necessariamente, a imitação incerta de uma novidade, cujo futuro *in situ* ainda não estava decidido. Se as primeiras imitações não se referissem a inovações que só poderiam ser retomadas mediante recurso a uma "moda" — num primeiro momento, uma nova doutrina da salvação é tão carente de comprovação quanto uma moda recém-lançada —, os imitadores não teriam nada na mão que lhes parecesse digno de continuidade. Não é por acaso que a mais antiga metáfora de conversão na esfera cultural mediterrânea foi "vestir Cristo" — no sentido de vestir uma pessoa com uma roupa nova; seu autor é Paulo, do qual não se pode dizer que não tinha conhecimento de questões atinentes

---

Opuscula moralia ou Vom Lernen, über unsere Leiden zu lachen, ed. e trad. do italiano Burkhart Kroeber, Berlim, Die Andere Bibliothek, 2017 [1835], pp. 42 e ss.

a tecidos.² Na época de Paulo, a imagem da vestimenta já tivera uma longa história prévia nos jogos de linguagem sacrais dos cultos indo-áricos. Vestes criam identidades. Trocas reais de roupa foram efetuadas por eremitas, clérigos, membros de ordens e professores cristãos — até que a Reforma, o Iluminismo e a Era Moderna providenciaram a separação de religião, etiqueta relativa à roupa e status social.

A cristalização de uma tradição resulta das imitações de imitações que se impuseram aos contemporâneos e seus descendentes sob o aspecto do valor de efeito continuado da imitação. A brevidade da vida humana tem por consequência que também conteúdos rituais, doutrinais e anedóticos relativamente novos ultrapassam, na transmissão para terceira ou quarta gerações, o limiar dos cem anos e, desse modo, em especial em culturas de transmissão oral, dão a impressão do imemorial. "Memoatividade é o *fitness* dos deuses." Prosseguindo, recorremos a palavras de Heiner Mühlmann: o efeito de eternidade decorre do "desconhecimento do lento".³ O que é retido na memória durante cem anos ou mais vale, até ordem em contrário, como venerando e talvez até como eterno.

Que a especulação com a imitabilidade nem sempre caía no vazio é comprovado por um livro de orientação espiritual publicado anonimamente em torno do ano de 1418, sob o título *De imitatione Christi* [Da imitação de Cristo]; ele é atribuído a um canônico agostiniano holandês chamado Thomas a Kempis, um *opusculum* que, com 3 mil reimpressões e edições, se transformou no livro mais difundido da Europa depois da Bíblia. Entre as 55ª e 70ª gerações *post Christum natum* [após o nascimento de Cristo] (1450-1750), ele se tornou quase onipresente entre os alfabetizados do Velho Mundo, sendo que a incipiente era Gutenberg favoreceu a decolagem da obra. As primeiras edições impressas

---

2. Romanos 13,14; Colossenses 3,8-10.
3. Heiner Mühlmann, *Die Natur des Christentums*, Paderborn, Fink Wilhelm, 2017, p. 97; id., "Die Ökonomiemaschine", in: *5 Codes: Architektur, Paranoia und Risiko in Zeiten des Terrors*, ed. Gerd de Bruyn et al., Basileia/Boston/Berlim, Bilkhauser Verlag, 2006, p. 227.

vieram a público na década de 1480: em 1486 em Augsburgo; e em 1488 em Toulouse — o que comprova a irradiação da "moderna" ideia holandesa de devoção até as cidades do sul.

Com base em sua tendência meio edificante, meio dolorista, a *imitatio Christi* permitiu que, a partir do século xvi, leitores de todas as confissões a preenchessem com imagens, fórmulas e associações do tesouro de experiências de suas práticas privadas de piedade. Onde quer que houvesse sofrimento existencial, a analogia da crucificação se impunha. Luís Capeto, anteriormente rei Luís xvi da França, ainda teria lido o livro nos dias de sua prisão na torre do templo antes de ser decapitado. Em seu título, pode-se reconhecer a elevação de nível do conceito "imitação" para o de "seguimento". A palavra revela o impulso de passar da imitação de um modelo para a adoção internalizada de seu *modus vivendi*. Da moda ao martírio é só mais um passo. Durante um quarto de milênio, a *imitatio* representou a garantia urgentemente demandada por círculos burgueses incipientes, em razão das angústias em relação ao além fomentadas pela Igreja, de que o caminho para a salvação também podia ser encontrado fora dos muros dos mosteiros — embora o livro tenha sido escrito por um clérigo para clérigos. O restante foi provido pela analogia das agonias: mesmo que a maioria das mortes nada tenha a ver com crucificações, a execução do Senhor permite a comparação fraternal com o fim da trajetória de uma vida humana frequentemente macerada por lutas dolorosas.

Enquanto as imitações se desenrolam no âmbito de uma geração e em uma região de população relativamente homogênea, não há como emitir um juízo sobre o caráter de moda ou então sobre seu potencial para inaugurar sequências de longo prazo. Apenas quando a série imitativa dentro de um coletivo extrapola o limiar das gerações e, eventualmente, também o espaço geográfico em que vive o grupo cultural impulsionador é decidido se os raios imitativos (Gabriel Tarde: *rayons imitatifs*) primários dão origem a feixes ou então a correntes, e se das correntes de correntes procedem instituições com regras internas, escritos clássicos próprios do sistema e funções que podem ser aprendidas. Evidencia-se que essas transições são possíveis assim que entram em cena *influencers* que se empenham, com tudo o que têm, são e sabem, por sua marca e estão dispostos a, se necessário, morrer por seu produto.

Dentre as modas cultuais de tempos idos, que lograram subir para a primeira divisão das tradições religiosas expansionistas e que transcenderam gerações, despontam incontestavelmente o cristianismo e o islamismo, aquele como cisão disruptiva do judaísmo com perspectiva inicialmente incerta de futuro, este como cisão secundária de modelos judaicos e cristãos — após uma breve fase de isolamento elitista, decidiu-se francamente por aliar a propaganda não violenta em busca da anuência dos crentes com o trabalho de persuasão pelas armas. Comum a ambos é a convergência, assumida do judaísmo, de lei divina e livro sagrado. Mediante sua insistência no livro, as novidades cultuais romperam o raio de imitação das modas virtuais sem escrituras; alcançaram repetibilidade graças à legibilidade em tempos em que não estaria mais entre os vivos nenhum imitador da primeira onda. Para os judeus da era de Jesus, a escrituralidade era um legado antigo; um Jesus retornado não poderia ter ficado surpreso de ver em circulação vestígios escritos de sua primeira aparição, pois as circunstâncias, nas quais desceu do palco terreno tiveram a intenção de produzir efeitos memoativos extremos; para os árabes no entorno do profeta, o mundo da escrita era uma conquista mais recente, aliás, o aparecimento do Alcorão até deu a impressão de que Alá tinha revelado nele não só as orientações para uma vida correta, como também, ao mesmo tempo, a arte da escrita. As poetizações pré-islâmicas, uma vez registradas por escrito, tiveram de aceitar ser rebaixadas à condição de testemunhos da "época da ignorância" (*dschahiliya*).

A transição para a escrita acarreta a emancipação da palavra falada de ouvintes que estiveram presentes. O restante decorre do juízo divino proferido pela história da influência. Até chegarem à fase do registro por escrito, os ouvintes de primeiro, segundo e terceiro níveis são os que decidem o que terão ouvido. Poucas décadas depois das primeiras escriturações, não há mais ninguém com vida para assegurar ter ouvido aquilo daquela maneira e não de outra; nem mesmo os juramentos de antigas testemunhas suprimem a propensão do ouvido piedoso de omitir, reformular, corrigir o que ouviu e acrescentar coisas.

A legibilidade não é suficiente para gerar uma sequência de repetições de durabilidade histórica, o que fica claro nas tentativas de inaugurar cultos que não produziram gerações posteriores suficientemente atraídas. Isso se refere, em particular, a Mani (216-277), fundador de religião, natural do norte da Mesopotâmia, cujo projeto de crença, após grandes êxitos iniciais, estagnou porque o rei persa o privou do seu favor, extinguindo-se depois de quatro ou cinco transmissões mais ou menos exitosas para gerações seguintes — excetuando alguns *survivals* insulares como aqueles entre os uigures do norte da China, que se mantiveram até o século XIV. A reminiscência do sistema de Mani — a primeira formação desse tipo posta no mundo explicitamente e por escrito como "religião" pelo próprio fundador — ganhou sobrevida na polêmica católica e na história juvenil do pai da Igreja, Agostinho, bem como em sua estrutura de pensamento, marcada por ênfases dualistas — ela também ronda, tal qual um espectro, um jogo de palavras do Iluminismo vulgar que, confrontado com o primeiro "ou isto, ou aquilo" mais nítido, costuma exclamar "maniqueísta!". Para o curso posterior da cultura da racionalidade da Europa antiga, a consequência da repressão do maniqueísmo foi uma perda muito grave de diferenciação. Sua extinção prematura deixou espaços vazios que foram preenchidos por um semimaniqueísmo pré-dialético, moralmente rígido, logicamente imaturo de roupagem cristã, que entregou, quase sem luta, o âmbito do terreno ao diabo — antes Arimã — como o "príncipe deste mundo", excetuando o enclave que estava fora do alcance do *opus diaboli* [obra do diabo] como cabeça de ponte da *civitas Dei* [cidade de Deus] — ao passo que os conhecedores do assunto logo perceberam que o diabo também circulava no interior dos muros da Igreja como um leão que ruge, *quaerens quem devoret* [procurando alguém para devorar].[4] O espectro da esfera espiritual "Igreja", mais tarde renomeada para "cultura", contra o Estado terreno se prolongou até as guerras dualistas dos espíritos do século XX, quando materialistas vulgares e pseudoidealistas golpearam uns aos outros com palavras e armas. Um maniqueísmo amadurecido, sem dúvida, teria deixado para trás as doenças infantis do dualismo e conferido forma a uma lógica ternária ou multivalorada; teria compreendido

---

4. 1 Pedro 5,8.

a mistura de bem e mal como traço determinante da realidade e ensinado a sempre problemática separação como enigma da prática.

O culto helenista da religião de Serápis sob Ptolomeu I, feito sob medida para os expatriados gregos de Alexandria em torno de 285 AEC e sintetizado a partir de fragmentos do culto a Ísis e Zeus, ficou à deriva por mais de meio milênio, demasiado estéril para tornar-se grande, demasiado resiliente para extinguir-se a curto prazo. Ele pôde se reproduzir em pequenos círculos até o século IV; com alguns santuários dispersos em torno do Egeu, além de um templo em Roma, cujas edificação e manutenção foram toleradas pela política imperial de coexistência de cultos, a religião de Serápis corporificou uma das melancólicas religiões *copy and paste* da Antiguidade tardia.[5] Seu templo mais importante, o de Alexandria, foi destruído no ano de 391 na esteira de perseguições cristãs aos pagãos, depois de Constantino já ter exigido seu fechamento.

O babismo persa, por sua vez, lançado em torno de 1845 pelo pregador Bab, que atuou em Xiraz e se disseminou rapidamente, foi extinto em poucos anos pela ortodoxia xiita do país com o uso de maciça violência; miríades de adeptos foram torturados e mortos. Bab tinha anunciado a vinda iminente do décimo segundo imame e, pouco depois, comunicou que ele próprio era esse imame. O movimento babista não sobreviveu à execução do seu líder. Se compararmos os acontecimentos de 1850 com os de 1979, podemos constatar que a clericocracia persa se manteve fiel a si mesma, com o detalhe de que, desde 21 de março de 1935, a Pérsia voltou a se denominar Irã — terra dos arianos.

O cristianismo e o islamismo têm em comum o intervalo crítico entre as intervenções proféticas dos inovadores e o registro escrito de suas mensagens. A atuação pública de Jesus mal tinha durado três anos; a atuação proclamadora e de chefia de Maomé teria durado 22 anos completos. Um período mais ou menos igual, supostamente, transcorreu até a codificação do Alcorão sob o terceiro califa Otomão (falecido em

---

5. Reinhold Merkelbach, *Isis regina – Zeus Sarapis: Die griechisch-ägytische Religion nach den Quellen dargestellt*, Stuttgart/Leipzig, B. G. Teubner, 1995.

656). A elaboração de um texto legível mais ou menos independente da tradição oral — com instruções de pronúncia e significado dos signos consonantais — teve de esperar pelo menos cem anos. A noção de uma leitura independente, no entanto, pode ser um postulado apresentado pelo Ocidente moderno — como também a ideia de uma edição histórico-crítica do Alcorão, na qual atualmente se está trabalhando, em um workshop internacional de eruditos de alto nível em Berlim, por mais que pareça indispensável e útil para o esclarecimento irênico, representa um gesto do "ocidentalismo", além de um anacronismo, no sentido de grande atraso, bem como um ato — suspeito de blasfêmia para os ultraislamitas — de condescendência filológica para com os resquícios textuais de uma constelação mental da Antiguidade tardia.

No que se refere à compreensão dos primeiros documentos cristãos, não há como separar questões de datação de questões de sentido: o evangelho mais antigo, o de Marcos, é datado entre 65 e 70, o que implica um intervalo de 35 a quarenta anos até o acontecimento do Gólgota. Lucas e Mateus seguem mais ou menos dez e vinte anos depois; João, provavelmente acompanhando a opinião da maioria dos especialistas, mais vinte anos depois destes.[6] Para a associação dos nomes dos autores aos escritos inicialmente copiados de forma anônima, só há

---

6. Divergindo do consenso, o teólogo Klaus Berger de Heildelberg tentou, em seu livro *Im Anfang war Johannes* [No princípio era João] (Stuttgart, Quell, 1997), tornar plausível uma opção a favor da datação no ano de 69, principalmente porque o evangelista não menciona a conquista de Jerusalém no final do ano de 70 por Tito (ao passo que em Marcos se encontra a alusão de que não ficará pedra sobre pedra). Isso significa que João teria escrito seu relato espiritualmente exigente, impregnado de antijudaísmo, em meio à guerra de Israel contra os romanos — o que é improvável, embora não seja impossível (pois também um autor como Franz Rosenzweig pôs no papel sua obra *Der Stern der Erlösung* [A estrela da redenção], publicada em 1921, durante a ação na frente de batalha da Dalmácia na Primeira Guerra Mundial, no mês de agosto de 1918). O argumento da não menção também pode ser usado a favor de uma datação bem posterior: porque, em torno do ano de 100 ou de 110, os acontecimentos relacionados com a guerra judaica poderiam simplesmente não mais ter interessado aos cristãos helenistas pneumáticos e antijudaicos de Alexandria, entre os quais possivelmente se encontrava o evangelista.

passagens comprobatórias a partir de 130 ou 180. *A posteriori* não há mais como apurar quem escreveu ou apagou o que, por que e contra quem; os parcos testemunhos se distribuem em um período de tempo de 150 anos. As margens de erro em imputações e mal-entendidos são maiores do que pode ser do agrado dos especialistas na interpretação dos documentos da Nova Aliança, canonizados em torno de 360. Em contrapartida, enquanto quase nada estiver devidamente esclarecido, milhares de especialistas em todo mundo podem, graças aos fragmentos que esporadicamente ainda vêm à tona do solo da Síria, da Palestina e do Egito, manter suas cátedras e suas especialidades no mercado das sensações do conhecimento bíblico.

Uma circunstância não é passível de mal-entendidos: as pregações dos primeiros impulsionadores eram repletas da certeza de que seus enunciados não seriam rapidamente dissipados pelo vento da mudança. Os proclamadores partiam do pressuposto de que suas mensagens seriam repassadas pelos primeiros ouvintes para novos ouvintes. Para designar esse repasse da mensagem, a imitação cristã ofereceu bem cedo o conceito *kérygma*, "proclamação" — o horizonte temporal dessa atividade não se estendia além do final da geração viva. Seria absurdo supor que os primeiros adeptos de Jesus quisessem ou devessem cumprir uma incumbência "missionária" "universal". O "fim do mundo" (mais exatamente: o final dos tempos, *aión*) de que se fala no imperativo batismal pós-pascal em Mateus, como quer que tenha sido aprazado por intérpretes posteriores: na compreensão dos falantes e dos ouvintes *in situ* — caso alguma vez tenha havido essa situação —, referia-se a um acontecimento iminente. A princípio se calculava em semanas e meses, no máximo em anos, depois também, se fosse da vontade de Deus, em décadas. Daí a exortação insistente de passar o tempo que resta de vida com a postura de espera vigilante; de um instante para outro podia sobrevir o fim. A figura mais conhecida da repentinidade apocalíptica se encontra na parábola das virgens prudentes e das virgens imprudentes, no capítulo 25 do Evangelho de Mateus: as cinco moças imprudentes que não tinham preparado suas lâmpadas para atravessar a escuridão encontram o portão para o reino dos céus já trancado — do ponto de vista das negligentes, o noivo chegara cedo demais. Poucas horas são decisivas para a salvação e a perdição; a catástrofe está à porta. "Ai daquelas que estiverem grávidas e das que amamentarem naqueles dias!", declama Jesus no ameaçador discurso de Marcos 13. Assim como será o fim para elas, também será para o que carregam dentro de si. Além disso se recomenda: "Orem para que isso não aconteça no inverno."

O episódio dos discípulos dormindo na véspera da paixão foi inserido com atrevimento literário no evento que, mais tarde, seria chamado de quinta-feira santa[7]: ele antecipa a letargia dos tempos pós-pascais. A incapacidade dos discípulos de vigiar, nem que seja por uma noite, já esfria bem cedo o elã para sobrevoar o mundo ainda "subsistente" tendo em vista a proximidade de seu fim. Pois, se é permitido às pessoas deste mundo reclamar um inegável direito ao sono e a Cristo não retornar no curto prazo que se assumiu para julgar e vingar da esmagadora maioria dos não convertidos, é de se supor que alguma coisa essencial foi mal entendida. Nesse caso, aquela palavra precisa ser repensada. Todos os anos *post Christum resurrectum* são anos de repoetização.[8] Ademais, trata-se de anos de contínua nova datação das últimas coisas; nenhum século se passou em que entusiastas não tivessem chegado à convicção de que o tempo do fim começou — em épocas mais recentes, por exemplo, na "Igreja dos Adventistas do Sétimo Dia", a maior igreja apocalíptica da atualidade com 16 milhões de membros batizados.[9] Com os adventistas têm afinidade as "Testemunhas de Jeová", que assim se denominam desde 1931 e que, no decorrer do século XX, calcularam várias vezes a data do fim do mundo. Eles não se sentiram refutados pelo fato de não ter sucedido o evento previsto, mas confessam mais do que nunca a sua convicção, fundamentada na escritura, do caráter apocalíptico de todo tempo presente.

---

7. Por exemplo: Mateus 26,36-45.
8. Hans Küng, *Das Christentum. Wesen und Geschichte*, Munique/Zurique, Piper Verlag, 1999. Os seis "paradigmas" históricos do cristianismo diferenciados por Küng constituem o quadro espaciotemporal que condiciona as atividades ortopoéticas. Quem fizer parte de um dos paradigmas mencionados com o seu tempo de vida se torna aprendiz, artífice ou mestre do ofício do ser cristão no contexto do seu tempo.
9. Como ponto de comparação: o judaísmo étnico ou cultural conta atualmente com 14,2 milhões de pessoas.

Entre os defeitos de nascença do *christianismós* está o indelével mal-entendido do universalismo. Ele estava implantado (ou foi implantado) em Paulo, sendo copiado para os seus relatos já pelos autores dos evangelhos. Paulo — caso suas cartas não remontem igualmente a falsificações posteriores[10] — parece ter vivido na certeza de que o tempo seria curto; logo, deve ter sido plausível dar a maioria por perdida. João chegou a ponto de articular o *Leitmotiv* da tragédia divina no prólogo do seu evangelho: o Logos desceu ao mundo que tinha sido criado por ele, e o mundo não o conheceu. "Ele veio para o que era seu [*eis tà idía*], e os seus [*hoi idíoi*] não o receberam."[11] Porém deu aos poucos que o receberam o poder de se tornarem filhos de Deus (*tékna theoû*).

Ninguém pode ter tido dúvidas a respeito de que apenas uma minoria dos viventes estaria entre os escolhidos — em que não se podia mais alegar que ser grego, ser escravo e ser mulher era razão da exclusão do povo eleito de segundo grau.[12] A riqueza tampouco atrapalha às vésperas do fim de

---

10. Cf. Hermann Detering, *Der gefälschte Paulus: Das Urchristentum im Zwielicht*, Ostfildern, Patmos Verlag, 1995.

11. João 1,11-12.

12. Gálatas 3,28. Como o ser grego *eo ipso* implicava o ser incircunciso, foi preciso explicar, particularmente aos destinatários da Carta aos gálatas, por que gregos batizados não necessitavam da circuncisão e até mesmo que, mediante a aceitação desse ritual, recairiam na escravidão sob a lei. Escravos da liberdade sob Cristo não precisam mais desse costume judaico.
Paulo solapou o uso linguístico grego ao apropriar-se da palavra *"ekklesía"* — que significa a assembleia popular da pólis — para designar a comunidade cristã e a explicou, enquanto suprassumo das comunidades, em termos decididamente político-antipolíticos, como "casa de deus" (*"oîkos toû theoû"*). As diferenças entre escravos e livres, gregos e judeus, mulheres e homens foram abolidas não só pela brevidade do tempo que resta, mas também em consequência da inclusão igualitária de todas as pessoas batizadas na *ekklesía* redefinida, sugestiva e subversivamente, como comunidade: "igreja" constitui a suma dos "escravos livres" (*doúloi*) sob o direito patriarcal de deus; esse direito permanece em vigor também porque, com o batismo, se efetua a adoção do sujeito como filho e filha de Deus. A *ekklesía* como assembleia dos escravos de Cristo e dos filhos e das filhas de Deus só pode ter uma constituição patriarcal e teocrática.
No século XX, recorrem a intuições dessa tendência os teólogos antiliberais, antipluralistas, antimodernistas (por exemplo, Dietrich Bonhoeffer, Emanuel Hirsch), que almejam atribuir à Igreja o papel especial de comunhão primordial, de *sanctorum communio* [comunhão dos santos] efetuada pelo Espírito.

todas as coisas, pois era preciso tê-la como se não tivesse; estar casado também não pode mais ser alegado como razão de exclusão, pois era preciso ter esposa como se não se tivesse nenhuma. "A aparência deste mundo [*schêma toû kósmou*] passa."[13] A reprodução não faz mais sentido. Aqui toma forma a ironia apocalíptica, que até hoje aparece toda vez que grupos radicais negam o respeito devido a "este mundo" em razão de sua insustentabilidade. O ceticismo diante da fraude do mundo, inerente a todo apocalipsismo, constitui a matriz das teorias da conspiração.

A interpretação equivocada do apelo a todos, que conta com o fato de que poucos atenderão, forçosamente se perpetuou depois da tradução da mensagem de Jesus para a terminologia de teólogos platonizantes, inaugurada por Justino, o Mártir (100-165). Ela culminou na tese bizarramente errônea que se ouviu no século XIX, mais ainda no século XX, e até em Karl Jaspers, de que o Iluminismo — que de fato se orientou pelo motivo "verdade para todos", na medida em que a ressalva da maturidade do entendimento permitisse a revogação das cláusulas esotéricas — seria a continuidade do cristianismo com meios seculares, muitas vezes paradoxalmente codificada em termos anticristãos. Quem se interessou seriamente pelo Iluminismo teria tomado conhecimento de que, a princípio, ele não poderia ter sido mais do que uma revanche do antigo humanismo pluralista, postergada por um milênio e meio, contra o teocentrismo cristão e seu elitismo salvífico em geral pouco dissimulado e, tanto em Agostinho quanto em Calvino, articulado com toda clareza: o Iluminismo põe na ordem do dia a retificação da noção de apocalíptica oriental e de seu pensamento histeroide de fim do mundo mediante a consciência pragmática de tempo, história e processo do Ocidente.

Também no islamismo incipiente da época de Medina (após 622) delineou-se um imperativo de expansão — como rapidamente ficaria claro mediante a recuperação militar de Meca (630). Em curto espaço de

---

13. 1 Coríntios 7,31.

tempo, o expansionismo que despertava pôde se apropriar dos jogos de linguagem do universalismo. A coletânea dos registros por escrito dos discursos do profeta e de sua canonização sob o título *al-Qur'ān* — isto é, "exposição", "recitação" (originalmente talvez: "liturgia") — pôs no mundo um dever de imitação incisivo. Este não se referia ao profeta, pois querer imitá-lo *ex officio* teria representado blasfêmia; ele implicava a missão de replicar o livro que cita a si mesmo e que se põe acima de qualquer dúvida, e ainda mais o modelo de existência piedosa nele prefigurado, como se fosse uma repetição arábica do êxodo mosaico como eleição sob a palavra de Deus.

O dever de imitação que irradiava da "obra de exposição" ou então do livro de liturgia possuía a peculiaridade de que o islamismo — após a malograda tentativa de Mani de unificar elementos budistas, cristãos e platônicos em uma doutrina cuidadosamente codificada — representou a primeira "religião" sinteticamente fundada que teve êxitos duradouros, sendo que Maomé talvez nem tenha conhecido o termo romano *religio*. Em contrapartida, ele deve ter visualizado o fenômeno "religião no poder" como modelo virtualmente almejável. O modo dos discursos proféticos, pretensamente logocráticos, caso não lhe tenha sido familiar desde o princípio, era de fácil acesso em seu ambiente, tanto em Meca quanto em Medina. Fragmentos das culturas discursivas persa, judaico-aramaica e cristã-cesaropapista, em suas adaptações locais, devem ter oferecido ao destinatário de mensagens autoritativamente faladas e conhecedor das escrituras algumas oportunidades de escuta e interiorização. Antes do sujeito profético já estão ativos o campo espiritual, a tonalidade e partes do vocabulário. Nenhum profeta começa a atuar sem que já tenha no ouvido o *sound* do seu deus antes de pronunciar a primeira palavra.

O discurso logocrático — oriundo do culto mesopotâmico antigo, elaborado nas ordens dos grandes reis persas, replicado nas aspirações da teocracia israelita e copiado com alta eficiência pragmática nos editos das chancelarias dos césares romanos — atingiu sua culminância histórica no Oriente Próximo dos séculos VII e VIII. Valendo-se de homens jovens desorientados, praticamente excluídos do mundo, ele organizou exércitos de cavaleiros lançando-se ao ataque, que inopinadamente passaram a respirar o ar da conquista e traçaram fronteiras migratórias nas amplidões ainda não cartografadas das geografias arábica, egípcia, síria, persa e norte-africana — logo eles chegariam até os Pireneus, mais tarde até a Sicília e as fronteiras da China. Daquilo que os gramáticos estoicos haviam chamado de imperativo brotou, a exemplo do gênio que saiu da garrafa, a metafísica do comando.

O discurso logocrático só voltaria a atingir píncaros similares no século XX quando generais-ditadores que se consideravam profetas e emissários da história submeteram continentes inteiros a seus ditames de nova ordem. Pode-se remeter aqui ao olvidado camarada Stálin que, em um tratado sobre a linguagem, hoje esquecido, publicado em 1950 no jornal *Pravda*, para espanto geral de seu entorno, sustentara a tese de que a linguagem não seria, de modo algum, um mero "fenômeno superestrutural" — contradizendo, assim, as doutrinas da escola de Marr.[14] Ele sabia, por experiência própria, que, com meia frase — dita na língua dominante —, ele, o georgiano que adotara a língua russa, podia extinguir ou preservar a vida de classes e povos. Logo: o comando que tem como certa sua execução não é menos efetivo na causação de realidade do que o agir econômico, o trabalho e a produção. Assim sendo, a linguagem, sobretudo com seus imperativos, vocativos, apelativos e interrogativos em dada codificação nacional, não reflete uma base do ser anterior a ela, mas está envolvida na produção ou na aniquilação daquilo que ela discute.

O século que se seguiu à morte de Maomé (632) provou que, no seu caso, a incumbência de imitação não tinha, de modo algum, o caráter de moda e "de uma só idade", para trazer à lembrança uma expressão cunhada por Eugen Rosenstock-Huessy — o mais importante filósofo da linguagem do século XX, que, até segunda ordem, se oculta no ponto cego do *linguistic turn*, do autismo analítico e da hermenêutica acadêmica. Essa incumbência continha de antemão uma dinâmica que

---

14. Stálin se manifestou sobre questões da ciência linguística em 1950, no jornal *Pravda*, em cinco das assim chamadas "cartas linguísticas": Josef Stálin, *Der Marxismus und die Fragen der Sprachwissenschaft*, Berlim, Dietz, 1951.

demandava espaço, contagiava e abrangia gerações. Não obstante, os primeiros islamitas devem ter se surpreendido com seus êxitos, como se tivessem descoberto um método para seguir por quase um século a incumbência: *be amazing!* [Seja maravilhoso!]. Eles coatuaram em um espetáculo que o mundo historicamente em movimento não tinha assistido desde Alexandre, o Grande. Foi trazido ao palco um emaranhado de dramas de guerra e religião, cujas consequências etnógenas, formadoras de caráter e dinásticas, são efetivas até o presente. No início, o drama islâmico se extasiava nos vereditos divinos da vitória sempre renovada; ele disseminava terror ao traduzir versículos sagrados em efeitos de armas. No islamismo do século VII, reanimou-se a tese do padre da Igreja Tertuliano de que o cristianismo seria a *militia Christi* [exército de Cristo].[15]

É recomendável prestar atenção ao enunciado político-religioso que se articula nos primórdios desse estilo. Teólogos do *appeasement* [apaziguamento] de diversas faculdades confessionais e ideológicas podem até querer atenuar as implicações polêmicas de formações coletivas monoteístas radicais: a estreia do islamismo até meados do século VIII deixa as coisas bem claras. Ele corporifica a única versão do monoteísmo que foi fundada como movimento de elite decidido a fazer uso da violência — ainda que se tenha orientado expansivamente só em uma segunda fase, era dotado, do começo ao fim, da marca distintiva de um além arabofônico. Por conseguinte, um islamismo da coexistência com não islamitas sem pretensões unilaterais de "paz" e, portanto, de submissão, só poderia emergir se fossem postas na boca do profeta ousadas formulações secundárias sobre islamismo e não islamismo. O melhor lugar para inseri-las seria nos hádices, que decompõem a vida do profeta com despreocupada posterioridade em um leque de anedotas. O anedotário islâmico, por sua natureza, em lugar nenhum atinge a intensidade da história da paixão de Cristo. Contudo, ele tem o potencial de fazer de Maomé um sábio que, sem recorrer às constantes ameaças com o inferno, teria buscado anuência para suas visões éticas *summa summarum*

---

15. Adolf von Harnack, *Militia Christi: Die christliche Religion und der Soldatenstand in den ersten drei Jahrhunderten*, Tübingen, J. C. B. Mohr, 1905.

facilmente aceitáveis e que só careceriam de correção no que se refere ao seu sexismo crasso. O trabalho, nesse aspecto secundário, compete a teólogos islâmicos dispostos a aprender, dos quais há profusão desde o século XVIII.

A expressão "secundário", *nota bene*, faz parte da terminologia dos especialistas em Novo Testamento, no mais tardar desde que Rudolf Bultmann, em seu estudo sobre os evangelhos sinóticos (primeira edição em 1921), designou como "formações secundárias" numerosas "palavras do Senhor" atribuídas a Jesus pela comunidade de Jerusalém, supostas "citações" da fonte de ditos "Q", bem como alguns elementos fictícios do enredo narrativo de Belém até Gólgota. Nessa expressão, tem seu reconhecimento filológico a função original da imitação de dar continuidade à poetização. O "pôr na boca" (*"in ore ponere"*) constitui um dos privilégios de destinatários extasiados. Eles farão uso do mesmo enquanto nenhuma autoridade controladora vigiar a letra. Toda citação baseada no ouvir introduz um desempenho sintático-semântico próprio do garante chamado a ocupar o banco das testemunhas. Quando se diz que cada frase do Alcorão teria sido jurada por duas testemunhas auriculares "daquele tempo", que a teriam ouvido de uma forma e não de outra, isso documenta o esforço por um teor autêntico; ilustra, ao mesmo tempo, o modo como a aventura da citação antecede a fixação de uma escritura sagrada.

Daí decorre o seguinte: diante do tribunal da filologia crítica, que observa o comportamento de letras ou fonemas e grafemas sobre suportes de escrita de maneira tão precisa quanto a física observa os feitos e os padecimentos das partículas elementares dentro das máquinas de colisão, nenhuma palavra do Novo Testamento ou do Alcorão pode ser considerada como absolutamente assegurada no que se refere aos enunciados de Jesus ou às exposições de Maomé. Não há como conseguir mais do que uma probabilidade aceitável. Porém crer não significa, desde o princípio, viver de aproximações como se fossem certezas? Nesse campo, a tradição não pode provar nada, exceto que não existe nada melhor para apresentar do que aquilo que ela diz e faz. Nos dois casos, os métodos de cópia e compilação foram demasiado longos, demasiado passíveis de erro, demasiado impotentes contra omissões e acréscimos. Totalmente assegurada é exclusivamente a atividade copoética dos intermediadores, embora ela não seja palpável em cada caso — excetuando as falsificações mais descaradas[16] —, que contribuíram para a forma final dos livros sagrados.

Não se trata aqui de os evangelhos, mesmo através do véu de formulações secundárias e talvez primárias, evidenciarem Jesus como excepcional contador de parábolas e proclamador; no quadro da tese aqui detalhada da natureza poética das religiões, tampouco terá importância o fato de o Alcorão, de acordo com sua forma redigida, constituir uma grande poesia em prosa rimada, na qual a liberdade relativa do comprimento dos versos faz acordos dinâmicos com as exigências da rima. Trata-se muito mais da questão referente à maneira como escritos com evidente caráter de citação e compilação, bem como de cunho metafórico abertamente poético, oriundos da incorporação de poesia anterior e atualizados em novas encenações performáticas de liturgias mais antigas, puderam dar origem a absolutos formadores de sociedade, definidores de civilizações, modeladores de psiques, que conseguiram invisibilizar seu caráter poético, fictício ou mítico. Onde quer que compulsemos os livros sagrados, encontramo-nos em meio a paráfrases; em cada sentença, ingressamos na esfera de uma agitada citação intermonoteísta, interzelote, interficcional.

A hipótese proposta há alguns anos de que seria melhor apreciar o Alcorão à base de um dialeto aramaico siríaco do que segundo as premissas da arabística clássica[17] continua controvertida, mas está longe de ter sido totalmente refutada, até porque ninguém contesta a presença de numerosos aramaísmos no texto sacro. Seu enfoque reside na suposição de que o arábico clássico seria uma decorrência da recepção do Alcorão, mas o próprio Alcorão não teria sido formulado no arábico que ele tornou clássico. Isso explicaria por que o sentido preciso de uma quinta parte do texto transmitido pode ser mais adivinhado do que decifrado

---

16. Bart D. Ehrman aborda algumas delas em seu livro *Misquoting Jesus: The Story Behind Who Changed the Bible and Why* (Nova York, HarperOne, 2005), um opúsculo que constou por longo tempo na lista de *best sellers* do *The New York Times*.

17. Christoph Luxenberg, *Die syro-aramäische Lesart des Korans. Ein Beitrag zur Entschlüsselung der Koransprache*, Berlim, Schiler, 2000.

de acordo com as regras da arte. Seja como for, a variante de leitura a partir do aramaico siríaco, ao qual poucos eruditos têm acesso, poderia propiciar alguns esclarecimentos significativos — por exemplo, que o guerreiro-mártir será premiado no além não com 72 virgens disponíveis o tempo todo, mas com o mesmo número de cachos de uva branca — o que representaria uma correção plausível, na medida em que revisaria a deformação do além em simulacro de bordel para homens jovens sexualmente represados. Além disso, resultaria uma retificação de graves consequências para os controvertidos versos referentes ao "lenço para a cabeça" da surata 24: eles não estariam falando de uma cobertura para a cabeça, mas de um cinto. *Tant pis* [tanto faz] para as jovens mulheres da islamosfera, a quem vestir o turbante se tornou, em tempos recentes, um sinal forjador de identidade. Em todo caso, elas parecem sentir que a moda tem uma conta a acertar com o costume. Declara-se a favor da modernidade quem considera a moda mais importante do que tradição. Moderno desde a base é o estado de coisas em que os designers de turbantes competem com os cabeleireiros.

A hipótese aramaico-siríaca certamente não alteraria na arte de interpretação do Alcorão o suficiente para provocar escaramuças filológicas com armamento pesado. O autor que entrou em cena usando pseudônimo de modo nenhum recebeu só cumprimentos no círculo dos especialistas. Um observador não envolvido concretamente não consegue evitar a impressão de que os eruditos que apitam, entre Riad, Cairo, Berlim e Paris, prefeririam recusar ensinamentos de uma especialidade acessória.

A imitação da imitação se converte na urgência da formação de cultura quando os alvoroçados dos primeiros dias têm de começar a transmitir sua vibração espiritual não só para seguidores facilmente entusiasmáveis, mas também para suas famílias e vizinhança. Assim que crianças são atraídas, abre-se o portal para a incorporação transgeracional da poetização, não importando se o aporte é repassado por pai e mãe à sua prole ou se mentores mais velhos se voltam para a juventude no papel de mestres, para formá-los no espírito de uma *paideía* cristã ou islâmica.

Isso vale, em princípio, para toda e qualquer tradição religioide que tenha seu ponto de partida nas crianças.

É de se supor que, na fase geopoliticamente explosiva do islamismo, o exercício do novo regime cultual tenha logrado maior avanço por meio do recrutamento de homens jovens disponíveis para a vida em constante movimentação ofensiva do que em decorrência da impregnação de comunidades tribais árabes com as regras do então novo *modus vivendi*. Cem anos depois, no mais tardar em meados do século VIII, quando o êxtase da conquista tinha amainado — mas também em consequência dos conflitos em torno da legítima sucessão do profeta —, o novo modo de vida inspirado no Alcorão já estava difundido de modo mais duradouro entre as populações do Oriente Próximo e do Oriente Médio, bem como do norte da África e do sul da Espanha. O *octroi* [outorga] do *modus vivendi* islâmico já não era mais a convocação para as expedições entusiasmadoras e ricas em despojos — que tinham levado à fundação de cidades de cunho clânico masculinista que se tornaram quartéis dos exércitos nas regiões conquistadas. O que passou a constar na ordem do dia foi a inculturação de um movimento que gradativamente procurou abarcar a totalidade da efetuação da existência dos seus. A princípio de inspiração masculinista, o impulso se estendeu para o mundo das mulheres e a esfera dos descendentes. O apossar-se das crianças transformou a onda hipomaníaca em uma disciplina fixada em um local, didaticamente orientada; em consequência, ela teve de deslocar a ênfase da mobilização de aliados e homens jovens para a inculturação dos descendentes. Estes vivenciaram iniciações em um mundo duro que penetrou em seu íntimo por meio de surras e liturgias irresistivelmente melódicas.[18] Os crentes dos primeiros tempos, que aos

---

18. A ênfase nas gerações subsequentes se aplica tanto mais ao século XX, no qual o islamismo estatístico octuplicou seu número de adeptos em razão de um aumento extremo da taxa de natalidade (de cerca de 150 milhões para mais de 1 bilhão — e uma década e meia após a virada para o século XXI cresceu para mais de 1,5 bilhão) —, um estado de coisas que é mais bem explicado com análise demográfica e geopolítica, psicologia social e crítica feminista do que com argumentos teológicos. Aliás, a primazia do cristianismo estatístico no mundo de hoje é, em grande medida, um efeito gerado pela demografia — entre 1910 e 2010, o número de cristãos aumentou de 600 milhões para 2,2 bilhões, sem que se possa atribuir

poucos começaram a se chamar de islamitas, sentiram o dilema das culturas superiores de encontrar a senda estreita que separa educação de maltrato infantil. Não existe alta cultura sem o esforço por transformar coisas impossíveis em coisas cotidianas.

Quando um movimento carismático inovador fica maduro para tornar-se uma civilização, a mobilização de guerreiros da fé cai para segundo plano; trabalhadores de tempo integral na luta por deus passam a ser menos requisitados do que professores que transmitem os *basics* mentais de uma religião em vias de se tornar cotidiana. Se o confrontarmos com a organização do cristianismo, chama a atenção que o islamismo não tenha produzido nenhum clero formal, apesar de sua tendência a invadir todos os âmbitos da vida. Da perspectiva socioevolutiva, isso significa: diferentemente do cristianismo, ele não deparou com uma burocracia imperial imitável.

A tranquilização relativa dos territórios islamizados fez com que chegasse o momento em que o modelo de ação *djihad* [guerra santa] podia ser trazido para dentro; ele estimulou a ideia de convocar os piedosos à expedição contra o resto não convertido em seu próprio interior — como corresponde a uma *religio* no estágio da intensificação interiorizante e do aprofundamento endopoético. Relativamente, pouco se fala de *djihad* no islamismo durante o milênio de sua consolidação cultural. A expressão é citada a partir do final do século XI como conclamação à luta contra os exércitos de cavaleiros cristãos invasores diante de Jerusalém; ela também tem alguma importância quando se

---

isso, em primeira linha, à atividade das missões cristãs. Em toda parte, surgem mais novos islamitas e novos cristãos em camas do que em tendas missionárias.

Não obstante, a eficiência da missão não deve ser subestimada. Na África subsaariana, o número de cristãos cresceu de 10 milhões no ano de 1900 para 350 milhões na virada para o século XXI. No que se refere à atualidade, a aliança entre cama e escola foi muito menos investigada do que a de trono e altar no que se refere ao intervalo de tempo entre a fase inicial da Idade Média e a Primeira Guerra Mundial.

Quando Florence Nightingale (1820-1910) frequentou a escola em Hampshire, na medida em que não teve aulas com seu pai em casa, ela se alegrava em poder resolver tarefas como esta em seus cadernos de cálculo: pressupondo que existam 600 milhões de pagãos no mundo, de quantos missionários precisamos se um missionário dá conta de 20 mil pagãos?

trata de denunciar rivais islâmicos como incrédulos para dissimular a guerra contra eles como guerra santa em nome de Alá. No sufismo, em contraposição, a guerra santa assumiu, em toda a linha, um significado espiritual no sentido da psicomaquia, e é assim que ela é interpretada hoje por muitos eruditos islâmicos abertos ao esclarecimento.

Uma nova exteriorização da luta, como a que se delineou a partir do século XVIII em alguns focos de proclamação restauradora puritana do islamismo na Península Arábica, foi desencadeada nas últimas três décadas do século XX — impulsionada, principalmente, pela ofensa sofrida da superioridade técnico-política do Ocidente e por sua atuação imperialista. Deve-se pôr na conta das atuais gerações das "seitas" sunitas não liberais do vaabismo e do salafismo o fato de, há décadas, expressões como "islamismo" e "terrorismo" terem se tornado sinônimas no mundo todo. Isso não deveria ser entendido equivocadamente como comprovação da tese de Samuel Huntington referente ao *clash of civilizations* [colisão de civilizações]. Intérpretes mais competentes do terror, dos mais diferentes matizes, se encontram entre os leitores de Friedrich Nietzsche e René Girard, que disponibilizaram instrumentos eficientes para a decifração das projeções de ressentimentos e imitações de zelo no teatro da política mundial.

Dinâmicas comparáveis devem ser consideradas para as esferas cristãs no período que se estende das primeiras comunidades até os imperadores bizantinos do século IV. Onde inicialmente agiam a "moda", o contágio inicial, a emoção e a comoção entre clientes da primeira hora, com o passar do tempo a inculturação, a vida em vizinhança, a pedagogia e a cotidianidade comunal assumiram o comando. A estabilização foi ocasionalmente perturbada por notícias acerca de perseguições e execuções locais de seus companheiros de fé por instâncias romanas. Nesses casos, evidenciou-se que o cristianismo, a exemplo do judaísmo, operou como uma "religião da boa memória" — retomando uma formulação de Manès Sperber, autor que pretende extrair do fenômeno "ressentimento" um significado positivo. Incidentes cruéis poderiam ser colecionados como *exempla* e acolhidos pela memória institucional em favor da composição de um tesouro sacral, começando com os primeiros martirológios e os primeiros índices de santos. Depois que o cristianismo foi alçado à condição de religião do império no ano de 380, e ainda mais depois de 391, quando foi promulgada a proibição de cultos "pagãos", "as comunidades ficaram inundadas de cristãos nominais [...]. Tornou-se moda ser cristão"[19], escreve Ruth A. Tucker em seu estudo sobre a história da "missão" do cristianismo; a autora ignora que o conceito "missão" só começou a ser utilizado no século XVI, depois que os navegadores europeus trouxeram as provas de que, na Terra, havia mais integrantes do gênero humano do que se supusera em Roma, Bizâncio, Wittenberg e Genebra. Na segunda etapa da moda, o cristianismo proporcionou a muitos de seus novos adeptos a sensação de que integravam o clube correto.[20]

A popularização da vida cotidiana no culto cristão só pôde ser lograda ao preço de uma hierarquização não prevista. O pressuposto dela foi uma repoetização que interveio profundamente no acervo original dos ensinamentos jesuânicos. Como o personagem central do culto, quer tenha sido concebido igual a Deus ou semelhante a Deus, tinha sido um homem solteiro sem filhos no começo dos trinta, sem endereço fixo e sem perspectivas terrenas concretas — na linguagem atual, uma pessoa resistente a apegos que tipicamente gostava mais de cercar-se de adeptos do que de parentes —, só era possível tornar sua adoração posterior em formas eclesiais popular e compatível com a cultura por meio de uma inversão de claves. A manobra exigiu a virada antijesuânica para formas patrocêntricas de vida e jogos de linguagem patrófilos — incluindo papas, abades, *patres*, *abbés*, patriarcas do deserto, pais da Igreja e professores de patrologia. Os agentes da paternalidade restaurada

---

19. Ruth A. Tucker, *Bis an die Enden der Erde: Missionsgeschichte in Biographien*, Mosbach, OM Books, 2014.

20. No ano de 1774, em seu opúsculo *Die Unterhaltung eines Philosophen mit der Marschallin de Broglie wider und für die Religion* [Diálogo de um filósofo com a marechala de Broglie contra e a favor da religião] (trad. Hans Magnus Enzensberger, Berlim, Friedenauer Presse, 2018), pp. 9-10, Denis Diderot faz a dama dizer que seu costume de não cobrir cuidadosamente seus seios estaria condicionado pela moda; a isso retruca o filósofo: "Claro que agora depende da moda que impera universalmente denominar-se cristão sem sê-lo."

praticaram uma debilidade de leitura adquirida que os auxiliou a deslocar para o ponto cego da Igreja uma palavra de Jesus não muito fácil de ser mal entendida: "Todos vocês são irmãos; aqui na terra não chamem ninguém de 'pai', porque só um é o pai de vocês, aquele que está no céu [*ouránios*]."[21] Onde predominavam as "formações secundárias" as terciárias não tardaram. A prática de "pôr palavras na boca" ainda estava por chegar aos seus melhores dias.

Ao lado da mudança de ênfase de fraternidade e irmandade para a paternalidade restabelecida, também a gradativa reinterpretação da militância cristã[22] até a total coincidência com as exigências do serviço militar romano produziu um efeito considerável de reestilização — na linguagem das atuais *public relations*, falar-se-ia de um *editing* alternativo. Disso proveio a figura do *miles christianus* [soldado de Cristo] que, na Idade Média, continuou a ser escrita pelo "cavaleiro cristão" ou pelo "cruzado" (*croisé*). Se, até o século III, a *religio* cristã, na maioria das vezes, era tida como incompatível com o serviço militar, razão pela qual soldados que se negavam a abjurar Cristo ocasionalmente foram executados, partir do século IV, tanto no Oriente quanto no Ocidente do império, "foi estabelecida a plena concordância entre exército e religião cristã" (Harnack). A Igreja passou a se entender como *militia Christi* vitoriosa; quem não podia ou não queria servir nela era chamado depreciativamente de civil (*paganus*).

As duas criações cultuais mais bem-sucedidas da Antiguidade média e tardia — cuja denominação mais correta seria: sistemas sincretistas de disciplinamento e exercício para pessoas medianamente piedosas do cotidiano, em vez de religiões — constituíram, com base em sua dinâmica querigmática (que demanda proclamação) ou "alcorânica" (que demanda exposição), os protótipos da pura religião de oferta. Elas

---

21. Mateus 23,8-9.

22. Formulado com plurivocidade exemplar na carta de Paulo aos efésios 6,14-17: "Portanto, fiquem firmes, cingindo-se com a verdade e vestindo a couraça da justiça. Tenham os pés calçados com a preparação do evangelho da paz, segurando sempre o escudo da fé com o qual poderão apagar sempre todos os dardos inflamados do maligno. Usem também o capacete da salvação e a espada do Espírito, que é a palavra de Deus."

impregnaram suas comunidades com a exigência de recitar as poesias basais a cada dia e até várias vezes ao dia, acompanhadas de gestos da linguagem corporal. Seus destinatários foram populações para cuja carência de salvação elas afirmaram ter disponíveis os auxílios certos perfeitamente cabíveis. Para isso, o cristianismo teve de integrar firmemente em sua mensagem a doutrina da pecaminosidade *a priori* de todos os seres humanos, que fora cabalmente formulada por Agostinho; porém, para se tornar passível de transmissão, ela não teve de esperar pelo genial filhinho da mamãe e teólogo do norte da África, cujo pensamento foi se mostrando cada vez mais sombrio com o avançar da idade.[23] A oferta de salvação explicitou já bem cedo que havia demanda por ela — para além de tudo o que podia ser alcançado por meio de teoterapias tribais e étnicas tradicionais. Logrou-se isso propagando a correspondente consciência da falta, cujo ponto de partida foi o mal-estar por estar no mundo, que brotava entre pessoas de diversas épocas em diversas condições, um mal-estar que decorre tanto da consciência geral da mortalidade quanto dos transtornos psíquicos básicos adquiridos na primeira infância e que se difundiram maciçamente desde a formação dos impérios na Idade do Bronze. O "monoteísmo" agressivo, seja ele de codificação iraniana antiga, judaica, cristã ou islâmica, certamente pregou já bem cedo, de propósito, aos príncipes que queriam obter sua legitimidade do céu — eles a obtiveram ao preço da adesão de seus séquitos à nova crença; ele dirigiu uma mensagem igualmente a saqueadores em busca de despojos sem arrependimento — que não eram poucos entre os aliados de Maomé (que mais tarde o abandonaram) em meio a tribos árabes, para não falar dos chefes guerreiros batizados no período entre Clóvis e Carlos Magno; ele falou, sobretudo quando chamou Deus de misericordioso, principalmente para os condenados desta Terra e para aqueles que se afligem com a chaga dos não amados, que nunca chega a sarar completamente. É a eles que se dirige o dito marxiano de que a religião é "o coração de um mundo sem coração".

---

23. No entanto, não se tratou de um obscurecimento senil (Agostinho tinha 43 anos de idade quando formulou a impiedosa teologia da graça de 397; cf. *Logik des Schreckens: Augustinus von Hippo, De diversis quaestionibus ad Simplicianum I 2*, primeira trad. alemã Walter Schäfer, ed. e expl. Kurt Flasch, Mainz, Dieterich, 1990).

Ele atraiu os cansados e sobrecarregados assim que estes sentiram que ter fé significa poder ter, apesar de tudo, uma chance neste mundo sem misericórdia, nada fraterno, entregue à ruína. Para os árabes da era de Maomé, a pregação da eterna vida boa na presença de Alá representou uma alternativa entusiasmante à tradicional resignação diante da transitoriedade de todas as coisas; e quando, por fim, a doutrina alcorânica da onipotência desembocou em uma nova codificação do fatalismo, ela lançou uma luz do alto para dentro da existência de incontáveis pessoas.

O análogo islâmico do ônus do pecado original dos cristãos pós-agostinianos se manifestou como a ignorância dos não islamitas, que se tornou punível desde a formulação do Alcorão visível. Eles se tornavam culpados de um "não querer saber" condenável caso não se apressassem em fazer a confissão de fé em Alá e seu profeta. Não era para menos que, na retórica arábica sobre a história, a era pré-islâmica foi chamada de "tempo da ignorância". A ela se aplicava certa indulgência. Quem teimosamente insistisse nela deveria ser tido como condenado. O evangelista João expôs algo parecido quando fez Jesus ponderar que, depois de ele ter vindo, pregado e se acreditado por meio de feitos milagrosos, os incrédulos em seu povo não teriam mais nenhuma desculpa para sua recusa obstinada.[24]

Do ponto de vista dos ofertantes agressivos da religião tudo pode ser perdoado, menos a opinião, condenada como arrogante, de não carecer do que está sendo ofertado. Nela consiste o "pecado contra o Espírito"[25]; dela decorre, como se diz, o ceticismo mortal em relação aos "signos". Perdoa-se aquilo que é admitido. Contudo, os serenos e autoconscientes, os que não se deixaram intimidar, os ponderados e avessos à histeria, que não estavam a fim de fazer repentinas confissões de pecados nem, em colapso, se penitenciar por suas faltas, ficaram, desde a primeira hora, sob a mira da polêmica de ameaça, da qual o próprio Jesus já dera amostras deprimentes. No autor do Apocalipse

---

24. João 15,22 e 24.
25. Mateus 12,31-32.

joanino, o entusiasmo da ameaça se intensifica em sucessões de imagens de pungência psicótico-aniquiladora. Deve-se à intransigência do bispo Atanásio de Alexandria (cerca de 300-373) o fato de o escrito do assim chamado João de Patmos ter sido acolhido, em torno de 370, como peça conclusiva no cânone do Novo Testamento — tematicamente talvez com razão, na medida em que a nova aliança orientada para o futuro teria ficado incompleta sem um documento de direcionamento para as últimas coisas que fosse além dos evangelhos; sem motivo real, porque o Apocalipse de João desautoriza o conceito da revelação, recorrendo a ele em função de uma sucessão psicótica de imagens e da erupção anticultural de uma linguagem do aniquilamento.[26] Maomé também aumenta o tom do discurso ameaçador durante seus anos em Medina, corrompidos por embates "políticos" exitosos, atingindo extremos que causam estranhamento, às vezes não destituídos de virulência parafanática. Motivos desse tipo foram ressaltados e desmascarados por Nietzsche, em seus escritos críticos à religião da década de 1880, embora sua interpretação da atratividade dos ensinamentos cristãos como substitutivo moral para escravos, inferiorizados e vingadores tenha ido longe demais. Nietzsche subestimou a capacidade janícipe do cristianismo metaficizado de se articular concomitantemente como religião senhorial e como religião popular.

As cesuras provocadas pelo cristianismo e pelo islamismo nos estados de consciência dos povos acarretaram não só divisões entre os vivos, mas também entre vivos e mortos, divisões que, na maioria das vezes, puderam ser apenas indicadas, mas não pensadas até as últimas consequências pelos proclamadores mais antigos. Pois a situação inicial daqueles que nada sabiam da proclamação da salvação até o dia em que depararam com ela não consistiu só em sua "incredulidade" ou na "crença diferente", tampouco em sua despreocupação infantil quanto aos seus destinos no além. Seu dilema perigoso — do ponto de vista

---

26. Gilles Deleuze, "Nietzsche and Saint Paul, Lawrence and John of Patmos", in: Ward Blanton e Hent de Vries (eds.), *Paul and the Philosophers*, trad. Daniel W. Smith e Michael A. Greco, Nova York, Fordham University Press, 2013, pp. 381-94.

dos ofertantes da nova religião — começa com o fato de que, no caso de sua não conversão, arriscam afundar para um nível até então desconhecido de passamento sem salvação. Era preciso lembrá-los constantemente de que sua existência passada em maneiras insensatas de viver, dominadas por demônios de segunda classe, se ressentia de uma revisão revolucionária, de uma reconsideração, de conversão. O novo, quando se dá a conhecer, quer ser, simultaneamente, o primeiro e o primordial. As palavras: "Eis que faço tudo novo" implicam a segunda sentença: "Compreendam que ponho tudo em seu devido lugar!"

Dado que as mensagens da verdade suprema só agora enunciada acarretavam interrupções que marcaram época, elas tiveram de acomodar sua própria manifestação no leito das histórias do entorno, por exemplo, seguindo o esquema "cumprido o tempo". Isso teve consequências fatídicas, no sentido forte da palavra, para tudo o que sucedeu na terra em tempos mais antigos, anteriores ao descenso do Logos ou do livro sagrado. Quando o eterno irrompe no havido até ali, aquilo que até então era tido como sempre válido é intimado a comparecer perante o tribunal do recém-proclamado. O falso antigo deve tremer diante do novo verdadeiro — contudo, o novo se mostra como se exclusivamente nele estivesse presente, em fluxo contínuo, o que verdadeiramente vem fluindo desde a origem. De acordo com isso, a verdade teria a forma de um delta de rio no qual poucas correntezas alcançam o mar, enquanto a maior parte delas fica estagnada em remansos.

Na medida em que as novas mensagens prometiam vida eterna aos seus crentes — sob a ressalva do juízo —, elas pronunciavam, em geral de modo implícito, às vezes explicitamente, uma sentença de morte espiritual retroativa sobre os que morreram antes do tempo da salvação. Para esconder essa implicação das novas proclamações tornou-se imprescindível propor regras especiais para alguns indivíduos eminentes de épocas mais antigas: os poucos justos anteriores tanto a Cristo quanto a Maomé deveriam tirar proveito do fato de que o espírito da verdade estivera operando neles antecipadamente; durante seu "descenso ao inferno" ou então ao limbo, Jesus não ficou ocioso, mas ressuscitou os poucos bons de épocas passadas que ali se encontravam. No entanto, só com esse resgate retroativo de uma elite de piedosos não foi possível eliminar o dilema decorrente da cesura feita pela proclamação. Abraão não podia faltar no céu islâmico: isso era óbvio para quem descendia de Ismael, o filho mais velho de Abraão, que, entre os judeus, tinha sido obnubilado por Isaac; e, no islamismo, tampouco se podia contestar que Jesus, por sua vez, fora um dos enviados prévios, mesmo que ninguém concordasse com sua divinização pelos falsos mestres platônicos cristãos da Igreja. Tanto para judeus quanto para cristãos foi surpresa que Abraão e Jesus já tivessem sido islamitas. Os islamitas, por sua vez, têm dificuldade de entender que papel eles desempenham no roteiro "Maomé sabe mais do que os descendentes de Abraão e os seguidores de Jesus". Qual foi o erudito islâmico que alguma vez admitiu participar da apropriação pirata de passados pré-islâmicos?

As novas doutrinas de fé estabeleceram no mundo um profundo dilema: quem almejaria aderir a um movimento salvífico cujos pregadores decretaram que os ancestrais dos novos crentes normalmente não podem ser incluídos *a posteriori* na comunhão do espaço salvífico agora revelado e que eles poderiam considerar-se sortudos se fossem acomodados em uma zona amenamente climatizada do submundo, na antessala do inferno?

Projetado como religião incisiva da eleição — "Muitos são chamados, mas poucos escolhidos" (Mateus 22,14) —, o cristianismo, para não falar do islamismo, não consegue esconder que convida para a dessolidarização entre as gerações atuais e futuras e as gerações passadas: "Siga-me e deixe que os mortos sepultem seus mortos!" (Mateus 8,22). Quando isso é enunciado, o mundo humano — tradicionalmente concebido como a comunhão de vivos e mortos (a ponto da preservação de relíquias físicas dos ancestrais, como seu crânio em casas da tribo) — é cindido por duas dessolidarizações: a primeira separa os poucos que podem ser recuperados dentre os mortos mais antigos dos inúmeros mortos de segundo grau, para os quais nem *a posteriori* há ajuda; a segunda cinde a população mundial dos vivos em crentes que podem ser salvos e aqueles que, mesmo agora, decorrido seu tempo, são riscados dos livros da vida, por não terem encontrado o caminho da salvação ou por não desejarem trilhá-lo quando tomaram conhecimento dele.

Deparamos aqui com um traço essencial que expõe a autocontradição do universalismo cruzado com eleição. Só poderá se dirigir a todos quem estiver latentemente convencido de que nem todos seguirão. Revela-se um aspecto de profundo sentido do movimento mórmon, de resto não exatamente carente de peculiaridades, que foi fundado nos Estados Unidos no início do século XIX (e entrementes se dividiu em setenta correntes distintas)[27], quando não só defende o batismo de falecidos, como também declara ser possível a salvação retroativa de parentes de gerações passadas.

Um pré-estágio do dilema que está na base disso tinha sido ponderado por Paulo, com a clarividência que lhe é própria:

> Todo aquele que invocar o nome do Senhor será salvo. Como, porém, invocar aquele em quem não acreditam? E como acreditarão naquele de quem nada ouviram? E como ouvirão, se não há quem pregue? E como pregarão, se não forem enviados?[28]

Desse modo, Paulo chega a falar — no que mais seria? — do papel que ele próprio desempenha no evento da salvação. A premissa metafísico-existencial do empreendimento evangélico não precisa ser mais bem explicada por ele: quem associa o motivo da carência de salvação com a sua pessoa entenderá na mesma hora que está tratando de sua causa; quem não percebe isso considera a salvação como um tema de folhetim religioso que, até segunda ordem, só diz respeito a quem o considera interessante. A terceira possibilidade praticamente nunca é cogitada, embora devesse ser, à parte dos inflamados discursos de avivamento, a "normal" entre os mortais: que um indivíduo nem rejeite nem almeje a ideia da salvação, porque, no seu caso, o que ele quer da vida e o que é esperado dele, caso não sejam coisas exatamente idênticas, também não são muito discrepantes. Sintomático das altas culturas

---

27. O "Livro de Mórmon" impresso veio a público em 1830.
28. Romanos 10,13s.

parece ser que a normalidade se torna a exceção que só se concretiza com pessoas sortudas e humanos primitivos.

Não obstante, os não interessados, os condenados de antigamente e de hoje são indispensáveis para a ofensiva: a proclamação ganha impulso enquanto puder contar com rejeição. Se a missão não encontrasse resistência, ela se liquidaria por meio dos seus sucessos: é exatamente o bloqueio da negação que comprova aos proclamadores que sua mensagem está fundada no incondicional. Se todos anuíssem tranquilamente à mensagem, céu e inferno seriam mais ou menos a mesma coisa, e ninguém seria lançado ao fogo eterno. Mas é preciso poder assumir com convicção que muitos, se não a maioria, não devem ser incluídos para que a escolha entre crença e descrença faça a diferença em relação a tudo.

A especulação acerca da rejeição[29] deve ser mantida até nas visões do juízo final: caso contrário, no dia do acerto de contas não se veriam condenados em parte nenhuma. Caso as ameaças não sejam cumpridas, os zelosos teriam se extenuado em vão para convencer os renitentes.[30] Seja como for, essa preocupação já foi atenuada pelos primeiros extáticos cristãos que, em viagens celestiais e sonhos com o além, viram os

---

29. A esse respeito, cf. Niklas Luhmann, "Die Ausdifferenzierung der Religion", in: *Gesellschaftsstruktur und Semantik: Studien zur Wissenssoziologie der modernen Gesellschaft*, v. 3, Frankfurt am Main, Suhrkamp, 1989.

30. A transposição mais explícita de não cristãos para o inferno concebido em termos cristãos se encontra em Lactâncio (cerca de 250-cerca de 320), um convertido norte-africano de origem bérbere, nos seus últimos anos de vida um protegido de Constantino, que lhe confiou a educação de seu filho Crispo a partir de 317. Em seu escrito *De mortibus persecutorum* (Sobre os tipos de morte dos perseguidores), muito difundido na Idade Média, Lactâncio fantasiou com visível prazer sobre a morte dos césares hostis aos cristãos no fogo eterno. O postulado do fogo eterno já havia sido reclamado pelo seu conterrâneo Tertuliano em torno do ano 200. É fácil de explicar por que a maioria dos bispos, no mais tardar no século vi, tinha se convencido da indispensabilidade sistêmica do inferno eterno, fundamentada tanto teológica quanto psicopoliticamente. Quando o concílio de Constantinopla, em 553, anatemizou em definitivo a doutrina da restauração de todas as coisas em Deus (*apokatástasis pánton*), formulada por Orígenes, ele articulou a defesa do inferno contra a metafísica subversiva do final feliz de todas as coisas. Esta tinha um efeito subversivo porque mexia com as bases fobocráticas da dominação eclesiástica sobre as almas e da asseguração jurídica dos votos e juramentos.

céticos, negadores e pecadores alojados no fogo eterno.[31] Indicações semelhantes à masmorra densamente povoada no deserto (*sijjîn*), na qual os ímpios ficariam presos até o dia do juízo, foram concedidas a Maomé na segunda parte de sua viagem noturna.

Característico dos afiados sistemas de oferta é que, no momento em que sua proclamação se inicia, eles põem no mundo um "ou isto ou aquilo" que, em princípio, não pode ser atenuado. Fundam a poesia que aposta no tudo ou nada. As vantagens da exacerbação se mostram quando a existência dos crentes é arrebatada à indiferença, ao desânimo, à desclassificação. Do mesmo modo que a cela faz o monge, a unilateralidade faz o convertido.

As ideias religiosas referentes à eleição topam com seu limite interno assim que são forçadas a aclarar a tensão entre o universalismo formal de suas doutrinas e a corporificação regional e particular destas. Cedo ou tarde, querendo ou não, eleitos e enviados precisam admitir que eles também não só são pecadores, isto é, parceiros cronicamente deficitários da aliança com Deus, mas também universalistas autocontraditórios fixados no particular.

O fato de Paulo, no horizonte do pouco "tempo que resta", ter podido dar "a todos que invocam Cristo" a promessa da salvação decorre da lógica do gargalo de garrafa da situação apocalíptica: enquanto os poucos que são salvos têm razões para se alegrar por ter ouvido e aceitado a boa nova a tempo, os inúmeros perdidos até estão implicados, mas só no sentido de que, dali por diante, devem ter certeza de sua perdição.

Entre os perdidos, os que manifestamente se opõem constituem o núcleo, enquanto a maioria é composta pelos que nunca tiveram chance de ouvir a mensagem a tempo, antes do retorno do Senhor. Nesse ponto, encontra-se o germe da ideia cristã da história como adiamento do dia do juízo final[32]: por causa desses muitos, seria desejável

---

31. É o caso do *Apocalipse de Pedro*, descoberto no ano de 1867, em Akhmim, Egito; cf. também a *Paixão de Perpétua*, redigida no ano de 203 em Cartago.
32. Ela é indicada pela primeira vez no *Apologeticum* (39,2), de Tertuliano, do ano de 197 EC, quando o autor afirma que os cristãos, longe de terem um efeito desestabilizador, estariam orando pelo imperador, pela tranquilidade do império e pelo

que o Senhor postergasse seu retorno e com ele o juízo até que todos os que vivem na terra tivessem a felicidade de ouvir sua mensagem — mesmo que isso levasse dois mil anos ou até mais.

A ideia de expandir a história dos apóstolos para uma história da salvação do mundo soa, num primeiro momento, como uma concessão ao senso de justiça metafísica; a cortina não deveria se fechar sobre o mundo como um todo antes que todos os que estão sob o céu tivessem acesso à boa nova. O fato de, durante todo esse tempo, no globo terrestre ainda não missionado, continuarem morrendo pessoas debaixo do céu errado sem salvação desempenha um papel secundário nas versões cristãs de história mundial enquanto história da difusão da mensagem. A história da salvação, entendida como pescaria global das almas passíveis de resgate no oceano do mundo, deve ser comparada, ainda no terceiro milênio após a morte e o não retorno de Cristo, preponderantemente com a viagem de uma frota de navios de resgate em um oceano de perdição.

A impossibilidade consumada de um universalismo cristão real sem o anzol das segundas intenções passa a ser visível na literatura mística do século XVII, em particular na francesa. Entram em cena autores que estreitam o círculo da comunicação espiritual a um ponto quase impossível de acessar, embora sua pretensão de validade permaneça imbativelmente universal. Nessa linha, em seu tratado *Pratique facile pour élever l'Ame à la contemplation* [Prática fácil para elevar a alma à contemplação] (1670), François Malaval anota o seguinte: "Escrevo apenas para pessoas que são capazes das coisas interiores, totalmente mortificadas para os sentidos exteriores e todas as paixões, totalmente dedicadas a Deus com amor puro e libertas de tudo o que foi criado."[33] Mais de trinta anos antes, René Descartes havia aplicado no plano extrarreligioso, em seu *Discurso do método* (1637), a postura do morrer para tudo o que é mundano, adquirida pela via cristã, para desfrutar, durante sua estada na metrópole estrangeria de Amsterdã, do privilégio de uma vida solitária e reservada, como se estivesse vivendo no deserto, pretendendo buscar

---

adiamento do fim (*pro mora finis*).

33. Apud Michel de Certeau, *Mystische Fabel: 16. bis 17. Jahrhundert*, Frankfurt am Main, Suhrkamp, 2010, p. 271.

nada além "da pura verdade". Sem deserto não há concentração da vontade. No deserto da evidência que basta a si mesma seriam construídos os novos edifícios da verdade. Embora os portões que dão acesso a ela estejam abertos para todos, só uma ínfima parcela se alojará ali. O universalismo do cristianismo tem em comum com o universalismo epistemológico e o filosófico o fato de ser acessível a uma elite que designa e elege a si mesma.

Do ponto de vista econômico-religioso, os sistemas de culto e crença com ênfase na oferta representam modelos de comportamento que visam despertar nos destinatários um forte estímulo aquisitivo. Eles têm afinidade com aquelas ofertas infames que não se pode recusar, principalmente por causa do modo sugestivo, ocasionalmente impetuoso de sua comunicação. Não se pode imputar a todos os ofertantes que não tenham desejado *bona fide* dar aos seus potenciais companheiros de crença *in spe* acesso à melhor das mensagens.

A certeza de que estavam dando notícias realmente boas gerou nos mensageiros a licença para ser insistentes; raramente eles se detiveram no limiar da importunação. Eles o atravessaram sem escrúpulos quando, em consequência da conversão estrategicamente visada de príncipes, podiam pescar, junto com estes, populações inteiras para a Igreja romana — paradigmaticamente com o batismo do chefe militar merovíngio Clóvis em torno do ano de 498. Por meio dele, a *praedicatio gentium* (pregação aos pagãos) ou a *conversio infidelium* (conversão dos infiéis) logrou um de seus mais efetivos lances de xadrez. É quase supérfluo observar que Clóvis, analogamente a um Constantino em miniatura, acreditou reconhecer em Cristo um deus que auxilia na vitória; pois quem, senão ele, o teria apoiado na batalha de Zülpich (496, a oeste de Colônia) contra os alamanos? Graças à recepção pelos francos, estabeleceu-se em território "ocidental", depois europeu, a reformulação da proclamação primordial cultuadora da paixão, caritativa, voltada aos indivíduos, em proclamação cultuadora da vitória, cultuadora do império, cultuadora do coletivo, inaugurada por Roma oriental. No desfecho provisório desse "uso" reformulador encontram-se grupos como os Cristãos Alemães, que aderiram à missão de Adolf Hitler, e os evangelicais estadunidenses que, há mais de meio século (e não só no *National Prayer Breakfast* [Café da Manhã Nacional de Oração]), são presença constante na Casa Branca.

Não se falará aqui *en détail* sobre as histórias de expansão das "religiões" movidas pela oferta. Depois de 1.500 anos, a *promulgatio Evangelii* (promulgação do evangelho), também denominada *propagatio fidei* (difusão da fé) ou *peregrinatio propter Christum* (peregrinação por causa de Cristo), encontrou definição mais precisa quando os jesuítas, pouco depois da fundação de sua ordem, na segunda metade do século XVI, puseram em circulação a expressão "missão" (*missio*, envio). Ela foi prontamente retroprojetada por historiadores europeus sobre a história do cristianismo; não demorou muito para que os céleres movimentos do fazedor de tendas Paulo, entre Jerusalém, Damasco, Antioquia, Atenas e Roma, fossem denominados "viagens missionárias", embora no seu tempo esse tipo de atividade fosse pura e simplesmente incomum e mesmo inarticulável. O que havia eram viagens de comerciantes e artífices no espaço de mobilidade da ecumene mediterrânea, complementadas pelo intercâmbio marítimo com interessados distantes e destinatários de instruções vindas dos centros de poder. Algumas coisas depõem a favor de que Paulo, primeiramente, percorreu as estradas imperiais como artífice prestador de serviços.[34] Ao fazer isso, ele pode ter encontrado tempo suficiente para transmitir suas rutilantes ideias sobre a relação entre lei e graça, entre a cruz e a carne, entre a *agápe* e a ordem da vida anterior ao fim — caso a maior parte de suas cartas, como tantas coisas oriundas daquela época áurea da pseudoepigrafia, não seja fruto de invenções posteriores.

O *movens* [motor] da pressa de Paulo resultou do evidente curto prazo da expectativa de duração do mundo do primeiro cristianismo. Aplicar o conceito moderno "missão" a suas viagens é um anacronismo.

---

34. Ryan S. Schellenberg, "'Danger in the Wilderness, Danger at Sea': Paul and the Perils of Travel", in: Philip A. Harland (ed.), *Travel and Religion in Antiquity*, Waterloo, Wilfrid Laurier University Press, 2011, pp. 141-61.

Paulo deve ter pretendido salvar o que ainda podia ser salvo; sua imagem de mundo lhe permitia deixar de lado, sem sentimentalismos, aquilo que, devido à brevidade do tempo, não podia mais ser salvo. Da parábola do oleiro na Carta aos romanos se depreende que a argila não tem direito de reclamar quando dela não resulta um vaso bem formado. Para o apóstolo, a argila amorfa e as massas majoritárias espiritualmente inatingíveis possuíam o mesmo status. Quando Agostinho, 350 anos depois, falou da *massa perditionis*, a massa da perdição, ele ainda fez uso da equiparação paulina de recipientes malformados e existências fracassadas. Isso não o impediu de apresentar seus ditos em um tom que incluía todos.

O termo "missão", de cunho jesuíta, adquiriu seu significado permanente através do seu potencial de pré-projeção. Não foi por acaso que ele foi concebido no limiar da Era Moderna. No arco da missão, pensado até as últimas consequências, oculta-se o que, a partir do século XVIII, se chamaria "história do mundo". A interação conjuntural de história da missão e história do mundo resultou da circunstância de que, desde o princípio, os descobridores, conquistadores e emissários, cientistas da natureza e comerciantes ultramarinos foram acompanhados por clérigos que responderam à ampliação da humanidade empírica graças à descoberta de inúmeros *peoples of colour* [povos de cor] com uma expansão planetária de sua consciência missionária. Colombo (*Colón*) já teria atribuído a si mesmo incumbências apostólicas: depois da descoberta do Novo Mundo, ele decidiu fazer uma leitura programática do seu primeiro nome, Cristóforo (*Christóbal* = Cristóvão); ele próprio se incumbiu da missão de transportar o Salvador mais uma vez sobre as águas.

Enquanto a Europa, quase duzentos anos depois das reformas, se abria para o ocaso da religião através do Iluminismo, partiam do então assim chamado Velho Mundo, transportadas pela navegação marítima ibérica, as primeiras ondas de missão intensiva para os demais continentes, começando com os novos mundos da América do Norte e da América do Sul, seguidos de regiões-alvo na Ásia e na África. Após a descoberta da América, tornou-se obrigatória para os centros de poder da Europa capazes de singrar os oceanos a imagem de mundo composta de quatro continentes. A "era dos descobrimentos" fez com que a teopoesia europeia desencadeasse uma profusão de geopoesias. Na "era da imagem do mundo" começam a proliferar os mundos da imagem.

Os movimentos expansionistas das primeiras nações europeias liberam literalmente poderosas energias psíquicas e físicas; estas confluíram em um tipo característico de vontade forte, ao mesmo tempo firme na fé, flexível e utilizável no serviço de rua, que podia ser cunhado, segundo a necessidade, como marujo, conquistador, governador de colônia, administrador de propriedades, soldado, dono de plantações e comerciante ultramarino e, por fim, missionário. Na pessoa dos missionários católicos, subiu ao palco da história uma variante de místicos ativistas.

Os agentes espirituais — de início, sobretudo, diplomados da *Willensschule* [escola da vontade] dos jesuítas — se punham a cumprir suas tarefas com um elã como se fossem expedições de um Alexandre de batina. Seria de acreditar que as energias mobilizadas pelos monges do deserto egípcios e sírios, em campanhas voltadas para dentro, teriam partido para a ofensiva depois de uma moratória de quase doze séculos. Um europeu do início do século XXI dificilmente ainda será capaz de imaginar o que os missionários tiveram de suportar para proclamar as absurdidades de uma fé praticamente intraduzível, mas, graças a Deus, de fácil simplificação, nos ambientes mais agrestes, entre índios canadenses, entre os habitantes do Reino do Meio, entre os clãs da Patagônia, nas ilhas japonesas e em meio a tribos africanas.

Eles dificilmente teriam sido capazes de fazer isso se não estivessem imbuídos das motivações que impulsionaram a expansão europeia desde o século XVI: em primeiro lugar, a busca compulsiva de sentido pelos segundos, terceiros e quartos filhos de famílias ibéricas prolíficas que se agarraram aos recém-surgidos roteiros para a era da exploração católica do mundo[35]; em segundo, a doutrina para-antropológica do autor eclesiástico Tertuliano, segundo a qual a alma humana está

---

35. Gunnar Heinsohn, *Söhne und Weltmacht: Terror im Aufstieg und Fall der Nationen*, Zurique, Orell Fuessli, 2003.

naturalmente conformada ao cristianismo: *anima naturaliter christiana*. Quem pensasse assim de modo autêntico viajaria até os estrangeiros talvez como um perturbado bem-intencionado, mas nunca como explorador e violentador. Em suas incursões expansionistas, os emissários da Europa geralmente deixavam em aberto se tinham em mente visitas a parentes entre famílias dispersas por muito tempo ou se eram guiados pela busca de subjugação da humanidade "restante", aliás do "resto do mundo", sob concepções "judaico-cristãs".

Para entender alguma coisa do elã da missão mundial cristã é preciso abordar a autocondução endorretórica e endopoética dos missionários: ela decorreu do *training* mental diário em forma de orações, leituras, prédicas e outros atos de *fitness* para fortalecer a fé, que possibilitou aos clérigos preservar sua identidade apostólica sob circunstâncias estranhas, mesmo que agissem, como os jesuítas na Índia, com roupagem de brâmanes ou, como na China, com o figurino de mandarins — até que, depois de prolongadas controvérsias, lhes foi definitivamente proibido, mediante bulas da Santa Sé (1742 e 1744), a assimilação aos costumes e ritos locais. Para os apóstolos em serviço no exterior, tratava-se, como para todos os protagonistas em culturas evoluídas, de uma evidência, a ser renovada dia após dia, de que crer, trabalhar e manter-se em forma é tudo o mesmo.

Em retrospectiva ao meio milênio transcorrido de 1492 a 1945, não há como não o designar como a era da importunação, para escolher a expressão mais delicada. Suas ações mais impetuosas foram efetivadas por projetos político-econômicos e empreendimentos colonizadores de cunho religioso, cujas fontes emissoras residiram nos impérios nacionalistas da Europa e em suas monarquias sacramentais. A fonte suprema das "missões" ficou aquartelada primeiramente *formaliter* [em termos formais], mais tarde também substancialmente na Santa Sé — embora se tivesse cedido aos reinos ibéricos, por mais de um século, o privilégio de proteger e incrementar as "missões"; isso constituía uma parte do direito de tomada de posse do mundo em conformidade com o tratado de distribuição de Tordesilhas do ano de 1494, que concedeu metade da Terra representada por um globo — do qual o lado atlântico acabara de ser conhecido — aos espanhóis e a outra metade aos portugueses, em um ato sem igual de pirataria diplomático-sacral.

Em Roma, o conceito da religião mundial ganhou, pela primeira vez, sua articulação precisa. No dia 6 de janeiro de 1622, surgiu, sob o papa Gregório XV, uma nova instância que, com inocente clareza, foi designada *Sacra Congregatio de propaganda fide* [Sagrada Congregação para a Propaganda da Fé]. Sua instalação serviu à finalidade de trazer inequivocamente de volta para a Cidade Santa a competência em questões de difusão de fé — dali por diante também na prática. Ela equivaleu a um contragolpe ideológico, depois que as tropas católicas e imperiais, na batalha junto à montanha Branca, no dia 8 de novembro de 1620, tinham vencido a primeira grande escaramuça daquela que, mais tarde, seria denominada Guerra dos Trinta Anos contra os príncipes protestantes. No início, o termo *propagatio fidei* [propagação da fé] se referia aos horizontes europeus das preocupações papais mais do que às missões ultramarinas. Para a Santa Sé, a primeira das urgências era recuperar os territórios perdidos para o protestantismo após 1517. O fato de a polêmica católica ocasionalmente caricaturar Lutero como turco denuncia a imbricação de agitações nas frentes de batalha internas e batalhas nas frentes externas. A caricatura fez uso exaustivo da grosseria e de coisas piores ao retratar Lutero, que afinal era autor de uma *Prédica ao exército contra os turcos* (1530) e outros tratados antiosmânicos, como um odioso oriental, corroído pela heresia — em outras gravuras da época, via-se o reformador como a besta do Apocalipse, ao passo que o próprio Lutero, tendendo a assumir ares apocalípticos em vista das crescentes resistências, interpretou os turcos como o quarto chifre da fera. Contudo ele pressionou o conselho da cidade da Basileia a libertar o erudito Theodor Bibliander (1506-1564), que havia sido encarcerado no ano de 1542 por causa de sua intenção de publicar o Alcorão em latim; o reformador escreveu um prefácio à edição do Alcorão em três volumes suntuosamente adornada, publicada por Bibliander em 1543, por estar convencido de que não havia arma mais cortante contra os turcos do que a consulta desimpedida das "mentiras e fábulas" de Maomé.

O jeito de pensar resolutamente geopolítico da instância encarregada da propaganda é atestado pela subdivisão do mapa-múndi pelo secretário da Congregação, Francesco Ingoli, em treze zonas, cada uma das quais atribuída a um cardeal e um núncio. A polêmica "globalização" confessional recorreu ao novo meio da cartografia para visualizar o mundo como espaço de influência, isto é, como suma dos possíveis destinos de incumbências missionárias baseadas em Roma. Em seu primeiro relatório de resultados de 1631, *Relazione delle quattro parti del mondo* [Relatório das quatro partes do mundo], Ingoli, baseando-se em relatórios dos missionários aos seus superiores, registrou a observação de que o cristianismo é percebido pelos novos povos, muitas vezes, como acompanhante das expansões europeias violentas, ao passo que o islamismo desfrutaria dos privilégios de uma proclamação pacífica, disseminada por comerciantes. A santificação de Francisco Xavier, o apóstolo da Ásia, em março de 1622, coube como uma luva na agenda da nova instância; fazia poucos anos que seu braço, extenuado após abençoar 10 mil pessoas, se encontrava em Roma.[36]

A história posterior do significado da expressão "propaganda" demonstra como o conceito escapou ao controle da Igreja católica. No ano de 1790, um grupo de jacobinos se apropriou dele no afã de popularizar suas ideias; eles sabiam que analogias evocavam quando falaram em tons afirmativos de *propagande* — todo fanatismo cita algum outro. A esses inauguradores da militância no político ("o político", *nota bene*, era antimilitante, surgido da descoberta da neutralidade e das terceiras vias) seria possível referir a seguinte observação de Paul Valéry: "Só conseguimos agir quando nos movemos na direção de um fantasma."[37]

A permutabilidade dos fantasmas figura entre as experiências fundamentais da modernidade. No século xx, a concepção "propaganda" equivale à permanente degradação da inteligência coletiva por sua redução a reflexos semânticos condicionados mediante palavras e imagens monotonamente repetidas que geram estímulos. Na guerra dos slogans e dos sugestionamentos, foram organizadas, em consonância com os

---

36. Cf. acima pp. 46 e ss.
37. Paul Valéry, op. cit., p. 235.

conhecimentos adquiridos por Pavlov com cães, campanhas para fazer correr a baba e seus equivalentes mentais da boca das massas condicionadas dos *followers* de opinião. Posteriormente, o próprio Ivan Petrovitch Pavlov (1849-1936) se dedicou a temas sociológicos e tentou mostrar que "culturas" representam agregados complexos de reflexos condicionados; de acordo com sua concepção, nelas a automatização biológica geral da conexão entre estímulos e reações é incrementada em automatismos culturais específicos da conexão entre signos e reações mentais. Em suas reflexões, Pavlov acentuou a qualidade de estímulo direcionador da reação dos signos exogenamente postos, ao passo que Sigmund Freud ressaltara sua qualidade de sintoma em relação a tensões "neuróticas" de origem endógena. As intuições de Pavlov superaram em muito as hipóteses de Freud no campo sociopsicológico, na medida em que dificilmente se poderá duvidar de que, em todas as culturas modernas, o tônus político da massa seja regulado pela manipulação estratégica dos signos, ao passo que o uso esclarecedor de linguagem, imagem e esquema desempenha um papel secundário nas semiosferas das massas. As agitações são sempre precedidas de condicionamentos e elas próprias têm efeitos condicionantes. Assim como há asmáticos que têm crise respiratória pelo simples fato de verem rosas de plástico, camaradas suficientemente condicionados têm acessos de ódio durante a leitura do jornal *Pravda* e de periódicos afins da publicística ocidental no momento em que topam, em algum artigo, com palavras como "capitalismo". Depois de uma preparação adequada, uma expressão abstrata como "o subsistente" provoca reações de forte aversão, ao passo que palavras-estímulo como "criatividade" e clichês de mobilidade como "reinventar a si mesmo" desencadeiam reflexos intensos de apetite. Apesar da idade avançada, Pavlov morreu cedo demais para poder observar como suas assunções fisiológico-culturais se mostraram verdadeiras nas nações ocidentais de consumo pós-1950. O *Admirável mundo novo*, de Aldous Huxley (original publicado em 1932), já está marcado, do começo ao fim, pela aplicação de concepções pavlovianas, inclusive algumas do tipo satírico como a da "hipnopedia", que proporciona aos alunos do feliz mundo ocidental um *brain washing* noturno em forma de floreios do tipo "todos pertencem a todos".

Ao mesmo tempo, a prática da propaganda, que passou a se chamar *public relations* ou "trabalho de publicidade", contém o germe da manipulação tecnicamente planejada das opiniões e dos humores coletivos na era midiática: em um contexto que aparenta neutralidade política, ela assume o sentido de fabricação de consenso compatível com a democracia. Mesmo que essa fabricação se apresente, a princípio, como negócio puramente secular, não há como ignorar a estreita afinidade com procedimentos católico-romanos, jacobinistas, goebbelianos e leninistas-maoistas de geração de conformidade.[38]

Quanto às teopoesias na era das missões imperiais nacionalistas, lançadas pelas ordens centrais católicas, principalmente a franciscana, a dominicana e a jesuíta, mais tarde também pelas protestantes, não esquecendo aquelas que acompanharam os negócios holandeses e britânicos nas Índias Orientais, elas validaram, em todo o globo, o retrato de um deus cosmicamente competente, expansionista, fundador de comunidades e, ao mesmo tempo, entretecido intimamente com cada alma. Sua característica mais destacada consistiu manifestamente em sua capacidade de absorver imagens mais antigas de poderes transcendentes e, assim, converter, de forma quase imperceptível, deuses locais compactos no deus celestial, supracelestial, transcendente não mundano, razão pela qual a palavra "deus" assumiu tantas colorações quanto a incidência de deuses locais e espíritos comuns. As imagens católico-romanas de céus e infernos incorreram em múltiplos amálgamas após seu cruzamento com representações regionais da transcendência, do mesmo modo como a veneração dos santos se associou com anteriores representações politeístas sob condições regionais — os exemplos mais impressionantes são os dos cultos de escravos brasileiros e caribenhos como macumba, candomblé, vodu e *santería*. Ademais, a teologia trinitária, impenetrável para os povos estrangeiros e suas lógicas — não muito diferente do que para a razão pátria —, deixou por conta dos convertidos decidir se queriam vincular-se mais ao Pai, ao Filho ou ao Espírito Santo. A atual marcha triunfal dos

---

38. Edward Bernays, *Propaganda: Die Kunst der Public Relations*, Berlim, Orange-Press, 2015 [1928].

pentecostalismos na América do Sul e na África fala a favor da atratividade da terceira opção.

O que ficou evidente após a transmissão para todo o mundo da imagem de um deus tão vivamente interessado em expansão foi: ele não se daria por satisfeito em deixar seus novos adeptos em paz nos locais em que sua mensagem os encontrara. Assim como IHVH, por 3 mil anos, teve uma relação muito estreita com os judeus como parceiro de bênção e castigo, o deus dos novos povos logo comprovaria sua não indiferença em relação aos seus destinos.

Que ele tinha algo especial em vista para os norte-americanos foi explicado a eles por um dos seus autores proféticos já na virada do século XVII para o XVIII: eles podiam depreendê-lo do escrito *Magnalia Christi Americana*, cujo significado aproximado é: os grandes feitos do Filho de Deus por intermédio do novo povo eleito[39], de autoria de Cotton Mather (1663-1726), o principal pensador do excepcionalismo neoinglês de inspiração puritana. Por que não haveria de dar certo em Boston aquilo que fora empreendido com êxito em Roma, em Wittenberg, em Genebra? No início, o mundo moderno nada mais era do que uma rede de incubadeiras expressas para ideias de eleição. Sua figura básica é paulina: "E como pregarão se não forem enviados?"[40] Em solo norte-americano, foi formulada explicitamente a questão do envio original; a ela se seguiu de imediato a questão adicional da parcela de autoeleição e autoenvio. O historiador Leopold von Ranke teve boas razões para

---

39. Cotton Mather, *Magnalia Christi Americana or The Ecclesiastical History of New-England, from its First Planting in the Year 1620, unto the Year of Our Lord 1698*, Londres, Thomas Parkhurst, 1702. À edição de 1820 foi anteposto o lema quase virgiliano: *Tantae Molis erat, pro* CHRISTO *condere Gentem* [Como foi trabalhoso fundar um povo para CRISTO]. *A história eclesiástica da Nova Inglaterra*, de Mather, pode ser lida como uma réplica moderna dos livros históricos do Antigo Testamento, nos quais Deus continuamente faz história por intermédio dos seus. Do que se passou no território dos novos Estados, não há nada que não pudesse ser lido como sinal "de sua presença graciosa" com o povo norte-americano enquanto segundo Israel.

40. Romanos 10,14.

considerar Calvino o fundador propriamente dito dos Estados Unidos; Walt Whitman afirmou francamente que os Estados Unidos seriam a maior das poesias; se ele tivesse falado da maior das ficções ativas, ficaria ainda mais fácil partilhar de sua opinião. O resto do mundo ficou sabendo do necessário no mais tardar em 6 de abril de 1917, quando os Estados Unidos entraram na Primeira Guerra Mundial.

Somente diante do pano de fundo de uma teologia que pouco respeitou a diferença entre insistência e importunação foi possível fazer falar um céu, de cujas qualidades, no final das contas, não se podia saber nada certo entre os habitantes da terra, excetuando sua sempiterna ambivalência que, desde tempos antigos, foi prefigurada na dualidade de céu diurno e céu noturno. Nem mesmo o hiperatributo "onipotência" é capaz de ocultar, a longo prazo, sua friabilidade. Do ponto de vista atual, seria mais plausível adotar um atributo como onifragilidade; especialistas devem verificar se "onirresiliência" é uma expressão teologicamente significativa. Nenhuma das propriedades desse céu pode ser considerada fundamentada em última instância e isenta de paradoxos, salvo uma, a saber, que ele está em condições de interromper biografias aparentemente retilíneas, como foi demonstrado no caso de Jó. Ele precisa aguentar o fato de ter essa capacidade em comum com o acaso, conhecido por sua estupidez.

A culminância dos motivos de oferta religiosa no século xx foi atingida na obra do filósofo Emmanuel Lévinas (1906-1995), lituano de nascimento, ao qual não faríamos nenhuma injustiça se, em virtude de suas características familiares e da escolha consciente dos seus temas, o víssemos mais como rabino do que como pensador filosófico, a despeito de sua afinidade com Husserl e Heidegger. Devemos a ele o afunilamento do enfoque da oferta religiosa na tese da primazia incondicional do "outro" — sendo que as declinações mais importantes de alteridade aparecem como as do estrangeiro/estranho, do ser humano necessitado e de Deus. No mundo de Lévinas, não é o todo-poderoso que procura fazer com que o sujeito autorreferente ingresse em sua comuna com o propósito de aprender um tanto de humildade; em vez disso, um ente fragilizado solta o seu grito de dor no mundo que o cerca e provoca resposta ou não resposta. O mundo se divide entre aqueles que se deixam cativar, mesmo que contra a vontade, pelo pedido de socorro e os demais que preferem não dar ouvidos à voz da necessidade por ter outras prioridades.

A Lévinas cabe o privilégio de ter interpretado a essência da religião de oferta como a pressão do grito de socorro emitido pelo outro credenciado por uma face humana. Como teólogo que filosofa no século XX, forçado a enfocar um acontecimento como o do Holocausto, ele conseguiu algo inesperado. Traduziu a doutrina agostiniana do pecado hereditário que ficara obsoleta para uma dimensão atual e que se atualiza permanentemente: descreveu a humanidade como uma massa em condensação, na qual o grito de socorro raramente é atendido de maneira adequada. Os gritos partem da face ferida da vida. Quem estiver disposto a ouvir cuida da criança abandonada, da vítima de acidente, do exilado, do ser vivo sujeito a qualquer forma de sofrimento.

O paradoxo de Lévinas se funda no fato de que o rosto do outro sofredor só se torna efetivo na proximidade, ao passo que o grito se alastra por uma distância maior. A irrupção do distante na proximidade reaviva o pecado como inevitável pecado de omissão. De acordo com isso, pecador seria quem perde a oportunidade de sofrer com o sofredor e agir mediante a solidarização.

O pecado hereditário radicalizado intensifica a insistência da mensagem a ponto da coação. Ele se impõe no momento que sobrevém a você a responsabilidade pelo outro desamparado. Comporta-se como descrente quem não quer admitir que a situação é suficientemente grave para se deixar tomar por um grito de socorro. O *peccatum originale* real não é herdado como uma característica genérica comum a todos — o equívoco de Agostinho não podia ter sido maior; acontece a cada vez de maneira renovada porque a empatia, inclusive a que atua no nível local, fica, de caso a caso, aquém do infortúnio do outro a ser remediado; isso se assemelha ao que Karl Jaspers, em 1946, denominou, com um termo não muito feliz, de "culpa metafísica" — que deveria designar um déficit de solidariedade entre entes finitos que jamais poderá ser compensado.⁴¹ Max Weber, venerado por Jaspers, havia falado mais precisamente do "império mundial da não fraternidade". Uma chama do pecado sempre reiterado foi lançada no século XX quando a Santa Sé, por razões que podem ser qualificadas da forma como for, se omitiu de dizer a tempo o necessário a respeito da aniquilação física do judaísmo europeu, planejada pela política do nazismo alemão, da qual Roma tinha conhecimento.

Se fosse possível abarcar as expressões típicas de religiões agressivas em um ranking de inverossimilhança, o termo "pecado hereditário/original" deve aparecer isolado no topo, talvez apenas superado por "concepção imaculada" e "ascensão ao céu", mas, sem dúvida, ganhando longe de expressões como "inspiração verbal" ou "fechamento dos portões". Tal escala mostraria formalmente o que, para a intuição comum, havia muito já era evidente: que às vezes basta um passo para passar do surrealismo local à "religião mundial".

---

41. Karl Jaspers, *Die Schuldfrage*, Heidelberg, Lambert Schneider, 1946.

19

SOBRE A PROSA E A POESIA DA BUSCA

Para contradizer os defensores da tese de que a disposição religiosa seria um elemento da natureza humana e, por conseguinte, uma disposição inata, não é preciso lançar mão de exceções visíveis. Em enunciados sobre disposições, deve-se aceitar a equiparação de normalidade e valor médio, enquanto puder ser demonstrado que desvios do dado majoritário se explicam pela falta de ativação da disposição. De nada adiantaria a uma folha religiosa em branco ter uma *anima naturaliter christiana* [alma cristã por natureza] psicobiologicamente pré-instalada se ela não fosse posta em funcionamento mediante um código de ativação.

Do ponto de vista pragmático, não existe "incredulidade" em indivíduos aptos a viver. Aptidão sob a pressão do cotidiano implica uma postura existencial norteada por convicções, não importa se permanecem inarticuladas ou se aparecem em confissões articuladas. No mundo todo, não existe ninguém mais crente do que uma mãe que ficou sozinha com três filhos pequenos e sabe que precisa arrumar um jeito de sustentar suas crianças.

Conferir a convicções ou, em termos técnicos, a sincrasias/amálgamas de reservas de energia com valores e objetivos a definição de sentenças religiosas ou não constitui uma questão secundária em vista de quão vago é o conceito de religião. Convicções formuláveis boiam no mar da consciência como icebergs — a maior parcela delas pertence à esfera das impressões não declarativas e do *habitus* pré-consciente. Tertuliano até achou necessário observar que Jesus disse que ele é a verdade e não que ele é o hábito, mas quase todas as sentenças, emoções e sentimentos religiosos se fundam no *habitus*.¹ E se, acompanhando Salomon Reinach, definirmos religiões como sistemas de escrúpulos; ou, de acordo com a teoria do paradoxo, como formações de absurdidades que funcionam; ou, em termos existencialistas, como revolta contra o escândalo da falta de sentido; ou, em consonância com a pesquisa neuroantropológica mais recente, como extensão da empatia para agências invisíveis; ou, em termos de uma economia da doação, como sistemas de mobilização de presentes; ou, na linha da crítica à ideologia, como complemento solene do mundo falso, isto é, como ópio do povo — nada disso tem relevância digna de menção para o olhar externo sobre o mapa e o território do religioso. Paul Valéry é preciso em conceituar a contribuição da *theopoetica* para o *fait humain* [fato humano] em forma de pergunta: "O que seria de nós sem a ajuda do que não existe?"² Inversamente: o que seria do céu sem o ouvido antecipador daqueles a quem ele fala?

Em seu ensaio *The Will to Believe* [A vontade de crer] (1896), William James aclarou coisas decisivas a esse respeito. De suas reflexões se depreende que a diferença primária em questões religiosas não diz respeito à questão de crer de um modo e crer de outro — sendo que a crença diferente às vezes foi difamada por crentes ortodoxos em tom de vivaz antipatia como incredulidade; é por isso que, entre os ortodoxos do triângulo monoteísta, os não judeus eram chamados de *goyim*, os não islamitas de *kuffar*, ao passo que os cristãos tinham o hábito de desqualificar resolutamente os não cristãos como *pagani* (pagãos, pessoas do campo, integrantes dos "povos"). James era psicólogo o suficiente para dar valor à observação de que, quando a crença é espontânea e não mera decorrência de uma inculturação antiga a que se aderiu por toda a vida, trata-se, em primeira linha, de uma realização própria do crente adulto, sobretudo do adulto culto. Ele chama essa realização de vontade de crer — desconsiderando a tese tradicional dos teólogos de que a fé como tal já seria uma graça concedida do alto. Como sucede com todo recurso à graça, também este visa estancar a reflexão analítica: se continuasse a se

---

1. Tertuliano, *De virginibus velandis* [Sobre a necessidade do uso do véu pelas virgens] I, 1.
2. "Que serions-nous donc sans le secours de ce qui n'existe pas?" (Paul Valéry, op. cit., p. 235).

mover livremente, o pensamento chegaria a um momento anterior ao da graça, expondo, como sua condição, uma vontade ou uma disposição de aceitar o dom da graça. Para poder insistir no *prius* do dom, seria preciso recorrer a uma segunda graça: a graça da vontade de aceitar o dom da graça "fé". A graça só é bem-sucedida no jogo contra a vontade quando logra persuadir a vontade a se render.

Foi o poeta e historiador da literatura inglês Samuel Taylor Coleridge (1772-1834) que encontrou a fórmula para designar a calmaria momentânea da vontade na recepção de ficções estéticas: *willing suspension of disbelief* [suspensão voluntária da incredulidade].[3] O achado da suspensão voluntária da incredulidade — também se poderia falar de um hipotético deixar-se persuadir por improbabilidades intensas — pode ser aplicado, com mais razão ainda, ao comportamento religioso, em especial quando está em jogo a crença em milagres e na ação de agentes invisíveis. Todavia, no caso de crentes, a suspensão da incredulidade, na maioria das vezes, se dá involuntariamente, quando uma impregnação irreversível com os conteúdos da crença se antecipa aos movimentos da *disbelief* [incredulidade]. A crentes desse tipo falta a coragem para a incredulidade.

Com a virada para a vontade é concedida à recepção a primazia em relação à proclamação, em linguagem econômica: a demanda tem a primazia em relação à oferta. Isso expressa uma experiência que, entre os norte-americanos, pressionou primeiramente por uma articulação explícita. Cotton Mather não havia pregado em vão, embora os resultados posteriores do *American way of life*, em termos de crença, não correspondessem às suas expectativas. No decurso do século XIX, ficou cada vez mais evidente que o fato de alguém ter nascido dentro de uma comuna religiosa nem sempre resulta em laços permanentes no caso de uma nação oriunda de uma confluência de povos.[4] Em linguagem

---

3. Samuel Taylor Coleridge, *Biographia literaria*, Londres, 1817.
4. A expressão "confluência de povos" (*colluvies gentium*) remonta ao pesquisador alemão C. F. P. von Martius, que viajou pela América do Sul na década de 1820. Com essa expressão, ele designou novas formações tribais pela fusão casual de pequenos grupos migrantes no Brasil. O termo foi retomado por Mühlmann em

calvinista, isso significa que o dom da fé é revogável; talvez o favor do céu se manifeste em uma forma confessional modificada.

Em uma "nação" baseada na imigração, o plurilinguismo do céu figurou entre os fatos morais que antecederam à constituição — no mesmo patamar de traços coletivos de caráter, como *restlessness* [irrequietação], mobilidade e extroversão compulsória. Assim que no Novo Mundo alguém deixava sua casa, especialmente desde a era do *Second Great Awakening* [Segundo Grande Despertar] (1790-1840), reboavam sobre ele as mensagens alternativas dos propagandeadores religiosos inspirados. Se um cidadão mudava de confissão, o mundo ao seu redor podia supor que o céu falava com ele em outro idioma. Se ele se tornava descrente, o céu tinha temporariamente lhe voltado as costas. Um ateísmo real só podia ser imaginado como uma greve de fome contra o além, que, cedo ou tarde, deveria ser tratada com a bem-intencionada alimentação forçada.

Em vista da formação de um mercado, não há como separar o ato de crer do ato de escolher um produto religioso. A forma básica tanto da escolha da fé quanto da autoescolha é a da escolha entre permanecer na velha comuna e ingressar em uma nova com seu sistema de símbolos — podendo a nova ser também um grupo que rejeita sentenças religiosas. Pessoas irreligiosas, na maioria das vezes, não se incluem em grupos como esses, dado que, com razão, não encaram a falta de uma característica religiosa como motivo suficiente para a formação de uma comunidade. É mais provável que se considerem do grupo dos que se recusam a formar um grupo. Contudo, a existência das pacatas ligas de ateístas do século XIX mostra que a incredulidade, às vezes, também procurou prosperar sob estatutos associativos; na Alemanha, as sociedades de egoístas, que se reportavam a Max Stirner, ensejaram que até a insistência na própria unicidade encontrou uma maneira de se organizar.[5] Entre os modernos, a escolha da fé é tingida pela tendência de

---

suas investigações sobre mecanismos do "surgimento de povos a partir de asilos políticos" com fontes étnicas heterogêneas. Cf. Wilhelm Emil Mühlmann, "Colluvies gentium: Volksentstehung aus Asylen", in: *Homo Creator: Abhandlungen zur Soziologie, Anthropologie und Ethnologie*, Wiesbaden, O. Harrassowitz, 1962, pp. 303-10.

5. Hans Günter Helms, *Die Ideologie der anonymen Gesellschaft: Max Stirners "Einziger" und der Fortschritt des demokratischen Selbstbewußtseins vom Vormärz bis zur*

passar de uma religiosidade visível e confessante para uma religiosidade invisível e avessa à confissão. Minha crença é meu *secretum* do qual me envergonho.

A lucidez de James se evidenciou na maneira como ele conceituou com precisão, de uma distância transatlântica, as consequências mentais das reformas europeias: sem vontade não há escolha, sem escolha não há fé. Quem concorda *a posteriori* com a pré-cooptação por meio da socialização toma a decisão de se ater ao que já foi exercitado, seja ele convencional, seja renovador; quem não quiser mais seguir o convencional é livre para dedicar sua afeição a outras plausibilidades. Esse elemento de liberdade havia se tornado identificável no norte da Europa do século xv, por meio da *devotio moderna* de matiz místico; no século xvi, por meio da adesão de incontáveis indivíduos às teses de Lutero, Calvino, Zuínglio e outros reformadores; no século xvii, por meio da união de círculos místicos visando à leitura edificante em conjunto; e, a partir do século xviii, na liberdade da escolha privada da leitura. Onde havia comunidade deveria haver público. A tendência se potencializou no experimento norte-americano que converteu as confissões em seitas e as seitas — devido à aura ruim desse termo — em "denominações", gerando igrejas livres de cunho conformista dissidente, cuja quantidade chega aos milhares. O crente flutuante que cruzou o Atlântico não deixou para trás só a Europa transformada em Velho Mundo, mas, com frequência, também o credo dos progenitores emigrados. Ele se aproximou da figura do migrante religioso a caminho do amorfo.

Em sua conferência de 1896, William James deu a entender indiretamente que, *realiter* [na realidade], o crente é o que mais corresponde, do ponto de vista psicológico, ao depressivo, isto é, à pessoa que teria sucumbido ao desligamento do seu sistema de convencimento. Não muito depois disso, o ser humano em estado de pane psíquica recebeu seu nome clínico: na sexta edição do manual de psiquiatria de Emil Kraepelin, do ano de 1899, foi definida clinicamente a "loucura maníaco-depressiva"; há algum tempo, ela foi renomeada para "transtorno afetivo bipolar", para delimitá-la em relação à depressão monopolar,

---

Bundesrepublik, Colônia, Verlag Du Mont Schauberg, 1966.

que apresenta só a polaridade baixa. Esse estado caracteriza indivíduos que não estão em condições de sentir com clareza suficiente os motivos norteadores de sua vida para se orientar por eles; o que não se sente não se segue. Da mesma forma como o maníaco acredita mais no que é bom para ele a longo prazo, o depressivo acredita menos no que seria bom para animá-lo.

A estatística não leva em conta as ambiguidades e graduações do pertencimento a um coletivo religioso ou confessional. Ela se permite a negligência metodológica das áreas difusas que se estendem entre os continentes de crença e no interior de suas populações. Optando pelos traços gerais, ela registra que, dos atuais 7,7 bilhões de habitantes da Terra, 2,3 bilhões são cristãos — sem ater-se ao fato de que hoje os cristãos se ramificam em mais de 30 mil formas eclesiais juridicamente autônomas, das quais uma grande quantidade foi fundada em tempos mais recentes, que prosperam, sobretudo, em pequenas estruturas indígenas da América do Sul, da África e da Ásia e, aos olhos de consumidores ingênuos da ideologia europeia da secularização, estão ocultas mais fundo no universo da falta de conhecimentos do que espécies de peixes ainda não descobertas no mar profundo. O número de pessoas islamitas seria de 1,75 milhão — também elas fragmentadas de muitas maneiras em grandes grupos análogos a confissões, em seitas militantes ou meditativas e tangidas por inclinações para a folclorização e a indiferença —, o que faz com que os "monoteístas" entrem com um pouco mais da metade da população mundial. Ao lado destes, 1 bilhão de hindus e meio bilhão de budistas têm seu peso, ao passo que 14 milhões de judeus são registrados no clube das "religiões mundiais" mais por sua ancianidade do que em razão de sua importância numérica. O provérbio "três rabinos, quatro opiniões" lembra o quanto enunciados estatísticos permanecem distanciados de convicções individualizadas.

Quanto a ateístas e indiferentes, praticamente não há números confiáveis disponíveis. Nos quadros panorâmicos do Pew Research Center, eles constam como "não afiliados" (*unaffiliated*), e sua quantidade é estimada em 1,2 bilhão.[6] É de se supor que seu grupo seja *de facto* um pouco mais abrangente, dado que boa parte deles se oculta sob a máscara do pertencimento formal aos grandes coletivos. Descrentes declarados e não declarados confrontam a estatística com uma tarefa complicada, já que se deveria diferenciar entre ateístas despretensiosos, indiferentes em termos de religião, ambivalentes, sincretistas, laicistas confessantes e incrédulos que fazem missão. A soma de todos eles pode chegar a um quinto, talvez até um quarto de todos os habitantes da Terra. Da perspectiva daqueles que defendem a disposição religiosa inata de todos os seres humanos, a existência tanto de indiferentes quanto de negadores não constitui uma objeção válida contra a sua tese. Eles seriam, na verdade, buscadores de deus que ainda se encontram no provisório. No seu modo de ver as coisas, a orientação em sexo, dinheiro e status faz parte da pré-escola da fé. Eles gostam de citar estes termos da escritura: *man's extremity is God's opportunity* [A situação extrema do ser humano é a oportunidade de Deus].

Quanto aos animistas, é ainda mais difícil apurar números críveis. A maioria dos clãs e das tribos que ainda podem ser autenticamente designados assim, mesmo que sejam numerosos, é muito pequena para ter algum peso em uma estatística global. Sua característica teopoética é o uso pródigo de concepções do animado, avivado, pleno de intenções; eles existem em meio a um luxo de animidade, ao lado do qual quase todas as demais formas de crença dão a impressão de austeridades. Se partirmos da teoria psicológico-cognitiva de Jean Piaget, segundo a qual crianças pequenas passam por um estágio animista, em que a diferenciação "animado *versus* não animado" ainda não está exercitada com segurança, não há como evitar a suposição de que há na terra hoje pelo menos 6 bilhões de ex-animistas. Mesmo que não se queira imputar à maioria deles nenhuma propensão aguda a recaídas no modo de pensar da primeira infância, os ex-animistas constituem um exército de reserva imprevisível para reencantamentos do mundo.

---

6. Pew Research Center, *The Changing Global Religious Landscape*, p. 9, 5 abr. 2017; disponível em: https://www.pewresearch.org/religion/2017/04/05/the-changing-global-religious-landscape/. Acesso em: jul. 2020.

A transformação do "campo" — lembrando a expressão parafísica de Pierre Bourdieu — religioso em um mercado para produtos da fé tem, tanto como pressuposto quanto como consequência, a conversão de igrejas em firmas. O que, por sua vez, é uma resposta à acelerada mudança da disposição religiosa coletiva e individual mediante o aparecimento de populações capazes de ler e votar. Aquilo que, no caso de figuras como Šubši-mašrâ-Šakkan e Jó[7], ainda havia sido posto no seu devido lugar como presunção do entendimento passa a ser situação normal no mundo do conhecimento bíblico de Gutenberg — o que antes só havia acontecido no *melting pot* de Alexandria durante a Antiguidade tardia. Quem sabe ler fará perguntas. De início, a intervenção de Lutero em 31 de outubro de 1517 se referiu apenas a suas dúvidas sobre ser possível fundamentar com o evangelho a prática charlatanesca das indulgências, com as quais se podia comprar dos agentes a soldo da Igreja romana facilidades para si e para parentes no purgatório. Examinada de longe, e não só pela lente protestante, a indulgência à venda não passava de uma artimanha para explorar o medo do purgatório; este havia sido anteposto ao inferno desde o século XII mediante recurso a indicações de Gregório Magno (no cargo de 590 a 604) para ir ao encontro da demanda de cristãos amedrontados por alternativas para a condenação definitiva; a bela ficção de uma depuração pós-mortal é mantida até hoje nos catecismos católicos com discretas modificações.

O fenômeno da "Reforma" apresentou a evidência de que, em questões de religião, a oferta não é tudo. Embora a Igreja global estivesse dividida tanto teológica quanto organizacionalmente desde 1054 pela oposição entre Roma e Constantinopla, foram os eventos do século XVI que produziram a oposição confessional que atuou, do lado protestante, como matriz de diferenciações subsequentes. Nos séculos seguintes ao rompimento do monopólio católico da oferta, inúmeros produtos fabricados inundaram o que, à época, com toda razão, era chamado de mercado religioso — cada qual mais calculado para conferir expressão às vozes da demanda e aos humores do meio ambiente e da época. A maioria dos profetas mais jovens não eram figuras que reivindicavam

---

7. Cf. o Capítulo 16 desta edição.

conhecer melhor o que almejava o povo de eleitores da fé do que as *mainstream churches* [a corrente principal das igrejas] com suas ofertas engessadas? Desde o século XVII, a história das igrejas, dos hereges e das seitas, quer seja imparcial, quer não, fala muito mais sobre o que as pessoas desejavam crer do que sobre aquilo que o bloco apostólico tentou lhes impingir mesmo depois da perda do seu monopólio. Na medida em que elas se mantinham ligadas à Igreja católica, a concepção do purgatório lhes servia para evitar o *worst case* [a pior hipótese] no além. Protestantes luteranos e reformados calvinistas deram as costas à concepção medieval do inferno intermediário[8]; no caso deles, a rígida alternativa da antiga doutrina, que só dava ciência de dois estados, se tornou mais suportável pelo fato de os crentes investirem todas as suas energias na autossugestão de que seriam incluídos no número dos salvos; no mundo enquanto barco que está afundando, cada qual é o próximo de si mesmo. Quem procura razões para a erosão individualista da atual "sociedade mundial" não deveria se deter ao diagnóstico neoantiliberal chamado "espírito do capitalismo". A concorrência e o bem escasso denominado "eleição" remontam à era das reformas que cunharam a Europa — e dali às antigas farmácias metafísicas do Oriente Próximo.

Com a vontade de crer entra no campo visual o desejo de ter conteúdos preferidos de fé — em primeiro lugar, a eleição para a vida eterna; o desejo teve por base a suposição de que os bem-sucedidos podiam deduzir sua eleição dos sucessos terrenos. Desde então, a correnteza da prática moderna se movimenta como uma soma de vetores do pensamento positivo que vai constituindo a si mesmo como verdade.

A expansão das igrejas pentecostais que recentemente se trasladaram da América do Norte para o Brasil fala uma linguagem clara: são os demandantes que tornam o movimento forte, ao passo que seus designers importam o que mais é demandado no local de recepção: o que se deseja são regras morais rígidas, dogmas singelos, perspectivas

---

8. Mas o auge da concepção do purgatório ainda estava por vir, pelo menos do ponto de vista das artes plásticas. É o que nos informa, entre outros: Christine Göttler, *Die Kunst des Fegefeuers nach der Reformation: Kirchliche Schenkungen, Ablaß und Almosen in Antwerpen und Bologna um 1600*, Mainz, Verlag Philipp von Zabern, 1976.

concretas de sucesso social, suporte comunitário, proteção para as crianças, vinculação dos homens à família, imunização contra a criminalidade e drogas e, não menos importante, celebrações comunitárias entusiásticas. Com a tríade "júbilo, trabalho e estrutura", as igrejas pentecostais e evangélicas em crescimento do Sul global se orientam pela demanda de populações que não guardam segredo de suas deficiências econômicas, sociais, culturais e espirituais. Sua carência de suporte claramente articulada impulsiona uma cultura pop de fórmulas singelas.

Na Era Moderna europeia, a postura dos indivíduos que demanda religião obedece mais às leis da mistura do que às leis da ortodoxia. A modernidade, tanto em sua fase alta quanto na tardia e na posterior, se assemelhou à Antiguidade helenista por seus sincretismos. Quando marcada por elementos de formação superior, ela simpatizou com doutrinas que não provinham de tradições desgastadas[9]; tendeu para o ceticismo em relação aos brados do púlpito e ao dogmatismo. Desclesialização e receptividade espiritual não constituem contradição para ela. Sua marca registrada foi a postura amistosa abstrata para com o estranho/estrangeiro. Seu estado de espírito fundamental foi formulado acertadamente pelo jovem Martin Buber em sua "Observação preliminar" à conhecida coletânea de *Mystische Zeugnisse aller Zeitein und Völker* [Testemunhos místicos de todas as épocas e todos os povos]: "Auscultamos a nós mesmos — e não sabemos de que mar é o rumorejar que ouvimos."[10]

Quem se encontra nesse estado de espírito descobre coisas de alto nível na literatura, o edificante na sabedoria do Oriente, o sublime na música clássica, o patético em funerais de Estado, o absurdo em Kierkegaard, o aspecto consolador na discrição de curas d'alma de asilos, o numinoso de um mural de Anselm Kiefer e um bafejo do Altíssimo na visão do mar aberto a partir de Land's End. Para os eruditos dos últimos dias, o pairar na instabilidade última constitui um bem adquirido por alto preço. Os vanguardistas do Velho Mundo haviam lutado por ela

---

9. Cf. Raymond Schwab, *La Renaissance orientale*, Paris, Payot, 1950.
10. Martin Buber, *Mystische Zeugnisse aller Zeiten und Völker*, ed. Peter Sloterdijk, Munique, Diederichs, 1993 [1909], p. 67.

desde que, a partir dos pensadores da Alta Idade Média, aprenderam a articular determinadamente o indeterminado.

O comportamento de demanda explicitamente articulado *in puncto* [em termos de] verdade, sentido e conduta de vida — em linguagem religiosa culta: redenção, iluminação, libertação, condição de não nascido — é evidenciado nas incontáveis variantes de uma poesia da busca. Esta se insere na era inicial da erupção de indivíduos existencialmente inquietos de dentro das cápsulas protetoras de sua procedência, como a que se anunciou na lenda indiana do jovem Sidarta Gautama, o superprotegido filho de um nobre xátria, integrante da casta dos guerreiros, o qual descobriu a negatividade da existência em suas quatro escapadas do palácio paterno. Ela apareceu diante dos seus olhos nas figuras de um ancião decadente, de um enfermo febril em agonia e de um cadáver em decomposição; de acordo com uma das lendas do devir do Buda, as três aparições foram postas pelos deuses à beira do caminho por onde passaria o jovem *sakyamuni* como imagens para testá-lo, com a finalidade de iniciar uma terapia de choque.[11] Como sempre quando se pretende transmitir coisas extremas, também nesse caso as formulações secundárias tiveram sua razão de ser. Na quarta saída de casa, o jovem encontrou um monge que chamou sua atenção para a opção "ascese": só ela poderia levá-lo a libertar-se do universo do sofrer. A quinta vez que o posterior Buda deixou sua casa desembocou em uma busca sem retorno; em virtude dela, ele deixou para trás sua mulher, seu filho (que se chamava Rahula, "Amarras") e "o mundo".

O sujeito inquieto se põe a caminho no modo de existência do peregrino, do buscador, do aventureiro espiritual, do herói viajante. Em seu movimento de busca, os aspectos do impulso dado pelo temor e pela perplexidade se unem ao da sucção exercida pelas antecipações tão indeterminadas quanto violentas da futura libertação. A imbricação do impulso de repulsão e atração do alvo gera no buscador a estrutura do

---

11. Joseph Campbell, *Der Heros in tausend Gestalten*, Berlim, Insel Verlag, 2011 [1949]; sobre a lenda dos quatro sinais, cf. pp. 69 e ss.

tempo radicalmente subjetivado; constitui o arco da busca que vai do ato de pôr-se a caminho até o achado libertador. Desse modo, o tempo essencial é modelado como percurso: tempo de viagem do herói, tempo de luta, tempo de exercício, tempo de santificação, tempo de libertação.[12] Nele, impaciência e paciência negociam os passos seguintes. É o tempo em que o sujeito emerge como singularidade dinâmica, ocasionalmente fazendo com que ele se apreenda como não sujeito, como não eu. Enquanto a substância se "desenvolve" como sujeito, o sujeito desenvolvido se anula para tornar-se uma figura da pura medialidade. Como tal, esta se torna docente do que não pode ser ensinado. Quem ensina coisas impossíveis pode ser modelo do inimitável.

Entre as características principais do percurso figuram: o encontro com um indivíduo que remete ao *modus vivendi* ascético; a decisão de pôr-se a caminho ou despedir-se (em termos budistas: "sair de casa"; em termos cristãos: *peregrinatio*, seguimento; em termos hinduístas: *sanyasa*, recolhimento na renúncia); a fase de tentativa e erro, na forma de adesão a diversos mestres e ensinamentos, seguida de decepções generalizadas; a grande crise que chega a ponto do adoecimento, da depressão e do impulso suicida; a resignação, a desistência da busca; a chegada, o achar, a iluminação.

Em inumeráveis narrativas de buscadores predomina o esquema da troca de sujeito que abarca toda a estrutura do percurso. O que sucedera a Paulo de modo propriamente didático, ou seja, ser confrontado pelo objeto de sua perseguição no meio do percurso e convertido de perseguidor em proclamador, acontece em variantes mais grosseiras ou mais sutis sempre que os buscadores são transformados pelo que acham. No caso de percursos mais grosseiros, o achado mantém sua forma de objeto; aquele que achou deixa a busca enriquecido, depois de ter se apropriado de tesouros ou saberes secretos graças à superação de vários obstáculos.

Deparamos com um praticante da interconexão robusta de buscar e achar, por exemplo, na figura do filósofo Tessalos, que, na virada do

---

12. Ele constitui o equivalente individual do tempo histórico cristão que é definido como extensão até o juízo ainda postergado mediante crescente ampliação da zona do penúltimo.

século I para o II, se destacou como autor de um tratado sobre a eficácia de plantas medicinais: *De virtutibus herbarum*, em sua relação com a influência dos astros, em interlocução com o Caesar Claudius Germanicus (falecido em 54). Em um relato autobiográfico prévio ao seu *opus* farmacognóstico, ele conta a respeito de sua busca desesperada pelo saber verdadeiro e efetivo que o levou até a beira do suicídio; que não temera nenhuma viagem, por mais longa que fosse, para adquirir conhecimento; que, por fim, um sumo sacerdote da cidade-templo egípcia de Dióspolis (Tebas) teria conseguido, com o auxílio de rituais mágicos, uma audiência para ele com Asclépio, o deus dos médicos; que este lhe dera as informações que faltavam sobre as sinergias de pedras, estrelas e plantas, especialmente sobre os momentos favoráveis cosmicamente fixados para colher os frutos.[13] Após o encontro com o deus, o buscador considera ter alcançado a meta que estipulou para si mesmo; ele se considera afortunado como um homem de posse de conhecimentos divinos e práticos. Telassos se insere na sucessão dos iatromantes gregos antigos, entre os quais os papéis de cantor, curador e vidente praticamente ainda não eram diferenciados. Quando a iluminação tarda, feiticeiros secundários se sobrepõem.

Formas mais sutis da busca inquiridora ocasionaram a dissolução da simetria de busca e achado, na medida em que desobjetificaram o objeto da busca. Elas fizeram com que ele desaparecesse diante dos olhos do buscador sem torná-lo irreal no modo do "niilismo". Por essa via, a troca de sujeito é atualizada, uma vez que o buscador não se enriquece nem se ufana, mas experimenta uma metamorfose em consequência da busca. A partir daí se diz: quem busca será encontrado. Ao deixar-se encontrar, o buscador tolera sua transformação. O objeto da busca se evidencia como inapreensível, dado que escapa ao olhar do buscador. Esse escapar tem método. Enquanto o que se busca é representado como objetalmente alcançável, ele escapa a toda e qualquer apreensão. Só quando o buscar representacional resigna ou, falando no dialeto místico, quando ele "deixa" tudo, o que se busca pode se atualizar no sujeito como seu

---

13. Philip A. Harland, "Journeys in Pursuit of Divine Wisdom: Thessalos and Other Seekers", in: *Travel and Religion in Antiquity*, Waterloo, Wilfrid Laurier University Press, 2011, pp. 123-40.

foco de emoção. O buscado é o buscador. As grandes metas — verdade, deus, sentido, natureza, felicidade, sabedoria, redenção, iluminação, etc. — se situam fora do jogo reflexivo "alcançar". Elas não têm outro lugar para ficar senão no cerne espontâneo da inquietude que saiu a buscar. O eu que reflete sobre si mesmo para obter egoisticamente uma imagem de si mesmo verá, cedo ou tarde, que não perdeu nada aqui. O espontâneo no sujeito não pode ser um achado do qual o pesquisador pode se apossar mediante uma busca suficientemente longa. Desde sempre um elã me precede. Ele quer [andar] dentro de mim sem me dizer para onde gostaria de ir.

Em seu tratado tardio *De venatione sapientiae* (*Sobre a caça à sabedoria*, 1463), Nicolau de Cusa cartografou as paisagens do alcançável e do inalcançável com uma nitidez que não tem equivalente no pensamento mais recente. O ponto alto da identificação cusaniana de pensar, caçar e viver foi ilustrado pouco mais de cem anos mais tarde por Giordano Bruno, em sua obra *Degli furori heroici* (*Sobre as paixões heroicas*, 1585), com a parábola do caçador Acteon. O paradoxo da busca da verdade se manifesta aqui ainda mais claramente do que em De Cusa.

Ao caçar, Acteon casualmente surpreendeu a deusa Diana a banhar-se nua, sendo de imediato transformado por ela em um veado que foi atacado e devorado pelos próprios cães. De acordo com Bruno, o sentido inicialmente oculto da caça é transformar em presa quem faz a presa, o caçador em caçado. Os cães são os pensamentos do buscador heroico das coisas divinas; devoram a existência física e psíquica de Acteon, de forma que ele não continuará tentando apropriar-se com olhares desejantes da imagem da deusa Natureza. A partir do momento em que Acteon foi achado pelo que ele buscava, deixou de ser o homem que era; sua individualidade se desintegra para chegar à sua meta como parte da unidade que percorre todos os membros da natureza. Inequivocamente, o destino de Acteon constitui uma metáfora da morte; esta traduz a caça invertida em uma morte cognitiva por amor. O que se conhece do reino dos sentidos não deveria ser possível no reino do conhecimento? É notável que Acteon não olha para a deusa nua como alguém que a deseja em termos masculinos, mas que a deseja como fonte de um raio de luz que busca a união sem os obstáculos corporais. Diana desperta a nostalgia do resplendor do divino como tal; a via vaginal jamais é cogitada.[14]

As poesias da busca se imprimem em histórias de percursos. A marca característica que elas têm em comum é que o ato de pôr-se a caminho e os movimentos de busca são narráveis, mas o estado do buscador depois da chegada não é. Já que não há o que dizer a quem achou, pode-se afirmar *a posteriori* que, de antemão, não havia o que achar. Se isso for divulgado, haverá quem conclua daí que pôr-se a caminho é supérfluo. Para que trilhar um caminho quando o caminho é o destino? Por que se informar a respeito de algo mais elevado se, no final das contas, tudo se situa em uma planície? O espírito esclarecido dos consumidores de esoterismo de livrarias de rodoviária leva à extinção da poesia da busca.

Em 1961, o romancista estadunidense Walker Percy descreveu, mediante a figura de um apático rapaz da Louisiana chamado Binx Bolling, que passa muito tempo no cinema, uma variante moderna de uma consciência que busca sem ter um objetivo:

> Nem a família da minha mãe nem a do meu pai entendem a minha busca.
> A família da minha mãe acha que eu perdi minha fé, e eles oram por mim para que eu a reencontre. Não sei do que estão falando. Li que outras pessoas são piedosas quando crianças e, mais tarde, se tornam céticas (ou, como elas se expressam em "No que acredito": "Com o tempo evoluí acima dos artigos de fé da religião organizada"). Eu, não. Minha incredulidade foi inabalável desde o princípio. Nunca consegui conceber um deus. Pelo que sei, todas as provas da existência de deus estão corretas, mas isso não muda absolutamente nada. Se deus em pessoa tivesse aparecido para mim, isso não teria mudado nada. É fato: basta que eu ouça a palavra "deus" para que tudo fique escuro na minha cabeça. A família do meu pai acha que o mundo tem sentido sem

---

14. Sobre a polissemia do mito de Acteon na literatura antiga e mais recente, cf. Wolfgang Cziesla, *Aktaion Polyprágmon: Variationen eines antiken Themas in der europäischen Renaissance*, Frankfurt am Main /Berna/Nova York/ Paris, P. Lang, 1989; cf., sobre Giordano Bruno, pp. 89-111.

deus; só um idiota não saberia o que é uma vida correta e só um canalha não conseguiria lidar com isso.

Não compreendo nem esta, nem aquela. Tudo o que posso fazer é: ficar deitado na rede rijo como um pedaço de pau, no abraço mortal da cotidianidade, e jurar não mover nenhum músculo enquanto eu não tiver avançado um pouco em minha busca. [...] O único ponto de partida possível: o fato curioso da própria apatia nefasta [...].

Abraão viu sinais de deus e acreditou. O único sinal *agora* é: todos os sinais do mundo não levam a nada.[15]

---

15. Walker Percy, *Der Kinogeher*, trad. Peter Handke, Berlim, Suhrkamp, 2016 [1980], pp. 144 e ss.

20

LIBERDADE RELIGIOSA

O rapaz de Louisiana, na narrativa de Walker Percy, elabora involuntariamente uma definição do que uma tradição mais antiga designava como Teologia Negativa. A regra do seu jogo era de que o supremo deveria ser isentado de todos os predicados; somente como nome sem qualidades ele poderia ser blindado contra a importunação do pensamento representacional. Até a palavra "deus", quer seja usada como substantivo, quer como vocativo, corre o risco de gerar um excedente que tolda a indizibilidade do designado.

"Todos os sinais do mundo não levam a nada." Pode-se ler essa confissão como se o protagonista de Percy estivesse em busca de uma verdade que não pede prova nem convencimento. Para ele, a era dos sinais e dos milagres é coisa do passado; um deus que precisasse disso seria, a seu ver, semelhante a um vendedor de carros usados querendo ludibriar os clientes quanto a defeitos ocultos. O jovem apático está convencido de que veio parar no mundo de alguma maneira, mas que não selou a compra de sua existência nele com um aperto de mão.

"O fato curioso da própria apatia nefasta" pode ser concebido como um *cogito* [penso] louisiano. Ele não permite deduzir a existência do pensante do pensamento real; de uma existência paralisada ele infere uma vivificação remotamente intuída. A apatia constitui o ponto de partida de uma busca pelo seu oposto. Ela expressa a revolta contra a existência automatizada, a ausência de toda e qualquer convicção séria. Atendo-se à sua falta de motivação, o personagem do romance de Walker Percy descobre *ex negativo* a "utopia da vida motivada". Insistir na ausência de convicções norteadoras equivale a uma confissão negativa:

nenhum axioma de fé desperta anuência, nenhum ato cultual é tido como verdadeiro; a escuridão se alastra dentro da cabeça sempre que é dita a palavra "deus". Um deus que quisesse dirigir a palavra aos seres humanos atuais com os meios tradicionais de persuasão se limitaria a provocar um ceticismo condescendente; ele não teria mais a oferecer do que religiosidade de segunda mão. Vinte anos antes de Walker Percy, Jean-Paul Sartre havia observado, recorrendo ao dito de Nietzsche: "Ele está morto: ele falou para nós, e agora está calado [...]. Talvez ele tenha planado para fora do mundo como a alma deixa um morto, talvez tenha sido apenas um sonho. [...] Deus está morto, mas nem por isso o ser humano se tornou ateu [*athée*]."[1]

O cinéfilo de Percy não é uma testemunha qualquer do estranhamento moderno. É lembrado por demonstrar, longe dos caminhos que levam ao quarteirão místico, que a busca é uma motivação que independe da existência ou da não existência de seu objetivo. O ser humano que busca reserva-se o não crer, mesmo que deus em pessoa o arraste pelos cabelos até a fé. O buscar faz questão de poder não ser obrigado a achar.

Não importando o que se venha a alegar a favor do ato de buscar — místicos patenteados o louvam como banho a seco na abundância da dúvida —, num primeiro momento se trata, de um ponto de vista realista, apenas de uma variante da perplexidade. As pessoas caem nela quando sua dotação com meios de orientação a partir de dentro não está à altura de sua situação exterior. Perplexos são os coletivos, cujos líderes admitem ou dão a entender que não entendem mais o mundo, e indivíduos, cujos modelos lhes voltaram as costas. A perplexidade caracteriza tempos em que as tradições são percebidas como autorreferencialidades que caem no vazio, sem vínculo com as carências e os excedentes da atualidade. Os perplexos experimentam o lado obscuro da liberdade. Por mais que a liberdade seja louvada em milhares de discursos, ela se mostra aos indivíduos que a levam a sério também

---

1. Jean-Paul Sartre, "Ein neuer Mystiker" (1943), in: *Situationen, Essays*, Hamburgo, Rowohlt, 1965, pp. 65 e ss.

como indefinição confusa, não raro como ausência de vínculo no mau sentido, como estar exposto a uma situação sem controle. O "estar suspenso dentro do nada", evocado pelo primeiro Heidegger, se manifesta — se procurássemos uma correspondência psicológica para uma fórmula ontológica — em estados de irresolução, de indecisão, de perda do chão sob os pés. Na década de 1920, tais estados eram pandêmicos entre os europeus — não importando se figuravam entre os perdedores ou entre os vencedores da guerra mundial. Há um suspense nefasto — que se conhece de sonhos em que a imprecisão torturante da situação perdura até o despertar —, um suspense que se origina da sensação de que fomos expostos à existência sem ter sido informados do essencial. Num primeiro momento, trabalho e diversão protegem do "não saber propriamente o que fazer".

Do ponto de vista da antropologia filosófica, conforme maturada no século XX, "o ser humano" não representa só o ente que se distingue, para falar como Plessner, por sua "posicionalidade excêntrica"; ele também está exposto, desde a base, ao risco da perplexidade, da indecisão, é forçado a agir — "condenado à liberdade" —, embora, ao voltar o olhar para dentro, perceba uma falta constante de razões para agir: o *homo anthropologicus* depara consigo mesmo como existência não motivada, subinspirada, subdecidida — salvo se, desde a infância, ele tenha recebido impressões tão estáveis a ponto de conseguir passar a vida com um único conjunto de convicções. Se ele, além disso, for subdisciplinado, faltará a muleta das rotinas que o carregam através dos dias. Nesse caso, os rituais de constituição do eu cessam, e nem trabalho nem estrutura levam adiante. Disso resulta que, no caso de muitos, o equilíbrio entre fazer e deixar de fazer pende para o lado do deixar de fazer — são poucos os que põem as ênfases no fazer, seja por convicção, seja por gostarem de operar com forças desatadas.

Inferir daí a natureza deficiente do *homo sapiens* seria um paralogismo, e não mudaria mesmo que autores como Johann Gottfried Herder e Arnold Gehlen o cometessem. "O ser humano" não é um ente defeituoso; ele constitui um recorte no arco do impulso que gera opções vagas e objetivos elegíveis. Liberdade e espaço de manobra crescem conjuntamente. Desde o início, o ser humano é um ente de luxo que, mediante a "desconexão do corpo"[2], ou seja, a desespecialização de seu equipamento físico, chegou ao dilema privilegiado da abertura para o mundo: ele tirou proveito, sobretudo, da liberação das mãos para a polivalência do manuseio e o aumento irrestrito de seu talento linguístico. O mais característico de sua natureza luxuosa é a liberação das percepções para um estado de suspensão avesso a alarmes, desfocado, desatrelado de intenções.

De tentativas de dissolver indeterminação, eliminar confusão e reduzir estupefação surgiram, no "decorrer" das evoluções culturais, todas as disciplinas e instâncias da prática racional: os oráculos, as artes sacerdotais de interpretação de sinais, a teoria médica dos sintomas, a cultura dos debates, o Judiciário, a literatura sapiencial, a astronoética, a filosofia, a teoria das formas de Estado, *in summa*, os formatos essenciais da razão aconselhadora, atenuadora, ponderadora, orientadora. A característica comum a essas disciplinas é notória pelo fato de que, de início, quase sem exceção, elas apareceram entretecidas em padrões religioides, míticos, cultuais. E, não obstante, todas as integrações desse tipo se evidenciaram *a posteriori* como alianças dissolúveis; indissolúvel permaneceu a união com a escrita que, em diversas épocas, começando na Mesopotâmia e no Egito, penetrou nas civilizações e possibilitou estruturas mais complexas da cultura memorial na interação entre livro e memória. As evoluções culturais dos 3 mil anos passados demonstraram que cada uma dessas disciplinas racionais foi capaz de se emancipar da simbiose com as esferas do mito de deuses, rito e ato sacrificial. O mito da "era axial" foi uma tentativa inadequada, embora não totalmente cega, de compor um conceito geral para os primórdios temporalmente deslocados das diversas emancipações em culturas distantes entre si.

Quanto ao fenômeno "religião", essas emancipações dizem o seguinte: o que era chamado de "religião" sempre foi uma *joint venture* de práticas transcendentes e imanentes, não raro dotadas de traços extravagantes e teatrais. Ninguém sabe por que os celebrantes de uma festa em

---

2. Paul Alsberg, *Das Menschheitsrätsel: Versuch einer prinzipiellen Lösung*, Dresden, Sibyllen-Verlag, 1922.

homenagem aos ancestrais na Melanésia carregavam na cabeça pesadas máscaras de até dez metros de altura. Compreende-se que pessoas em todo mundo cultivam o vínculo com seus ancestrais, mas as artes locais de comemoração seguem leis próprias. Elas não resolvem nenhum problema; conferem forma a enigmas. Os companheiros de tribo mostravam sua gratidão ao esfolado portador da máscara cuidando de seus ombros feridos após a festa.

Na medida em que práticas imanentes se cristalizavam em procedimentos autônomos que convenciam pela coerência imanente, as práticas referentes ao além foram desviadas para gestos simbólicos quase sem consequências. Quando os presidentes dos Estados Unidos da América juram pela Bíblia durante a cerimônia de juramentação, eles atestam diante das câmeras de todo o mundo o estado de coisas — não importa se quem presta o juramento declame a fórmula "*So help me God*" [Que Deus me ajude] ou não. De uma Bíblia, mesmo que ela tenha pertencido a Abraham Lincoln, não resulta nada para a política exterior nem para as finanças do Estado. Pelo tempo que dura um minuto, o além é convidado a se assentar à mesa em Washington; depois tudo volta a ser como antes, ou seja, o pragmatismo assume o poder que determina tudo, e seitas transcendentalmente inebriadas conseguem se tornar interessantes para os moradores provisórios da Casa Branca somente como associações potenciais visando às eleições presidenciais.

O Iluminismo que provém da Europa desde o século XVII se funda na anuência ao desenvolvimento que trabalha em prol da autonomia das práticas imanentes — ciência, sistema estatal com as autoridades fiscais, polícia, serviço prisional e militar, Judiciário, bem como administração municipal e sistema escolar; ademais, economia, engenharia mecânica, sistema viário e turismo, medicina, atividade artística, convívio, cultivo da vizinhança, sistema de notícias e mídia, prática da seguridade social, estatística, demografia, controle de natalidade, planejamento do futuro, cuidado do meio ambiente, etc. A consequência dessas emancipações denominadas "diferenciações" no jargão da teoria dos sistemas é evidenciada no fato de que a religião instituída com sua moral, que tradicionalmente diz respeito a tudo, só pode ainda simular sua hipercompetência para todos os âmbitos, que antes era tida como óbvia. Ela não tem, na maioria das vezes, o poder de impô-la concretamente, nem aparece mais no raio de ação de sua ambição — salvo alguns países islâmicos e católicos. Neles, ela experimenta ser um estorvo para quase tudo.

No Iluminismo ainda não concluído, a "religião" tem de se restringir a um campo que pode afirmar ser seu. Ela não pode traçar, por autoridade própria, os limites desse campo, já que ele é definido como espaço restante de acordo com sua localização na estrutura das modernas práticas de vida — isto é, como um campo de cujo cuidado outros candidatos se esquivaram ou para o qual só se oferecem com hesitação. Quando soldados alemães caem no Afeganistão, um ministro de Estado conduzirá a cerimônia de honra eventualmente com a presença auxiliar de representantes das confissões. Quando irrompe uma pandemia, igrejas, sinagogas e mesquitas são fechadas; ministros da Saúde e virólogos interpretam a situação.

Quer as "religiões" tenham sido denominadas *therapeía theôn* ou *cultus deorum*; quer se pretendesse vê-las como sistemas de escrúpulos ou projeções de forças humanas essenciais no telão do céu; quer tenham sido interpretadas como irradiações do divino no espírito humano, ou como vestígios do ressentimento de mortos contra os vivos, ou como "gemido da criatura oprimida", ou, simplesmente, como sentimentos de culpa com diversos feriados — entre todas essas determinações permanece válido, no horizonte dos modernos que habilitam como turmas atuais da humanidade forçada a frequentar a escola, essencialmente apenas este enunciado: a "religião" é o que resta das imagens de mundo arcaicas e das altas culturas depois de descontadas as manifestações de vida pragmáticas e seculares substitutas.

Concebida como resto sumamente pequeno, mas que não pode ser reduzido ainda mais, a religião seria tão somente uma manifestação da liberdade humana diante do dilema de estar no mundo com equipamento escasso. Se ela tivesse uma função incondicionalmente própria, insubstituível, intransferível, irrenunciável, então esta consistiria em atribuir à existência um significado, um efeito, um propósito, uma relação em vista da "verdade" que não poderia ter se manifestado sem a tensão da existência como tal, sem a exposição a um fluxo de acontecimentos aberto a surpresas.

O ser humano não é só o "animal com clássicos", como disse Ortega y Gasset; é um ser vivo no qual "algo" começa a falar. Em algum momento, o falar levou a enunciados em que o céu como região de emissários divinos se dirigiu a destinatários humanos por meio de mediadores apropriados. Talvez tais conversas não passassem de miragens que surgem quando a linguagem faz festa. Mesmo que tenham sido isso, os receptores dos grandes acontecimentos linguísticos tiveram de fazer seu papel. Precisaram se adaptar ao emissário que lhes era conforme. Quando deuses tomam a palavra, seus transmissores humanos passam a ser meios, bocais, intérpretes. O fato de que discursos de fato provieram de outros lugares, e não só da tagarelice cotidiana de colaboradores na divisão do trabalho, demonstra o seguinte: foi possível fazer falar, caso não tenha sido o céu, então a linguagem como discurso sonante com boa sonoridade. O susto ocasionalmente atestado dos antigos cantores, poetas e profetisas diante do que a linguagem dizia por meio deles pode ser aceito como prova de que o misterioso/inquietante [*das Unheimliche*] existe e vive entre nós. Religiões concretas são estilos do misterioso/inquietante.

Quando se valida a definição de religião como o que sobra depois de descontado tudo o que emigra para a ciência, a economia, o sistema judicial, a medicina, a terapêutica geral, a teoria midiática, a linguística, a etnologia, a literatura de entretenimento, a politologia, etc., retém-se um campo que pode ser denominado, de modo tão singelo quanto vagamente abrangente, de subsídio para a explicação da existência até chegar à aclaração do indisponível e à domesticação do misterioso. Até a fundamentação da moral e do direito, que na fase inicial do Iluminismo ainda era considerada domínio do religioso — preferencialmente no modo "religião natural" e religião racional —, se posta, já há um bom tempo, sobre os próprios pés e não carece mais dos suportes celestiais.

Isso posto, decorrem daí duas coisas que, *expressis verbis*, nunca foram ditas antes. A primeira diz que, na atualidade, a religião, ou então a religiosidade, pela primeira vez se tornou absolutamente livre desde que emergiu das névoas do medo e do agouro que pairavam sobre as paisagens paleolíticas — livre no sentido de ter sido completamente dispensada de todas as suas funções sociais; o que, no entanto, só vale para as regiões do mundo em que não continuam a ser evocados, sob o pretexto da moderna "liberdade religiosa", robustos pertencimentos comunitários forçados, como subsistem e são politicamente exigidos na Turquia de Erdoğan — apesar da constituição leiga. Liberdade religiosa, como foi estabelecida nas declarações de direitos humanos no final do século XVIII, não significa mais, por conseguinte, apenas o direito que o indivíduo tem de escolher ou deixar de escolher sua comunidade de culto e de articular ou silenciar suas suposições e convicções relativas ao transcendente sem a censura prévia de uma instância da ortodoxia. Ela implica, muito além disso, a tese de que a religião em sua globalidade é dispensada da função de fornecer o motivo anterior a todos os outros da união atual de um *ensemble* político, de uma "comunidade", de uma "sociedade", de um "povo", de uma "nação".

"Liberdade religiosa", concebida como interesse protegido pelo direito, inseparavelmente ligado a indivíduos adultos, não só assegura a cidadãos que eles não serão forçados à confissão e participação em culto, como também significa, sobretudo, que em hipótese nenhuma pode haver uma religião de Estado, tampouco um ateísmo de Estado, e que a população de um Estado não pode compreender sua síntese social — isto é, a razão forte de sua convivência em um mesmo espaço corporativo-territorial sob uma lei comum com língua comum e, dentro do possível, com memórias partilhadas — como projeto religioso, nem mesmo parcialmente.[3] O Estado não pode fazer o que se permite à seita. Quem fala de religião civil ou considera tal religião desejável ou até necessária apoia ficções, na maioria das vezes, retrógradas[4]; essas

---

3. Do que se segue que a Grécia não só não deveria ter sido aceita no ano de 2001 na União Monetária Europeia em razão de sua situação orçamentária deficiente, escamoteada com intenção fraudulenta, como também, já no ano de 1981, não deveria ter sido aceita na CEE [Comunidade Econômica Europeia] por causa de sua confusa constituição de direito religioso.

4. Em relação a essa problemática, Robert N. Bellah formulou a exceção, aplicando o conceito rousseauniano "religião civil" à situação dos Estados Unidos: pelo que sabemos, é o único país em que a expressão "religião civil" teve um sentido

ficções não são muito melhores do que as pretensões da Igreja católica, que, ainda no ano de 1864, condenou desde a raiz, pela boca do papa, a ideia da liberdade religiosa.[5] Um Estado não crê em nada a não ser em que ele deve existir por causa dos que o constituem. Seus cidadãos concordam com sua existência, isto é, com sua capacidade de agir estruturada na forma da lei, sem considerá-lo como um deus, não importando o que Thomas Hobbes tenha pretendido alegar a favor de sua sublimação como Leviatã em uma era de dilaceração política.

Em consequência disso, torna-se livre também a religião como tal dispensada para a inutilidade social. Entre as realizações da modernidade, figura a de ter permitido à religião e às religiões o êxodo para a associalidade virtual. Associalidade em questões de fé é privilégio inviolável dos indivíduos; num primeiro momento, cada um desses indivíduos se encontra sozinho com o seu sentido e gosto pelo infinito — ou, como se queira denominar, o X global do ser. Quanto às comunidades de fé declaradas, elas se encontram *de facto* sob a proteção do direito secular de reunião e associação ou então de um análogo cortesão modelado para Igrejas, que as respeita como corporações de direito público; elas obtêm capacidade jurídica segundo as prescrições universais do direito civil — mesmo que prefiram dizer de si mesmas que são o corpo místico do Senhor ou a comunidade dos guiados pela justiça. *De facto* as grandes Igrejas, em primeiro lugar a católica, se beneficiam hoje, na condição de "Igrejas do imposto eclesial" afagadas pelo Estado secular, de uma liberdade que até havia pouco tempo elas tentaram impedir de

---

construtivo, na medida em que ela articulou o acordo pré-político dos integrantes da Nova Federação de uma construção metanacional.

Duzentos e cinquenta anos após sua fundação, os Estados Unidos se encontram tanto no estado de regressão a uma nacionalidade quase primária (branca, anglo-saxã, apesar dos excedentes metanacionais que persistem) quanto no estado de desagregação da religião civil (em vista das exacerbações evangelicais fascistas).

5. Na encíclica *Quanta cura* (1864), o papa Pio IX condenou tanto a ideia da liberdade religiosa quanto a da separação de Igreja e Estado. Para isso, ele se reportou ao seu antecessor, Gregório XVI (no cargo de 1832 a 1846), que havia descartado a ideia da liberdade religiosa como "loucura". Pio IX lamenta os ataques da modernidade à cooperação entre *imperium* e *sacerdotium*, que sempre teria sido proveitosa, e condena as "atividades subversivas" do "naturalismo", bem como as heresias daqueles que, com "criminosa insolência", negam a divindade de Cristo.

todas as maneiras ao seu alcance. Desde o momento em que aparentaram estar impotentes, passaram a tentar conquistar a simpatia dos não mais tão crentes. Autenticamente moderna, isto é, totalmente animada pelo espírito da constituição auto-outorgada, seria uma "sociedade" que tivesse substituído todos os serviços adicionais socialmente relevantes da tradição religiosa — desde a educação da juventude, da formação do consenso moral, passando pela solidariedade caritativa, até o cuidado de enfermos, fracos, marginalizados — por instituições próprias do sistema, sem impedir os aportes que as comunidades religiosas continuam oferecendo a tais tarefas. A tese, muito citada, de que o Estado liberal secularizado vive de pressupostos que ele próprio não pode garantir — conhecido como o dito de Böckenförde (1964) — refere-se à era de transição do sistema moderno das Igrejas estatais para a situação secular, de pluralidade religiosa. Depois que esta se instalou, o capital social surge — no que tange às condições vigentes na Europa ocidental — só mais em pequena medida das tradições pré-seculares. Ele se compõe de sensibilidades políticas cotidianas, engajamento cidadão, conhecimentos históricos e étnicos, bem como de todas as formas de solidariedade e suas articulações em meios de comunicação antigos e novos. Sua regeneração no processo geracional assume cada vez mais traços experimentais; seu destino dependerá de até que ponto se logrará transformar a sentimentalidade bruta composta de temor, ressentimento e confiança em empatia informada, que antes era denominada educação.

    O fato de, na atualidade, a "religião", pela primeira vez, poder ser determinada de modo absolutamente livre, independentemente de tendências notórias de conservação defensiva do acervo e de fechamento identitário, tem muito a ver com o segundo *novum* que decorre da redução do religioso a um resto em meio a formações onipresentes de cunho secular, na maioria financiadas pelo Estado, mas com frequência também patrocinadas pelo espírito cívico, sucedâneas das antigas funções parciais socialmente efetivas do religioso.

    A segunda liberação da religião expõe sua afinidade com dois rivais íntimos. Pois aos impulsos religiosos liberados se impõe a observação de que, em seu próprio território, o da interpretação da existência no horizonte de sua contingência, finitude, carência de felicidade e comunicatividade, duas outras forças estão ativas concomitantemente com eles: as artes e as filosofias, na medida em que estas últimas se atêm ao plano contemplativo sapiencial. Se é certo que a religião liberada se ocupa com a interpretação da existência em suas interconexões mais gerais, com a domesticação do acaso e com a formatação da mortalidade, é óbvia a razão pela qual, nesses campos, ela incorreu em uma relação rivalizante com as filosofias contemplativas e as artes de livre composição. Como se sabe, as artes, tanto as linguísticas quanto as extralinguísticas, só existem "como tais" desde que se emanciparam do servilismo aos cultos religiosos; a filosofia passou a falar em seu nome somente depois de se demitir do posto de serva da teologia. Correspondeu à dinâmica das duas regiões que, na conquista do inútil — e na liberação do sentido que lhe é próprio —, estavam uma época à frente da religião. A religião — para continuar usando esse conceito fatal — só pôde segui-las ao ar livre depois de ter sido desestatizada, despolitizada e inteiramente deslocada para a vida associativa ou separada de indivíduos capazes de prover a si mesmos.

O sinal seguro da recente liberdade da religião é sua inutilidade surpreendente, edificante, escandalosa; ela é tão supérflua quanto música; no entanto, "sem música, a vida seria um erro". A religião compartilha seu caráter luxuoso com as duas outras culturas de interpretação da existência, que abriram caminho para a autonomia antes dela. Dado que não precisa mais servir a nenhuma finalidade externa, ela atrai para si parcelas de vivência que, de outro modo, tanto nos indivíduos quanto nos grupos comporiam momentos musicais, meditativos, sublimes, perdidos e desconsoladores.

As demais funções de formato religioso do tipo oficial, significativas em tempos idos, como culto ao imperador e ao príncipe, enaltecimento do Estado, observação do calendário festivo, bênção do Exército, enlace matrimonial, educação da juventude, dedicação de edifícios, ação de graças pela colheita, avalização de juramentos, cura de almas, orientação sexual, cuidado de enfermos, assistência a pobres, psicagogia, aconselhamento nas questões últimas da vida e administração dos *rites de passage*, acabam se revelando atividades secundárias que, como se viu e como aconteceu, puderam ser confiadas a agências seculares, às vezes com perdas, não raro com o mesmo êxito ou êxito maior. Também os aportes da religião à formação do eu e do supereu podem ser substituídos por padrões mundanos, como se observa desde o século XVIII. As inúmeras manifestações da cultura de massas contemporânea em festivais folclóricos, eventos esportivos e concertos pop forneceram a prova de que a modernidade também conseguiu secularizar os estados de euforia comuns.[6]

Após a subtração do substituível aparece o aspecto em que o religioso não pode ser substituído, a não ser pela arte criativa e pelo pensamento ponderador. O religioso exposto de modo subtrativo praticamente não apresenta mais semelhanças com os perfis das religiões históricas — o que não deveria causar admiração quando se inclui na reflexão a escravização de todo o sistema religioso mais antigo à competência por todos os aspectos da vida social antes da diferenciação em campos parciais. O que fica das religiões históricas são escritos, gestos, sonoridades que ainda ajudam os indivíduos dos nossos dias a se referir, mediante as fórmulas preservadas, à aporia de sua existência singular. O que resta é o apego acompanhado do desejo de participação.

A interpretação da existência em sua singularidade e seu entrelaçamento com outras singularidades constitui a função nuclear irredutível da reflexão religiosa e espiritual e de sua manifestação. Ela a compartilha com as outras duas vozes formando um trio. Não houve um culto arcaico que também já foi poesia, espetáculo e Primeira Música?[7] A primeira poesia já não falou aos deuses? E a Primeira Música, tanto ao soar quanto ao deixar de soar, já não foi uma indicação da presença intensa de poderes sérios e voluntariosos?

Há muito já ficou claro para os contemporâneos do presente que a poesia, a primeira a ser explicada como criação, não se deixou deter em seu movimento com a criação do ser humano ao anoitecer do sexto dia. Ninguém mais descansa no sétimo dia, a não ser em um descanso criativo, no qual se preparam os próximos dias do gênesis. Do que tratariam as conversas do *shabbat* e do domingo senão das auroras que ainda não brilharam?

---

6. Hans Ulrich Gumbrecht, *Crowds: Das Stadion als Ritual von Intensität*, Frankfurt am Main, Vittorio Klostermann, 2020.

7. Yann-Pierre Montelle, *Paleoperformance: The Emergence of Theatricality as Social Practice*, Londres/Nova York/Calcutá, Seagull Books, 2009.

À GUISA DE POSFÁCIO

Na seção 300 de seu escrito *A gaia ciência* (1882), Nietzsche joga com a ideia de que, em alguma era distante, talvez se possa encarar "em toda religião um simples exercício, um prelúdio", uma escola preparatória indispensável, ainda que superável, da autoexperiência sublimada de indivíduos. Um predecessor desses grandes indivíduos teria sido Prometeu, quando ele, preso ao penhasco do Cáucaso, delirou que com suas algemas estaria penando o furto do fogo e da luz com o qual deu início à história da humanidade. Contudo, Prometeu só teria experimentado o seu momento mais grandioso quando despertou do seu delírio e descobriu que toda a sua história foi obra sua:

> e que não só o ser humano, mas também deus fora obra de suas mãos e argila em suas mãos? Que tudo isso eram apenas estátuas do escultor? — Do mesmo modo que o delírio, o furto, o cáucaso, o abutre e toda a trágica *Prometeia* de todos os que adquirem conhecimento?[1]

Seria possível imaginar Paulo despertando do seu sonho apostólico em algum momento posterior? Para descobrir em que medida todo o seu empreendimento, incluindo todos os incidentes, foi produto dele próprio: que a viagem para Damasco, a ofuscação diante dos portões da cidade, a audição da voz de Jesus, sua mudança de vida e tudo o que decorreu dela foram criação sua, uma criação que envolveu seu autor — incluindo o clarão em dia claro, a voz audível e o tombo no chão duro da Síria, onde ele se reinventou como o instrumento do seu Senhor, um

---

1. Friedrich Nietzsche, *Die fröhliche Wissenschaft. Sämtliche Werke: Kritische Studienausgabe*, v. 3, Berlim, De Gruyter, 1980 [1882], p. 539.

instrumento que podia falar em línguas humanas e angelicais, sem se tornar como o bronze que soa e o címbalo que retine, já que possuía o amor; ao passo que seu cavalo baixou a cabeça para partilhar sua admiração pelo que havia acontecido.

Michelangelo Merisi da Caravaggio, *A conversão de Saulo em Paulo*, pintura (s.d.), Roma, Santa Maria del Popolo.
Foto: Wikimedia Commons.

Franz Kafka concebeu, no ano de 1918, uma figura de pensamento que lança um olhar retrospectivo para a Idade Antiga e a Antiguidade mítica que a precedeu; ela foi publicada postumamente em 1931 em uma coletânea, na qual Max Brod e Hans-Joachim Schoeps editaram textos inéditos do legado do poeta sob o título *Beim Bau der chinesischen Mauer* [Durante a construção da muralha da China]. Eu a denominaria "a fábula entrópica". Ela trata, em estilo lapidar, do resultado da revolta metafísica.

> Quatro sagas narram a respeito de Prometeu:
> De acordo com a primeira, ele foi acorrentado no Cáucaso por ter traído os deuses em favor dos humanos, e os deuses mandaram águias comerem o seu fígado, que sempre se regenerava.
> De acordo com a segunda, Prometeu, de tanta dor, esquivou-se dos bicos aduncos, espremendo-se cada vez mais fundo na rocha até se tornar uma coisa só com ela.
> De acordo com a terceira, com o passar dos milênios, sua traição foi esquecida, os deuses a esqueceram, as águias, ele próprio.
> De acordo com a quarta, todos se cansaram do que veio a ser sem razão nenhuma. Os deuses se cansaram, as águias se cansaram, a ferida se fechou cansada.
> Restou o inexplicável penhasco rochoso. — A saga tenta explicar o inexplicável. Como ela provém de um fundo de verdade, ela tem de findar de novo no inexplicável.

Saudações

A primeira parte do presente livro remonta a uma conferência que proferi no dia 5 de maio de 2019 a convite do Instituto para Questões Sociais da Atualidade, de Friburgo, no contexto de uma série de conferências sob o título "Após deus: Discursos sobre religião após o desencantamento", no Teatro Freiburg (em cooperação com a estação de rádio SWR 2). Eu gostaria de agradecer aos organizadores, especialmente a Christian Matthiessen, por ter me proporcionado essa oportunidade.

Eu havia sido convidado a contribuir com um artigo para a edição comemorativa de uma revista de egiptologia, em homenagem ao octogésimo aniversário de Jan Assmann em julho de 2018. Como não consegui concluir esse trabalho a tempo — esbocei um breve ensaio sobre o motivo "teopoesia" —, prometi ao aniversariante dedicar a ele o texto assim que o tivesse completado. Agora ele ficou um pouco mais volumoso do que o previsto, e o atraso é considerável, mas o impulso de dedicá-lo ao grande erudito perdura. Em consequência, tomo a liberdade de comunicar isso a ele em forma de saudação posterior que transcende a ocasião do aniversário.

Parece-me plausível citar neste contexto a conhecida sentença da carta de Goethe a Schiller de 19 de dezembro de 1798: "Aliás, detesto tudo o que apenas me instrui sem incrementar ou avivar diretamente minha atividade." Sendo há muitos anos leitor das obras de Jan Assmann, defendo a possibilidade da instrução direta que sempre veio acompanhada de alegria pelo conhecimento e do avivamento indireto que se manifesta em efeitos de longo prazo, em especial no de manter em aberto a "questão egípcia".

Não consigo falar da ligação entre instrução e avivamento sem, ao mesmo tempo, pensar em Kurt Flasch, o grão-mestre dos estudos sobre a filosofia da Antiguidade tardia e da Idade Média. De modo recorrente, sua obra alimenta meu pensamento há quatro décadas, desde seus trabalhos sobre Agostinho até a enormidade que é a nova tradução de Dante com seus riquíssimos comentários. Na condição de leitor persistente desse autor, devo a ele mais do que se pode depreender das notas de rodapé deste livro e, por isso, também gostaria de lhe expressar minha gratidão.

BIBLIOGRAFIA

AGOSTINHO, Aurélio. *Der Gottesstaat, De civitate dei*. Paderborn/Munique/Viena/Zurique: Schoeningh, 1979.

AGOSTINHO, Aurélio. *De vera religione: Über die wahre Religion*. Stuttgart: Reclam, 1983 [390].

AGOSTINHO, Aurélio. *Logik des Schreckens: Augustinus von Hippo, De diversis quaestionibus ad Simplicianum I 2*. Primeira trad. alemã Walter Schäfer, ed. e expl. Kurt Flasch. Mainz: Dieterich, 1990.

ALSBERG, Paul. *Das Menschheitsrätsel: Versuch einer prinzipiellen Lösung*. Dresden: Sibyllen-Verlag, 1922.

ASSMANN, Jan. "Eine liturgische Inszenierung des Totengerichts aus dem Mittleren Reich: Altägyptische Vorstellungen von Schuld, Person und künftigem Leben". In: ASSMANN, Jan; SUNDERMEIER, Theo; WROGEMANN, Henning (eds.). *Schuld, Gewissen und Person: Studien zur Geschichte des inneren Menschen*. Gütersloh: Gütersloher Verlagshaus, 1997. pp. 27-63.

ASSMANN, Jan. *Religio duplex: Ägyptische Mysterien und europäische Aufklärung*. Frankfurt am Main: Verlag der Weltreligionen, 2010.

ASSMANN, Jan. *Achsenzeit. Eine Archäologie der Moderne*. Munique: C. H. Beck, 2018.

BALL, Hugo. *Die Flucht aus der Zeit*. Luzerna: J. Stocker, 1946.

BALL, Hugo. *Byzantinisches Christentum: Drei Heiligenleben*. Göttingen: Wallstein, 2011 [1923].

BALTHASAR, Hans Urs von. *Herrlichkeit: Eine theologische Ästhetik*. Einsiedeln: Johannes Verlag, 1961-1969.

BARTH, Karl. *Eine Schweizer Stimme 1938-1945*. Zollikon-Zurique: Evang. Verlag, 1945.

BARTH, Karl. *Die kirchliche Dogmatik*, v. I: *Die Lehre vom Wort Gottes*. Zurique: Theologischer Verlag Zürich, 1993 [1937].

BARTH, Karl. *Der Römerbrief: Zweite Fassung*. Zurique: TVZ Theologischer Verlag, 2015 [1922].

BELLAH, Robert N. *Religion in Human Evolution: From the Paleolithic to the Axial Age*. Cambridge: Belknap Press, 2011.

BERGER, Klaus. *Im Anfang war Johannes: Datierung und Theologie des vierten Evangeliums*. Stuttgart: Quell, 1997.

BERGER, Peter L.; LUCKMANN, Thomas. *Die gesellschaftliche Konstruktion der Wirklichkeit*. Frankfurt am Main: Fischer, 1969 [1966]. [Ed. bras.: *A construção social da realidade: Tratado de sociologia do conhecimento*. 36. ed. Trad. Floriano de Souza Fernandes. Petrópolis: Vozes, 2014.]

BERGMANN, Jan. *Ich bin Isis: Studien zum memphitischen Hintergrund der griechischen Isis-Aretalogien*. Uppsala: Universitetet, 1968.

BERGSON, Henri. *Die beiden Quellen der Moral und der Religion*. Hamburgo: Meiner Felix Verlag, 2018 [1932].

BERNAYS, Edward. *Propaganda: Die Kunst der Public Relations*. Berlim: Orange-Press, 2015 [1928].

BOCCACCIO, Giovanni. *Poesie nach der Pest: Der Anfang des Decameron*. Ed. italiano/alemão, trad. Kurt Flasch. Mainz: Dieterich'sche Verlagsbuchh Mainz 1992. [Ed. bras.: *Decamerão*. Trad. Torrieri Guimarães. São Paulo: Nova Cultural, 2003.]

BOYER, Pascal. *Und Mensch schuf Gott*. Stuttgart: Klett-Cotta, 2017 [2002].

BRAGUE, Rémi. *Europa, seine Kultur, seine Barbarei: Exzentrische Identität und römische Sekundarität*. Wiesbaden: Verlag Fur Sozialwissenschaften, 2012.

BROCK, Bazon. "Selbstfesselungskünstler zwischen Gottessucherbanden und Unterhaltungsidioten: Für eine Kultur diesseits des Ernstfalls und jenseits von Macht, Geld und Unsterblichkeit". In: *Die Re-Dekade: Kunst und Kultur der 80er Jahre*. Munique: Klinkhardt & Biermann, 1990.

BUBER, Martin. *Mystische Zeugnisse aller Zeiten und Völker*. Ed. Peter Sloterdijk. Munique: Diederichs, 1993 [1909].

BUCHHEIM, Thomas. *Die Sophistik als Avantgarde normalen Lebens*. Hamburgo, 1986.

BULTMANN, Rudolf. *Die Geschichte der synoptischen Tradition*. Göttingen: Vandenhoeck & Ruprecht, 1961 [1921].

BURCKHARDT, Jacob. *Die Zeit Constantins des Großen*. Basileia/Stuttgart: Schwabe, 1978 [1853].

BURKERT, Walter. *Kulte des Altertums: Biologische Grundlagen der Religion*. Munique: C. H. Beck, 2009.

CAMPBELL, Joseph. *Der Heros in tausend Gestalten*. Berlim: Insel Verlag, 2011 [1949]. [Ed. bras.: *O herói de mil faces*. São Paulo: Cultrix/Pensamento, 1989.]

CERTEAU, Michel de. *Mystische Fabel: 16. bis 17. Jahrhundert*. Frankfurt am Main: Suhrkamp, 2010. [Ed. bras.: *A fábula mística*, v.1: *Séculos XVI e XVII*. São Paulo: Forense Universitária, 2015.]

CHARBONNEAU-LASSEY, Louis. *The Bestiary of Christ*. Trad. e abrev. D. M. Dooling. Nova York: Parabola Books, 1991.

CLAESSENS, Dieter. "Heraustreten aus der Masse als Kulturarbeit: Zur Theorie einer Handlungsklasse – 'quer zu Bourdieu'". In: EDER, Klaus (ed.). *Klassenlage, Lebensstil und kulturelle Praxis*. Frankfurt am Main: Suhrkamp, 1980. pp. 303-40.

COLERIDGE, Samuel Taylor. *Biographia literaria*. Londres, 1817.

COLPE, Carsten. *Weltdeutungen im Widerstreit*. Berlim/Nova York: Degruyter, 1999.

COLPE, Carsten. *Griechen – Byzantiner – Semiten – Muslime. Hellenistische Religionen und west-östliche Enthellenisierung*. Tübingen: Mohr Siebeck, 2008.

CZIESLA, Wolfgang. *Aktaion Polyprágmon: Variationen eines antiken Themas in der europäischen Renaissance*. Frankfurt am Main/Berna/Nova York/Paris: P. Lang, 1989.

DATH, Dietmar. *Die Abschaffung der Arten*. Frankfurt am Main: Suhrkamp, 2008.

DELEUZE, Gilles. "Nietzsche and Saint Paul, Lawrence and John of Patmos". In: BLANTON, Ward; VRIES, Hent de (eds.). *Paul and the Philosophers*. Trad. Daniel W. Smith e Michael A. Greco. Nova York: Fordham University Press, 2013. pp. 381-94.

DENZINGER, Heinrich. *Enchiridion symbolorum, definitionum et declarationum de rebus fidei et morum, Kompendium der Glaubensbekenntnisse und kirchlichen Lehrentscheidungen.* Latim-alemão, ed. Peter Hünermann. Friburgo/Basileia/Viena: Verlag Herder, 2017, n. 222. [Ed. bras.: *Compêndio dos símbolos, definições e declarações de fé e moral da Igreja católica.* Trad. com base na 40ª ed. alemã (2005), aos cuidados de Peter Hünermann, por †José Marino Luz e Johan Konings. São Paulo: Paulinas/Loyola, 2007. n. 222.]

DETERING, Hermann. *Der gefälschte Paulus: Das Urchristentum im Zwielicht.* Ostfildern: Patmos Verlag, 1995.

DIDEROT, Denis. *Die Unterhaltung eines Philosophen mit der Marschallin de Broglie wider und für die Religion.* Trad. Hans Magnus Enzensberger. Berlim: Friedenauer Presse, 2018.

DUERR, Hans Peter. *Die dunkle Nacht der Seele: Nahtod-Erfahrungen und Jenseitsreisen.* Berlim: Insel Verlag, 2015.

DURKHEIM, Émile. *Die elementaren Formen des religiösen Lebens.* Berlim: Verlag der Welt Religionen, 2017 [1912]. [Ed. bras.: *As formas elementares da vida religiosa: O sistema totêmico na Austrália.* Trad. Rafael Faraco Benthien e Raquel Andrade Weiss. São Paulo: Edipro, 2021.]

DUX, Günter. *Historisch-genetische Theorie der Kultur: Instabile Welten. Zur prozessualen Logik im kulturellen Wandel.* Weilerswist: Velbrück Wissenschaft, 2000.

EFRÉM DA SÍRIA. *Des Heiligen Ephräm des Syrers ausgewählte Schriften.* Kempten/Munique: Kösel, 1919.

EIBL, Karl. *Animal poeta: Bausteine der biologischen Kultur- und Literaturtheorie.* Paderborn: Mentis, 2004.

ELIADE, Mircea. *Geschichte der religiösen Ideen*, v. 1: *Von der Steinzeit bis zu den Mysterien von Eleusis*; v. 2: *Von Gautama Buddha bis zu den Anfängen des Christentums*; v. 3/1: *Von Mohammed bis zum Beginn der Neuzeit*; v. 3/2: *Vom Zeitalter der Entdeckungen bis zur Gegenwart.* Friburgo/Basileia/Viena: Herder, 1991. [Ed. bras.: *História das crenças e ideias religiosas*, v. 1: *Da Idade da Pedra aos mistérios de Elêusis*, Rio de Janeiro: Zahar, 2010; v. 2: *De Gautama*

Buda ao triunfo do cristianismo. Rio de Janeiro: Zahar, 2011; v. 3: *De Maomé à Idade das Reformas*. Rio de Janeiro: Zahar, 2011.]

EHRMAN, Bart D. *Misquoting Jesus: The Story Behind Who Changed the Bible and Why*. Nova York: HarperOne, 2005. [Ed. bras.: *O que Jesus disse? O que Jesus não disse? Quem mudou a Bíblia e por quê?* Trad. Marcos Marcionilo. São Paulo: Ediouro, 2006.]

EVANS, Nicholas. *Wenn Sprachen sterben und was wir mit ihnen verlieren*. Munique: C. H. Beck, 2014.

FEUERBACH, Ludwig. *Das Wesen des Christentums*. Colônia: Jazzybee Verlag, 2014 [1841]. [Ed. bras.: *A essência do cristianismo*. 4. ed. Trad. José da Silva Brandão. Petrópolis: Vozes, 2013.]

FICHTE, Johann Gottlieb. "Ueber das Wesen des Gelehrten und seine Erscheinungen im Gebiete der Freiheit". In: *Fichtes Werke*. v. VI. Ed. Immanuel Hermann Fichte. Berlim/Nova York, 1971 [1806].

FICHTE, Johann Gottlieb. "Versuch einer Kritik aller Offenbarung". In: *Fichtes Werke*. v. V. Ed. Immanuel Hermann Fichte. Berlim/Nova York: Walter de Gruyter & Co., 1971 [1792].

FISCHER, Manuela; BOLD, Peter; KAMEL, Susan (eds.). *Adolf Bastian and His Universal Archive of Humanity: The Origins of German Anthropology*. Hildesheim/Zurique/Nova York: Georg Olms Verlag, 2007.

FLASCH, Kurt. *Eva und Adam: Wandlungen eines Mythos*. Munique: C. H. Beck, 2004.

FLASCH, Kurt. *Kampfplätze der Philosophie. Große Kontroversen von Augustin bis Voltaire*. Frankfurt am Main: Vittorio Klostermann, 2008.

FLASCH, Kurt. *Einladung, Dante zu lesen*. Frankfurt am Main: Fischer, 2011.

FLASCH, Kurt. *Warum ich kein Christ bin: Bericht und Argumentation*. Munique: C. H. Beck, 2013.

FRANK, Thomas et al. *Der fiktive Staat: Konstruktionen des politischen Körpers in der Geschichte Europas*. Frankfurt am Main: Fischer, 2007.

FRISCH, Ralf. *Alles gut: Warum Karl Barths Theologie ihre beste Zeit noch vor sich hat*. Zurique: Theologischer Verlag, 2019.

FÜLÖP-MILLER, René. *Geist und Gesicht des Bolschewismus: Darstellung und Kritik des kulturellen Lebens in Sowjet-Russland*. Zurique/Leipzig/Viena: Amalthea-Verlag, 1926.

GEHLEN, Arnold. *Der Mensch: Seine Natur und seine Stellung in der Welt*. Wiesbaden: Akademische Verlagsgesellschaft Athenaion, 1997 [1940].

GERICKE, Wolfgang. *Das Buch "De tribus impostoribus": Ausgewählte Texte aus der Geschichte der christlichen Kirche*. Berlim: Evangelische Verlagsanstalt, 1982.

GLUCKLICH, Ariel. *Sacred Pain: Hurting the Body for the Sake of the Soul*. Nova York/Oxford: Oxford University Press, 2001.

GOGARTEN, Friedrich. "Zwischen den Zeiten". *Die Christliche Welt*, v. 24, pp. 374-8, 1920.

GÖTTLER, Christine. *Die Kunst des Fegefeuers nach der Reformation: Kirchliche Schenkungen, Ablaß und Almosen in Antwerpen und Bologna um 1600*. Mainz: Verlag Philipp von Zabern, 1976.

GOURGOURIS, Stathis. "Paul's Greek". In: BLANTON, Ward; DE VRIES, Hent (eds.). *Paul and the Philosophers*. Nova York: Fordham University Press, 2013. pp. 346-7.

GRESHAKE, Gisbert. *Der dreieine Gott: Eine trinitarische Theologie*. Friburgo/Viena/Zurique: Herder, 1997.

GUMBRECHT, Hans Ulrich. *Crowds: Das Stadion als Ritual von Intensität*. Frankfurt am Main: Vittorio Klostermann, 2020.

GÜNTHER, Gotthard. "Seele und Maschine". In: *Beiträge zur Grundlegung einer operationsfähigen Dialektik*. v. 1. Hamburgo: Meiner, 1976.

HARLAND, Philip A. "Journeys in Pursuit of Divine Wisdom: Thessalos and Other Seekers". In: *Travel and Religion in Antiquity*. Waterloo: Wilfrid Laurier University Press, 2011.

HARNACK, Adolf von. *Militia Christi: Die christliche Religion und der Soldatenstand in den ersten drei Jahrhunderten*. Tübingen: J. C. B. Mohr, 1905.

HARNACK, Adolf von. *Marcion: Das Evangelium vom fremden Gott. Eine Monographie zur Geschichte der Grundlegung der katholischen Kirche*. Leipzig: J. C. Hinrichs, 1921.

HARNACK, Adolf von. *Dogmengeschichte*. Tübingen: Mohr, 1991 [1891].

HAUSER, Linus. *Kritik der neomythischen Vernunft*, v. 1: *Menschen als Götter der Erde, 1800-1945*; v. 2: *Neomythen der beruhigten Endlichkeit, Die Zeit ab 1945*; v. 3: *Die Fiktionen der Science auf dem Wege ins 21: Jahrhundert*. Paderborn: Brill Schoningh, 2005, 2009, 2016.

HEGEL, Georg Wilhelm Friedrich. "Phänomenologie des Geistes". In: *Werke*. v. 3. Frankfurt am Main: Suhrkamp, 1986 [1807]. [Ed. bras.: *Fenomenologia do espírito*. 7. ed. Trad. Paulo Meneses. Petrópolis/Bragança Paulista: Vozes/USF, 2002.

HEGEL, Georg Wilhelm Friedrich. *Vorlesungen über die Ästhetik III*. v. 15. Frankfurt am Main: Suhrkamp, 1986.

HEGEL, Georg Wilhelm Friedrich. *Vorlesungen über die Philosophie der Religion II*. v. 17. Frankfurt am Main: Forgotten Books, 2018.

HEIDEGGER, Martin. *Sein und Zeit*. Tübingen: Max Niemeyer, 1927. [Ed. bras.: *Ser e tempo*. 10. ed. Trad. Marcia Sá Cavalcante. Petrópolis: Vozes, 2015.]

HEIDEGGER, Martin. "Brief über den Humanismus". In: *Wegmarken*. Frankfurt am Main: Vittorio Klostermann, 1978 [1946]. pp. 354-7. [Ed. bras.: "Carta sobre o humanismo". In: *Marcas do caminho*. Trad. Enio Paulo Giachini e Ernildo Stein. Petrópolis: Vozes, 2008.]

HEIDEGGER, Martin. "… dichterisch wohnet der Mensch…" (1951). In: *Gesamtausgabe*, v. 7: *Vorträge und Aufsätze 1936-1953*. Frankfurt am Main: Vittorio Klostermann, 1985. pp. 181-98.

HEINSOHN, Gunnar. *Söhne und Weltmacht: Terror im Aufstieg und Fall der Nationen*. Zurique: Orell Fuessli, 2003.

HELMS, Hans Günter. *Die Ideologie der anonymen Gesellschaft: Max Stirners "Einziger" und der Fortschritt des demokratischen Selbstbewußtseins vom Vormärz bis zur Bundesrepublik*. Colônia: Verlag Du Mont Schauberg, 1966.

HOLL, Adolf. "Ohne Grundstörung wäre Religion überflüssig". In: *Wie gründe ich eine Religion*. St. Pölten/Salzburg: Residenz Verlag, 2009.

HOMANN, Heinz-Theo. *Das funktionale Argument: Konzepte und Kritik funktionslogischer Religionsbegründung*. Paderborn: F. Schöningh, 1997.

HORVATH, Agnes; SZAKOLCZAI, Arpad. *Walking into the Void: A Historical Sociology and Political Anthropology of Walking*. Londres/Nova York: Routledge, 2018.

JAMES, William. *The Will to Believe*. Palestra para os clubes filosóficos da Universidade de Yale, New Haven, e da Universidade Brown, Providence, 1896.

JASPERS, Karl. *Die Schuldfrage*. Heidelberg: Lambert Schneider, 1946. [Ed. bras.: *A questão da culpa: A Alemanha e o nazismo*. Trad. Claudia Dornbusch. São Paulo: Todavia, 2018.]

JOYCE, James. *Retrato do artista quando jovem*. Trad. Caetano W. Galindo. São Paulo: Companhia das Letras, 2016 [1916-1917].

KERMANI, Navid. *Gott ist schön: Das ästhetische Erleben des Koran*. Munique: C. H. Beck, 1999.

KOSCHORKE, Albrecht. *Wahrheit und Erfindung: Grundzüge einer allgemeinen Erzähltheorie*. Frankfurt am Main: Fischer, 2012.

KROKER, Arthur. em *The Possessed Individual: Technology and Postmodernity*. Londres: Palgrave, 1991.

KUES, Nikolaus von. "De visione dei sive de icona" (1453). In: *Die philosophisch-theologischen Schriften, Lateinisch-Deutsch*. v. III. Viena: Herder, 1989.

KÜNG, Hans. *Das Christentum. Wesen und Geschichte*. Munique/Zurique: Piper Verlag, 1999.

LAMBERT, W. G. *Babylonian Wisdom Literature*. Oxford: Oxford University Press, 1960.

LANG, Bernhard; MCDANNELL, Colleen. *Der Himmel: Eine Kulturgeschichte des ewigen Lebens*. Frankfurt am Main/Leipzig: Insel Verlag, 1996.

LEGENDRE, Pierre. *L'Inestimable Objet de la transmission: Étude sur le principe généalogique en Occident*, Leçons IV. Paris: Fayard, 1985.

LE GOFF, Jacques. *Die Geburt des Fegefeuers: Vom Wandel des Weltbilds im Mittelalter*. Stuttgart: Klett-Cotta, 1984. [Ed. bras.: *O nascimento do purgatório*. Trad. Maria Ferreira. Petrópolis: Vozes, 2017.]

LEOPARDI, Giacomo. "Gespräch zwischen der Mode und dem Tod" (1824). In: *Opuscula moralia ou Vom Lernen, über unsere Leiden zu lachen*. Ed. e trad. do italiano Burkhart Kroeber. Berlim: Die Andere Bibliothek, 2017 [1835].

LÉVY, Jean. *Les Fonctionnaires divins: Politique, despotisme et mystique en Chine ancienne*. Paris: Seuil, 1989.

LÉVY-BRUHL, Lucien. "Das Gesetz der Teilhabe". In: PETZOLD, Leander (ed.). *Magie und Religion: Beiträge zu einer Theorie der Magie*. Darmstadt: Wissenschaftliche Buchgesellschaft, 1978.

LILLA, Mark. *The Stillborn God: Religion, Politics and the Modern West*. Nova York: Vintage, 2007.

LOCKE, John. *Versuch über den menschlichen Verstand*. Hamburgo: Felix Meiner, 1988 [1690]. [Ed. bras.: *Ensaio acerca do entendimento humano*. São Paulo: Nova Cultural, 1997.]

LUHMANN, Niklas. "Die Audifferenzierung der Religion". In: *Gesellschaftsstruktur und Semantik: Studien zur Wissenssoziologie der modernen Gesellschaft*. v. 3. Frankfurt am Main: Suhrkamp, 1989.

LUHMANN, Niklas. *Die Gesellschaft der Gesellschaft*. Frankfurt am Main: Suhrkamp, 1997.

LUXENBERG, Christoph. *Die syro-aramäische Lesart des Korans: Ein Beitrag zur Entschlüsselung der Koransprache*. Berlim: Schiler, 2000.

MACHO, Thomas H. *Todesmetaphern*. Frankfurt am Main: Suhrkamp, 1995 [1983].

MACHO, Thomas. "Et expecto". In: *Das Leben ist ungerecht*. St. Pölten/Salzburgo: Residenz, 2010.

MANN, Thomas. *Joseph und seine Brüder*, roman I: *Die Geschichten Jaakobs*; roman II: *Der junge Joseph*. Ed. e rev. crít. Jan Assmann, Dieter Borchmeyer e Stephan Stachorski, colab. Peter Huber. Frankfurt am Main: S. Fischer, 2018 [1933]. [Ed. bras.: *José e seus irmãos*, v. 1: *As histórias de Jacó/O jovem Jacó*; v. 2: *José no Egito*. Rio de Janeiro: Nova Fronteira, 1983/2007.]

MARX, Karl. *Zur Kritik der Hegelschen Rechtsphilosophie*, MEW. v. 1. Berlim: Reclam, 1981 [1843/1844]. [Ed. bras.: *Crítica da filosofia* do direito de Hegel. Trad. Rubens Enderle e Leonardo de Deus. São Paulo: Boitempo, 2005.]

MARX, Karl. *Grundrisse: Manuscritos econômicos de 1857-1858 – Esboços da crítica da economia política*. Trad. Nélio Schneider. São Paulo: Boitempo, 2011.

MATHER, Cotton. *Magnalia Christi Americana or The Ecclesiastical History of New-England, from its First Planting in the Year 1620, unto the Year of Our Lord 1698*. Londres: Thomas Parkhurst, 1702.

MERKELBACH, Reinhold. *Isis regina – Zeus Sarapis: Die griechisch-ägytische Religion nach den Quellen dargestellt*. Stuttgart/Leipzig: B. G. Teubner, 1995.

MONTELLE, Yann-Pierre. *Paleoperformance: The Emergence of Theatricality as Social Practice*. Londres/Nova York/Calcutá: Seagull Books, 2009.

MORISON, Frank. *Wer wälzte den Stein?* Hamburgo: Wegner, 1950.

MÜHLMANN, Heiner. "Die Ökonomiemaschine". In: *5 Codes: Architektur, Paranoia und Risiko in Zeiten des Terrors*. Ed. Gerd de Bruyn et al. Basileia/Boston/Berlim: Bilkhauser Verlag, 2006.

MÜHLMANN, Heiner. *Die Natur des Christentums*. Paderborn: Fink Wilhelm, 2017.

MÜHLMANN, Wilhelm Emil. "Colluvies gentium: Volksentstehung aus Asylen". In: *Homo Creator: Abhandlungen zur Soziologie, Anthropologie und Ethnologie*. Wiesbaden: O. Harrassowitz, 1962.

MÜLLER, Matthias C. *Selbst und Raum: Eine raumtheoretische Grundlegung der Subjektivität*. Bielefeld: Transcript Verlag, 2017.

NASSEHI, Armin. *Muster: Theorie der digitalen Gesellschaft*. Munique: C. H. Beck, 2019.

NEMO, Philippe. *Job et l'excès du mal*. Paris: Albin Michel, 2001 [1978].

NIEHUES-PRÖBSTING, Heinrich. *Der Kynismus des Diogenes und der Begriff des Zynismus*. Frankfurt am Main: Suhrkamp, 1988.

NIETZSCHE, Friedrich. *Die fröhliche Wissenschaft. Sämtliche Werke: Kritische Studienausgabe*. v. 3. Berlim: De Gruyter, 1980 [1882]. [Ed. bras.: *A gaia ciência*. Trad. Jean Melville. São Paulo: Martin Claret, 2003.]

NIETZSCHE, Friedrich. *Also sprach Zarathustra. Sämtliche Werke: Kritische Studienausgabe.* v. 4. Berlim: De Gruyter, 1980. [Ed. bras.: *Assim falou Zaratustra.* Trad. Alex Marins. São Paulo: Martin Claret, 2003.]

NIETZSCHE, Friedrich. *Jenseits von Gut und Böse: Zur Genealogie der Moral. Sämtliche Werke: Kritische Studienausgabe.* v. 5. Berlim: De Gruyter, 1980. [Ed. bras.: *Genealogia da moral: Uma polêmica.* Trad. Paulo César de Souza. São Paulo: Companhia das Letras, 1998.]

NIETZSCHE, Friedrich. *Die Götzendämmerung oder Wie man mit dem Hammer philosophiert.* Leipzig: C. G. Naumann, 1889.

NIETZSCHE, Friedrich. *Nachgelassene Fragmente, 1880-1882.* v. 9. Berlim: De Gruyter, 1980.

NIETZSCHE, Friedrich. *Nachgelassene Fragmente, 1887-1889.* v. 13. Berlim: De Gruyter, 1980.

NIETZSCHE, Friedrich. *Die Geburt der Tragödie aus dem Geist der Musik.* Frankfurt am Main: Insel Verlag, 2000.

NIETZSCHE, Friedrich. "Zur Genealogie der Moral, Dritte Abhandlung: Was bedeuten asketische Ideale?". In: *Sämtliche Werke: Kritische Studienausgabe.* v. 5. Berlim: De Gruyter, 2009. [Ed. bras.: *Genealogia da moral: Uma polêmica.* Trad. Paulo César de Souza. São Paulo: Companhia das Letras, 1998.]

OLDEN, Rudolf. *Propheten in deutscher Krise: Das Wunderbare oder die Verzauberten.* Ed. Rudolf Olden. Berlim: Rowohlt, 1932.

ORTEGA Y GASSET, José. *Gesammelte Werke.* v. IV. Stuttgart: Deutsche Verlags-Anstalt, 1978.

OSHIMA, Takayoshi. *Babylonian Poems of Pious Sufferers. Ludlul Bēl Nēmeqi and the Babylonian Theodicy.* Tübingen: Mohr Siebeck, 2014.

PERCY, Walker. *Der Kinogeher.* Trad. Peter Handke. Berlim: Suhrkamp, 2016 [1980].

PETERSON, Erik. *Der Monotheismus als politisches Problem: Ein Beitrag zur Geschichte der politischen Theologie im Imperium Romanum.* Leipzig: Hegner, 1935.

PETTAZZONI, Raffaele. *Der allwissende Gott: Zur Geschichte der Gottesidee*. Frankfurt am Main: Fischer, 1960.

PFEIFFER, Rudolf. *Die Klassische Philologie von Petrarca bis Mommsen*. Munique: C. H. Beck, 1982.

PLESSNER, Helmuth. *Die Stufen des Organischen und der Mensch: Einleitung in die philosophische Anthropologie*. Frankfurt am Main: Suhrkamp, 2003 [1928].

QUINTILIANO, Marco Fabio. *Ausbildung des Redners, Zwölf Bücher*. Parte I, livros I-VI. Ed. e trad. Helmut Rahn. Darmstadt: Wissenschaftliche Buchgesellschaft, 1995.

QUINTILIANO, Marco Fabio. *M. Fabii Quintiliani Institutionis Oratoriae Libri XII*. Parte II. Ed. e trad. Helmut Rahn. Darmstadt: Wissenschaftliche Buchgesellschaft, 1995.

REINACH, Salomon. *Orpheus, histoire générale des religions*. Paris: L'Harmattan, 2002 [1909].

ROEDER, Huber. *Mit dem Auge sehen: Studien zur Semantik der Herrschaft in den Toten- und Kulttexten*. Heidelberg: Heidelberger Orientverlag, 1996.

ROHLS, Jan. *Offenbarung, Vernunft und Religion*, v. 1: *Ideengeschichte des Christentums*. Tübingen: Mohr Siebeck, 2012.

RORTY, Richard (ed.). *The Linguistic Turn: Essays in Philosophical Method*. Chicago: University of Chicago Press, 1967.

RÜPKE, Jörg. *Antike Epik: Eine Einführung von Homer bis in die Spätantike*. Marbach: Tectum-Verlag, 2012.

RÜPKE, Jörg. *Pantheon: Geschichte der antiken Religionen*. Munique: C. H. Beck, 2016.

SARTRE, Jean-Paul. "Ein neuer Mystiker" (1943). In: *Situationen, Essays*. Hamburgo: Rowohlt, 1965. [Ed. bras.: *Situações I: Críticas literárias*. São Paulo: Cosac Naify, 2006.]

SCARRY, Elaine. *The Body in Pain: The Making and Unmaking of the World*. Nova York/Oxford: Oxford University Press, 1985.

SCHÄFER, Peter. *Die Geburt des Judentums aus dem Geist des Christentums*. Tübingen: Mohr Siebeck, 2010.

SCHÄFER, Peter. *Zwei Götter im Himmel: Gottesvorstellungen der jüdischen Antike*. Munique: C. H. Beck, 2017.

SCHELER, Max. *Vom Ewigen im Menschen*. v. I: *Religiöse Erneuerung*. Leipzig: Verlag der Neue Geist, 1921.

SCHELLENBERG, Ryan S. "'Danger in the Wilderness, Danger at Sea': Paul and the Perils of Travel". In: HARLAND, Philip A. (ed.). *Travel and Religion in Antiquity*. Waterloo: Wilfrid Laurier University Press, 2011.

SCHLEIERMACHER, Friedrich. *Über die Religion: Reden an die Gebildeten unter ihren Verächtern*. Stuttgart: Reclam, 1969 [1799]. [Ed. bras.: *Sobre a religião. Discursos a seus menosprezadores eruditos*. Trad. Daniel Costa. São Paulo: Novo Século, 2000.]

SCHLETTE, Magnus; JUNG, Matthias (eds.). *Anthropologie der Artikulation: Begriffliche Grundlage und transdisziplinäre Perspektiven*. Würzburg: Königshausen & Neumann, 2005.

SCHWAB, Raymond. *La Renaissance orientale*: Paris: Payot, 1950.

SHERMER, Michael. *The Believing Brain: From Spiritual Faiths to Political Convictions – How We Construct Beliefs and Reinforce Them as Truths*. Londres: Robinson, 2012. [Ed. bras.: *Cérebro & crença: De fantasmas e deuses à política e às conspirações – Como nosso cérebro constrói nossas crenças e as transforma em verdades*. São Paulo: JSN, 2012.]

SCHMITT, Eric-Emmanuel. *Das Evangelium nach Pilatus*. Zurique: Fischer Taschenbuch, 2005 [2000].

SCHMITZ, Hermann. *Der Weg der europäischen Philosophie: Eine Gewissenserforschung*, v. 1: *Antike Philosophie*. Baden-Baden: Verlag Karl Alber, 2007.

SIMMEL, Georg. "Exkurs über das Problem: Wie ist Gesellschaft möglich?" (1908). In: *Schriften zur Soziologie: Eine Auswahl*. Ed. e intr. Heinz-Jürgen Dahme e Otthein Rammstedt. Frankfurt am Main: Suhrkamp, 1983.

SLOTERDIJK, Peter. *Sphären*, v. I: *Blasen*. Frankfurt am Main: Suhrkamp, 1998. [Ed. bras.: *Esferas*, v. 1: *Bolhas*. Trad. José Oscar de Almeida Marques. São Paulo: Estação Liberdade, 2019.]

SLOTERDIJK, Peter. *Sphären*, v. II: *Globen: Makrosphärologie*. Frankfurt am Main: Suhrkamp, 1999.

SLOTERDIJK, Peter. *Gottes Eifer: Vom Kampf der drei Monotheismen.* Frankfurt am Main: Verlag der Weltreligionen, 2007. [Ed. bras.: *O zelo de Deus: Sobre a luta dos três monoteísmos.* Trad. Nélio Schneider. São Paulo: Editora Unesp, 2016.]

SLOTERDIJK, Peter. *Gottes Eifer: Vom Kampf der drei Monotheismen.* Frankfurt am Main: Verlag der Weltreligionen, 2007.

SLOTERDIJK, Peter. *Du mußt dein Leben ändern: Über Anthropotechnik.* Frankfurt am Main: Suhrkamp, 2009.

SLOTERDIJK, Peter. "Götterdämmerung". In: *Nach Gott.* Frankfurt am Main: Suhrkamp, 2017.

SLOTERDIJK, Peter. "Der zornige Gott: Der Weg zur Erfindung der metaphysischen Rachebank". In: *Zorn und Zeit: Politisch-psychologischer Versuch.* Frankfurt am Main: Suhrkamp, 2019 [2006]. pp.110-69. [Ed. bras.: "O Deus irado". In: *Ira e tempo: Ensaio político-psicológico.* Trad. Marco Casanova. São Paulo: Estação Liberdade, 2012.]

SLOTERDIJK, Peter; MACHO, Thomas H. *Weltrevolution der Seele: Ein Lese- und Arbeitsbuch zur Gnosis.* Munique: Artemis & Winckler, 1994.

STÁLIN, Josef. *Der Marxismus und die Fragen der Sprachwissenschaft.* Berlim: Dietz, 1951.

STOLLER, Paul. "Cheryl Olkes". In: *Im Schatten der Zauberer.* Berna/ Viena: Piet Meyer Verlag, 2019 [1987].

STRITTMATTER, Kai. *Die Neuerfindung der Diktatur: Wie China den digitalen Überwachungsstaat aufbaut und uns damit herausfordert.* Munique: Piper, 2018.

TAUSENDUNDEINE NACHT: Der Anfang und das glückliche Ende. Trad. Claudia Ott. Munique: C. H. Beck, 2018. [Ed. bras.: *Livro das mil e uma noites*, v. 1: *Ramo sírio.* Trad. Mamede Mustafa Jarouche. Rio de Janeiro: Biblioteca Azul, 2017.]

TRAEGER, Jörg. *Renaissance und Religion: Die Kunst des Glaubens im Zeitalter Raphaels.* Munique: C. H. Beck, 1997.

TRAMPEDACH, Kai. *Politische Mantik: Die Kommunikation über Gotteszeichen und Orakel im klassischen Griechenland.* Heidelberg: Verlag-Antike, 2015.

TUCKER, Ruth A. *Bis an die Enden der Erde: Missionsgeschichte in Biographien*, Mosbach. OM Books, 2014. [Ed. bras.: *Missões até os confins da terra: Uma história biográfica*. São Paulo: Shedd, 2010.]

VALÉRY, Paul. "Petite lettre sur les mythes". In: *Variété II*. Paris: Gallimard, 1929.

WEIß, Johannes. *Handeln und handeln lassen: Über Stellvertretung*. Wiesbaden: VS Verlag für Sozialwissenschaften, 1998.

WILSON, John A. "Egypt". In: FRANKFORT, Henri et al. *The Intellectual Adventure of Ancient Man: An Essay on Speculative Thought in the Ancient Near East*. Chicago/Londres: University of Chicago Press Journals, 1977 [1946].

Sobre o tradutor

Nélio Schneider é graduado em teologia pela Escola Superior de Teologia (EST), de São Leopoldo/RS, e doutor em teologia pela Kirchliche Hochschule Wuppertal, de Wuppertal, Alemanha. Foi coordenador do Instituto Ecumênico de Pós-graduação (IEPG) da EST, de 1995 a 2000, e presidente da Comunidad de Educación Teológica Ecuménica Latinoamericana y Caribeña (Cetela), de 1997 a 2000. Trabalha com tradução desde o ano 2000 e verteu para o português, além de Sloterdijk, obras de Karl Marx, Friedrich Engels, György Lukács e outros.

ESTE LIVRO FOI COMPOSTO EM ADOBE GARAMOND PRO CORPO 11,5 POR 15,5 E IMPRESSO SOBRE PAPEL OFF-WHITE AVENA 80 g/m² NAS OFICINAS DA RETTEC ARTES GRÁFICAS E EDITORA, EM JULHO DE 2024